HERVÉ RYSSEN

EL ESPEJO DEL JUDAÍSMO
La inversión acusatoria

Hervé Ryssen

Hervé Ryssen (Francia) es historiador y un investigador exhaustivo del mundo intelectual judío. Es autor de doce libros y varios videos documentales acerca de la cuestión judía. En el 2005 publicó *Las Esperanzas planetarias,* libro en el que demuestra los orígenes religiosos del proyecto mundialista. *Psicoanálisis del judaísmo,* publicado en el 2006, muestra como el judaísmo intelectual presenta todos los síntomas de la patología histérica. No existe ninguna "elección divina", sino la manifestación de un trastorno que tiene su origen en la práctica del incesto. Freud había estudiado pacientemente esta cuestión a partir de lo que constataba en su propia comunidad.

En Francia reside una de las mayores comunidades judía de la diáspora con una vida cultural e intelectual muy intensa. Hervé Ryssen ha podido desarrollar su extensa obra en base a numerosas fuentes históricas y contemporáneas, tanto internacionales como francesas.

EL ESPEJO DEL JUDAÍSMO,
La inversión acusatoria

Le miroir du judaïsme, l'inversion accusatoire,
Levallois-Perret, éd. Baskerville, 2009

Traducido por Alejo Domínguez Rellán

Publicado por
Omnia Veritas Limited

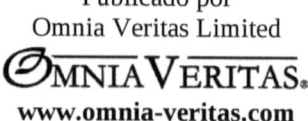

www.omnia-veritas.com

© Omnia Veritas Limited – Hervé Ryssen – 2024

Reservados todos los derechos. No se permite la reproducción total o parcial de esta obra, sin autorización previa y por escrito de los titulares del *copyright*. La infracción de dichos derechos puede constituir un delito contra la propiedad intelectual.

PRIMERA PARTE **13**

  LA IDENTIDAD JUDÍA 13
    1. La Paradoja judía *13*
      La ambigüedad judía 13
      El patriotismo guerrero 18
      Librarse del servicio militar 25
      La disimulación 33
      La solidaridad instintiva 42
      El judío, solo contra todos 49
    2. La misión de los judíos *56*
      La esperanza mesiánica 56
      La guerra contra las naciones: inmigración y mestizaje 61
      La propaganda cosmopolita I: la sociedad multirracial 69
      La propaganda cosmopolita II: la culpabilización 81
      La conquista musulmana 91
      El anticristianismo 104
      El bolchevismo 109
      El judaísmo corrosivo 112
      Los Derechos Humanos 121
      El desprecio hacia los goyim 125
      El judaísmo apocalíptico 130

SEGUNDA PARTE **141**

  PSICOPATOLOGÍA DEL JUDAÍSMO 141
    1. La gran soledad de los judíos *141*
      Un enigma en medio de las naciones 141
      La jeremiada judía: 4000 años de puro sufrimiento 146
      El judío errante. Israelitas neurópatas 158
    2. La fabulación histérica *165*
      La fabulación histérica I 165
      La fabulación histérica II 177
      La fabulación histérica III 189
      Los goyim fabuladores: judíos sintéticos 197
    3. La mentalidad cosmopolita *208*
      El proceso de culpabilización de los goyim 208
      Humillar y mancillar el adversario 216
      Las orejas de Hamán 221
      Una voluntad de poder patológica 226
      Estafadores y traficantes 235
      El enigma del antisemitismo 238
      La inversión acusatoria 248

TERCERA PARTE **257**

  PSICOANÁLISIS DEL JUDAÍSMO 257
    1. Desviaciones sexuales *257*
      La homosexualidad militante 257
      El origen del feminismo 265

       La destrucción del patriarcado 270
       Travestis y transexuales 277
       Violadores y desequilibrados 283
       Pedomaniacos 288
   2. La secta incestuosa *296*
       Entre un padre y su hija 296
       Entre un padre y su hijo 306
       Entre una madre y su hijo 308
       Entre hermanos y hermanas 314
   3. El mito del complejo de Edipo *324*
       El desarrollo del psicoanálisis 324
       El psicoanálisis en tela de juicio 333
   4. La inversión acusatoria *337*
       La génesis incestuosa de un genocidio 337
       El judío diabólico 340
       Los enfermos se convierten en médicos 343
   5. La liberación del judío *351*
       La prisión judía 351
       El judío suicida 356
       Olvidar el judaísmo 360

OTROS TÍTULOS **375**

Los judíos están diseminados en todos los países del mundo, aunque residen principalmente en los países de origen europeo. La mayoría de ellos son de origen "askenazí", es decir aquellos provenientes de Europa central y oriental que abandonaron en olas sucesivas a partir de finales del siglo XIX. Una minoría, también repartida por todo el planeta, proviene de la cuenca mediterránea: son los judíos "sefardíes". Pero también existen judíos negros en Etiopía llamados Falashas, así como judíos en la India y en China, los cuales también suelen declarase "perfectamente integrados". Así pues, los judíos no conforman una raza.

El judaísmo tampoco es una religión – o no únicamente – puesto que numerosos judíos se declaran ateos y no por ello se sienten menos judíos. Particularmente los judíos marxistas, que formaban la elite dirigente de todos los movimientos comunistas en los países occidentales. Eran militantes fanáticos del ateísmo, fieles seguidores de la doctrina instituida por uno de los suyos: Karl Marx.

En realidad, es rigurosamente imposible definir la identidad judía sin explicar la "misión" del "pueblo elegido" en esta tierra. Todo se vuelve más simple cuando se entiende el proyecto político-religioso inherente del judaísmo y que concierne "toda la humanidad". Sin embargo, fue el psicoanálisis freudiano el que nos permitió tocar el fondo del problema, revelándonos el oscuro secreto de la comunidad judía. Sólo había que leer con un espejo.

PRIMERA PARTE

LA IDENTIDAD JUDÍA

1. La Paradoja judía

En la mayoría de los casos, los judíos se declaran "perfectamente integrados" en los países donde residen. Sin embargo, todos los testimonios que hemos recogido dejan entrever, tras una identidad de fachada, que se sienten también muy judíos y altamente preocupados por los intereses de la comunidad judía y del Estado de Israel.

La ambigüedad judía

Muchos intelectuales judíos expresaron su dificultad para definir la identidad judía. Jacob Talmon, un conocido filósofo judío, escribió por ejemplo sobre el judaísmo: "Después de tres mil quinientos años, seguimos sin poder definir quién forma parte de él y quién no[1]."

El historiador "húngaro" François Fetjö se preguntó acerca de aquello que conformaba la naturaleza del judío: "Todo el mundo cree saberlo, pero nadie puede decirlo, escribía. Es como si él mismo se empeñara en ser indefinible, en escapar a las limitaciones de los conceptos. Existe, eso es innegable; pero ¿en qué consiste? ¿Es un pueblo, una raza? Los etnólogos le niegan esta característica[2]."

Nahum Goldmann fue una importante personalidad judía del siglo XX. Había sido el fundador del Congreso judío mundial que presidió desde 1938. De 1956 a 1968 combinó el cargo de presidente del Congreso judío mundial con el de presidente de la Organización sionista mundial. En 1976,

---

[1] Jacob-Leib Talmon, *Destin d'Israël*, 1965, Calmann-Lévy, 1967, p. 137
[2] François Fetjö, *Dieu et son juif*, Éditions Pierre Horay, 1997, p. 29

publicó un libro cuyo título era perfectamente apropiado: *La Paradoja judía*[3]. En el prefacio de su libro podíamos leer lo siguiente: "Este incansable combatiente de la causa judía ejerció su vivacidad, su seducción y su humor sobre los más grandes hombres de Estado. Desde Roosevelt a Adenauer, Mussolini a Litvinov y Ben Gurion a Kissinger, se codeó y a veces influyó en decenas de dirigentes que marcaron la historia de nuestro tiempo."

Cuando se le preguntaba por su definición del judaísmo, Nahum Goldmann respondía: "No existe ninguna definición que sea completamente satisfactoria...Recuerdo haber pronunciado una conferencia cuando era estudiante durante la cual propuse más de veinte definiciones: el judaísmo es una religión, un pueblo, una nación, una comunidad cultural, etc. Ninguna era absolutamente exacta."

"El pueblo judío es el más paradójico del mundo, añadía Goldmann. No es mejor ni peor que los demás, pero sí único y diferente, debido a su estructura, su historia, su destino y su carácter respecto de todos los demás pueblos, y paradójico en sus contradicciones." Goldmann explicaba así: "El pensamiento judío, la filosofía y la ideología judías están hechos de múltiples contradicciones. Somos al mismo tiempo el pueblo más separatista y el más universalista del mundo. Por un lado, hemos rechazado siempre renunciar a nuestra identidad...Por otro lado, no hay moralistas más universales que los profetas. A pesar de que haya designado a los Judíos como "su pueblo", el Dios judío es universal, es el Dios de toda la humanidad[4]."

Ciertamente, el propio Nahum Goldman era el primero en ser "paradójico", al menos en apariencia. En todos los países donde viven, afirmaba, los judíos son buenos ciudadanos: "Los Judíos no eran un pueblo sin tierra, ya que los Judíos asimilados eran buenos Franceses, o buenos Alemanes, o buenos Ingleses, etc." Pues él era un verdadero patriota alemán: "Durante la Primera Guerra mundial, escribía, los intelectuales denunciaban el militarismo prusiano. Pero, educado en Alemania, yo era un patriota alemán." Tan es así que recibió el agradecimiento del canciller alemán de la época: "Recibí una carta del canciller alemán expresando su gratitud por todo lo que había logrado hacer por la patria durante las hostilidades." De hecho, Goldmann estaba protegido por la policía y más valía que los antisemitas tuvieran cuidado: ""Este señor es un gran patriota. Además, es una figura importante, y, si lo molestan en el futuro, se las verán conmigo". Me había convertido en un protegido de la policía de Munich[5]."

---

[3] Nahum Goldman, *La Paradoja judía*, Ed. Losada, Cristal del tiempo, Buenos Aires, 1979. (Descatalogado). (Nota   del Traductor, en adelante NdT.)
[4] Nahum Goldmann, *Le Paradoxe juif*, Stock, Paris, 1976, p. 15, 81-84
[5] Nahum Goldmann, *Le Paradoxe juif*, Stock, Paris, 1976, p. 110, 28-30

Con todo, Nahum Goldman, el "patriota alemán", expresaba el fondo de su identidad: "Ben Gurión me reprochó un día ser un Judío errante. Le contesté que algunas personas tienen sus raíces en ellos mismos, sin necesidad de trasplantarlas en una tierra determinada. Este es sin duda uno de mis rasgos predominantes: allá donde estoy, llevo conmigo mis raíces. Me adapto inmediatamente y, desde que tengo uso de razón, nunca eché en falta esta facilidad: a la edad de cinco años dejé Lituania, donde nací en 1895, para instalarme en Fráncfort, y nada me resultó más sencillo. Es cierto que tuve una infancia perfectamente feliz. Después de mi nacimiento en la pequeña ciudad de Wisznewo, mis padres fueron a estudiar a Alemania ya que bajo el régimen zarista que imperaba en Lituania sólo se admitía un contingente muy limitado de Judíos en las universidades. Mi padre y mi madre emigraron entonces a Könisberg, luego a Heidelberg, y finalmente se afincaron en Fráncfort[6]."

He aquí un dialogo con el ministro francés Barthou que Goldmann reproducía en su libro: "Soy un judío errante, respondí. Nacido en Lituania, criado en Alemania, viviendo a veces en Suiza o en Francia, tengo cuatro o cinco pasaportes. Los nazis me desnaturalizaron por alta traición, siendo así un apátrida.

-Escúcheme, replicó Barthou, tengo una oferta para usted. Se requiere generalmente cinco años de residencia en nuestro país para obtener la nacionalidad francesa, pero una antigua ley permite al presidente de la República naturalizar algunas personas después de tres años si el ministro de Justicia lo propone. Usted es propietario de un apartamento en París desde hace tres años, así que podemos solucionarlo.

-Le estoy muy agradecido, le dije, pero os hablaré con franqueza: siento una gran admiración hacia Francia, su literatura y su civilización: me gusta vivir en París; pero mi amor hacia Francia no es suficientemente grande como para luchar por ella. Mi deber es combatir para el pueblo judío. Ahora bien, dentro de tres o cuatro años estaréis en guerra y, en Francia, se moviliza a la población hasta los cincuenta y cinco años; en calidad de presidente del ejecutivo del CJM no podría desertar, pues los antisemitas aprovecharían inmediatamente este acto contra mí. Prefiero por tanto no arriesgarme y renunciar a la nacionalidad francesa. Barthou me estrechó la mano y me respondió: "Le agradezco su franqueza. Hágase usted naturalizar por algún estado de América latina: ellos nunca van a la guerra, ¡incluso cuando la declaran!" De modo que Barthou me ayudó a conseguir el puesto de cónsul de Honduras en Ginebra y beneficiarme de un pasaporte diplomático hondureño...De hecho, el único éxito tangible que logramos contra la Alemania hitleriana consistió en forzar su dimisión de la SDN, a

---

[6] Nahum Goldmann, *Le Paradoxe juif*, Stock, Paris, 1976, p. 19

fuerza de condenar la política antijudía de los nazis. Fue entonces cuando Goebbels consiguió mi desnaturalización por alta traición[7]."

En otro pasaje de su libro, relataba una entrevista después de la guerra con el secretario de Estado del presidente Truman, un judío llamado Dean Acheson, el cual era "más bien anti-sionista". En aquella época, Goldmann trabajaba a favor de la creación del Estado de Israel. Adaptaba aquí su identidad según las circunstancias: "Le contesté: "Escúcheme señor Acheson, no estoy hablando como judío, sino como estadounidense. Soy ciudadano estadounidense[8]."

Goldmann había confesado a principio de su libro, si bien limando las asperezas en la medida de lo posible: "Aunque no quieran admitirlo, siempre queda en ellos esta cuestión de la doble lealtad. He tenido el privilegio de conocer personalmente varios hombres de Estado judíos, como León Blum, Henry Kissinger, Pierre Mendès France, Bruno Kreisky y otros, y, a pesar de ser unos auténticos patriotas en sus países respectivos, estoy convencido de que su origen judío les hacía preguntarse, aunque sólo fuera inconscientemente[9]."

Roger Cukierman ha sido entre el año 2001 y 2008 el presidente del Crif, el Consejo Representativo de las Instituciones Judías de Francia. Era un judío originario de Polonia que llegó a ocupar el puesto de presidente del Banco Edmond Rothschild. Se puede decir por lo tanto que estaba "hiperintegrado" en la sociedad francesa, al menos social y financieramente. En su libro titulado *Ni fiers, ni dominateurs* (*Ni orgullosos, ni dominadores*), publicado en el año 2008, escribía: "Los franceses judíos reivindican el derecho a la solidaridad con el Estado de Israel. En los dos mil años que llevan viviendo en Francia, los judíos han demostrado su integración y su lealtad. No tienen nada que demostrar[10]." Pero él también manifestaba algunas "paradojas": "Mi padre, como la mayoría de los Judíos, no duda en aceptar sus contradicciones filosóficas. A pesar de ser anticlerical, se siente obligado a celebrar mi *bar-mitsvah*[11]. Un viejo profesor, elegante y digno, el señor Berger, vino durante tres

---

[7] Nahum Goldmann, *Le Paradoxe juif*, Stock, Paris, 1976, p. 57-61
[8] Nahum Goldmann, *Le Paradoxe juif*, Stock, Paris, 1976, p. 46
[9] Nahum Goldmann, *Le Paradoxe juif*, Stock, Paris, 1976, p. 17
[10] Roger Cukierman, *Ni fiers, ni dominateurs*, Edition du Moment, 2008, p. 77
[11] *Bar-mitzvah* es el ritual de mayoría de edad en el judaísmo. Según la ley judía, antes de que los niños alcancen cierta edad, los padres son responsables de las acciones de sus hijos. Una vez que los niños judíos alcanzan esa edad, se dice que "se convierten" en *b'nai mitzvah*, momento en el que empiezan a ser responsables de sus propios actos. Tradicionalmente, el padre de un *ba-mitzvah* da gracias a Dios porque ya no es castigado por los pecados de su hijo. (NdT)

meses enseñarme rudimentos de hebreo y el texto que deberé leer en la sinagoga[12]."

Vemos aquí que un judío "integrado" no solamente continúa cultivando y reforzando para sí su identidad judía y la de sus hijos, sino que además trabaja activamente en debilitar la identidad del pueblo que lo acogió – en este caso a través del anticlericalismo.

El muy mediático Bernard-Henri Lévy, un (nuevo) "filósofo francés", ya nos explicó que nadie era más francés que él. Y ese era precisamente el motivo por el que se había permitido vilipendiar la inteligencia francesa de la manera más insultante en su ensayo titulado *La Ideología francesa*, publicado a principio de los años 80. Así respondía a Raymond Aron, el cual se había alarmado por tanta virulencia en contra de su país de acogida: "Estoy seguro de que usted me ha leído con demasiada atención como para ignorar que fue en calidad de francés y como francés que, como cualquier otro filósofo francés, me aventuré en esta investigación sobre la Francia negra[13]."

Veinte años después, en otro libro titulado *Récidives*, publicado en 2004, escribía que sentía "un apego extremo hacia Israel...He escrito cien veces, decía el filósofo, que Israel y la diáspora son como el corazón y la conciencia el uno para el otro, que uno es el apoyo, el pilar, la fuente del otro - y viceversa...Soy judío, por supuesto, debido a mi vínculo con Israel. Soy judío cuando, como todos los judíos del mundo, mi corazón late al unísono del de todos los israelíes amenazados...Cuando todo el mundo cree que los misiles Scud van a caer sobre Tel-Aviv, vengo aquí de forma instintiva, casi sin pensarlo...porque Israel sigue siendo el Estado refugio del pueblo judío[14]."

Del mismo modo, esto declaraba el muy influyente economista liberal Alain Minc en el semanal *Marianne* del 13 de enero del 2003, en la página 14: "Para empezar, quiero dejar claro que no me posiciono como judío sino como ciudadano francés. Mi vínculo con Israel es esporádico. El conflicto árabe-israelí me preocupa tanto como el de Irak." Y en el diario *Le Figaro* del 18 de febrero del 2005 el mismo Alain Minc declaraba: "Como judío que soy, no suelo inmiscuirme en la vida de la llamada comunidad judía. La culpa es probablemente de mi tendencia instintiva hacia el universalismo..." Esa era su manera de ser "francés".

Stéphane Hessel fue otro francés "más francés que los franceses", del tipo "perfectamente integrado", pero a su vez "universalista". Nacido en Polonia en 1917, había llegado a Francia siendo un niño de siete años

---

[12]Roger Cukierman, *Ni fiers, ni dominateurs*, Edition du Moment, 2008, p. 23
[13]Bernard-Henri Lévy, *Questions de principe, deux*, Grasset, 1986, p. 306. Sobre *La Ideología francesa*, léase *Las Esperanzas planetarianas*.
[14]Bernard-Henri Lévy, *Récidives*, Grasset, 2004, p. 405, 408, 415, 421

llegando a convertirse en alto diplomático francés. En su libro publicado en el 2008, cuyo título *Ciudadanos sin fronteras* era bastante evocador, también evidenciaba la misma paradoja: "Desde que entré en la Escuela Alsaciana en sexto curso, tuve la certeza absoluta de que Francia, con su cultura y su lengua, sería mi país. Nunca me cuestioné esa elección... Sabía que sería francés. Para mí, Francia se resumía simbólicamente en el lema *"Liberté, Egalité, Fraternité"*." Pero tres páginas más adelante, ante la pregunta del periodista: "¿Qué profesores significaron más para usted? Hessel respondía: "Está el Sr. Lehman, mi profesor de filosofía. Pero el que más me marcó fue un profesor de literatura llamado Paul Bénichou, que tuve en el segundo año de Instituto.... En secundaria, ya había tenido un profesor excepcional llamado Fischer, que nos enseñaba latín y francés y tenía una manera de presentar la historia y la literatura francesa que me sirvió para toda la vida[15]." Manifiestamente, para Stéphane Hessel, Francia se reducía al pequeño mundo cerrado de gente perteneciente a su propia comunidad.

El patriotismo guerrero

La aparente paradójica identidad judía halla un principio de explicación cuando se observa el contexto en el que los interesados expresan su patriotismo. Uno se da cuenta entonces rápidamente de que este patriotismo de fachada sólo aparece cuando los intereses de la comunidad están en juego. Numerosos judíos en los países "democráticos" se declaran efectivamente "patriotas" y ondean la bandera nacional con fervor, pero únicamente en ciertas circunstancias.

El muy famoso novelista Paul-Loup Sulitzer, cuyos libros fueron traducidos en casi todos los idiomas, dejó este interesante testimonio acerca de su padre, Jean Sulitzer, un judío rumano llegado a Francia a principio del siglo XX: "El joven inmigrante sólo cuenta con su talento y su valor, pero está decidido a aprovecharlos al máximo". Y como todos los judíos, es bien sabido, "no tiene un duro en el bolsillo". Pero tiene la "pasión por vencer". Primero fue vendedor en un negocio de remolques antes de hacer fortuna. En 1939 ya se había convertido en un "rico industrial". Era "profundamente patriota y le repugnó la debacle y la dimisión nacional", escribía Paul-Loup Sulitzer. Sin duda, Jean Sulitzer hubiera preferido que los franceses lucharan contra los alemanes hasta el último hombre. Era un

---

[15]Stéphane Hessel, *Citoyen sans frontières*, Fayard, 2008, p. 28, 31. Los apellidos de los profesores citados son todos de ascendencia judía. Los ejemplos de esta ambigüedad identitaria, tan específica del judaísmo, son incontables y remitimos el lector a nuestros anteriores libros.

"rebelde" que "se negaba a transigir". Se unió a una red de resistencia y fue condecorado con "la Cruz de guerra y varias medallas más".

Al igual que su padre, Paul-Loup Sulitzer también era un auténtico patriota. Ocho páginas más adelante, escribía lo siguiente: "Me voy a Israel a recorrer los *kibbutzim*... Me fascina la epopeya idealista que impregna la creación de este joven Estado. Siento la misma solidaridad con los judíos que con cualquier minoría masacrada u oprimida. Lo que me fascina de Israel es la calidad humana y la prodigiosa diversidad de la gente que encontré allí[16]."

El famoso historiador Pierre Vidal-Naquet también tuvo un padre muy patriota. En sus *Memorias*, hablaba de su padre Lucien, un abogado: "Nunca dejó de considerar el armisticio como un crimen. Lucien es miembro de la Resistencia y la solidaridad de Margot es inquebrantable. Esa es su reacción de franceses. Pero Lucien también es un francés judío que, "como francés, siente la injuria recibida por ser judío" ... En cuanto regresó a París y al Palacio, gritó su rechazo a la derrota y su desprecio por los amos del momento y por quienes aceptaban su discurso[17]."

El célebre actor estadounidense Kirk Douglas fue también otro gran "patriota". Lo que escribía en sus memorias era muy revelador del patriotismo modulable de los judíos, que reaccionan únicamente en función de sus intereses: "Supe, aunque no en términos concretos, de la persecución contra los judíos. Pero la guerra propiamente dicha parecía muy distante. Y cuando eres joven, apenas entrando en la veintena, lees sobre todas esas cosas, pero estás más interesado en conseguir el trabajo que hará de ti una estrella de Boradway...Sentí una oleada de patriotismo y otra oleada de judaísmo acerca de lo que ocurría en Europa con Hiler. No teníamos una imagen exacta de las atrocidades, pero sabíamos lo suficiente. Hitler quería dominar el mundo, erradicar a los judíos: *Deutschland über Alles*. Yo quería bombardear al enemigo[18]." Fue así cómo se alistó en la marina y se convirtió en oficial de enlace -un puesto de alto riesgo- antes de comenzar su brillante carrera cinematográfica.

En otro pasaje de su libro, Nahum Goldman reconocía que su patriotismo alemán, antes de la Primera Guerra mundial, tenía un motivo: "Para todos los Judíos del mundo, las cosas eran sencillas: la Rusia zarista era el peor enemigo de los Judíos y del judaísmo, y dado que los alemanes estaban en guerra con Rusia, así pues éramos proalemanas. Mi formación personal reforzaba esta idea y mis artículos tendían a justificar la ideología germánica[19]."

---

[16] Paul-Loup Sulitzer, *Laissez-nous réussir*, Stock, Poche, 1994, p. 21, 25, 33
[17] Pierre Vidal-Naquet, *Mémoires I, 1930-1955*, Seuil, p. 102
[18] Kirk Douglas, *El hijo del trapero* (1988), Cult Books, 2021, p. 78, 84
[19] Nahum Goldmann, *Le Paradoxe juif*, Stock, Paris, 1976, p. 28-30

Evidentemente, tras la llegada al poder de Hitler en 1933, Nahum Goldman ya no sería en absoluto patriota. ¿Sus artículos pangermanistas del pasado?: "No los escribiría hoy en día", reconocía.

Durante la guerra de Argelia, el patriotismo de los intelectuales judíos de Francia fue ligeramente diferente. Jean-Jacques Servan-Schreiber era, en 1953, el fundador del semanal *L'Express*, que tuvo posteriormente en aquella época un peso considerable en la formación de la opinión pública francesa. Françoise Giroud (Gourdji), que ocupaba un puesto en la dirección del periódico, recordaba el impulso patriótico que movilizaba toda la plantilla de *L'Express*: "Tiempos extraños, escribía. Hacemos un periodismo militante. Queríamos influir en el curso de los acontecimientos, y primero, sobre todo, luchar contra el poder colonial. ¡Estábamos aquí para salvar a Francia!... Jean-Jacques lo repetía continuamente, y no estábamos lejos de pensar todos así. Era la más joven de una veintena de voluntarios, todos sobresalientes, jóvenes entusiastas que se habían puesto al servicio de Francia."

Jean Daniel, el director del *Nouvel Observateur*, confirmaba totalmente este estado de ánimo: "Para Jean-Jacques, el éxito de su periódico era una cuestión de patriotismo. Tenía el don de transformar todo lo que emprendía en acto guerrero. Su hermana Brigitte, heroína de la Resistencia, se creía Juana de Arco y tomaba todo a pecho. Françoise se sentía en sintonía, trabajaban "por la patria"." Y Françoise Giroud precisaba la naturaleza de este combate: "Estábamos en medio de una batalla en contra de las torturas cometidas allí, de las que se habían denunciado varios casos [20]." En resumidas cuentas, debemos comprender que el patriotismo de *L'Express* había consistido esencialmente en denunciar las acciones del ejército francés.

El testimonio de Alexandre Minkowski ilustra perfectamente la ambigüedad de la personalidad judía y el discurso paradójico del intelectual judío. Alexandre Minkowski fue un célebre médico judío, muy mediático en los años 1970 en Francia. Fue además un verdadero patriota francés, más francés que los franceses. En su libro titulado *Un juif pas très catholique* (*Un judío no muy católico*), publicado en 1980, narraba su historia. Sus padres habían emigrado de Polonia antes de la Segunda Guerra mundial y se habían instalado en Alsacia. Había ingresado en la Escuela Alsaciana, en un ambiente protestante, pero fue la religión católica a la que se apegó. "El catolicismo era probablemente la religión de mi corazón. Mi niñera, una mujer de origen de la Beauce a la que consideraba mi segunda madre, me había introducido en ella. En casa, este aspecto católico de mi vida permanecía clandestino; sólo se expresaba plenamente

---

[20]Françoise Giroud, *Leçons particulières*, Fayard, 1990, `. 113, 114, 183

durante las vacaciones que pasaba a menudo en su pueblo. Allí nunca me perdía una misa, e incluso me hice amigo del cura, que debía de ver en mí un alma por salvar." Alexandre Minkowski, como vemos, se estaba convirtiendo en un verdadero francés y un buen católico: "Cristo (el mejor de los judíos) es una figura a la que he permanecido profundamente unido[21]", escribía.

En 1930, Minkowski visitó a sus padres en su país de origen, Polonia: "El viaje que hice a Varsovia cuando tenía unos trece años reforzó mis sentimientos. Me disgustó todo, la gente, la comida, las costumbres. Mi recuerdo de aquel viaje sigue ligado a una terrible impresión de suciedad. Las calles, las casas, lo que comía, todo me parecía dudoso. Y me parecía que yo mismo estaba perpetuamente sucio por ello. Un día, mi padre me llevó a Nalewski, en pleno barrio judío. Fue una de las experiencias más traumáticas de mi infancia. Aún conservo la imagen de un enjambre bullicioso de gente uniformada, vestida con las mismas ropas negras, una cohorte de hombres con barbas sucias y caftanes mancillados. Caminábamos en medio de la multitud. Mi padre permanecía en silencio. No tenía ni idea de la enorme, absolutamente terrible conmoción que yo estaba sufriendo. Había muy pocas mujeres en las calles. Pasábamos entre una masa compacta de hombres que me recordaban a los enterradores. Y por todas partes, la impresión constante de suciedad. Los niños, a menudo pálidos y delgados, con la cabeza medio afeitada, tenían las sienes enmarcadas de largos rizos sedosos. Vestían aún peor que los adultos, con ropas pobres y remendadas. Mientras los miraba, me di cuenta de repente de que si mis padres nunca se hubieran marchado de Polonia, yo habría sido igual que ellos. Y mi lástima se convirtió en repulsión. La idea de que yo, aquel chiquillo tan guapo y tan bien vestido, hubiera estado a punto de ser uno de aquellos desgraciados, me sumió en un abismo de dudas que enseguida traté de llenar repitiéndome a cada paso que yo era francés, indiscutiblemente francés[22]."

Alexandre Minkowski confesaba además: "No podría entender el hombre en que me he convertido sin reflexionar sobre las influencias convergentes que marcaron mi infancia y que, íntimamente entrelazadas, fueron el cristianismo, el patriotismo y un amor desmesurado por Francia. Estos tres elementos se fusionaron en mi mente y a mis ojos formaron el ideal tangible que era mi país. Para mí, Francia no era sólo una tierra, un pueblo o una historia. Como Dios, de quien se dice que no puede representarse, era una entidad abstracta, tan perfecta que no podía imaginarla en términos concretos. Comparada con esta divinidad fabulosa

---

[21] Alexandre Minkowski, *Un juif pas très catholique*, Ramsay, 1980, p. 37, 38
[22] Alexandre Minkowski, *Un juif pas très catholique*, Ramsay, 1980, p. 145, 146

que velaba por mi infancia, Dios mismo no era para mí más que un personaje secundario. Los valores culturales en general, y el judaísmo en particular, pasaban naturalmente a un segundo plano. Servir a mi país era mi único objetivo. Quería servirla, como dice el dicho, "con todos mis medios, con todas mis fuerzas y con todo mi corazón". Y eso significaba, mientras esperaba la oportunidad de sacrificar mi vida por ello, trabajar duro y triunfar en todo para hacerlo con honor. Mis éxitos escolares y universitarios, los primeros puestos por los que luchaba, no tenían otra finalidad: convertirme en el mejor francés al servicio de un país que no tenía igual en el mundo, y eso, por supuesto, con toda humildad. Así que me sentía francés, hasta un punto inimaginable. Y no un francés cualquiera: un francés casi católico y, además, un poco protestante. En resumen, un francés verdaderamente digno de la admiración general. En cuanto a mis orígenes, casi los había olvidado. No importaban. Los consideraba un error de juventud, perdonable. Para los demás, sin embargo, y sobre todo para mis compañeros de la Facultad de Medicina, yo seguía siendo ante todo judío. Pero yo era tan amable, había asimilado tan bien su sacrosanta cultura patriótica, que decían de mí: "Este Minkowski, no es un judío como los demás". Lo que básicamente significaba que a pesar de mis orígenes no era un tipo demasiado repugnante. Y eso me parecía bien, me encantaba su actitud: coincidía totalmente con la idea que yo tenía de mí mismo." Así pues, habría sido un error dudar del patriotismo de este Minkowski: "Me sentía tan francés en aquella época que aún no podía asimilar la Guerra de los Cien Años[23]."

Alexandre Minkowski era, pues, un francés como los demás, y quizás incluso un poco más. Pero las frases siguientes ya empiezan a plantear dudas, y toda la ambigüedad de la personalidad judía emerge gradualmente tras la cortina de las apariencias: "Sin embargo, escribía, por puro orgullo, también reivindicaba mi judeidad. Esta actitud ambigua tenía una ventaja: me hacía prácticamente inmune al antisemitismo. Y Dios sabe lo virulento que era en aquella época, sobre todo en la Facultad de Medicina. Yo era totalmente insensible al odio que transmitía porque apenas me afectaba... Incluso mantenía relaciones casi amistosas con fanáticos de extrema derecha. Sin embargo, y esta es otra de mis ambigüedades, en realidad no era fascista. Por increíble que parezca, iba a dar el golpe en el bulevar Saint-Michel contra los *Camelots du roi*[24]."

---

[23] Alexandre Minkowski, *Un juif pas très catholique*, Ramsay, 1980, p. 49-53
[24] La *Fédération nationale des Camelots du roi*, conocida también simplemente como los *Camelots du roi* ("Militantes del rey"), fue una organización paramilitar durante la Tercera República Francesa activa entre 1908 y 1936 que operó como las juventudes y fuerza de choque del movimiento de Acción francesa. (NdT).

En efecto, el patriotismo de este Minkowski era de una naturaleza un tanto especial, del tipo universalista. Es decir, un patriotismo "abierto", para nada "cerrado en sí mismo": "Creía profundamente en las ideas de izquierda que mis padres, radicales-socialistas convencidos me habían enseñado con el amor de la patria. Por otra parte, si bien me desagradaban los antisemitas – pues ya reprobaba toda forma de racismo – sí que consideraba que los Judíos estaban condenados a una asimilación incondicional[25]."

Tras las oposiciones médicas y el internado, Minkowski se fue a hacer su servicio militar en Chamonix, con los cazadores alpinos. Pero al final de los años treinta, la guerra se acercaba peligrosamente: "Morir por la patria, aunque ya empezaba a desearlo un poco menos, seguía pareciéndome un final ideal para una carrera intachable." En 1940, desembarcó en Marruecos con el cuerpo expedicionario. Alexandre Minkowski recibió la cruz de guerra, pero curiosamente no nos contaba nada de sus hechos de armas.

En esta guerra contra los nazis, los franceses se habían comportado como cobardes. Es aquí donde Minkowski desvelaba su naturaleza profunda, en la que asomaba cierto desprecio hacia los autóctonos: "Con la derrota, toda la imaginería de la mitología de mi infancia se había transformado ante mis ojos en un montón de fugitivos. Los propios héroes de Verdún, aquellos semidioses, aquellos superhombres, habían condescendido con un lamentable armisticio y se habían negado a continuar la lucha. Mis sueños se habían desintegrado con Francia. Sin embargo, ni por un momento tuve la menor inclinación a rebelarme, ni contra la injusticia que se abatía sobre mis hermanos [judíos] ni contra la cobardía mostrada por todos. Retomé tristemente mis estudios y mi internado donde los había dejado, sin el menor remordimiento de conciencia, tan evidente era para mí que ése era mi camino. Tal vez, después de todo, yo era uno de esos pequeños burgueses egoístas, tan típicamente franceses, a los que Sartre llamaba "cabrones"[26]."

Es por lo tanto como judío que Minkowski quería que los franceses continuaran la guerra contra Alemania. "El 11 de noviembre de 1940, día en que se conmemoró el armisticio, tomé parte destacada en la manifestación ante el Arco del Triunfo. En mi mente, no se trataba aún de un acto de resistencia, sino de fidelidad a mis recuerdos. Después, volví al hospital donde, orgulloso de haber desafiado al enemigo en plena Ocupación, conté en la sala de guardia lo que había visto. Se hizo un silencio sepulcral en la sala, todo el mundo se calló, y fue entonces cuando

---

[25]Alexandre Minkowski, *Un juif pas très catholique*, Ramsay, 1980, p. 51
[26]Alexandre Minkowski, *Un juif pas très catholique*, Ramsay, 1980, p. 55

uno de los internos, el Doctor Motte, dejó caer estas palabras que aún puedo oír: "siempre son los extranjeros los que se meten en lo que no les incumbe". Un terremoto no me habría estremecido más."

Leyendo sus palabras, parecía que había vuelto al judaísmo por culpa de los franceses que seguían considerándole extranjero. "De pronto descubrí lo que siempre había conseguido ocultarme: aquella gente me odiaba, era para ellos un objeto de abyección. Y de pronto comprendí todo lo que debían de haber dicho a mis espaldas: que yo era el peor y más infame de los judíos. Lo extraño fue que no reaccioné inmediatamente. El golpe me había aturdido y paralizado, mi mundo se había derrumbado para siempre y todos mis puntos de referencia se habían desvanecido. Estaba desamparado, hecho polvo. Tardé meses en recuperarme de este cataclismo, en volver a levantarme y en recomponer lentamente las piezas que aún quedaban dentro de mí, pero esta vez en un orden diferente. Nunca pude volver a verme a mí mismo como un buen francesito, un buen chiquillo, un buen cualquiera. Y aquí debo dar las gracias a quienes me ayudaron en este difícil proceso de reconstrucción, y me refiero a mis camaradas de la Resistencia, a los que entonces llamaban terroristas[27]."

En los años 70, Alexandre Minkowski se convirtió en un médico famoso. La paradoja judía estallaba aquí una vez más: "Volvamos a esos artículos sobre mí en la prensa católica. No sólo me alababan como médico, sino que, como hombre, me adornaban con cualidades casi bíblicas. Un artículo sugería incluso que yo era "un cristiano sin saberlo". Debo admitir que esta última observación me conmovió infinitamente más que todos los elogios superlativos que la acompañaban, hasta el punto de que desde entonces he estado pensando seriamente en convertirme." Esto lo decía en la página 90. Siete páginas más adelante, al final del capítulo, Minkowski escribía lo siguiente: "Me subía al carro de uno de mis temas favoritos, el del mano a mano entre judíos y protestantes: predicaba la resistencia al catolicismo imperialista o al imperialismo católico, como se quiera... Era una especie de llamamiento a la unión sagrada, una especie de "programa común" religioso[28]."

Alexandre Minkowski, médico judío agnóstico, llegaba finalmente a su conclusión. Asistió un día a una fiesta judía, la fiesta de Sucot: "Casi quería unir mi voz a las suyas, me sentía tan conmovido. Por mucho que intentara razonar, no podía controlar la emoción que me invadía... Por primera vez en mi vida, quizás, me sentía judío, totalmente, sin la menor restricción. Todos mis prejuicios habían caído ante aquellos hombres tan seguros de sí

---

[27] Alexandre Minkowski, *Un juif pas très catholique*, Ramsay, 1980, p. 55, 56. Los judíos eran muy numerosos en la resistencia antifascista, también llamada "Resistencia francesa", al igual que los comunistas. Léase al respecto en *El Fanatismo judío*.
[28] Alexandre Minkowski, *Un juif pas très catholique*, Ramsay, 1980, p. 90, 97

mismos, tan firmemente anclados en su fe y en su identidad, y al mismo tiempo tan poco sectarios, tan poco dogmáticos, tolerantes y respetuosos con las particularidades de cada uno. No sólo me reconocía como judío, sino que me sentía feliz de serlo, feliz de pertenecer a un pueblo capaz de semejante apertura de mente, de semejante disposición de corazón. No pude resistirme más. Me entregué a una felicidad dulce, casi infantil. Había redescubierto mis raíces[29]."

Librarse del servicio militar

Durante mucho tiempo, los judíos han sido criticados en todo el mundo por huir del servicio militar y de carecer de valentía en el combate. Si bien el primer reproche es indudablemente justificado, en cambio es mucho más azaroso acusar a todos los judíos de cobardía. La verdad es que muchos de ellos pueden demostrar gran ardor y coraje, pero únicamente cuando los intereses de la comunidad judía están en juego. En caso contrario, no se debe esperar nada de ellos. Efectivamente, ¿por qué arriesgar su vida para defender un país que no es el suyo?

Los historiadores judíos suelen insistir en el antisemitismo y los pogromos para explicarnos la gran emigración de judíos de Rusia hacia Estados Unidos a finales del siglo XIX. Solzhenitsyn, en el primer tomo de su libro titulado *Doscientos años juntos* nos explicaba que también había que tomar en consideración otros factores, particularmente la nacionalización de todas las destilerías de alcohol por parte del Estado ruso en 1896, que había privado un gran número de familias judías de sus ingresos.

En cuanto a los judíos del imperio Austrohúngaro, estos huían sobre todo del reclutamiento. En 1927, el célebre novelista Joseph Roth explicaba que el derecho de ciudadanía y la incorporación de los judíos en el ejército habían provocado en ellos tal temor que algunos habían preferido marcharse a Estados Unidos o bien automutilarse: "Es difícil hallar en el Este una familia judía que no tenga algún primo o algún tío en Norteamérica. Uno emigró un día hace veinte años. Huía del servicio militar. O desertó tras haber sido declarado apto. Si los judíos orientales no tuvieran tanto miedo, podrían vanagloriarse, y con razón, de ser el pueblo más antimilitarista del mundo. Durante largo tiempo, sus patrias, Rusia y Austria, no los consideraron dignos de hacer el servicio militar. Hasta que los judíos no obtuvieron la igualdad de derechos cívicos, no se vieron obligados a incorporarse a filas... Y cuando se les comunicó el gran honor de que les estaba permitido combatir, hacer la instrucción y caer en el

---

[29] Alexandre Minkowski, *Un juif pas très catholique*, Ramsay, 1980, p. 136

campo de batalla, la consternación se apoderó de ellos. Aquel que se acercaba a la edad de veinte años y gozaba de tan buena salud como para suponer que lo declararían apto, huía a Norteamérica. El que no tenía dinero se automutilaba. La automutilación cundió entre los judíos del Este unos decenios antes de la guerra. Aquellos a los que la vida del soldado atemorizaba grandemente se hacían cercenar un dedo, cortar los tendones de los pies y verter veneno en los ojos. Se convirtieron en tullidos heroicos, ciegos, cojos, contrahechos, se sometieron al más ingrato y feo de los sufrimientos. No querían servir. No querían ir a la guerra y caer en ella... No sólo era estúpido morir por un zar o por un emperador, sino que era un pecado el vivir lejos de la Torá y en contra de sus mandamientos. Era pecado comer carne de cerdo, llevar un arma en el Sabbat, hacer la instrucción, levantar la mano contra un hombre inocente y extranjero. Los judíos orientales fueron los pacifistas de temple más heroico. Padecieron por el pacifismo. Se convirtieron voluntariamente en tullidos. Nadie ha cantado todavía la gesta heroica de estos judíos.[30]"

El escritor austriaco Franz Werfel era otro de estos judíos "perfectamente integrados", pero que preferían escabullirse llegado el momento de la pelea. He aquí lo que escribía sobre él la periodista Françoise Giroud (Gourdji): "Movilizado en 1914 como suboficial de artillería, fue herido durante un permiso al saltar de un funicular. Condenado en un consejo de guerra por mutilación voluntaria, es enviado al frente ruso. Gracias a la intervención no solicitada de un miembro de la aristocracia, el conde Harry Kessler, que admira su poesía – siempre la famosa *Protektion* -, puede regresar a Viena donde es asignado al servicio de prensa del ejército. Una situación completamente descansada. Vive en el hotel Bristol y dispone de muchísimo tiempo libre [31]." Obviamente, este "gran escritor" había regresado vivo de la guerra. En cambio, no sabremos cómo el implacable polemista Karl Kraus - "el rey de Viena" - lograría alejarse del teatro de operaciones. Françoise Giroud nos decía simplemente que había escrito "una pieza de doce horas de duración después de una suspensión voluntaria durante la Primera Guerra mundial[32]."

El famoso escritor Stefan Zweig también había logrado escabullirse. A pesar de estar "perfectamente integrado", y ser "más austriaco que los austriacos", Stefan Zweig prefirió librarse del servicio nacional durante la Primera Guerra mundial, al igual que muchos de sus congéneres: "Desde el primer momento, en mi fuero interno me sentí seguro como ciudadano del mundo; más difícil me resultó encontrar la actitud idónea como ciudadano de una nación. Aunque había cumplido los treinta y dos años, de

---

[30] Joseph Roth, *Judíos errantes*, Acantilado 164, Barcelona, 2008, p. 103-104
[31] Françoise Giroud, Alma Mahler, Editorial Noguer, Barcelona, 1990, p. 161
[32] Françoise Giroud, Alma Mahler, Editorial Noguer, Barcelona, 1990, p. 68

momento no tenía ninguna obligación militar, porque en todas las revisiones me habían declarado inútil, algo de lo que en su momento me había alegrado de corazón...En todas las situaciones peligrosas, mi actitud natural ha sido siempre la de esquivarlas." Gracias a un buen "enchufe", el gran escritor tuvo la oportunidad de encontrar un "buen escondrijo", lejos, muy lejos del frente: "La circunstancia de que un amigo, oficial de alta graduación, trabajara en el archivo hizo posible que me emplearan allí."

Su amigo, el también escritor Rainer Maria Rilke tampoco estaba hecho para la lucha: "En Viena me había distanciado de los amigos de antes y no era el momento para hacer nuevas amistades. Mantuve algunas conversaciones únicamente con Rainer Maria Rilke, porque nos comprendíamos íntimamente. También a él conseguimos reclamarlo para nuestro solitario archivo de guerra, pues habría sido la persona más inútil como soldado a causa de sus nervios hipersensibles, a los que la suciedad, los malos olores y los ruidos causaban un auténtico malestar físico[33]."

Una escena de una de sus novelas titulada *Mendel, el de los libros*, publicada en 1929, era bastante reveladora de la verdadera identidad de Stefan Zweig. Durante la Primera Guerra mundial, su personaje Buchmendel tuvo que presentarse ante la Oficina de censura militar para presentar sus papeles: "No acababa de comprender. Demonios, que si tenía sus papeles, sus documentos. Y dónde. No tenía más que el carné de vendedor ambulante. El comandante alzó cada más las arrugas de la frente. Debía aclarar de una vez el asunto de su nacionalidad. Y, ¿qué había sido su padre, austríaco o ruso? Con toda calma, Jakob Mendel contestó que, naturalmente, ruso. ¿Y él?, Ay, él había pasado la frontera rusa de contrabando hacía treinta y tres años para no tener que prestar el servicio militar. Desde entonces vivía en Viena. El comandante se impacientó cada vez más. ¿Cuándo había obtenido la nacionalidad austríaca? ¿Para qué?, preguntó Mendel. Nunca se había preocupado por esas cosas. ¿De modo que seguía siendo ruso? Y Mendel, al que hacía rato que aquellas continuas preguntas le aburrían en lo más hondo, respondió con indiferencia: "La verdad es que sí"[34]."

Los judíos incorporados en el ejército ruso en 1915 no eran mucho más combativos. El gran escritor ruso, Aleksandr Solzhenitsyn citaba un testigo: "Durante las ofensivas, solían estar en la retaguardia; cuando el ejército se retiraba, estaban en la delantera. Más de una vez sembraron el pánico en sus unidades." Y añadía: "No se puede negar que los casos de espionaje y paso al enemigo no eran infrecuentes[35]."

---

[33] Stefan Zweig, *El mundo de ayer; memorias de un Europeo*, Acantilado 44, Barcelona, p. 118, 119, 122
[34] Stefan Zweig, *Mendel, el de los libros*, Acantilado, Barcelona, 2009, p. 40-41
[35] Alexandre Soljénitsyne, *Deux siècles ensemble, tome I,* Fayard, 2002, p. 532

Y estas inclinaciones fueron las mismas a lo largo de la Segunda Guerra mundial. Incluso cuando la guerra correspondía exactamente a los intereses de la comunidad, los judíos parecían apartarse de las zonas de hostilidades. "Una cosa era evidente, escribía Solzhenitsyn, expresando aquí el sentimiento general: no se les veía mucho en primera línea. Eran mucho más numerosos en los estados mayores de retaguardia, en la intendencia, en todo el cuerpo médico, en muchas de las unidades técnicas destacadas en retaguardia y, por supuesto, entre el personal administrativo, los chupatintas de toda la maquinaria propagandística, incluidas las orquestas itinerantes de espectáculos de variedades y las compañías de artistas para el frente[36]."

Se sabe que unos 200 000 soldados judíos perecieron en las filas del ejército rojo durante el conflicto. Pero en proporción, esta cifra era cuatro veces inferior a la del resto de soldados soviéticos. El "mito" del judío "escondido" en Tashkent, la capital de Uzbekistán, una ciudad donde se vivía bien, probablemente tenía alguna base en la realidad[37].

Otra solución, mucho más corriente, consistía en corromper a los funcionarios. Es lo que decía Joseph Roth respecto de los judíos del imperio Austrohúngaro: "En todo caso se sobornaba a los médicos militares. Montones de médicos militares se enriquecieron, abandonaron el ejército y dieron paso a un ejercicio privado de su profesión, que, en parte, consistía en gestionar sobornos." Evidentemente, la maniobra presentaba algunos riesgos y Joseph Roth escribía: "¿Cabe sobornarlos? ¡Como si el soborno fuera cosa fácil! ¿Sabe uno si el soborno no acarreará un tremendo proceso que finalice en la cárcel? Lo único que se sabe es que todos los funcionarios son sobornables. Mejor dicho: que todos los hombres son sobornables. La sobornabilidad es una característica de la naturaleza humana [Roth generalizaba su propio caso, nda]. Pero lo que nunca puede saberse es cuándo alguien confesará su sobornabilidad, o si lo hará. Es imposible saber si el funcionario que ha tomado ya dinero diez veces, no te denunciará a la undécima simplemente para demostrar que las diez veces anteriores no lo tomó, y así poderlo tomar otras cien[38]."

Mark Zborowski defendió el mismo discurso en su gran estudio sobre las comunidades judías de Europa del Este: "Saben por experiencia que los goyim entienden el valor del dinero, por lo que el sistema de sobornos es el coadyuvante normal de las transacciones con los funcionarios públicos.

---

[36] Alexandre Soljénitsyne, *Deux siècles ensemble, tome II*, Fayard, 2002, p. 391
[37] Léase por ejemplo los testimonios de Marek Halter y Samuel Pisar en *Las Esperanzas planetarianas*. "En aquel momento la URSS era el único país dispuesto a aceptar a refugiados judíos, aunque mandaba la mayoría de ellos a sus regiones asiáticas.» Shlomo Sand, *La invención del pueblo judío*, Ediciones Akal, 2011, p. 13.
[38] Joseph Roth, *Judíos errantes*, Acantilado 164, Barcelona, 2008, p. 104, 110

El shtétlj hace suya una teoría muy extendida en Europa del Este: un buen funcionario es aquel al que se puede sobornar[39]."

Nahum Goldmann, el "patriota" alemán, explicaba otro subterfugio que permitía a algunos judíos librarse del servicio militar: "Una ley eximía del servicio a los hijos únicos. En las comunidades judías, el registro civil lo llevaba el rabino. En mi familia, mi abuelo se llamaba Leibman, mi padre Goldmann y mi tío Szalkowitz[40]."

Jacques Le Rider, un historiador judío especialista de la literatura de Europa central presentaba otro tipo de "acusación" contra los judíos de aquella época: "Hasta 1916, las autoridades de los Habsburgo, deseosas de mantener a toda costa la cohesión de la monarquía, censuraban las opiniones susceptibles de exacerbar las tensiones entre nacionalidades, así como las abiertamente antisemitas. Por ejemplo, la polémica lanzada en 1916 por los antisemitas contra los judíos del Este, en particular los galitzianos, que eludían sus obligaciones militares escudándose en estudios para convertirse en rabinos, no fue recogida por la administración civil ni militar...Sin embargo, a partir de 1917, la censura se relajó en lo que respecta a los artículos antisemitas, y se convirtió en algo habitual ver cómo se llamaba a los judíos "aprovechados de la guerra", cómo se acusaba a los médicos militares judíos de dar un trato preferente a los heridos judíos mientras se devolvía al frente a los heridos no judíos, etc. El estallido de antisemitismo alcanzó su punto álgido en 1918, con los judíos siendo utilizados ahora como chivos expiatorios, supuestamente culpables de todas las calamidades que se abatían sobre Austria[41]."

En la misma línea, Aleksandr Solzhenitsyn mencionaba aquel desagradable "caso de los dentistas" que había estallado en Rusia en 1913. Estos eran "mayoritariamente judíos": "Se había montado una auténtica fábrica de diplomas de dentista, que inundó Moscú. Poseer estos diplomas les daba derecho a residir permanentemente y les eximía del servicio militar. Algunos centenares de falsos dentistas fueron condenados a un año de prisión, pero gracias a la intervención de Rasputín, fueron indultados". Según un tal Simanovitch, Rasputín "se había convertido en amigo y benefactor de los judíos"; "Muchos jóvenes judíos suplicaban su ayuda para escapar del ejército[42]."

En el imperio ruso, los judíos podían ser reclutados por la fuerza en el ejército. Jacob Brafman (1825-1879) fue, en 1869, el autor del *Libro del Kahal* (*Kniga Kagala*), publicado por el gobierno ruso, en el que

---

[39] Mark Zborowski, *Olam*, 1952, Plon, 1992, p. 218. Shtétlj: pueblo o aldea judía de Europa oriental.
[40] Nahum Goldmann, *Le Paradoxe juif*, Stock, Paris, 1976, p. 25
[41] Jacques Le Rider, *Arthur Schnitzler*, Belin, 2003, p. 216, 217
[42] Alexandre Soljénitsyne, *Deux siècles ensemble, tome I*, Fayard, 2002, p. 548

denunciaba las acciones secretas de los judíos en Rusia. En 1875, publicó *Las Hermandadas judías universales (Les Confréries juives universelles)*. Informaba detalladamente cómo esos grupos "reunían a todos los Judíos desperdigados en la Tierra en un solo cuerpo poderoso e invencible[43]."

El historiador judío Leon Poliakov nos dejó el siguiente pasaje sobre este Jacob Brafman en su *Historia de las crisis de identidad judías*, publicado en 1994: "Es cierto que tenía ciertos motivos para estar resentido con su comunidad de origen, que tenía su sede en Klesk, en un pueblo bielorruso, escribía Poliakov. Las comunidades debían proporcionar un cupo de adolescentes judíos, los cantonistas, para realizar un servicio militar durante un periodo de 25 años. Antes se les bautizaba y se les daba un nuevo apellido, normalmente de consonancia rusa. Como es comprensible, las familias judías temían esta obligación por encima de todo y, en la mayoría de los casos, las familias ricas enviaban en su lugar a hijos de familias pobres. Había incluso secuestradores profesionales, los "*Khappers*", a los que se pagaba para que entregaran a las autoridades a los adolescentes desfavorecidos. Jacob Brafan había sido entregado así por su comunidad, pero había logrado escapar de los *Khappers*. Se bautizó y se convirtió en el censor oficial de todos los libros judíos publicados en el Imperio ruso. Su celo antijudío era formidable."

El famoso actor estadounidense Kirk Douglas era un judío originario de Rusia. Su padre Herschel era un pobre trapero, aunque era físicamente impresionante: "Hacía saltar chapas de las botellas y trituraba vasos con los dientes, escribía Kirk Douglas en sus memorias; iba de bar en bar con una barra de hierro, apostando tragos a que era capaz de doblarla a mano limpia, y lo hacía; que nadie lograba vencerlo en lucha libre. Con toda probabilidad era el judío más duro y fuerte de nuestra ciudad." Pero cuando hubo que luchar contra los japoneses, prefirió hacerse a la mar: "Herschel Danielovitch nació en Moscú alrededor de 1884 y huyó de Rusia hacia 1908 a fin de evitar que lo reclutara el ejército para luchar en la guerra rusojaponesa[44]."

Vean también lo que nos contaba el economista y ensayista liberal Guy Sorman. Su padre había nacido en Varsovia, ciudad polaca bajo soberanía zarista: "Se marchó en 1917 para evitar el reclutamiento y tener que elegir entre el ejército ruso y alemán. Huyó a la cosmopolita Berlín[45]."

Tras la guerra franco-prusiana de 1870, algunos se preguntaron acerca del papel que los judíos habían desempeñado durante aquellos acontecimientos, y podemos comprobar que tampoco tenían en aquella época la reputación de ser unos soldados excepcionales; no era su especialidad, por decirlo de

---

[43] Léon Poliakov, *Histoires des crises d'identités juives*, Austral, 1994, p. 163
[44] Kirk Douglas, *El hijo del trapero* (1988), Cult Books, *2021*, p. 21, 17
[45] Guy Sorman, *Le Bonheur français*, Fayard, 1995, p. 12

alguna manera. *L'Illustration*, un antiguo semanal de reconocida fiabilidad, aportaba esta descripción en su ejemplar del 27 de septiembre de 1873: "El judío ha sido la calamidad de la invasión. Mientras dura la batalla, el judío se queda atrás. Teme los golpes. Pero una vez que el enemigo ha huido y el campo de batalla está libre, el judío acude corriendo. Allí es amo y rey. Todos estos cadáveres le pertenecen. No en vano los soldados se refieren a él con el característico nombre de cuervo. Con toda tranquilidad, despoja a los muertos, yendo de grupo en grupo. Todo lo que busca es oro. A veces se oye un gemido. Es un herido suplicando auxilio, pero el cuervo no tiene tiempo de sobra para detenerse en tales naderías. ¿No tiene una misión que cumplir? No le basta solamente con robar, es además un espía. Es el cuervo quien, tras la batalla perdida, llevará al Cuartel General todos los papeles encontrados en los oficiales superiores. A veces, cuando lo atrapan, fusilan al judío. Traiciona a los alemanes de la misma manera que espía a los franceses; en el futuro, se quedará con la información de ambos bandos y el negocio será tanto más lucrativo[46]." Este relato era otra manifestación de esta ambigüedad que anida en el corazón mismo de la identidad judía.

Martin Gray, en su biografía titulada *En nombre de todos los míos*, contó que, tras la Segunda Guerra mundial, cuando emigró a Estados Unidos, también se había negado a hacer su servicio militar y combatir en Corea, "en una guerra que no era la mía." Se las ingenió de todas las formas, pretextó que debía viajar a Europa a visitar a su familia: "Volví a empezar mis gestiones; importuné a los políticos; fui a las oficinas de reclutamiento, a los servicios de pasaportes; deposité peticiones, súplicas, protestas; pedí la reunión de una comisión especial; juré que me tumbaría en la entrada del edificio, que, si fuera preciso, moriría allí[47]."

Daniel Cohn-Bendit, el antiguo líder anarquista de la revuelta de mayo del 68 y eurodiputado ecologista, explicó a su vez cómo había conseguido librarse del servicio militar. En 1958, el joven Daniel tuvo que elegir entre la nacionalidad alemana o francesa. "El argumento determinante", escribía, había sido un decreto del muy derechista ministro de Defensa alemán Franz Josef Strauss que autorizaba a los niños judíos, si así lo deseaban, a negarse a hacer el servicio militar: "Era para permitir a los judíos que volvían a Alemania hacer el servicio militar en Israel, comentaba Cohn-Bendit. "Perfecto, concluyó mi padre, adoptas la nacionalidad alemana y te libras del ejército". ¡Escapar del ejército! No lo dudé: me hice alemán por utilitarismo y antimilitarismo[48]."

---

[46]Texto reproducido en ¡*Je vous hais!* (dixit León Blum), abril de 1944, p. 52. Sobre los cadáveres en los campos de batalla, léase *Las Esperanzas planetarianas* en la nota a pie de página.
[47]Martin Gray, *En nombre de todos los míos*, Plaza & Janés, Barcelona, 1973, p. 339
[48]Daniel Cohn-Bendit, *Quand tu seras président*, Robert Laffont, 2004, p. 117

Esta mentalidad la encontramos también frecuentemente en los judíos sefardíes de la cuenca mediterránea. El doctor Georges Valensin, "nacido en el seno de una importante comunidad judía de Argel", escribía sobre sus congéneres sefardíes, citando siempre las fuentes: "La falta de entusiasmo por portar armas parece haber sido especialmente marcada entre los judíos mediterráneos. En 1908, los jóvenes Turcos que habían tomado el poder querían obligar a los ciudadanos israelitas a hacer el servicio militar; muchos abandonaron el país... En Túnez, la colonia francesa se escandalizó en 1918 por las ruidosas manifestaciones de alegría de los militares judíos que acababan de ser desmovilizados." Y este estado de ánimo también se daba en Estados Unidos: "Cuando los Estados Unidos entraron en la Primera Guerra Mundial, hubo una campaña dirigida principalmente por judíos en contra del servicio militar obligatorio y tenían la reputación de ser fácilmente eximidos del servicio. En Brooklyn, un orador los acusaba directamente: "Hay tres etapas en la vida de un joven judío: el nacimiento, la comunión a los 13 años [*bar-mitzvah*, ndt] y la exención a los 21"."

El doctor Valensin añadía: "Las razones que explicaban la reticencia a tomar las armas eran sobre todo culturales; una madre judía se preocupaba por su hijo, le prevenía contra el menor peligro físico y le aconsejaba que huyera de los golpes de los muchachos extranjeros en lugar de responder a ellos; se educaba en la no violencia y se despreciaba al militar, hombre de asesinatos. Para el abate Maury, que se oponía a la emancipación de los judíos en la época de la revolución, éstos no podían ser buenos soldados a causa del descanso sabático, que les obligaba a la inacción total; citaba al historiador Flavio Josefo en apoyo de su argumento: habían permitido la conquista de Jerusalén para no luchar el día de Sabbat[49]."

Georges Valensin precisaba sin embargo que los judíos podían combatir con mucho ardor cuando entraba en juego los intereses del pueblo judío: "La historia antigua y reciente ha demostrado que los judíos pueden llegar a ser buenos soldados cuando se identifican con la causa por la que luchan. La revuelta macabea contra los Ptolomeos, y más tarde contra los romanos y otros opresores, fueron famosas en los anales del valor... Cuando Estados Unidos luchó en Vietnam, casi todos los israelíes se las arreglaron para no participar. Pero muchos de los mismos quisieron alistarse en Israel durante la Guerra de los Seis Días. El contraste impresionó a los estadounidenses."

Todas estas informaciones nos llevan a pensar que los judíos franceses, contrariamente a lo que se intenta hacernos creer, no fueron quizás tan heroicos como se dice durante la Primera Guerra mundial. En realidad, la

---

[49]Georges Valensin, *La Vie sexuelle juive*, Les Éditions philosophiques, 1981, p. 131-135

exposición permanente en París que rinde homenaje a su sacrificio nos parece bastante sospechosa.

Lean si no lo que nos decía Pierre Birenbaum acerca del valor guerrero sin parangón de los judíos en defensa de la patria invadida: "La Gran Guerra dio lugar a constantes muestras de patriotismo y muchos rabinos cayeron en el campo de batalla. Los servicios religiosos subrayaban el arraigado apego a la nación francesa, por la que tantos soldados judíos hicieron el sacrificio supremo[50]."

Esta afirmación es desmentida por la opinión generalmente aceptada. Recordemos las palabras de Jean-Paul Sartre mencionando una opinión común que le indignaba: "Si se ha creído establecer que el número de soldados judíos era, en 1914, inferior al que debió ser, fue porque se tuvo la curiosidad de consultar las estadísticas[51]."

Con sus 1700 hombres caídos "por Francia" entre 1914 y 1918, el número de judíos fue en realidad cuatro veces inferior en proporción al de los franceses autóctonos. Pero esto no impidió que nuestros amigos construyeran en Verdún un monumento funerario fuera de proporción, pues éste debe medir al menos ocho metros de alto sobre veinticinco de largo. En comparación, el osario de los soldados cristianos debería por lo menos alcanzar los cuatro kilómetros de altura. Si pudiésemos medir la desfachatez y la impudencia – la ya muy famosa *chutzpah* judía – esa sería probablemente la cifra que habría que retener. Recordemos también esos dos cascos perforados de *poilus*[52] expuestos en una vitrina del museo del Ejército en París. Uno perteneció a un Dupont cualquiera, pero el otro – y esto es lo más significativo – pertenecía al soldado "Lévy". ¡Es la magia de las etiquetas!

La disimulación

Los judíos llevan mucho tiempo acostumbrados a revestir los ropajes de los pueblos donde se asientan. Hablan su lengua sin acento, adoptan en apariencia los usos y costumbres locales y se declaran "extremadamente patriotas". Sin embargo, viven en un universo propio que nada tiene que ver con el de los goyim.

Desde hace siglos, los judíos han vivido de esta forma bajo una identidad prestada, revistiendo de día la identidad de los autóctonos del país de acogida, y por la noche la de judío. En España, en 1492, Isabel la Católica

---

[50] Pierre Birenbaum, *Prier pour l'Etat, les Juifs, l'alliance royale et la démocratie*, Calmann-Lévy, , p. 113, 114
[51] Jean-Paul Sartre, *Reflexiones sobre la cuestión judía*, Ediciones Sur, Buenos Aires, 1948, p. 13
[52] Soldados franceses de la Primera Guerra mundial en argot popular. (NdT).

les había dado a elegir entre convertirse al cristianismo o abandonar el territorio. Los judíos que habían preferido permanecer se habían convertido en buenos católicos. Pero no hizo falta mucho tiempo a los españoles para darse cuenta de que seguían judaizando en secreto. Después de varios siglos, todavía subsistían pequeñas comunidades de marranos, buenos católicos, pero únicamente en apariencia[53].

En Francia, tuvimos un alto dignatario de la Iglesia, el cardenal-arzobispo Jean-Marie Lustiger, que fue un excelente ejemplo de la disposición de algunos judíos a la disimulación. Se había convertido en 1940, poco antes de la invasión alemana. Esto respondía a Marek Halter en 1995: "En cuanto al estado civil, mi nombre sigue siendo Aaron. No es ningún secreto en Orléans de que soy judío, donde estuve durante la guerra."

Sus papeles falsos, que le había proporcionado un alcalde de la zona de Orléans, establecían su apellido, Lustiger, y le inventaban un nuevo nombre de pila, Jean-Marie. "A pesar de que sus papeles estaban en regla, mi padre fue descubierto, y yo también, contaba. Fue entonces cuando huimos a Tolosa". Jean-Marie Lustiger, convertido en un buen católico, llegó a ser más tarde cardenal-arzobispo de París, y fue gracias a estas vestiduras que pudo predicar a los fieles un nuevo tipo de doctrina católica.

En su obra titulada *La Promesa*, el cardenal Lustiger denunciaba el antisemitismo: "El antisemitismo cristiano no se plantea como un problema particular de racismo entre otros más, sino en verdad como un pecado - un pecado cuya enormidad es indicativa de una profunda infidelidad a la gracia de Cristo[54]."

Con motivo de la muerte del cardenal Lustiger, el diario *Le Monde* del 8 de agosto de 2007 publicó un artículo del antiguo presidente del Crif (Consejo Representativo de las Instituciones judías de Francia), Théo Klein: "Ya era cardenal y arzobispo de París cuando le conocí, afirmaba Theo Klein. Fui invitado como recién elegido presidente del Crif y tenía mucha curiosidad por conocer a esta personalidad inverosímil - Jean-Marie, pero todavía Aaron Lustiger-, este hijo de Polonia que reivindicaba su judeidad, ascendido de repente a la sede episcopal más importante de Francia."

Nos enterábamos de que el cardenal Lustiger acudía todos los años a la sinagoga de la calle de la Victoria (*rue de la Victoire, Paris*) para asistir a la oración en memoria de los deportados judíos. "A lo largo de los años, escribía Theo Klein, nuestras relaciones se han profundizado y nuestros encuentros se han multiplicado... Me di cuenta entonces de que nunca había

---

[53]Véase también el caso de los Donmehs en Turquía (falsos musulmanes) en nuestro largo capítulo sobre la "plasticidad" en *Psicoanálisis del judaísmo*. [Y sobre los marranos españoles y portugueses léase además en *Historia del antisemitismo* (2010), NdT.]

[54] Marek Halter, *La Force du Bien*, Robert Laffont, 1995.

abandonado la Iglesia de Jerusalén de la que me había hablado. Para él, el Padre al que Jesús se refería, era efectivamente el Padre de quien Moisés, en el Sinaí, había recibido la Palabra y cuya acogida él, Aaron Jean-Marie, esperaba."

El sepelio de Aaron Lustiger tuvo lugar el 8 de agosto del 2007 en la catedral Nuestra Señora de París. En la apertura de la ceremonia religiosa, en la plaza de la catedral, el primo del cardenal, el historiador Arno Lustiger, leyó el *kaddish*, el rezo judío para los difuntos, y este fue seguido por un mensaje de la familia. "Esta lectura del *kaddish* fue uno de los últimos deseos de mi primo", explicaba Arno Lustiger. "Me lo dijo cuando fui a verle por última vez. "Nací judío y sigo siendo judío", nos repetía siempre."

Arno Lustiger había escrito en 1991 un libro sobre la guerra civil española (*¡Shalom Libertad!*), en el que exaltaba la lucha de esos miles de judíos que se habían alistado en las Brigadas internacionales[55]. Muchos de ellos eran comunistas de tendencia trotskista. Y la especialidad de los trotskistas, como es bien sabido, es infiltrase en las organizaciones enemigas para subvertirlas mejor.

Los judíos adoptan los usos y costumbres de los pueblos en medio de los cuales viven, pero conservando interiormente su identidad judía.

El caso del célebre presentador de televisión Michel Drucker es otro ejemplo ilustrativo de los "marranos[56]". Michel Drucker, en efecto, era un buen católico, al menos en apariencia. *Le Figaro* del 19 de septiembre del 2007 nos presentaba un retrato de la estrella de la pequeña pantalla a raíz de la publicación de su autobiografía. Nos informaba de que había sido bautizado por voluntad de su padre. "Este antiguo deportado intentaba ser más francés que los franceses. Mi madre, añadía Drucker, estaba en contra. Decía que no se podía ser bautizado con un padre llamado Abraham. Le hubiera gustado tener nueras judías." Drucker era hijo de un judío rumano y de una judía austriaca llegados a Francia en los años 30 y naturalizados en 1937. "Oía hablar yiddish o alemán en casa", nos informaba el diario. Con la edad, el presentador "regresa a sus raíces y asume cada vez más sus orígenes judíos, que durante mucho tiempo había, si no negado, al menos ocultado... "Sé de dónde vengo, confesaba, y, con los años, me acerco cada vez más a quién soy realmente"."

El presidente de la República francesa elegido en el 2007, Nicolas Sarkozy, era también otro buen católico. El semanal *Le Point* del 15 de noviembre del 2007 había publicado un artículo acerca de sus lazos de amistad con Patrick Balkany, el alcalde de Levallois. El periodista del semanal, "Saïd Mahrane", escribía: "Entre el presidente y el alcalde de

---

[55] Léase en *El Fanatismo judío*. Casi un tercio de los brigadistas internacionales eran judíos.
[56] *Marrane* en francés. NdT.

Levallois-Perret existe una amistad de más de treinta años." Saïd Mahrane citaba a continuación a Balkany: "Nuestros orígenes húngaros nos han indudablemente acercado." Un simpatizante se burlaba amablemente de sus ídolos: "Cuando está con Sarko, ¡parecen Robert de Niro y Joe Pesci!" - dos célebres actores conocidos por sus papeles de gánsteres en las películas de cine. Saïd Mahrane tenía sin embargo interés en poner los puntos sobre las íes: "Que se sepa, escribía el periodista, Balkany no es de origen corso ni italiano. Puede dar la impresión de haber nacido bajo el sol, pero su nombre se escribe con "i griega", como Sarkozy. Una grafía que lleva con orgullo: "Mi apellido es húngaro", declaraba Balkany. Soy hijo de inmigrantes y ¡estoy orgulloso de serlo! Eso es todo." Saïd Mahrane, por su parte, probablemente valoraba mucho la "h" de su apellido. De lo contrario, podríamos haber pensado que él también era un judío que actuaba detrás de una máscara, como un "marrano", precisamente.

Como sabemos, Balkany había conocido algunos sinsabores a causa de la justicia francesa. El 28 de julio de 1999, el Tribunal de cuentas regional de Isla-de-Francia (región parisina) le había condenado por haber empleado durante tres años tres agentes municipales de Levallois para su servicio personal. Tras el veredicto, tuvo que reembolsar el montante íntegro de los salarios, unos 523 897 euros. El mismo año, declaraba ser, según el periodista Saïd Mahrane, "el hombre más honesto de la tierra." Un poco como Saïd Mahrane en definitiva.

Ferdinand Lasalle fue uno de los fundadores históricos del socialismo alemán en el siglo XIX. En los años 1860, había emprendido una carrera de agitador político, viajando por todo Alemania. Haciendo discursos y escribiendo panfletos con el objetivo de sensibilizar y organizar la clase obrera. Provenía de una familia muy prospera de Breslau (Wroclaw). He aquí lo que el novelista "inglés" Israel Zangwill escribía en 1898 acerca de su padre y de su cuñado, un tal Friedland:

"Tras abandonar Berlín para dirigirse a Praga, donde había obtenido la concesión del gas, Friedland, gracias a su desbordante hospitalidad y al cuidadoso disimulo de su origen judío, consiguió colarse entre familias bien nacidas de alta posición social, incluso en las más altas esferas de los círculos gubernamentales. La víspera de recibir a la élite de Praga para cenar, el viejo padre Lassalle acudió inesperadamente a visitar a su hija y a su yerno. Cada uno tras otro le rogó que no revelara que eran judíos. Molesto, el anciano no respondió. Cuando todos los invitados estuvieron sentados, el viejo Lassalle se levantó para hablar. Una vez obtenido el silencio, les preguntó si eran conscientes de que estaban sentados a una mesa judía.

- Es mi deber informarles de que soy judío, de que mi hija es judía y de que mi yerno es judío. Me niego a que un engaño me haga merecedor del honor de cenar con ustedes.

Los invitados bien educados aplaudieron al anciano, pero el señor de la casa, pálido de confusión, nunca se lo perdonó[57]."

A fin de disimular mejor, los judíos también tienen por costumbre cambiar de apellido, o más bien transformar su apellido de origen para darle una sonoridad más local y reconocerse entre ellos. Albert Memmi, un intelectual judío bastante conocido en Francia en la segunda mitad de siglo XX, había escrito sobre este tema: "Davidovitch se contenta con transformarse en David o Davideau, Vassilovitch en Vassile, Taïeb en Taié, etcétera. Al final de la guerra había suficientes como para dar pie a una broma: a estos mal disfrazados se les llamaba "los mutilados del apellido"." Y Albert Memmi añadía: "A veces el maquillaje es muy elaborado, a veces es superficial, pero casi siempre es maquillaje y no una transformación real. Aaron se convierte en Nora: es una inversión equivalente, apenas un disfraz. Nussembaum pasa a ser Dunnoyer, Bronstein se convierte en Rochebrune y Swartzstein, Rochenoire: nada de esto es arbitrario ni complicado: es una simple traducción. A menudo, las traducciones son muy aproximadas[58]."

Los judíos aman mantener el secreto. Pero si uno se para a pensar, estas disposiciones son naturales en ellos puesto que tienen muchas cosas que ocultar. Lo que escribió André Spire en 1928, sobre el abuelo materno del escritor Marcel Proust, era muy revelador de esa mentalidad dada a la conspiración: "Su abuelo judío, aquel amable anciano, que como muchos judíos franceses que habían hecho fortuna bajo Luis Felipe y Napoleón III, sentía pasión por el teatro, se sabía de memoria un gran número de óperas y operetas, y tenía la costumbre de canturrearlas en cuanto se presentaba la ocasión. Así, cuando veía llegar a casa a su nieto con un nuevo amigo que creía judío, tarareaba entre dientes el aire de la Judía: "¡O Dios de nuestros padres!", o "Israel, rompe tus cadenas". Cuando el amigo tenía un apellido que no era judío, como Dumont, por ejemplo, murmuraba: "¡Oh, oh! ¡Desconfío!" y luego susurraba: "¡Arqueros, en guardia! Vigilad, en silencio y sin descanso." Y cuando, tras un hábil interrogatorio, estaba seguro de los orígenes secretos judíos del recién llegado, susurraba: "¡Sí, soy de la raza elegida! Luego, mirando a su nieto con malicia, decía: "¡De este tímido israelita, guiad los pasos aquí[59]!"

El célebre actor estadounidense Kirk Douglas había nacido en 1916 en Ámsterdam, en el Estado de Nueva York. Sus padres habían tomado como apellido el nombre del hermano mayor de su padre, "Demsky". Kirk Douglas, cuyo nombre completo de nacimiento era Issur Danielovitch, se convirtió entonces en Issur Demsky antes de llamarse Kirk Douglas, el

---

[57] Israël Zangwill, *Rêveurs de ghetto, tome II*, Éd. Complexe, 2000, p. 159
[58] Albert Memmi, *Portrait d'un juif II*, Gallimard, 1966, p. 31
[59] André Spire, *Quelques juifs et demi-juifs*, Grasset, 1928, p. 55, 56

nombre y apellido de actor que tomó y oficializó: "No sabía que estaba adoptando un nombre tan escocés."

Kirk Douglas se había enfrentado desde temprana edad al antisemitismo: "Había muy pocos judíos en la ciudad de Ámsterdam", escribía. No significaban ninguna amenaza. Creo que en En Eagle Street sólo había dos familias judías, contando la nuestra. Sin embargo, odiaban profundamente a los judíos. Los chicos no tenían la culpa. ¿Qué dicen los padres cuando están cenando con sus hijos pequeños? ¿Qué observaciones hacen acerca de "esos judíos" …? A menudo, más adelante, me encontré hablando con gente que no creía que fuera así, pero les oí decir cosas como "Es un judío con los precios". Lo habían aprendido de sus padres... Hubo una época en que si alguien me preguntaba si lo era, tragaba saliva y respondía: "soy medio judío" … Ser medio judío no me parecía tan malo como ser del todo judío. ¡Qué tristeza[60]!"

En 1934, mientras era todavía estudiante en arte dramático, intentó conseguir trabajo en hoteles de la región, pero cosecho varios rechazos. Comprendió entonces que debía ocultar sus orígenes: "Me presenté como Don Dempsey. Me dieron trabajo... La mujer que dirigía el hotel era atractiva y yo le caí bien. Solía confesarme que los judíos tenían algo que ella no soportaba; era capaz de detectarlos en un segundo, cualquiera que fuese su nombre o su aspecto. Despedían un olor especial... A medida que culminaba la temporada, la propietaria fue interesándose más por mí. Yo había tratado de mantener las distancias. La noche anterior al cierre del hotel, mi patrona fue más atenta que nunca. Sugirió que tomáramos una copa de despedida en su habitación. Mientras subía las escaleras tuve plena conciencia del final de temporada que ella había planificado. Habló de mi vuelta el verano siguiente. Pensé en todas las cosas que le había oído decir: "Hitler tiene razón, hay que destruir a los judíos", "Jamás un judío pisará este hotel". Después de unos tragos, terminamos en la cama. Es extraño lo afrodisíaco que puede ser el odio. Mi aborrecimiento se convirtió en una tremenda erección y empujé mi pene en su interior. Ella estaba húmeda y preparada para recibirme, sumamente apasionada en sus gemidos y quejicos. Me cercioré de que a pesar de tantos sonidos me oyera con toda claridad cuando le dije al oído: - En tu interior hay una picha judía circuncidada. ¿Piensas que te contaminarás? ¿Qué morirás contagiada? Soy judío. ¡Te está follando un judío! - eyaculé. Ella no pronunció palabra; respiraba pesadamente y seguía tumbada cuando salí de la habitación[61]."

Evidentemente, la ambigüedad identitaria del judaísmo, el mimetismo judío, predisponen los miembros de la "comunidad" a trabajar como espías.

---

[60]Kirk Douglas, *El hijo del trapero* (1988), Cult Books, *2021*, p. 67, 32, 33
[61]Kirk Douglas, *El hijo del trapero* (1988), Cult Books, *2021*, p. 44-45

Los casos de espionaje que implican a judíos no escasean, ni mucho menos[62]. Véase por ejemplo este caso que hallamos en *El Testamento de un antisemita*, publicado por Edouard Drumont en 1891, unos años antes de que estallara el famoso caso Dreyfus[63]: "Michel, el empleado del Ministerio de la Guerra, que fue guillotinado en la plaza de Grève en 1812 por haber entregado los planes de las operaciones militares al embajador ruso, era judío. El oficinista encargado de llevar cada quince días a la encuadernación un informe general de la situación de todas las armas y que entregaba este informe a Michel, se llamaba Mosé, y el empleado encargado de las revisiones, cuya complicidad había sido confirmada, se llamaba Salomon. Glaser, el espía alemán, también era judío. Tuvo el valor de permanecer durante muchos años en un empleo menor en los Ferrocarriles del Norte, para mantenerse al corriente de los más pequeños detalles, y durante la guerra de 1870 llegó a ser Director General de los Ferrocarriles Alemanes en el Norte de Francia. El teniente coronel Schmidt, ahorcado hace unos meses en Rusia por vender a Inglaterra documentos relativos a la flota rusa, era de origen judío. Los rusos, además, han conservado las buenas costumbres de Napoleón a este respecto, y no se contentan con medias tintas. Los rusos desconfían de los judíos como de la peste y no les permiten merodear por sus áreas de operaciones militares[64]."

El famoso e inigualable cazador de nazis Simon Wiesenthal también nos había narrado la historia de Alex, "grande, rubio-rojizo", con ojos claros, cuyo padre era judío, el abuelo rabino y la madre católica. Alex había sido criado en la fe católica. A raíz de las leyes raciales del III Reich, fue declarado medio-judío, un "*Hatbjude*". El mejor amigo de sus padres era un goy, un médico muy famoso en Viena y amigo íntimo de su padre desde la Universidad. Decidieron entonces que la madre de Alex iría a confesar a las autoridades que su verdadero progenitor era aquel "tío", para que Alex fuese reconocido como Ario. Además de proteger a su padre, Alex pudo alistarse en las Waffen SS: "Fue idea de tío Franz, y estuve de acuerdo." Después de la guerra, en 1958, Alex, que formaba parte de un grupo de *Kameradschaft*, se entrevistó con Simon Wiesenthal: "No me basta. Para los judíos yo seguiré siendo un maldito SS, para los demás yo seré siempre "un asqueroso judío". Si he de ser franco, he de aceptar ser siempre el eterno enemigo, el malo. - Voy a decirle por qué he venido a verle, Herr

---

[62]Léase en *Psicoanálisis del judaísmo y El fanatismo judío*.
[63]El caso Dreyfus tuvo como origen una sentencia judicial de corte supuestamente antisemita, sobre un trasfondo de espionaje y antisemitismo, en el que el acusado fue el capitán Alfred Dreyfus de origen judío alsaciano, y que, durante doce años, de 1894 a 1906, conmocionó a la sociedad francesa de la época, marcando un hito en la historia del antisemitismo. (NdT)
[64]Edouard Drumont, *Le Testament d'un antisémite*, 1891, p. 98

Wiesenthal. Yo me siento judío, y para mí y para usted, yo soy judío. Pero para el mundo yo podría seguir siendo un SS y ayudarle en su trabajo". Un día, en medio de una de sus misiones de infiltración, Alex le dijo a Wiesenthal: "Me gustaría volver a ser judío oficialmente, para el mundo entero, ya que es lo más auténtico." Y Wiesenthal escribía: "No me sorprendió nada. Le contesté que sí, que era lo suyo y que lo había demostrado, pero le dije también que todavía podía hacer algo más por nosotros si seguía siendo por un tiempo "uno de ellos"[65]."

Hallamos este mismo desarraigo identitario en la película de Agneska Holland, *Europa, Europa* (Francia-Alemania, 1990): Para huir del avance nazi, Sally Perel, un adolescente judío, abandona su familia y se refugia en un orfanato soviético. Cuando los alemanes invaden la URSS, se hace pasar por ario. Se convierte entonces en la mascota del regimiento y es enviado a una escuela nazi donde debe ocultar su judeidad. Tras la invasión de Berlín, logra librarse por los pelos del pelotón de ejecución y se marcha a vivir a Israel.

En *En nombre de todos los míos*, Martin Gray presentaba otro buen ejemplo ilustrativo de la plasticidad identitaria del judaísmo. Narraba sus tráficos dentro del gueto de Varsovia durante la guerra: "Salía tan pronto como terminaba el toque de queda...Varias veces al día atravesaba el muro en los dos sentidos: arriesgaba mi vida varias veces al día. Pero vivía, libre... Ya tenía contactos, enlaces, hábitos, proveedores oficiales en la Varsovia aria. También tenía papeles falsos: un salvoconducto que me había salvado ya una vez. Certificaba que vivía en el lado ario y que era un joven polaco de buena raza. Hace frío, pero llevaba abierto el cuello de la camisa: se distinguía una pequeña cadena de oro y una medallita de la Virgen María. Por la noche estudiaba la misa en latín y las principales oraciones: mi vida podía depender de aquellas pocas palabras que iba repitiendo."

Sus cómplices eran unos polacos bastante toscos: "Les pagaba bien, bebían, se atiborraban de comida como nunca lo habían hecho." Al cabo de cierto tiempo, se convirtió en su jefe: "Podía tener sujetos a aquellos hombres sólo por lo que les daba y por la estima que pudieran tenerme, no por el miedo que pudiera inspirarles...Tenía que gobernar aquella banda por la astucia, el interés y la amistad, no por el miedo[66]."

A continuación, consiguió falsos documentos de identidad. A partir de ahora se llamaría Schmidt: "Entonces me convertí en simulador y

---

[65] Simón Wiesenthal, *Los asesinos entre nosotros*, (pdf) Editorial Noguer, Barcelona, 1967, p. 98, 100, 101. *El Orquesta rojo* dio pie a la película de Jacques Rouffio (Fra. 1989).
[66] Martin Gray, *En nombre de todos los míos*, Plaza & Janés, Barcelona, 1973, p. 67, 84, 85

prestidigitador: cuando se acercaban oficiales polacos, abandonaba mi aire de golfo. De una cajita de metal plana guardaba en el bolsillo izquierdo, sacaba mi brazalete con la cruz gamada, que había de estar siempre limpio y planchado, cual convenía a la raza superior, me lo ponía en el brazo izquierdo y me convertía en Schmidt, arrogante, enojado, altivo, que hablaba polaco con acento alemán. Y los "azules", aquellos gendarmes [polacos] a quienes se veía maltratar a los judíos, apenas se atrevían a controlarme. Algunos centenares de metros más lejos me era preciso volver a ser un golfo: quitándome rápidamente el brazalete de *Volksdeutscher*, recuperaba la marcha ligera de los chulos de Varsovia. Luego, una vez pasada la puerta, si bajaba del tranvía en el ghetto, tenía que ponerme mi brazalete de judío, que guardaba en mi bolsillo derecho. Así, varias veces al día, cambiaba de rostro, de nombre, de personalidad, de idioma, pero siempre tenía que estar alerta, atento a la forma en que había de representar la personalidad requerida... Así aprendí a tener doble, triple personalidad: era como si estuviese ante un espejo, actuase y me viese actuar[67]."

El judío parece tener la capacidad de transformarse fácilmente en casi cualquier cosa. Es el judío proteiforme, tan bien puesto en escena por Woody Allen en su película *Zelig* (1983). No es por lo tanto extraño comprobar que muchos actores de teatro y de cine son de origen judío. Es debido precisamente a que están desprovistos de identidad propia que los judíos pueden revestir identidades múltiples. Lo habéis entendido, en realidad el judaísmo se resume a simple palabras al viento. Es lo que había presentado Jean-Paul Sartre, quien sin embargo nada había comprendido del tema[68].

Al tiempo que ignora las fronteras geográficas, nacionales e identitarias, el judío también parece hacer caso omiso de las fronteras y las convenciones sociales. A menudo hemos visto prodigiosos ascensos sociales, y caídas igual de vertiginosas: El trapero del gueto, convertido en multimillonario en la generación siguiente, se suicida unos años más tarde...

En la Edad-Media, los judíos ya aprendían a disfrazarse y a trepar. Es conocida la famosa carta que los judíos de Arles habían escrito a los judíos de Constantinopla en 1489 para quejarse de las miserias que les hacían padecer los cristianos. Esta carta había sido publicada de nuevo en un libro impreso en París en 1789, titulado *La Vida y el Testamento de Michel Nostradamus*. Reproducimos a continuación la respuesta de los judíos de Constantinopla, "traducida del español al francés":

---

[67]Martin Gray, *En nombre de todos los míos*, Plaza & Janés, Barcelona, 1973, p. 89, 90
[68]Léase en *Psicoanálisis del judaísmo*.

"Bienamados hermanos en Moisés, hemos recibido vuestra carta, en la que nos informáis de las penalidades y desgracias que estáis sufriendo; y cuyo resentimiento nos ha afectado tanto como a vosotros; pero la opinión de los mayores Rabinos y Sátrapas de nuestra ley es la siguiente:

"Decís que el Rey de Francia quiere que seáis cristianos; hacedlo, ya que de otro modo no podéis; pero guardad siempre la ley de Moisés en vuestros corazones.

"Decís que os quieren quitar vuestros bienes; haced a vuestros hijos mercaderes y por medio del tráfico tendréis poco a poco todos los suyos.

"Os quejáis de que intentan quitaros la vida; haced a vuestros hijos médicos y apoticarios, pues así les harán perder la suya sin temor al castigo.

"Si decís que destruyen vuestras sinagogas, haced que vuestros hijos se conviertan en canónigos y clérigos, porque así arruinarán sus iglesias.

"Decís que estáis sufriendo grandes vejaciones, hagan de sus hijos abogados y notarios, y personas que se ocupen de los asuntos públicos, y por este medio dominarán a los cristianos, ganarán sus tierras y se vengarán de ellos. No os desviéis del orden que os damos, pues veréis por experiencia que de lo humillados que estáis, seréis grandemente elevados[69]."

La carta era firmada como sigue: *V. S.S. V. S. F.F., príncipe de los judíos de Constantinopla. El 21 de diciembre de 1489.*

La solidaridad instintiva

Los judíos manifiestan hacia sus congéneres una solidaridad instintiva. Esta inclinación se verifica en primer lugar en la publicidad y loas fuera de lugar de algunos periodistas cuando se expresan para promocionar tal o cual artista, al que no dudan en calificar de "genial".

Nahum Goldmann expresaba así todo el orgullo de los hijos de Abraham y Jacob: "Económicamente, desempeñan un papel preponderante sobre todo desde la Segunda Guerra mundial e, intelectualmente, los tres genios que tuvieron más influencia en la civilización moderna, Marx, Freud y Einstein, eran judíos."

Goldmann afirmaba que la identidad judía es primero y ante todo una cuestión de solidaridad: "Para mí, un Judío es un hombre nacido judío o que se convirtió al judaísmo y que se siente judío. Eso es todo...Un Judío se asume como tal: se siente solidario del pueblo judío, se identifica con su historia y su destino. Para unos, el eje central es la religión. Para otros, la

---

[69]*La Vie et le Testament de Michel Nostradamus*, Gattey Libraire de S. A. S Madame la Duchesse d'Orléans, Paris, 1789, p. 169-170

gloria del pueblo judío, que ha dado al mundo el monoteísmo, los profetas, Spinoza, Marx, Freud, Einstein y muchos otros genios. Y para otros, el respeto al sufrimiento judío en el pasado y presente cimienta su adhesión a la causa judía: estiman indecente e inmoral separarse de un pueblo que ha sufrido semejante martirio para conservar su identidad. Existen por lo tanto muchas motivaciones...Pero lo decisivo, es la voluntad de permanecer judío[70]."

E insistía de nuevo en el genio de los judíos: "Antes del hitlerismo, durante un corto siglo, Alemania otorgó a los judíos todos los derechos y, a cambio, los Judíos enriquecieron ese país en todos los sentidos: literario, filosófico, musical, político, financiero...Ciertamente, el hitlerismo barrió a los Judíos alemanes, pero nada pudo hacer en contra de esa contribución múltiple e incomparable[71]."

Conocemos de sobra la extravagante tendencia de los intelectuales judíos a glorificar las obras de sus propios congéneres, aun cuando, especialmente en literatura, estas son casi siempre de una notable mediocridad. Escuchen por ejemplo lo que apuntaba Guy Konopnicki en 1983: "Las palabras más bellas de París están grabadas en alemán en una tumba del cementerio de Montmartre: "Transeúnte, aquí están los huesos del desdichado poeta Heinrich Heine; ¡cómo le gustaría que fueran los tuyos!" ¿No os parece esto genial? André Spire escribía sobre Marcel Proust que "fue quizás el mejor novelista francés desde Stendhal y Balzac[72]." También hemos oído decir que Kafka era "el mejor escritor alemán", o que Vassili Grossman era "el Tolstoi del siglo XX[73]."

Para quienes les resulte un poco difícil comprender lo que significa la solidaridad judía en la vida diaria, reproducimos aquí lo que se puede leer en un anuncio reservado por *Le Figaro littéraire* del 15 de febrero de 2007 a Yasmina Reza, una dramaturga "francesa", a propósito de su nuevo libro titulado *Le dieu du carnage (El Dios de la masacre)*: "Dice más sobre nuestra sociedad que todos los ensayistas de nuestro tiempo. Es nuestra mejor autora contemporánea". Firmado Etienne de Montety, *Le Figaro*. "Extraordinaria dialoguista, reanuda aquí con la inspiración que tanto había entusiasmado a los lectores de Art", Franck Nouchi, *Le Monde*. "Un texto genial", escribía Gérard Stadelmaier del *Franfurter Allgemeine Zeitung*. Edificante.

En el semanal *Marianne* del 20 de mayo del 2006, se podía leer una reseña del último libro del escritor estadounidense Philip Roth, titulado *La Conjura contra América*: "En este caso, no cabe duda de que Philip Roth

---

[70] Nahum Goldmann, *Le Paradoxe juif*, Stock, Paris, 1976, p. 81-84
[71] Nahum Goldmann, *Le Paradoxe juif*, Stock, Paris, 1976, p. 146
[72] André Spire, *Quelques juifs et demi-juifs*, Grasset, 1928, p. 50
[73] Véase en *Las Esperanzas planetarianas*.

es un escritor, y uno de los más grandes... Su mejor novela hasta la fecha, la de más fácil acceso, ciertamente, pero también la más opresiva, la más apasionante. Todo se conjuga para cautivar al lector, para convencerle de que, después de todo, las cosas podrían haber ocurrido así... Finura psicológica...Un escritor de tanto talento..." bla bla bla. El articulo era firmado "A.L.". Por nuestra parte, esta novela nos ha parecido muy tediosa. Además, es un libro deshonesto, en el que se refleja muy claramente toda la duplicidad del intelectual judío[74]. Lo cierto es que Philip Roth seguía los pasos de su predecesor austriaco Joseph Roth: mismo plumaje, mismo ramaje.

Nuestros lectores ya conocen a Irene Nemirovsky, que escribía antes de la Segunda Guerra mundial. Sus novelas contienen algunos retratos de judíos askenazíes que hemos utilizado en nuestro *Psicoanálisis del judaísmo*. Pero, en cualquier caso, su talento de escritora no es para tanto, ni mucho menos. Sin embargo, Irene Nemirovsky ha sido propulsada por sus congéneres en lo más alto de la lista de mejores ventas.

Esto publicaba el semanal *Le Courrier international* de Alexandre Adler, el 4 de mayo del 2006, acerca de su novela *Suite française*, que describía el éxodo tras la derrota de 1940 y la Francia ocupada: "*Suite française*, la novela de Irene Nemirovsky, triunfa en estos momentos en las listas de mejores ventas de Gran-Bretaña. Este éxito demuestra que hay motivos para tener fe en el gusto del público. Resulta muy conmovedor que esta obra maestra tenga éxito más de sesenta años después de que su autora judía pereciera en Auschwitz [del tifus, ndlr]...La extraordinaria novela de Irene Nemirovsky pinta el retrato de una sociedad que no se comportó con valor, honor o dignidad. Pero, una vez más, dudo que habríamos actuado mejor." El artículo era de un tal Max Hastings: un "Inglés" valiente, sin duda.

La novelista Irene Nemirovsky había nacido en Kiev en 1903. Como su padre era banquero, la familia había decidido que era preferible trasladarse a París en la época de la Revolución bolchevique. De modo que Irene Nemirovsky escribió todas sus novelas en francés. Es cierto que no tuvo mucho éxito en vida, lo cual es perfectamente comprensible cuando se lee su prosa, pero dado que procedía de una familia judía que había sufrido mucho, era natural que se le otorgara un lugar especial en las Letras francesas. En el 2005 se le concedió a título póstumo el Premio Renaudot, y desde entonces es imposible no ver sus libros expuestos ostentosamente en los supermercados culturales, donde siempre se la promociona de forma exagerada.

---

[74] Véase en *El Fanatismo judío*.

Imre Kertesz también es un genio judío. Escritor judío en lengua húngara, nació en Budapest en 1929 y fue deportado en 1944. Permaneció "en la sombra durante cuarenta años" hasta que el selecto equipo que atribuye los premios Nobel reconociera por fin su poderoso genio. Así pues, Imre Kertesz, que reside todavía en Hungría, ha recibido el premio Nobel de literatura en el año 2002, así como el cheque que lo acompaña. Esto leíamos sobre su libro titulado *Liquidación*, publicado posteriormente en el año 2004: "Estamos en Budapest en 1999. El escritor B., que se suicidó poco después de las revueltas de 1989, sigue asediando los recuerdos de sus amigos. Especialmente la de Keserü, un editor desesperado por publicar las obras póstumas del admirado autor, pero que nunca consiguió. El editor intenta hacerse con la novela que cree que B. debió escribir sobre sus orígenes, sobre el origen de su malestar. Porque B. nació en Auschwitz en 1944, en circunstancias absurdas, y sin conocer nunca a su madre...En esta conmovedora obra maestra, Kertesz aborda las trágicas secuelas de la tragedia que vivió al principio de su vida."

No dudamos por un instante de que la experiencia de los campos de la muerte pueda dejar secuelas traumáticas, sobre todo cuando uno logra salir vivo de ellos. Pero el sufrimiento no hace de un escritor automáticamente un genio, y el caso de Imre Kertesz nos parece prefabricado. A decir verdad, tenemos la vaga impresión de que la concesión de los Premios Nobel es a veces una cuestión de solidaridad comunitaria. Pero quizás sólo sea producto de nuestra imaginación.

En enero del 2008, el semanal de izquierdas *Le Nouvel Observateur* cantaba las alabanzas de Daniel Mendelsohn, un autor menor, judío, estadounidense y homosexual: "Mirada penetrante y cabeza rasurada, es un joven guapo y elegante. Su francés es casi perfecto... En medio de la algarabía de los premios literarios de otoño, nadie se dio cuenta de que un libro, de hecho, dominaba a todos los demás, el suyo: *Les Disparus* (*Los Desaparecidos*), ganador del premio extranjero Médécis, y del que ya se han vendido 120.000 ejemplares." El libro de este Mendelsohn, según se nos informaba, merecía ese éxito debido "a la originalidad del tratamiento y la riqueza de la escritura." ¿Y de qué hablaba Mendelsohn?: "Mendelsohn pasó varios años investigando la desaparición de un tío abuelo que fue masacrado por los nazis junto con su mujer y sus cuatro hijas. Su libro, sin embargo, no es una pieza más en la historia de la Shoah. Es ante todo una obra literaria... [bla bla bla]." Es por esta solidaridad comunitaria por la que se reconoce infaliblemente a los periodistas judíos.

Entre todas las falsas glorias literarias engendradas por la publicidad cosmopolita en la Francia de principios de milenio, el novelista Bernard Werber se coloca entre los primeros del pelotón. Él también es un gran genio de la literatura. Sin embargo, una lectura más atenta permite percatarse rápidamente de que se trata de una enorme nulidad, que evidentemente sólo debe su éxito a la publicidad desvergonzada que recibe de sus amiguitos periodistas que pertenecen a la misma secta que él. *Le Mystère des Dieux* (*El misterio de los dioses*), publicado en 2007, es una estúpida historia en la que los simpáticos "hombres-delfín" son perseguidos por los malvados "hombres-tiburón", habitantes de "Osía", que queman libros y quieren reducir a la humanidad a la esclavitud.

La prensa "democrática" está también perfectamente controlada por los financieros. La influencia de la alta finanza sobre la prensa nos fue desvelada por Jean-Jacques Servan-Schreiber, fundador del semanal *L'Express* en los años 1950. Este era su testimonio recogido en su autobiografía titulada *Pasiones*, publicada en 1991: "Marcel Bleustein, el gran creador de Publicis, que aceptó la idea de lanzar el periódico, trajo consigo a su viejo amigo Marcel Dassault [Block, ndlr], el genio de la aeronáutica y el hombre más rico de Francia. Dassault me entrega un cheque (firmado Dassault en el banco Dassault) de cinco millones de francos. La intención es entrañable. Pero, sin ánimo de ofenderle, debo sin embargo atajar cualquier malentendido... y posible rumor.

-Señor Dassault, estoy muy conmovido, al igual que todo mi equipo, por su gesto amistoso. Y creo que a menudo acudiremos a usted en busca de consejo, ¡pero nada de cheques! Me tomo la libertad de devolverle éste. Contamos con nuestros propios esfuerzos y no seremos unos mendigos. Espero que lo comprenda, con toda nuestra estima y amistad.

"Dassault recuperó el cheque, un poco triste. Le consuelo y le acompaño hasta su coche, que le espera en los Campos Elíseos[75]." Fue así como el periódico *L'Express* siguió siendo "libre e independiente". El periódico viviría principalmente de los ingresos publicitarios. El grupo Publicis de Marcel Bleustein se convirtió desde aquella época en uno de los mayores grupos publicitarios del mundo.

Veamos a continuación lo que escribía el nacionalista francés Henry Coston[76] en 1969: "El periódico *Témoignage Chrétien*, que no había

---

[75] Jean-Jacques Servan-Schreiber, *Passions*, Fixot, 1991, p. 204
[76] Henry Coston (1910-2001) fue un periodista, editor y ensayista nacionalista francés. En el periodo de entreguerras se dio a conocer como periodista y activista de "extrema derecha", "antisemita" y "antimasón". Colaborador durante la ocupación alemana, fue condenado en la Liberación. Tras salir de la cárcel, retomó su carrera de periodista y editor, que ejerció hasta el final de su vida, especializándose en el estudio de la política francesa y las redes de influencia: esto le valió la reputación, en los círculos nacionalistas, de ser un autor de referencia. Publicó un *Diccionario de la política francesa* en cinco volúmenes (4.000 páginas sobre escándalos, perfiles políticos, turiferarios y oportunistas que han poblado la V República francesa) y numerosos libros a lo largo de décadas sobre las redes de influencia de la alta finanza internacional (*Los financieros que mueven el mundo* y *La Europa de los banqueros*, traducidos al español). (NdT)

sufrido por su postura contra la Argelia francesa, vio su publicidad reducida a su mínima expresión cuando su dirección y su redacción adoptaron una actitud desfavorable hacia Israel. "Si no adoptas las tesis del sionismo, leemos en su número del 30 de enero de 1969, curiosamente vemos cómo se cierran las puertas de las agencias de publicidad. Los contratos ya celebrados en principio se cancelan repentinamente...Hubo un tiempo en que un periódico como "TC" no necesitaba publicidad alguna. Incluso estaba fuera de lugar porque se publicaba en forma de libretos clandestinos. Era en la época en que los militantes de "*Témoignage Chrétien*" se organizaban y arriesgaban su vida y su libertad para esconder a niños judíos buscados por los nazis. La historia es sin duda extraña[77]...""

La solidaridad judía es un hecho evidente, y así lo han expresado numerosos intelectuales comunitarios: "Todo en mí aspiraba a la plena y ferviente solidaridad judía[78]", escribía el novelista Arnold Mandel. En *Las Puerta de la Ley*, un libro publicado en 1982 con un prefacio del gran rabino de Francia, Ernest Gugenheim confirmaba esta disposición de ánimo: "Israel forma un cuerpo unido cuyos miembros están estrechamente unidos[79]."

Nahum Goldmann citaba por su parte el famoso verso del Talmud: "Un solo Judío es como todo el judaísmo[80]." Este el motivo por el que los intelectuales judíos suelen escribir "el Judío" para hablar de los judíos.

Pero también sabemos que "el judío" puede negar las evidencias con un aplomo fenomenal. En su *Psicoanálisis del antisemitismo*, Rudolph Loewenstein nos explicaba que la supuesta "solidaridad" de los judíos era una simple creencia popular: "Entre las creencias delirantes de los antisemitas, escribía Loewenstein, está la de la solidaridad de los Judíos", solidaridad que impresiona a los antisemitas "hasta tal punto que acaban considerándolos como un todo indisoluble, dirigido y gobernado por líderes misteriosos, los legendarios "Sabios de Sión", cuyo objetivo es el avasallamiento universal". Y Loewenstein añadía: "Un corolario de esta creencia es la existencia de una finanza judía internacional unida, de una riqueza y un poder fantasmático, que trabaja mano a mano con los Judíos de todas las profesiones. Los antisemitas afirman que la diversidad de opiniones políticas, intereses y nacionalidades entre los Judíos no es más que un espejismo diseñado para engañar a los Cristianos ingenuos, que en realidad todos los Judíos son uno y el mismo[81]."

---

[77]Henry Coston, *Le Règne infernal*, 1970, 1995, p. 156
[78]Arnold Mandel, *Tikoun*, Mazarine, 1980, p. 40
[79]Ernest Gugenheim, *Les Portes de la Loi*, Albin Michel, 1982, p. 45
[80]Nahum Goldmann, *Le Paradoxe juif*, Stock, Paris, 1976, p. 43
[81]Rudolph Loewenstein, *Psychanalyse de l'antisémitisme*, 1952, Presses Universitaires de France, 2001, p. 93

Sin duda, todo esto es completamente "delirante". Pero, sin embargo, en el mismo libro, unas cien páginas más adelante (página 196), Loewenstein escribía acerca "del" judío: "Puede que se sienta totalmente diferente, pero sigue existiendo una especie de vínculo secreto entre él y este otro judío, un vínculo en el que cada uno de ellos se siente responsable de las acciones del otro." Pero es bien sabido que las contradicciones son una regla entre los intelectuales judíos, y no es sin razón que la palabra "paradoja" aparezca regularmente en sus escritos.

En su *Retrato de un judío*, Albert Memmi escribía a su vez: "Lo que los antisemitas escriben sobre la solidaridad judía suele ser una plana estulticia. En mi respeto de antiguo pobre y oriental por la Cultura y la Palabra impresa, me llevó mucho tiempo para convencerme de que las personas que escriben, enseñan, y afirman esto públicamente, pudieran ser tan mentirosas, tan vanas, tan estúpidas, con tanta tranquilidad... ¿Cómo podría la solidaridad judía ser tan eficaz contra los no judíos, cuando es tan vacilante y a menudo tan irrisoria a favor de los propios judíos?" Esto aparecía en la página 251. Pero en la página 284, Albert Memmi escribía: "Cuanto más dura la opresión, más precisas y matizadas se vuelven las respuestas, más fuertes y consolidadas se vuelven las instituciones de defensa... La solidaridad judía es también un hecho innegablemente positivo de la existencia judía [82]." Se trata de otra "paradoja" del pensamiento judío.

Albert Memmi reconocía sin embargo una realidad: "La mayoría de los escritores judíos declarados me parecían de una talla mediocre...Sólo tenía que hojear una antología judía de la época, la de Edmond Fleg, por ejemplo, para comprobar la pobreza estética, el provincianismo, la ineficacia para hacerse oír, de la inmensa mayoría de los textos recopilados." Y citaba a Rabi: "Es un hecho que, por todo tipo de razones importantes, el mundo judío...siempre ha sido bastante pobre en el campo de la literatura pura[83]."

Augustin Hamon, en cambio, era un auténtico bretón, con una venerable cabeza de viejo barbudo. Fue autor de varios libros sobre el anarquismo y el traductor de Georges-Bernard Shaw. Se había afiliado a la SFIO[84] y en 1944 al Partido Comunista, lo que no le impedía tener sus propias convicciones sobre los judíos. He aquí lo que escribía: "Los judíos sólo han adquirido su fortuna mediante la especulación, el robo legal, celebrado por

---

[82]Albert Memmi, *Portrait d'un juif*, Gallimard, 1962, p. 251, 284
[83]Albert Memmi, *Portrait d'un juif II*, Gallimard, 1966, p. 146
[84]La Sección Francesa de la Internacional Obrera (SFIO, en francés: *Section française de l'Internationale ouvrière*), más conocido por su abreviatura SFIO, fue el partido político de los socialistas franceses desde su fundación en 1905 hasta 1969. Su nombre señala su carácter de sección nacional de la Segunda Internacional (Internacional Obrera). (NdT)

toda la podrida burguesía. No sólo son inútiles para todos, sino que son una plaga mortal para la Sociedad. Son como el pulpo que se aferra a su víctima y no la suelta hasta que no le queda ni una gota de sangre (...) En ciencia, acaparan las plazas en las Academias y, sin embargo, no tienen ni genio ni siquiera talento fuera de lo común; sólo saben apoderarse de las ideas ajenas, asimilarlas y proclamar a bombo y platillo que ellos son los autores. Así es como Maurice Lévy, el Sr. Loevy y tantos otros llegaron a sentarse en las Academias. En materia de arte, los judíos no hacen más que comerciar: sus cuadros, sus esculturas y su música se venden bien, pero sólo tienen un valor convencional, que saben aumentar mediante una publicidad bien elaborada. Ninguna idea brillante ha surgido aún del cerebro de un judío[85]."

El judío, solo contra todos

El pueblo judío está solo, muy solo en medio de las naciones. No quiere a nadie y nadie le quiere a él. "Los Judíos son un pueblo digno de admiración, pero difícil de amar[86]", nos decía Nahum Goldmann.

La comunidad judía aprendió hace mucho tiempo a vivir en autarquía para evitar mezclarse indiscriminadamente con los goyim. El escritor Arnold Mandel, una medianía literaria, transmitía en uno de sus libros esta idea de una comunidad replegada sobre sí misma, recelosa de los extranjeros.

"Cuando un no judío, atraído por la fe de Moisés, quiere convertirse, es costumbre -y es casi una ley- desanimarlo, recibirlo mal y hacerle sentir que de ninguna manera es bienvenido. Sólo si no se deja desanimar por los desaires, insiste y vuelve a la carga, los rabinos tomarán en serio su búsqueda y le mostrarán algo de benevolencia. Esta táctica tiene por objeto poner a prueba el amor a Israel y el celo por la fe judía del candidato a la Alianza de Abraham[87]."

Nahum Goldman lo confirmaba: "Contrariamente a las demás religiones. El judaísmo nunca hizo proselitismo, escribía...El Talmud dice que un *guer*, un converso, es tan difícil de soportar como una plaga[88]." "Generalmente se asume que el judaísmo nunca ha sido una religión misionera y, si algunos prosélitos se unían a ella, eran aceptados con extrema reluctancia por el pueblo judío. La famosa sentencia del Talmud: los prosélitos son una desgracia para Israel, se invoca para poner fin a cualquier intento de

---

[85] Augustin Hamon et Georges Bachot, *L'agonie d'une société*, Histoire d'aujourd'hui, Paris, A. Savine Éd., 1889, p. 7-8, 240
[86] Nahum Goldmann, *Le Paradoxe juif*, Stock, Paris, 1976, p. 142
[87] Arnold Mandel, *Tikoun*, Mazarine, 1980, p.245
[88] Nahum Goldmann, *Le Paradoxe juif*, Stock, Paris, 1976, p. 81, 84

discusión sobre el tema[89]", escribía Shlomo Sand. Vean también lo que decía Rabi Zeira, un antiguo rabino que murió en el año 247, expresando a su vez la desconfianza exagerada de los judíos respecto a los conversos: "No humilles los Gentiles ante un hombre cuya familia se ha convertido hace menos de diez generaciones[90]."

En *Las Puertas de la Ley*, el gran rabino Ernest Gugenheim apuntaba al respecto lo siguiente: "Esta actitud reticente, cuando no negativa, hacia las conversiones perduró en los hechos y en la doctrina; siguió siendo tradicional durante dos mil años en la Diáspora[91]."

La comunidad judía permaneció así en tensión durante siglos, sumida y complacida en su gueto. Rudolph Loewenstein reconocía que el gueto había sido deseado por los propios judíos: "Esta institución, escribía, no era sólo una prisión impuesta a los judíos, era al mismo tiempo una garantía solicitada por las propias comunidades judías a soberanos indulgentes, un medio de protección, una salvaguarda contra la posible violencia de la turba. Al abrigo de los muros protectores del gueto, en ese aislamiento del hostil mundo exterior, las comunidades judías podían vivir y dedicarse a sus ocupaciones, así como a la estricta observancia de su religión[92]."

"El gueto es históricamente una invención judía, escribía Nahum Goldmann. No es cierto que los gentiles obligaran a los judíos a separarse de las otras comunidades. Cuando los cristianos confirmaron los guetos, los judíos ya vivían en ellos. Por supuesto, hay una diferencia entre ser libre de elegir a tus vecinos y estar obligado a vivir en un lugar concreto del que no puedes salir por la noche; pero incluso hoy, los judíos tienden a vivir en sus propios barrios, en un entorno que facilita la vida de su comunidad. Antes de la emancipación, las cosas eran crueles pero sencillas; al ser, a lo sumo, tolerados, los judíos vivían por su cuenta, sin preocuparse de las leyes o costumbres de los demás. A menudo cito la brillante expresión de Heinrich Heine, que fue un buen judío al final de su vida, y cuya conversión al cristianismo fue una mera formalidad, su billete de entrada a la sociedad occidental. Heine se preguntaba: "¿Qué explicación puede darse al misterio de la supervivencia de los judíos, sin patria, sin Estado, sin nada? Y respondía: "Es porque tienen una verdadera patria portátil en el Shulján Aruj" (la colección de leyes y prescripciones judías). Es cierto que cuando los judíos eran expulsados de un país, se iban a otro, pero llevando el Shulján Aruj bajo el brazo. Sobre esta base, creaban muy rápidamente una nueva patria."

---

[89]Shlomo Sand, *La invención del pueblo judío*, Ediciones Akal, 2011, p. 167
[90]Elie Wiesel, *Célébration talmudique*, Seuil, 1991, p. 323
[91]Ernest Gugenheim, *Les Portes de la Loi*, Albin Michel, 1982, p. 152
[92]Rudolph Loewenstein, *Psychanalyse de l'antisémitisme*, 1952, Presses Universitaires de France, 2001, p. 220

Goldmann proseguía su exposición, de manera muy "paradójica": "Hoy en día, salvo una pequeña minoría, los judíos ya no viven según el Shulján Aruj. Están emancipados políticamente y en pie de igualdad con los demás...Los judíos están, pues, plenamente integrados, y la dificultad estriba precisamente en mantener su identidad, su carácter "separado". O ya no habrá pueblo judío[93]."

La lucha contra los matrimonios mixtos es por consiguiente una prioridad. La primer ministro del Estado de Israel, Golda Meir, lo había declarado sin ambages, tal como se podía leer en la revista *Informations d'Israël*: "La gran tragedia de los jóvenes judíos de los países prósperos es que la mayoría de ellos no comprende que el mayor peligro para la vida judía no procede del antisemitismo ni de la persecución, sino de la asimilación y los matrimonios mixtos."

En 1960, durante una conferencia de Rabinos europeos celebrada en Gran-Bretaña, la siguiente moción había sido aprobada: "Consideramos que es nuestro solemne deber advertir a nuestras comunidades y a cada uno de los hijos e hijas del pueblo judío del terrible peligro de los matrimonios mixtos, que destruyen la integridad del pueblo judío y destrozan la vida familiar judía[94]." También hallamos estas declaraciones en la *Tribune juive* del 29 de octubre de 1971: "Nuestra propia concepción de la necesidad de la amistad judeocristiana y del universalismo judío no implica los matrimonios mixtos." En 1974, se publicó un anuncio a toda página en el *New York Times*. Esto era lo que decía: "Los matrimonios mixtos son un suicidio nacional y personal. Es la forma más segura de destruir a un pueblo dejar que se case fuera de su fe... Los chicos y las chicas perderán con toda seguridad su identidad... La experiencia acumulada de tres mil años, el rico patrimonio de un pueblo, todo lo que es rigurosamente suyo será aniquilado innoblemente. ¡Qué lástima! ¡Qué desastre! ¡Qué vergüenza[95]!"

En el semanal comunitario *L'Arche* del mes de septiembre de 1980, aparecían escritas estas palabras: "La hemorragia es efectivamente considerable y las pérdidas por asimilación equivalen a varios trenes con destino a Auschwitz[96]."

No se trata únicamente de declaraciones de judíos religiosos integristas. En octubre de 1988, la revista de la *intelligentsia* judía liberal, *Passages*, presentaba de esta manera una familia modélica judía: "La señora R., al igual que su marido y sus hijos, sólo tiene amigos judíos y practicantes...:

---

[93] Nahum Goldmann, *Le Paradoxe juif*, Stock, Paris, 1976, p. 83, 84
[94] Citado en *Anatomie du Judaïsme français*, p. 259-260
[95] Yann Moncomble, *Les Professionels de l'anti-racisme*, Faits et Documents, 1987, p. 282
[96] Yann Moncomble, *Les Professionels de l'anti-racisme*, Faits et Documents, 1987, p. 284-285

"¿Y la mujer de la limpieza, también es judía? La señora R. rompe a reír: "oh no, ¡en absoluto!" Y otra reflexión de la señora: "Me basta con saber que una chica de mi origen se acuesta con un no judío para que esta evocación me resulte insoportable."

Nahum Goldmann lo reconocía abiertamente: "Los Judíos son el pueblo más separatista del mundo. Su fe en la noción de pueblo elegido es la base de toda su religión. A lo largo de los siglos, los Judíos han intensificado su separación del mundo no-judío; han rechazado, y siguen rechazando, los matrimonios mixtos; han levantado un muro tras otro para proteger su existencia "a parte", y han construido ellos mismo su gueto: sus *shtétlj* [pueblos judíos] de Europa del Este, los *mellah* en Marruecos[97]."

El antiguo gran rabino de Francia, Joseph Sitruck, había declarado en 1993: "Desearía que los jóvenes judíos sólo se casaran con chicas judías."

En *Las Puertas de la Ley*, Ernest Gugenheim escribía con la bendición del gran rabino de Francia, Samuel-René Sirat: "¿De qué medios disponemos para combatir el peligro de los matrimonios mixtos? Esta educación debe comenzar en la pre-adolescencia; educadores, profesores y rabinos deben abordar este problema cuando se prepara el Bar Mitzvah, hablar de ello en cada ocasión, discutirlo en los círculos juveniles y asegurarse de que estos círculos se multiplican. Los jóvenes deben ser conscientes y sentirse orgullosos de su pertenencia a Israel, del valor del tesoro que custodian – lograr que se prometan solemnemente a ellos mismos que sólo se casarán con un correligionario[98]."

Todas estas declaraciones, que vienen a completar las que ya hemos publicado en nuestros anteriores libros, no impiden que muchos judíos se casen con goyim. A veces sus hijos son igual de judíos que ellos, al menos en espíritu, pero otras veces la judeidad se pierde inexorablemente en la primera generación, o en las siguientes. Esto es realmente lo que tiene tan preocupados a los rabinos.

Los matrimonios endógamos durante varias generaciones explican las frecuentes similitudes en la fisionomía de los judíos en todo el mundo. El ensayista liberal Alain Minc, por ejemplo, y Paul Wolfowitz, uno de los "halcones" del gobierno estadounidense durante la guerra de Irak del 2003, se parecen como dos gotas de pus. De la misma forma que el rostro del padre de Elie Wiesel se parece extraordinariamente al del jefe bolchevique húngaro Bela Kun[99].

Esto facilitaba la aparición de caricaturas antisemitas, sobre todo antes de la Segunda Guerra Mundial, cuando no existía todavía la cirugía estética y

---

[97] Nahum Goldmann, *Le Paradoxe juif*, Stock, Paris, 1976, p. 16. Los guetos fueron deseados por los propios judíos, léase en *La Mafia judía*
[98] Ernest Gugenheim, *Les Portes de la Loi*, Albin Michel, 1982, p. 148
[99] Hemos publicado las fotos en nuestro sitio internet.

los matrimonios mixtos eran menos frecuentes. Se representaba "al judío" con ciertos atributos que se suponía le eran característicos[100]: nariz grande y curvada, orejas grandes, etc. Los propios escritores judíos han dejado algunos retratos llamativos en sus páginas. El famoso novelista yiddish Isaac Bashevis Singer, por ejemplo, en una de sus novelas de 1967, retrataba así a un magnate de la industria: "Era, éste, un hombre bajo y fornido, con una gran cabeza, patillas en forma de hoja de hacha, nariz aguileña y obscuros ojos judaicos... Por sus hombros redondeados, alta frente, nariz ganchuda y carnosas orejas, Wallenberg ofrecía el típico aspecto judío. Bajo y corpulento, tenía una cabeza como una calabaza, ojos oscuros y brillantes[101]..."

He aquí algunos retratos escritos por David Vogel hacia 1940. Vogel, un novelista de segunda fila nacido en Ucrania, había sido deportado tras verse envuelto en la debacle francesa de 1940: "El tal Lehman era un personaje extraño, tratante de caballos y contratista del ejército, millonario, solterón, devoto y filántropo. Alto y delgado, los dos rasgos que más destacaban en su rostro eran una nariz alargada hasta casi el mentón y un par de ojos muy pequeños, cortos de vista." Y más adelante: "El doctor Hoffenreich había llegado de Alemania y trabajó activamente en el Comité Sionista…Su nariz fina, larga y ganchuda era uno de esos apéndices nasales judíos alemanes que sirven para las caricaturas antisemitas. Sus pequeños ojillos de párpados enrojecidos miraban inmóviles, como dos puntos negros asimétricos dibujados al carboncillo por algún pintor[102]."

Albert Memmi citaba por su parte el escritor Arthur Koestler: "La fealdad de los rostros iluminados por el resplandor intermitente del faro impresionó a Joseph. No era la primera vez que lo notaba, pero esta noche su repulsión por aquel conjunto de narizones curvados, labios carnosos y ojos líquidos era especialmente fuerte. Por momentos le parecía estar rodeado de máscaras antediluvianas. Tal vez fuera el exceso de cansancio, o tal vez el vino pesado y dulce se le había subido a la cabeza... Pero no podía ocultar que los odiaba, y que odiaba aún más los rasgos de esta raza demasiado madura que reconocía en sí mismo[103]."

Lo cierto es que ciertos rasgos son frecuentes en esta comunidad que vive desde siempre aislada en medio de los demás pueblos. La consanguinidad,

---

[100]Elie Wiesel, Albert Memmi, François Fetjö, Rudolph Loewenstein, André Neher y otros más, suelen escribir "El judío".
[101]Isaac Barshevis Singer, *La casa de Jampol*, Ed. digital German25, p. 13, 31
[102]David Vogel, *Todos marcharon a la guerra*, Xordica Editorial, Zaragoza, 2017, p. 126-127, 264-265
[103]Albert Memmi, *Portrait d'un juif II*, Gallimard, 1966, p. 95

llevada al extremo, puede ser también el origen de muchos males, incluso de enfermedades y taras genéticas[104].

Los banqueros judíos también tienen una fuerte tendencia a casarse entre ellos. La *Jewish Encyclpedia* de 1905 señalaba que, de cincuenta y ocho matrimonios de los Rothschild, veintinueve habían sido entre primos hermanos. Los Warburg, otra famosa dinastía de banqueros judíos, tenían grandes vínculos familiares con los Schiff y los Rothschild. La Warburg and Co había sido fundada en 1798 en Alemania. Una reseña del *Who's Who* de 1939 sobre la comunidad judía estadounidense presentaba la ascendencia del banquero James Paul Warburg, nacido en Hamburgo el 18 de agosto de 1896. En el lado paterno, todos eran banqueros desde seis generaciones. Paul Wargburg, su padre, se había casado con Jeny Nina Loeb, cuyo padre, Salomon, fundador del banco Kuhn, Loeb and Co., había emigrado a Estados Unidos en 1902. Jeny Nina Loeb tenía una hermana, Theresa Loeb, que se había casado en Estados Unidos con el banquero Jacob Schiff, célebre por haber financiado el bolchevismo en Rusia. Jacob Schiff tuvo una hija, Frieda, que se casó con Felix Wraburg, banquero de Hamburgo, hermano de Paul, y que apoyó a su vez el nuevo régimen bolchevique. Su hija, Carola se casaría con Walter M. Rothschild.

El famoso escritor Arthur Koestler, que había sido en su juventud un ferviente bolchevique, antes de la Segunda Guerra mundial, se había apartado luego del comunismo, y quizás incluso del judaísmo. Lo que escribía aquí es, como suele decirse, de sentido común: "Así, debido a su propio nacionalismo, el judaísmo se aísla del mundo exterior. Crea automáticamente su propia cultura y su gueto étnico. Por eso es imposible ser judío y ciudadano de otra nación al mismo tiempo. No se puede rezar "el año que viene en Jerusalén" y a la vez permanecer en Londres o en cualquier otro lugar[105]."

El prolífico novelista Isaac Bashevis Singer, premio Nobel de literatura en 1978, también demostró ser más consecuente y probablemente más honesto que la mayoría de sus congéneres. "Los polacos están hartos de nosotros, y debo admitir que comprendo su punto de vista. Llevamos aquí ochocientos años y seguimos siendo extranjeros. Su Dios no es nuestro Dios, su historia no es nuestra historia[106]." Uno de sus personajes decía: "¿Es posible que haya quien pretenda entrar en un hogar ajeno, vivir en él, en total aislamiento, y no sufrir desagradables consecuencias? Cuando alguien desprecia al Dios de su anfitrión, considerándolo como una imagen de hojalata, rechaza su vino por estimarlo prohibido y condena a sus hijas

---

[104] Léase en *Psicoanálisis del judaísmo*.
[105] Arthur Koestler, citado por J. Jehuda en *L'Antisémitisme, Miroir du Monde*, p. 268
[106] Isaac Bashevis Singer, *Un jeune homme à la recherche de l'amour*, en Florence Noiville, *Isaac B. Singer*, Stock, 2003, p. 85

por impuras, ¿acaso no pide que le traten como a un extranjero indeseable? El problema es sencillo, como puede ver[107]."

En estas condiciones, es comprensible que muchos judíos, cansados de vivir como extranjeros entre otros pueblos, se instalaran en Israel. Los "*sabras*" eran los judíos nacidos en el Estado hebreo. El novelista yiddish Joseph Erlich escribía sobre ellos en 1970: "Estaba especialmente orgulloso de esta joven generación, los "*sabras*": Judíos orgullosos, liberados del miedo a descubrirse diferentes de los demás por sus costumbres y su fe, perpetuos extraños entre otros pueblos[108]."

---

[107] Isaac Barshevis Singer, *La casa de Jampol*, Ed. digital German25, p. 31
[108] Joseph Erlich, *La Flamme du Shabbath*, 1970, Plon, 1978

2. La misión de los judíos

El pueblo judío es "el pueblo elegido" de Dios. Si bien esta idea no significa nada para los goyim – los no-judíos -, en cambio tiene indudablemente mucha más importancia para los judíos, convencidos de tener una misión que cumplir en este mundo. Esta misión consiste en instaurar la Paz en la Tierra ("shalom"), y ésta será, según ellos, absoluta y definitiva. Entonces, el Mesías que aguardan desde hace tanto tiempo podrá por fin llegar. Es este proyecto "planetariano" el que nos permite comprender las bases de la identidad judía.

La esperanza mesiánica

La idea de "misión" ha sido expresada numerosas veces por los intelectuales y dirigentes de la comunidad judía. En su libro de 1976, el fundador del Congreso judío mundial, Nahum Goldmann hablaba de un pueblo "elegido por Dios" e "investido de una misión especial": "Por eso los judíos se oponían al proselitismo, escribía. Incluso hoy en día, convertirse en judío es bastante difícil... Esta es la gran característica de nuestro pueblo; estamos aparte, aislados de los demás y, al mismo tiempo, destinados a cumplir una misión que concierne al mundo entero, ser los servidores de la humanidad[109]."

Albert Memmi, que fue bastante famoso en los años 1960, escribía: "El judío fue elegido por Dios para llevar a cabo una misión... El judío fue preferido a todos los demás pueblos, y para una misión extraordinaria." Y añadía: "La misteriosa elección de un pequeño pueblo entre todos los demás, la sublime misión que sólo a él se confía, el pacto de alianza eterna con Dios, configuran para el judío un destino de gloria, soberbio y exigente[110]."

Escuchemos también a Théo Klein, antiguo presidente del Consejo Representativo de las Instituciones Judías de Francia (CRIF), hablarnos de la "misión especial" del pueblo judío. Según él, este pueblo es "portador de una idea, de un proyecto que debe esforzarse por poner en práctica... En mi opinión, decía en el año 2003, este proyecto es universal. Relean el capítulo 18 del Génesis, versículo 18. ¿No dice de Abraham que formará

---

[109] Nahum Goldmann, *Le Paradoxe juif*, Stock, Paris, 1976, p. 83, 84
[110] Albert Memmi, *Portrait d'un juif II*, Gallimard, 1966, p. 124, 127

una "nación grande y poderosa, habiendo de ser benditas en él todas las naciones de la tierra[111]"?"

En *Las Puertas de la Ley*, publicado en 1982, el gran rabino Ernest Gugenheim citaba él también la Torá para respaldar sus argumentos: "Serán para mí un reino de sacerdotes y una nación santa (Éxodo, XIX, 6)." "La Torá va dirigida a un reino de sacerdotes, a una nación santa elegida entre las naciones; esta elección tiene como objetivo el bien de la humanidad, pues "en verdad, toda la tierra es mía" (Éxodo, XIX, 5)."

David Ben Gurion, el primer dirigente del Estado hebreo, estaba igualmente impregnado de los textos sagrados judíos: "La visión mesiánica de los Profetas, visión de paz universal y de redención, nunca abandonó el corazón del pueblo judío...Su misión en el seno de las naciones ha sido definida por la promesa divina al primero de los patriarcas: una bendición para todas las naciones de la tierra." Y Ernest Gugenheim subrayaba: "Este es el sentido de la elección de Israel, llamado a guiar a la humanidad como un sacerdote[112]."

La misión de los judíos es instaurar la "Paz" en el mundo ("shalom"). De modo que depende de cada judío obrar para alcanzar este objetivo, pues estas condiciones son simple y llanamente indispensables para lograr lo que es todavía más importante: la llegada del Mesías[113]. Veamos lo que escribía Esther Benbassa en el año 2007 en su libro *El Sufrimiento como identidad*: "La esperanza en el futuro está omnipresente en la Biblia. Isaías y Jeremías profetizan la llegada de un rey de la casa de David, cuyo reinado será feliz." Y añadía: "El mesianismo incluye tanto la idea de una restauración como la de una utopía...: la instauración de la paz universal hecha posible por la adhesión de las naciones al culto del Dios único[114]."

Jacques Attali, un intelectual muy influyente y omnipresente en la escena mediática francesa, alimentaba las mismas esperanzas mesiánicas: "Dios nos ha confiado la misión de salvar a los hombres y hablar en Su nombre." Y cuando, en Jerusalén, se reconstruya el Templo de Salomón, entonces podrá venir el Mesías: "Entonces el mundo podrá prepararse para un tiempo perfecto[115]."

En todas las épocas, la comunidad judía ha engendrado profetas que predicen grandes cataclismos y terribles sufrimientos, así como el advenimiento de una paz definitiva en la Tierra. En los años setenta, el

---

[111] Théo Klein, *Dieu n'était pas au rendez-vous*, Bayard, 2003, p. 69
[112] Ernest Gugenheim, *Les Portes de la Loi*, Albin Michel, 1982, p. 40, 47, 49
[113] El mesianismo activo, progresivamente secularizado y político, proviene de la interpretación esotérica y cabalista del judaísmo, desarrollado a partir del siglo XVI. Léase en *Psicoanálisis del judaísmo*.
[114] Esther Benbassa, *La Souffrance comme identité*, Fayard, 2007, p. 83
[115] Jacques Attali, *Il viendra*, Fayard, 1994, p. 82

médico Alexandre Minkowski también llegó en un momento dado a creerse a sí mismo un profeta de Israel. Tras una aparición en la radio, fue calurosamente felicitado por algunos de sus congéneres: "Mi entusiasmo llegó al máximo cuando llegaron a la conclusión de que hombres como yo tenían una misión que cumplir. ¡Profeta! El sueño secreto de mi madre, como el de todas las madres judías, por cierto. Quizás por primera vez en mi vida, y espero que por última, me tomé completamente en serio a mí mismo. Tenía muchas ínfulas y los humos se me subieron a la cabeza Me veía a mí mismo como una especie de misionero que viajaba por el mundo para predicar la paz[116]."

Escuchen también la voz del gran Elie Wiesel: "Durante treinta años recorro los continentes hasta el agotamiento: a fuerza de hablar en las conferencias he llegado al punto de no soportar el sonido de mi voz...Me veía recorriendo la Tierra, yendo de ciudad en ciudad, de país en país, como el loco de los cuentos de rabí Nahman[117]."

La paz sólo podrá alcanzarse cuando los pueblos dejen de estar divididos por sus diferencias raciales, nacionales, sociales o religiosas. Nahum Goldmann escribía al principio de su libro: "La idea grandiosa, casi inconcebible, de un Dios para toda la humanidad es la brillante creación del judaísmo. Ningún otro pueblo tuvo el valor y la audacia de espíritu para concebir esta noción revolucionaria. Los pensadores de ninguna otra religión han proclamado con tanta pasión la igualdad de todas las razas y clases sociales, de amos y esclavos, ricos y pobres, ante Dios." Goldmann abogaba naturalmente a favor de la desaparición de los Estados-nación: "Por naturaleza, odio la policía, la omnipresencia del gobierno, el absolutismo del Estado. Sueño con vivir en una sociedad en la que el Estado fuese abolido y en la que cada uno actuara adaptándose a los demás... El ideal de la paz mesiánica es grandioso, el ideal de la reconciliación eterna es grandioso, la idea de una justicia igual para todos es grandiosa[118]."

Manes Sperber, otro intelectual de los años setenta, también expresó este mesianismo judío que estructura el universo mental y religioso del judaísmo: "Israel, el único de todos los pueblos, extraía su fuerza de una esperanza escatológica, de la espera de un futuro, próximo o lejano, que, en medio de las mayores catástrofes, le aseguraba su pervivencia. La Ley que lo enfrentaba al mundo pagano era una pesada carga, pero para protegerlo contra las seducciones y los peligros, Israel tenía para sí la

---

[116] Alexandre Minkowski, *Un juif pas très catholique*, Ramsay, 1980, p. 139
[117] Elie Wiesel, *Mémoires*, tome II, Éditions du Seuil, 1996, p. 214, 530
[118] Nahum Goldmann, *Le Paradoxe juif*, Stock, Paris, 1976, p. 16, 139, 140

Promesa: sin mesianismo profético, Israel estaba inevitablemente perdido[119]."

Esta esperanza mesiánica es la fuerza motriz del judaísmo, ya que induce un activismo militante de todos los judíos para apresurar la llegada del mesías. Es precisamente de esta tensión mesiánica de donde los judíos sacan su fuerza y su energía. De hecho, son los propios judíos quienes, mediante su militancia y su incansable propaganda igualitaria en favor de un mundo sin fronteras, pueden hacer realidad este mundo de "Paz" y la llegada del mesías. Por eso son tan numerosos en todos los medios de comunicación, allí donde los pueblos les han concedido la igualdad de derechos. Por eso tantos judíos se lanzaron de todo corazón a la aventura bolchevique, y por eso tantos judíos se han convertido en los más ardientes propagandistas del mundialismo y de la sociedad multicultural. La desaparición de las naciones y la unificación del mundo forman parte del mismo programa igualitario que inspiró en el pasado las doctrinas marxistas, que también soñaban con abolir las clases sociales y las diferencias entre burgueses y proletarios.

Stéphane Hessel fue uno de esos judíos super-militantes. En los años 1990, había sido nombrado mediador con los inmigrantes clandestinos (que los medios llamaban "sin papeles") que llegaban masivamente el territorio europeo. En el año 2008, al final de su vida, escribió su biografía, titulada de forma elocuente *Ciudadano sin fronteras*. Al final de su libro, publicaba el texto de una de sus conferencias pronunciada en Nueva York, el 5 de febrero del 2002, bajo el título de *Appel pour le Collegium international* (*Llamamiento para el Collegium internacional*): "Creemos que es necesario trabajar hoy por el nacimiento de una ciudadanía global y, a largo plazo, de una democracia global, única forma de dotar de un fundamento de legitimidad democrática a las regulaciones ecológicas, sanitarias, sociales y económicas que se han hecho imprescindibles[120]."

Existen innumerables declaraciones similares de intelectuales judíos que reclaman la unificación del mundo, y remitimos al lector a nuestros libros anteriores. Entre los judíos, esta esperanza mesiánica es verdaderamente una obsesión y parece motivar todas sus acciones. Georges Charpak, Premio Nobel de Física en 1992, que publicó un ensayo sobre los peligros de la energía nuclear, terminaba su entrevista en *Le Figaro* el 13 de octubre de 2005 con estas palabras: "Debemos aprender a superar la falta de visión, el egoísmo nacional y la lógica de interés inmediato. En materia nuclear y de armas de destrucción masiva, soy firmemente partidario del abandono de toda noción obsoleta de soberanía nacional absoluta."

---

[119] Manès Sperber, *Être Juif*, Odile Jacob, 1994, p. 114, 136
[120] Stéphane Hessel, *Citoyen sans frontières*, Fayard, 2008, p. 298

Esto es también lo que nos lleva a creer que el actual Presidente francés, Nicolas Sarkozy, es sin duda un judío oculto, un "criptojudío". Sus orígenes maternos son evidentes tras su fachada católica. El 25 de septiembre de 2007, en su discurso ante la Asamblea General de las Naciones Unidas, relanzaba la idea de un nuevo orden mundial: "En nombre de Francia, hago un llamamiento a todos los Estados para que se unan para fundar el nuevo orden mundial del siglo XXI, basado en la poderosa idea de que los bienes comunes de la humanidad deben ponerse bajo la responsabilidad de la humanidad en su conjunto."

Con el mismo espíritu, James Warburg, hijo de Paul Warburg, que fue uno de los financieros al servicio de los bolcheviques, profetizó el 17 de febrero de 1950 ante la Comisión de Asuntos Exteriores del Senado de Estados Unidos: "Tendremos un gobierno mundial, nos guste o no. La cuestión es sólo si lo tendremos por consentimiento o por conquista."

Este proyecto mundialista es el que nos llevan profesando los judíos de todo el mundo desde hace siglos. Al final del siglo XIX, Herman Cohen, un pensador judío alemán, también había escrito explícitamente que "el futuro mesiánico requerirá la unificación de todos los pueblos en una confederación de Estados[121]."

Este proyecto mesiánico de unificación mundial ha sido el estímulo, el aguijón de todos los doctrinarios marxistas de los siglos XIX y XX, los cuales, desde Karl Marx hasta Jacques Derrida, pasando por Trotsky o Georges Lukacs, provenían casi todos de "la comunidad"[122].

En el ejemplar del día 9 de febrero de 1883, el semanal "inglés" *The Jewish World*, escribía en sus páginas estas líneas: "La dispersión de los judíos los ha convertido en un pueblo cosmopolita. Son el único pueblo verdaderamente cosmopolita y, en esta calidad, deben actuar y actúan como disolventes de todas las distinciones de raza o nacionalidad. El gran ideal del judaísmo no es que los judíos se reúnan un día en algún rincón de la tierra con fines separatistas, sino que el mundo entero se impregne de la enseñanza judía y que, en una hermandad universal de naciones, desaparezcan todas las razas y religiones separadas[123]."

Efectivamente, el judaísmo es un poder disolvente. Contrariamente al cristianismo o al islam, los judíos no pretenden convertir los demás al judaísmo, sino simplemente llevarlos a renegar de su religión, su raza, su identidad, su familia y todas sus tradiciones en nombre de "la Humanidad"

---

[121] Esther Benbassa, *La Souffrance comme identité*, Fayard, 2007, p. 111

[122] Léase Hervé Ryssen, *Las Esperanzas planetarianas* (cáp: *El mesianismo trotskista*. (NdT).

[123] Léon de Poncins, que había desempolvado este artículo en 1965, precisaba: "He comprobado personalmente en el British Museum la exactitud de esta cita.» Léon de Poncins, *Le Problème Juif; Face au Concile*, 1965 (brochure).

y los "Derechos del Hombre". El Imperio global sólo se podrá levantar sobre los restos de las grandes civilizaciones, construido con el polvo humano producido por las sociedades democráticas y el sistema mercantil.

La guerra contra las naciones: inmigración y mestizaje

Existen diferentes maneras de "pacificar" las naciones y los hombres. Se puede utilizar el bombardeo intensivo, o bien el totalitarismo comunista (o colectivismo oligárquico en "democracia"). Pero la inmigración continua, el mestizaje y la sociedad de consumo cosechan mejores frutos a largo plazo. La destrucción de las naciones forma parte de este programa de "pacificación del mundo". El "nuevo filósofo" Bernard-Henri Lévy declaraba, por ejemplo, en una entrevista al diario *France-Soir* del 24 de abril de 1979: "Bravo a todo lo que contribuye a romper las mitologías reaccionarias de los Estados- nación, del nacionalismo patriotero de la Francia del terruño, las gaitas y los folclores."

Treinta años después, sus convicciones no se movieron ni un ápice. La Europa supranacional y federal en construcción le sigue entusiasmando. He aquí lo que declaraba al periódico le *Nouvel Observateur* del 4 de noviembre del 2007, para presentar su último libro: "Soy un cosmopolita convencido. Me encanta el mestizaje y odio el nacionalismo. No vibro con la *Marsellesa*. Espero que algún día se supere el marco nacional. Y uno de los principales méritos de Europa, tal y como yo la veo, es que funciona como una máquina de enfriar esta pasión nacional."

Alain Minc es un intelectual judío liberal, también muy influyente en la sociedad francesa de finales de siglo XX. En su libro titulado *Epístola a nuestros amos*, publicado en el 2002, Alain Minc (léase en realidad Elie Minkowski), lanzaba un llamamiento febril a la inmigración como una necesidad imperiosa: "Necesitaremos nuevos inmigrantes. No se trata de una profecía a largo plazo sino de una realidad casi inmediata." En realidad, se trata sobre todo para los intelectuales judíos de favorecer al máximo la disolución de los pueblos europeos a fin de protegerse de una reacción nacionalista. Al final de su libro, Alain Minc nos recordaba una vez más, en caso de que lo hubiéramos olvidado, que la inmigración era "económicamente necesaria". Finalmente, el intelectual liberal se hacía el adalid de la ciudadanía europea y del mundialismo: "El día en que nos convenzamos colectivamente de que somos un cantón a escala del mundo, todo será más sencillo[124]."

---

[124] Alain Minc, *Epître à nos nouveaux maîtres*, Grasset, 2002, p. 98, 245, 260

El antiguo primer ministro de derecha, Jean-Pierre Raffarin, un potevino[125] barrigudo con aires de militante turco comunista, repetía el mismo discurso lenificativo y disolvente: "La Francia del siglo XXI es mestiza. Francia es mestiza y seguirá siéndolo", declaraba en octubre del 2002. Y el 7 de mayo de 2002, en los micrófonos de Radio *France-Inter*, insistía de forma tajante: "Quiero nombrar a franceses de origen magrebí o africano para puestos simbólicos: directores de escuela, prefectos, comisarios de policía. Quiero permitir el voto a los extranjeros en las elecciones municipales."

En el año 2003, otro antiguo primer ministro de origen judío, Laurent Fabius, socialista y millonario, declaraba a su vez: "Cuando las Marianas de nuestros ayuntamientos tengan el hermoso rostro de una joven francesa de origen inmigrante, ese día Francia habrá dado un paso adelante abrazando plenamente los valores de la República."

En el mismo sentido, Nicolas Sarkozy, cuya madre había nacido en Mallah, y que sería unos meses más tarde el presidente de la República, declaraba en su discurso de investidura en el Congreso del partido liberal, el 14 de enero del 2007: "Quiero ser el Presidente de una Francia que entiende que la creación está en la mezcla, en la apertura y en el encuentro; no me asusta la palabra, en el mestizaje."

El domingo 19 de diciembre del 2007, en la cadena de televisión France 2, invitado por el presentador Michel Drucker, lo decía una vez más: "Francia debe abrirse a los demás. No debemos tener miedo de los que son diferentes. La consanguinidad es el fin de una civilización". Y en su libro titulado *Témoignages* de 2006, en la página 280, escribía: "Creo que los franceses esperan la Francia de después..., una Francia en la que la expresión "francés de raíz[126]" habrá desaparecido". Unos años antes, en 2004, ya nos lo había advertido: "Francia debe seguir siendo un país de inmigración. Creo en la mezcla, en el mestizaje, en el encuentro de las culturas."

He aquí otros extractos del famoso discurso de Nicolas Sarkozy en Dakar el 29 de julio de 2007: "Jóvenes de África, no caigáis en la tentación de la pureza porque es una enfermedad, una enfermedad de la inteligencia, y es lo más peligroso del mundo... Jóvenes de África, no os separéis de lo que os enriquece, no os separéis de una parte de vosotros mismos. La pureza es una fantasía que conduce al fanatismo... Las civilizaciones sólo son tan grandes como su participación en el gran mestizaje del espíritu humano". Y Sarkozy proseguía: "La debilidad de África, que ha conocido tantas civilizaciones brillantes en su suelo, fue durante mucho tiempo que no

---

[125] Originario de la región Poitou. (NdT).
[126] *Français de souche*, en contraposición a *Français de branche*, francés de rama. (NdT).

participó lo suficiente en este gran mestizaje. África ha pagado muy caro esta desvinculación del mundo que la ha hecho tan vulnerable. Pero de sus desgracias, África ha sacado nuevas fuerzas mezclándose consigo misma. Este mestizaje, sean cuales sean las dolorosas condiciones en las que se ha producido, es la verdadera fuerza y oportunidad de África en un momento en el que está emergiendo la primera civilización del mundo... Abrid los ojos, jóvenes africanos, y no veáis ya el mundo como una amenaza para vuestra identidad, sino la civilización mundial como algo que también os pertenece."

Con esta clase de grandiosa invitación cosmopolita, se puede comprobar hasta qué punto el mestizaje constituye una verdadera obsesión para los judíos, aunque también se debe comprender que este discurso es un producto exclusivamente reservado a la exportación y no para la comunidad elegida. Nicolas Sarkozy, por ejemplo, se casó con mujeres judías: primero con Cecila Cziganer Albeniz, que tiene orígenes rumanos, y Carla Bruni después, una judía italiana.

Veinte años antes, el antiguo ministro Lionel Stoleru, de origen rumano, manifestaba él también esta obsesión de los judíos por disolver la identidad nacional. En su libro *Francia a dos velocidades*, en 1982, escribía así: "Existe, por citar sólo algunas, una cultura asiática aún más antigua y quizás más refinada que la nuestra; existe una cultura sudamericana donde la muerte y la violencia coexisten pacíficamente con la ternura y la fraternidad. Hay una cultura africana donde el calor del sol y el calor humano se han fundido en un solo crisol. Francia puede ser para Europa la puerta abierta de par en par a estas corrientes culturales que todavía conocemos demasiado poco. Puede ser el "Teatro de las Naciones", el escenario en el que se represente la sórdida y grandiosa historia del género humano[127]."

Al principio de los años 80, el antiguo comunista Guy Konopnicki fue uno de los primeros en comprender que el modelo liberal estadounidense permitiría instaurar la sociedad multicultural mucho más rápido y exitosamente que el sistema comunista. En el discurso de izquierda, este aspecto de la cuestión suele predominar por encima de las consideraciones económicas y la crítica del capitalismo liberal generador de desigualdades. El muy progresista Konopnicki alababa así el modelo estadounidense y alentaba la sociedad multiétnica: "Una nueva cultura está emergiendo en La Courneuve y en Meudon-la-Forêt, una manera de ser que ignora los orígenes y las fronteras... Esta mezcla es americana-cosmopolita: Vitry está ahora más cerca de Harlem que de Castres[128]."

---

[127] Lionel Stoleru, *La France à deux vitesses*, Flammarion, 1982, p. 246
[128] Guy Konopnicki, *La Place de la nation*, Olivier Orban, 1983, p. 175

Pero la mayoría de los demás intelectuales judíos "progresistas" sólo empezaron a virar a la derecha tras los incidentes con los jóvenes inmigrantes afro-magrebíes en los suburbios franceses que estallaron durante la segunda Intifada palestina en septiembre del 2001. Los intelectuales de izquierda mutaron entonces en partidarios de la derecha "dura": no se trataba para ellos de expulsar los millones de inmigrantes que habían hecho entrar en Francia con su discurso ideológico, sino de consolidar por la fuerza la sociedad multirracial que habían contribuido a poner en pie.

Enrico Macias es un cantante francés de origen argelino. Este judío sefardita, que canta la fraternidad universal, tuvo sus horas de gloria en los años 70 y 80, pero sigue apareciendo de vez en cuando por los platós de televisión a principio del siglo XXI. El cantante de izquierda apoyó Nicolas Sarkozy, el candidato liberal pro-sionista y pro-estadounidense durante su campaña presidencial en el 2007. En una entrevista al diario gratuito *20 Minutes*, el periodista le preguntaba: "¿Sigue usted definiéndose como un hombre de izquierdas? A lo que Macias respondías: "Claro que sí. Soy de izquierdas, pero apoyo a Sarkozy porque es un hombre extraordinario. De hecho, le apoyé en un momento en que todo el mundo me criticaba. Decían: ¿Cómo puede un hombre de izquierdas apoyar a un hombre de derechas?" Macias citaba a continuación el ejemplo de algunos de sus congéneres que también habían cambiado de chaqueta: "Mire a Dominique Strauss-Kahn, Jack Lang, Bernard Kouchner, todos esos hombres importantes del Partido Socialista que trabajan con él. De hecho, como ellos, si me ofreciera una misión, la aceptaría."

Sobre las cuestiones de inmigración, naturalmente, la política de derecha es casi idéntica a la de izquierda. Se sigue trayendo más inmigrantes y regularizando a los clandestinos, acentuando así el "efecto llamada". Enrico Macias fue entonces a ver su colega Sarkozy: "Me escuchó y resolvió un centenar de casos que le confié."

Enrico Macias es además un riquísimo hombre de negocios. Invirtió sus millones en los casinos Partouche. Tal vez podría compartir algunos con los franceses autóctonos en la miseria. Pero como todos sabemos, un judío razona y actúa sólo en interés de la comunidad judía. Y su interés, claramente, no es ayudarnos, sino disolvernos.

En los años 70, el médico Alexandre Minkowski obraba para "pacificar" los franceses inyectando en el cuerpo nacional todas las minorías posibles. En el hospital donde ejercía, siempre daba prioridad a la contratación de extranjeros, en detrimento de los franceses: "Ya tenía un sirio, una israelí, dos argelinos y una indonesia musulmana en mi unidad, y todos trabajaban perfectamente juntos. Así que, ¿por qué no añadir unos cuantos palestinos?

Diez o veinte de ellos llegaron al hospital, todos médicos, con la excepción de una asistenta social palestina cristiana[129]."

En su novela barata publicada en 1980, Arnold Mandel realizaba la apología del mestizaje para los goyim. Ponía en escena una francesa y un árabe. Tras la derrota francesa, en junio de 1940, en Marsella, la pareja franco-árabe, Germaine y Ali "solían pelearse y copulaban ruidosamente...Germaine y Ali se despertaron e hicieron el amor, vocalizando poderosamente su consenso[130]."

Veinte años después, las obsesiones del judaísmo son siempre las mismas. El doctor Georges Federmann, un psiquiatra de Estrasburgo, considera a los gitanos como hermanos, o al menos como primos. Militante demócrata y humanista, miembro de asociaciones "antirracistas", está muy implicado en la lucha a favor de los romaníes y los "sin papeles". "Estoy esperando el periodo mesiánico, pero me mato a trabajar para que llegue[131]", se leía en un artículo publicado en las *Dernières Nouvelles d'Alsace* el 21 de enero de 2003. Federmann sirvió de modelo para el protagonista de la película *Swing*, de Tony Gatlif, que narra la historia de un médico que atiende gratuitamente a los gitanos. Sin embargo, el martes 15 de noviembre de 2005, los periódicos informaban de que este reputado psiquiatra había tenido algunos sinsabores con uno de sus protegidos. El psiquiatra, conocido por su postura en favor de los desfavorecidos, resultó gravemente herido junto con su esposa y su ayudante. Recibió cuatro disparos en el cuerpo. El autor del ataque era un hombre de 57 años que, al parecer, tenía graves problemas psiquiátricos. El Dr. Federmann, en cambio, estaba perfectamente cuerdo.

Los intelectuales judíos también muestran regularmente cierta inclinación a proferir enormes falsedades. Esta disposición a tomar los goyim por retrasados mentales, esa desfachatez a prueba de todo se llama en la comunidad judía "*chutzpah*" (en yiddish de Alemania) - pronunciado "jutzpah[132]".

En marzo del 2008, la revista *Géo Histoire* publicaba por ejemplo una entrevista de tres páginas con el demógrafo Gérard Noiriel, especialista de

---

[129] Alexandre Minkowski, *Un juif pas très catholique*, Ramsay, 1980, p. 163

[130] Arnold Mandel, *Tikoun*, Mazarine, 1980, p. 60, 64

[131] La expresión francesa utilizada es: *Je me casse le cul pour qu'elle arrive;* literalmente "me rompo el culo para que llegue", más ordinaria y vulgar. (NdT).

[132] La palabra también pasó del yiddish al polaco (*hucpa*), alemán (*chuzpe*), neerlandés (*gotspe*), checo (*chucpe*) y, es muy comúnmente usada en alsaciano y en español-argentino, donde adquiere una connotación claramente negativa y se refiere invariablemente a la arrogancia, el descaro, la desfachatez, la desinhibición, la falta de vergüenza o de cargo de conciencia, de superego o de autorrepresión, y de respeto a las reglas o normas esperadas más elementales. Por lo visto, la palabra es utilizada en las cortes de justicia de California. (fuente wikipedia). (NdT).

la historia de la inmigración y director de estudios en la Escuela de Estudios Superiores en ciencias sociales (un puesto muy cómodo). La entrevista se titulaba así: *La fantasía identitaria*. He aquí un párrafo: "Basándose en sus investigaciones, el historiador apunta que en los últimos ciento cincuenta años la inmigración nunca ha sido tan baja en Francia. En 2007, no había aumentado significativamente desde hacía más de treinta años. Las estadísticas del INED (Instituto Nacional de Estudios Demográficos) lo confirman: hoy hay menos extranjeros que en 1997". Como buen judío, Gérard Noiriel concluía: "Es importante deconstruir esta noción: Francia[133]."

Si bien muchos intelectuales y hombres políticos de izquierda se han sumado a las filas de la derecha liberal a principio del siglo XXI, en cambio, e inversamente, muchos "liberales" mantienen desde hace mucho tiempo una simpatía evidente hacia los movimientos revolucionarios de extrema izquierda. Todo esto es perfectamente natural una vez que se entiende que, para estas mentes cosmopolitas, lo más importante es trabajar por una sociedad multicultural y un gobierno mundial.

Paul-Loup Sulitzer, un hombre de negocios y novelista muy exitoso, también muy liberal, contaba su historia: "Participé en la farándula lírica de mayo del 68. Estoy lejos de sentirme de izquierdas o revolucionario. Pero odio el estancamiento. Si hubiera sido ruso en 1917, probablemente habría querido sacudirme el yugo zarista." Y continuaba: "La gente y la sociedad tienen que seguir moviéndose; el movimiento es vida. Hay que revisar sus propias posiciones todos los días, negarse a anquilosarse, a quedarse quieto[134]."

El muy liberal Alain Minc exaltaba a su vez los acontecimientos de mayo del 68: El "choque liberador de mayo del 68[135]", tal como lo definía. Y es que el proyecto político del comunismo era exactamente idéntico al de los financieros internacionales: disolver las identidades nacionales, borrar las fronteras humanas y económicas, abolir las libertades nacionales y utilizar todos los medios posibles para promover la unificación del mundo y la instauración de un gobierno mundial.

Los judíos están literalmente obsesionados por la disolución de las naciones y la unificación mundial, es su caballo de batalla, la condición *sine qua non* de la venida de su mesías. Lean sino por ejemplo lo que escribía el ya citado Jean-Jacques Servan-Schreiber, fundador del semanal burgués *L'Express* en 1953. En un pequeño libro titulado *El despertar de Francia, mayo-junio 1968*, Servan-Schreiber exaltaba él también el

---

[133] Alain Minc, Guy Sorman, Jack Lang hicieron comentarios similares, léase en nuestros anteriores libros.
[134] Paul-Loup Sulitzer, *Laissez-nous réussir*, Stock, Poche, 1994, p. 37, 38
[135] Alain Minc, *Epître à nos nouveaux maîtres*, Grasset, 2002, p. 67

espíritu de mayo del 68, disculpando unos estudiantes que habían escupido sobre la tumba del soldado desconocido: "Es bastante obvio, escribía, que los estudiantes no escupieron sobre ese desgraciado, que en su anonimato representa tan bien a todos los que, como él, han muerto en guerras atroces. Estaban atacando la monstruosa estupidez del eterno sistema de soberanía nacional, erigido en valor supremo, que arrastra con él la guerra y el odio como la nube arrastra la tormenta". E insistía, con esa formidable *chutzpah* tan característica: "Éste es quizá el primer homenaje realmente serio que se rinde al hombre desconocido en la plaza de la Estrella[136]."

En su libro *Los Enterradores*, publicado en 1993, el mismo Jean-Jacques Servan-Schreiber expresaba de forma elíptica esta espera febril del mesías judío: "Para llegar a esa sociedad totalmente realizada y de plenitud individual, tendremos que salir del orden ancestral... llevará mucho tiempo, y nos costará soportar estas lentitudes que nos consternan[137]."

Izquierda o derecha, para estos espíritus cosmopolitas, sólo son dos formas ligeramente diferentes de alcanzar el mismo objetivo. En septiembre del 2008, las elecciones estadounidenses enfrentaron a un demócrata negro, Barack Obama, con un conservador blanco, John McCain. Escuchad este relato de un banquero en el número del 4 de septiembre de *Le Nouvel Observateur*, el semanal de izquierdas dirigido por Jean Daniel (Bensaïd). El artículo de Claude Weill se titulaba *¿Un negro en la Casa Blanca?* Claude Weill presentaba Barack Obama: "Es el sueño americano encarnado. Una ilustración de los valores de apertura y de mestizaje que han hecho la grandeza de Estados Unidos. El país donde todo es posible... El hombre que liquidará los demonios de Estados Unidos y le permitirá reencontrarse con lo mejor de su tradición. "Por supuesto que voy a votar a Obama, me dice un banquero conservador [judío] bien arreglado. ¡No quiero perderme este momento histórico!"."

En realidad, la división entre los partidarios de la "izquierda" y de la "derecha" hace tiempo que desapareció. Se trata de una gigantesca lucha entre, por un lado, los judíos y los partidarios del Imperio global y, por otro, los pueblos y todos los defensores del mundo tradicional y de las libertades locales. De hecho, la situación se volvió más clara desde la caída del Muro de Berlín en 1989 y el hundimiento de la Unión Soviética.

En 1992, el "nuevo filósofo "de izquierda Bernard-Henri Lévy señalaba sus convergencias de puntos de vista con Alain Minc, un intelectual liberal, pero, evidentemente, sin explicar el origen: "A menudo tenemos los

---

[136] Jean-Jacques Servan-Schreiber, *Le réveil de la France, mai-juin 1968*, Denoël, 1968, p. 88
[137] Jean-Jacques Servan-Schreiber, *Les Fossoyeurs*, Fixot, 1993, p. 59

mismos reflejos. Sensibilidades similares... Una visión del mundo que, en la mayoría de los temas, nos lleva a estar en la misma onda[138]."

Esta convergencia de puntos de vista quedó también patente en la colusión histórica que se produjo entre la finanza internacional y el movimiento bolchevique. Recordemos por ejemplo cómo, en 1918, , el famoso banquero Max Warburg se encontró frente a los Espartaquistas, cuyos jefes eran todos hijos del "pueblo elegido". Esto leíamos en el libro de Jacques Attali sobre la familia Warburg: "El 5 de noviembre de 1918, un comité revolucionario toma el poder en Hamburgo. El aura de Max Warburg es de una magnitud tal que el comité, tras haberlo tomado como rehén y presionado para que diga dónde se halla el dinero de la ciudad, protege a su familia, le invita a almorzar en el Ayuntamiento y le escucha como consejero."

Los judíos comunistas, por lo visto, sentían un gran respeto y simpatía hacia sus congéneres banqueros. Jacques Attali confirmaba a continuación que el judaísmo no es tanto una religión como un proyecto político. Sigmund Warburg, el hijo de Max, "era un agnóstico con un espíritu muy religioso. Siempre se identificó con la causa del judaísmo como fuerza moral[139]". "Israel le interesa, y él sólo ayuda aquello en lo que cree... al Instituto Weizmann, y en Londres al *Jewish Observer*, porque es liberal". Sigmund Warburg "se pretende ciudadano del mundo" y "su religiosidad se confunde con su vida, aunque es demasiado universalista para adherirse a una fe única[140]", añadía Attali en su biografía.

En el año 2008, Bernard-Henri Lévy no pudo ser más claro: el judaísmo no es solamente una religión: "Por lo visto, lo que a la mayoría de la gente le cuesta entender es que el judaísmo no es una religión. La palabra *"religión"* no existe en hebreo...Y si la palabra no existe, si no figura en el libro del Talmud ni aparece en boca de los sabios y los maestros que han

---

[138] Bernard-Henri Lévy, *Le Lys et la cendre*, Grasset, 1996, p. 16, 233, 470

[139] Jacques Attali, *Sir Sigmund G. Warburg, Un Homme d'influence*, Fayard, 1985, Poche, p. 329

[140] Jacques Attali, *Un hombre de influencia*, Seix Barral, Barcelona, 1992, p. 101, 347, 348. [Siegmundo Warburg fue uno de los banqueros más influyentes de la segunda mitad del siglo XX. "Su universalismo le hace volver un poco a su identidad judía...Devora libros de Elie Wiesel, como *La noche*, que lee en alemán y le gusta, dice, por su "valor ético". A sus amigos les explica que no es ni sionista ni antisionista, pero que los asuntos de Israel le interesan más que en el pasado. Se ve con mucha frecuencia con Nahum Goldmann, del que se siente muy próximo. Más apasionado por la moral y por la ley que por un suelo, tolera difícilmente la idea de que un judío pueda no mostrarse tan exigente como, en su opinión, lo exige el Libro [la Torá]...Pero no quiere perjudicar a Israel, y deja de financiar, al parecer, una revista publicada en Londres, la *Jewish Observer and Middle-East Review*, cuando ésta se vuelve demasiado hostil a Jerusalén.» En *Un hombre de influencia, Seix Barral*, p. 405. NdT.]

forjado la grandeza de la ley oral... es porque la cosa misma tampoco existe... ¿Sabe usted que "sinagoga", por ejemplo, *Beit Knesset*, quiere decir casa de reunión y no casa de oración? ¿Sabe que la Torá designa menos un breviario cualquiera, un misal, un libro de oraciones, que la constitución (verdaderamente la constitución, en el sentido propio, casi político o, en todo caso, civil, de la palabra constitución) entregada a Moisés a su pueblo después de recibir las Tablas?...¿Sabe que hubo, aún en el siglo XX, dentro mismo de lo que usted llamaría el mundo de la creencia y de la fe, maestros eminentes (pienso en el Rav Kook[141]) que sostienen que el ateísmo no es un problema para el judaísmo; que es incluso una hipótesis perfectamente seria y admisible[142]." Efectivamente, debemos repetirlo una y otra vez, el judaísmo es ante todo un proyecto político[143].

La propaganda cosmopolita I: la sociedad multirracial

Es extremadamente raro que un escritor, cineasta o un productor judío no intente transmitir un mensaje en su ensayo, novela o película. Para el gran público, esta incansable propaganda puede verse fácilmente en la industria cinematográfica y en muchas series de televisión[144]. El cine planetario

---

[141] Abraham Isaac haCohen Kook (1865-1935) fue el primer rabino jefe asquenazí en la Tierra de Israel durante el Mandato Británico. Fue un rector de la ley talmúdica (halajá), cabalista y pensador. Fundó el Gran Rabinato de Israel, al frente del cual fue el primer rabino jefe asquenazí. También fundó la Yeshiva *Merkaz haRav*. Se le considera uno de los padres del sionismo religioso. Sus dictámenes halájicos, especialmente sobre cuestiones políticas y mandamientos relacionados con la Tierra, son una reconocida fuente de jurisprudencia. Desarrolló una doctrina favorable al *Nuevo Yishuv* y al sionismo basada en la Cábala. Es la principal referencia religiosa y filosófica de las corrientes religiosas nacionalistas israelíes contemporáneas. (NdT).
[142] Bernard-Henri Lévy – Michel Houellebecq, *Enemigos públicos*, Anagrama, Barcelona, 2010, p. 160, 161.
[143] El judaísmo no es una religión (en el sentido espiritual y trascendental, excepto quizás la vertiente mística cabalista que es una forma de gnosticismo dentro del judaísmo), sino un nacionalismo religioso con pretensiones mesiánicas imperiales en el mundo real. Su libro sagrado (la Torá) es un libro de historia nacional, sus fiestas religiosas celebran acontecimientos bélicos y nacionales (históricos o míticos). Exactamente como si los españoles celebráramos nuestras fiestas religiosas recordando Numancia, Covadonga, Las Navas de Tolosa, Lepanto o el 2 de mayo. (NdT).
[144] El lector actual sabe que este fenómeno es ahora todavía más predominante y se ha convertido en la norma generalizada en Occidente. Las grandes productoras y plataformas audiovisuales (Netflix, HBO, Disney, etc.) e incluso los gigantes tecnológicos (Amazon, Apple) han diversificado y masificado este tipo de producción audiovisual (películas y series). La publicidad de las grandes compañías y corporaciones es también unánimemente multirracial y promueve activamente el mestizaje y la revolución LGTB en todas las plataformas y redes sociales con anuncios publicitarios invasivos. Esto es promovido activamente desde el centro del sistema

celebra primero las virtudes de la democracia multicultural y del mestizaje: de una forma u otra, se trata de incitar al espectador a concebir un mundo sin fronteras y de inculcarle la tolerancia hacia los "otros". Esta propaganda cosmopolita también utiliza a menudo a un hombre blanco para jugar el papel de cabrón. Se le suele presentar como un hombre nórdico de pelo claro y ojos azules. Esto no es casual, sino que refleja un odio visceral hacia el mundo europeo. Ya hemos mencionado numerosos ejemplos en nuestros libros anteriores. Continuemos aquí nuestro estudio:

Périgord noir (Francia, 1988) es una película bastante emblemática. Un pueblo africano ha quedado devastado por el cierre de la platanera que le proporcionaba sus ingresos y sustento. La bella Adiza, que estudió en Francia, tiene la misión de encontrar el dinero para recomprar la plantación y salvar a la comunidad. Se inventa un padre imaginario, utilizando una fotografía de un soldado, encontrada en el baúl de su difunta madre, y desembarca encabezando todo su pueblo en un modesto municipio de la Dordoña francesa. Antonio, el falso padre en cuestión, finge creer que realmente es el padre de una joven tan encantadora y los africanos, que han fijado ahí su residencia permanente, marcan el ritmo del apacible pueblo francés. La confraternización avanza a buen ritmo, para disgusto del astuto e irascible alcalde, Jeantou, que se lamenta de no poder ni siquiera explotar a esta mano de obra recalcitrante. El amor entra en escena. Cuando Jeantou se niega a casar a varias parejas, los Perigordinos deciden abandonar su pueblo para irse a vivir a África con sus amigos negros. Y esto es lo que nos decía la guía de programación: "Una excelente comedia, muy bien interpretada, y de un antirracismo tempestivo, alegre y nada didáctico". La película es de un tal Nicolas Ribowski, y la crítica es probablemente de una de sus amiguitas.

À l'ombre de la haine (*Monster's ball*) es una película estadounidense del año 2001: Hank es un concienzudo funcionario de prisiones en un centro penitenciario del sur de Estados Unidos. Es el encargado de ejecutar a los condenados a muerte. Su padre, viejo y jubilado, solía hacer el trabajo, pero su hijo Sony, en cambio, parece demasiado frágil de nervios y se desmorona cuando llega el momento de llevar al preso a la silla eléctrica. Hank no soporta esta debilidad y trata a su hijo con desprecio y violencia. En realidad, siempre ha odiado a este hijo débil. Llevado al límite, Sony se

---

financiero y corporativo mediante políticas que incentivan financieramente estos objetivos sociales y también medioambientales. Estos objetivos son controlados y evaluados mediante criterios oficiales de medición como el ESG (*Environmental Social and Corporate Governance*) y el CEI (*Corporate Equality Index*). Las declaraciones al respecto de Larry Fink, presidente de Blacrock (primer fondo especulativo planetario), en los foros globalistas no dejan lugar a duda sobre esta voluntad de transformar la sociedad y la realidad en ese sentido, más allá del ánimo de lucro capitalista. (NdT).

suicida. Hank, a pesar de todo, está conmovido y dimite. Es naturalmente muy racista, como siempre lo fue su viejo padre, y sin duda no sintió ninguna piedad por los negros que llevó a la muerte. Pero los azares de la vida lo llevan a encontrarse con la viuda de un hombre al que había ejecutado. Se establece una relación entre el antiguo guardia de prisiones y esta joven y atractiva negra, la cual comprende rápidamente lo trágico de la situación. Con todo se convierten en amantes. Se dice que la película de Marc Foster es "profundamente conmovedora".

Quand on sera grand (Francia, 2001), refleja bastante bien la hiper-agresividad del judaísmo. Este es el guion: Simon Dadoun es un periodista de treinta años. No puede tener hijos con su novia, una goy. Afortunadamente, se consuela con la mujer de su nuevo vecino, una judía sefardí como él, pero desatendida por su marido, un radiólogo asquenazí, altivo y antipático. Por otra parte, el director de la película, Renaud Cohen, nos muestra a unos franceses muy dados al mestizaje. Los amigos de Simon Dadoun están casados, uno con una asiática y el otro con una senegalesa. Otro personaje francés de la película es una vecina del edificio que vive sola y está bastante deprimida. Simon que, como todos los judíos sefardíes, tiene un gran corazón, la presenta a Roger, un amigo francés de la infancia con el que se ha reencontrado por casualidad y que también vive bastante mal su soltería. Todo parece ir sobre ruedas entre los dos jóvenes, pero Roger resulta ser un pervertido sexual que también puede ser violento. Además, ¡le gusta llevar tangas! Como consecuencia, la francesa se vuelve lesbiana. Al final de la película, parece por fin haber encontrado su verdadera sexualidad y da rienda suelta a sus inclinaciones. Le gustaría, dice, "follarse a la senegalesa". De fondo, Renaud Cohen filma la capital francesa desde un ángulo muy multicultural, entre encuentros africanos, música oriental y año nuevo chino. Para completar el cuadro, la película también muestra con complacencia el consumo de hachís. Mestizaje y homosexualidad: tenemos por lo tanto los ingredientes principales de buena parte de las películas realizadas por los judíos. Una vez más, los judíos parecen obsesionados con nuestra destrucción, obsesionados con destruir todo lo que no es judío. "Los actores son admirablemente espontáneos. Una mezcla de géneros perfectamente ejecutada por Renaud Cohen, que logra así una hermosa película", nos decía Claude Bouniq-Mercier en el *Guide des films*.

En la película *Gomez et Tavarès*, del año 2003, vemos un apuesto joven trepar por el muro de una rica propiedad y entrar en la casa. En la pared hay una foto de una hermosa mujer rubia con su marido, un negro, y sus hijos, que lo son un poco menos. El espectador piensa inmediatamente: ésta es una película de un director judío. Seguimos viéndola un poco a ver que tal, y a los pocos minutos uno se da cuenta de que todos los actores han sido elegidos según criterios étnicos para formar un reparto multirracial.

Interrumpimos el visionado y descubrimos que el director es un tal Gilles Paquet-Brenner. Ahora bien, si escribimos Gilles Paquet-Brenner en un motor de búsqueda en internet y elegimos "imágenes", nos encontraremos inmediatamente con su foto. Y no hay sorpresa: ¡no es una rubia guapa!

Hemos hallados las siguientes sinopsis de películas en el *Guide des films* de Jean Tulard, todas muy reveladoras de la mentalidad cosmopolita:

Jonas et Lila de Alain Tanner (Francia, 1999): Jonas está casado con Aïssa, una hermosa africana. La pareja se va al campo con una actriz rusa.

La Parenthèse enchantée (Francia, 1999) transcurre entre mayo del 68 y los años del sida. En 1969, dos amigos se casan el mismo día. Vincent (Vincent Elbaz) con Marie, y Paul (Roschdy Zem) con Eve. Las mujeres francesas parecen estar prometidas a judíos y árabes. El director también se muestra muy complaciente con el adulterio, el marxismo, el feminismo y el aborto. Para Claude Bouniq-Mercier, la película de Michel Spinoza es "un pequeño éxito".

À la place du coeur (Francia, 1998): Clémentine y Fançois, conocido como Bebé, quieren casarse. Clémentine está embarazada. Bebé, él, es negro: es el hijo adoptivo de Franck y Francine, una pareja estéril. Pero Bebé, acusado injustamente por un policía racista de violar a una mujer bosnia, está en la cárcel. Bouniq-Mercier admite que la película es "maniquea": por un lado, los buenos, por otro los malos (la católica histérica, la policía facha). La película es de Robert Guédiguian, un director particularmente agresivo.

Je suis né d'une cigogne, de Tony Gatlif (Francia, 1998): Otto, un parado, y Louma, una peluquera, deciden cambiar de vida. Se hacen amigos de Ali, un joven fugitivo, y salen al azar por donde les lleve la carretera. Se trata de "una película-panfleto a favor de los inmigrantes sin papeles".

One Night stand (EE. UU., 1997): Max, un negro, está casado con una asiática, Mimi. Vive en Los Angeles y tiene un amigo en Nueva York llamado Charlie, un homosexual. También se acuesta con Karen, una hermosa rubia que acaba casándose finalmente con su hermano Vernon. Homosexualidad para el hombre blanco, mestizaje para la mujer blanca. Firmado Mike Figgis.

Vive la République! (Francia, 1997): Henri reúne a un grupo de chicos y chicas desempleados como él para fundar un nuevo partido político basado en la idea de "descompartimentación social" y en "compartir conocimientos". En realidad, el guion es sobre todo un pretexto para mostrar una Francia multirracial, con actores árabes y bonitas francesitas. Una película de Eric Rochant.

C'est pour la bonne cause, de Jacques Fansten (Francia, 1996): Tonin siempre ha hecho caso a sus padres cuando le decían que debía interesarse por los demás, ser solidario y útil al prójimo. Por eso, cuando las autoridades de su colegio buscan familias para acoger durante un mes a un niño africano salido de un campamento de refugiados, Tonin levanta la mano y se ofrece inmediatamente. "Una comedia amable, humanista y llena de buenos sentimientos...fresca y simpática", escribía Claude Bouniq-Mercier

Walk the walk (Francia, 1996): Una familia vive cerca de un estanco de Berre: Nellie, la madre, es blanca y biologista. Abel, el padre, es negro y corredor de marcha. Raye, su hija mestiza, aprende a cantar. Robert Kramer, el director de la película es judío.

Cauchemar blanc, un cortometraje de 1991 nos enseña cuatro blancos muy racistas, y muy malos que se ensañan con un pobre árabe en un suburbio popular de las afueras de una gran ciudad. Está claro que Mathieu Kassovitz, el director, no aprecia mucho a los blancos.

Come see the paradise (EE. UU., 1990): Sindicalista caído en desgracia, Jack McGurn se trasladó a Los Ángeles en 1936. Se hizo proyeccionista en un cine del barrio japonés propiedad del Sr. Kawamura. No tarda en enamorarse de Lily, su encantadora hija de diecinueve años. Pero la guerra se avecina y los japoneses que viven en suelo estadounidense van a ser internados en campos de concentración: "Languidez y lloros". Como sabemos, el director Alan Parker es un auténtico cosmopolita.

Les Innocents es una película de André Techiné (Francia, 1987): Jeanne, una chica del Norte, llega a Tolón donde conoce a Saíd, un joven moro que es el amante de Klotz, un jefe de orquesta alcohólico y cuyo hijo Stéphane es un fascista. El guion es de Pascal Bonitzer, y no es precisamente homosexual.

Tod y Toby (EE. UU., 1981) es un dibujo animado de Art Stevens, Ted Berman y Richard Rich. Tid es un zorrito huérfano que ha sido recogido por una buena granjera del sur de Estados Unidos. Se hace un nuevo amigo, Toby, el joven perro del vecino. "La película es una buena lección contra el racismo" escribía Bouniq-Mercier.

The human Factor (EE. UU., 1979) es una película de espionaje. En Sudáfrica, un agente secreto británico se enamora de una nativa negra. La película es del famoso director judío y sionista Otto Preminger.

La Pequeña (*Pretty baby*, EE. UU., 1978): La historia se desarrolla en un burdel de Nueva Orleans de ambiente cálido y familiar, en 1917. Allí vive Violet, la hija natural de Hattie, una prostituta. Cuando llega a la pubertad, su virginidad es subastada. Violet se convierte en una prostituta muy solicitada. Azotada por entregarse a juegos amorosos con un joven negro, huye y se refugia con Bellocq, con quien mantiene una relación tormentosa. Louis Malle denuncia aquí "una sociedad burguesa e hipócrita", escribía Bouniq-Mercier, añadiendo: "Una película cuidada, con colores cálidos".

Mandingo (EE. UU., 1975): En 1840, Hammond, el hijo del propietario de una plantación de algodón, se casa con Blanche. Pero cuando descubre que no es virgen, la abandona por una esclava negra. Como consecuencia,

Blanche se entrega a un Mandingo gigante y da a luz a un bebé negro que es asesinado por el médico. Hammond envenena a su mujer y escalda al Mandingo. Él mismo es asesinado por el mayordomo, mientras la revuelta de los esclavos contra los blancos cabrones se está gestando y a punto de estallar. La película es de Richard Fleischer.

Flipper city (EE. UU., 1973): Michael es hijo de una madre judía posesiva e irritable y de un padre italiano mafioso. Se dedica a dibujar cómics violentos en los que reinan prostitutas, delincuentes, vagabundos, mafiosos, traficantes, drogadictos y policías. Entonces Michael conoce a Carol, una "hermosa joven negra". Una película de Ralph Bakshi.

Les Aventures de Rabbi Jacob (*Las Aventuras de Rabí Jacobo*, Fr, 1973), un clásico francés con Luis de Funès: En Nueva York, el rabino Jacob vuela a París. Mientras, en Francia, el Señor Pivert apremia a su chófer Salomon para que llegue a tiempo a la boda de su hija. Finalmente, dos asesinos árabes son enviados a matar a un líder revolucionario, Slimane. Tras varias tiras y aflojas todo acaba saliendo bien y es Slimane quien se casa con la hija de Pivert. Una divertida comedia de Gérard Oury.

Smic, Smac, Smoc (Fr, 1971): Amidou, que trabaja en los astilleros de La Ciotat, se casa con Catherine, una simpática panadera blanca. Una película de Claude Lelouch.

Si retrocedemos un poco en el tiempo, aún encontraremos estas películas: *En Bandeja de Plata* (*The Fortune Cookie*, EE. UU., 1966), de Billy Wilder: Durante un partido de fútbol americano, el cámara Harry Hinkle es golpeado involuntariamente por el jugador negro Boom Boom Jackson. Al final, los dos hombres se hacen amigos. La integración está en marcha.

West Side Story (EE. UU., 1961) es una comedia musical de Robert Wise. Dos bandas se enfrentan: los Jets, estadounidenses blancos liderados por Riff, y los Sharks, inmigrantes puertorriqueños encabezados por Bernardo. Al final, las dos bandas comprenden lo absurdo de su lucha. Se trata de una película propagandista a favor de la sociedad multirracial; con una banda sonora de Leonard Bernstein.

Estrella de fuego (*Flaming star*, EE. UU., 1960): Pacer Burton (Elvis Presley) nació de una madre india y un padre blanco. Sus padres son asesinados durante la guerra y éste se une a los indios. Una película acerca del desgarramiento emocional de los mestizos.

La propaganda a favor del mestizaje y de la multiculturalidad ya había aparecido en la gran pantalla en los años cincuenta:

Yellowstone Kelly (EE. UU., 1959) de Gordon Douglas. Un blanco trampero se enamora de una india a la que salvó de la muerte. "Un hermoso western humanista y progresista."

Fugitivos (EE. UU., 1958) de Stanley Kramer: Dos prisioneros escapan encadenados el uno al otro. Uno es blanco y tiene prejuicios raciales, el otro es negro y huraño. A pesar de sus ideas preconcebidas, surge entre ellos una solidaridad. Un "alegato simpático contra el racismo", escribía Jean Tulard.

The Oklahoman (EE. UU., 1957): un doctor se atrae varias enemistades al defender la causa de los indios. La película es de Francis Lyon y el guion de Daniel Ullman.

Apache Woman (EE. UU., 1955): dos mestizos, Anne y Armand, viven entre dos mundos: el de los blancos y el de los indios que los rechazan. La película es de Roger Corman.

Fort Yuma (EE. UU., 1955): En el convoy hacia Fort Yuma, el teniente racista es amado por la india, cuyo hermano, explorador, es codiciado por la maestra blanca. Lo principal es que los judíos no se mezclen. La película es de Lesley Selander.

El Pozo (*The Well*, EE. UU., 1951); en una ciudad del sur de los Estados Unidos, una niña negra desaparece y un blanco, sospecho del secuestro, es detenido. La ciudad se ve sacudida por violentos disturbios raciales, pero la niña es encontrada en el fondo del pozo de una mina en desuso y todos intentan salvarla. "Un thriller antirracista" de Leo Popkin.

En 1939 se estrenaba *La Esclava blanca,* de Marc Sorkin (Francia): a principio del siglo XX, una joven francesa se casa con un turco occidentalizado que la lleva a su país todavía culturalmente atrasado. Son perseguidos por el sultán y salvados in extremis por un revolucionario.

En 1925, en la película *The Vanishing American* (EE. UU.), el indio Nophaie ama Marion, una profesora blanca. Pero a pesar de su buena voluntad, choca con el racismo y la mala fe de los blancos. Los Navajos entran en guerra, pero son vencidos por los blancos. Nophaie morirá en los brazos de Marion. Fue, nos decía Jean Tulard, "el primer western en mostrar los Indios bajo una luz más amable, víctimas de la carrera hacia el oeste". La película es de George B. Steiz y tuvo una adaptación en 1955 de Joseph Kane.

En los años 70 y 80, las dos series de culto como *Kojak* y *Colombo* destilaron insidiosamente el mensaje cosmopolita. Presentamos aquí el brillante análisis marxista de Ignacio Ramonet en su libro *Propagandas silenciosas*:

Kojak es un policía que vigila los bajos fondos de Manhattan. Casi siempre tiene que vérselas con individuos morenos pertenecientes a minorías nacionales o étnicas. A lo largo de los 116 episodios de la serie, producidos entre 1973 y 1978, todas las minorías de Manhattan son retratadas una tras otra, reducidas a uno o dos rasgos dominantes y simplificadores: "Gitanos con trajes tradicionales que viven de la buenaventura, adivinos que predicen el futuro con la eterna bola de cristal"; "bandas de jóvenes negros descritos en el guion como buenos chicos en el fondo (no están en absoluto politizados), por un momento descarriados por culpa de un individuo exaltado que pronto se arrepiente"; "puertorriqueños que juegan al baloncesto incansablemente en parques vallados"; "italianos que hacen trabajillos y siguen siendo muy religiosos"; "polacos excesivos", "judíos nostálgicos", "chinos enigmáticos", etc. Todas las comunidades que componen el crisol americano están representadas con condescendencia. Estos sospechosos, escribía Ignacio Ramonet con gran lucidez, "a menudo resultan no culpables a fin de cuentas". El papel de Kojak es aquí muy claro: al tiempo que protege el sistema estadounidense, la ley y el orden, este policía debe, suavemente, favorecer la integración y la asimilación de las minorías... Con este objetivo, escribía Ramonet, esta serie realista, concebida a finales de los años sesenta, en el momento de la explosión política de las minorías, renueva el mito de América como tierra de asilo y libertad, y anuncia la moda del multiculturalismo.

El autor de los guiones e inventor del personaje de Kojak, Abby Mann ("Abby", diminutivo de Abraham), era un escritor que pertenecía a la izquierda estadounidense y había militado durante mucho tiempo en favor de los derechos civiles. Era amigo del líder pacifista negro estadounidense Martin Luther King, Premio Nobel de la Paz asesinado el 4 de abril de 1968, y realizó un "generoso y bien documentado" largometraje de tres horas sobre su vida y sus luchas titulado *King*. También fue el autor de *The Simon Wiesenthal Story* (1989), "una película sobre la vida del célebre cazador de nazis", señalaba Ignacio Ramonet al final de su análisis con notable lucidez.

A continuación, veamos un resumen de lo que Ignacio Ramonet escribía sobre la otra serie televisiva de culto de la época: Columbo investiga sólo en los elegantes barrios de Los Ángeles. Lo suyo son los crímenes de sangre, nunca la pequeña delincuencia como los atracos y los robos. Sus formidables adversarios pertenecen a la flor y nata de la sociedad. Son soberbios y se creen genios del crimen y suelen tener coartadas impecables. Frente a ellos, Columbo da pena, con su vieja gabardina sucia, su traje gastado y su viejo y destartalado Peugeot 403 descapotable. Todo en él choca con el encanto, la elegancia y la prestancia de sus interlocutores. Y, sin embargo, es nuestro pequeño teniente quien triunfa en cada episodio, frente a la arrogancia de esta gente rica y guapa. El éxito de esta serie procede precisamente de esta identificación de la clase media con la causa del inspector, frente a los ricos y poderosos que se creen con derecho a todo. Se legitima así el orden establecido. El análisis del marxista Ignacio Ramonet es aún más pertinente, sobre todo porque arroja luz sobre los creadores de esta serie, cuyo primer episodio se emitió en Estados Unidos en 1968: William Link y Richard Lewinson.

Estas dos series de televisión no tenían otro objetivo que reforzar la sociedad multicultural y hacer que la élite anglosajona se sintiera culpable, es decir, "hostigar" a los goyim blancos desde arriba y desde abajo. Ahora bien, resulta asombroso ver cómo Ignacio Ramonet, autor marxista, consigue encajar esta enorme realidad en su ideología. He aquí cómo

Ignacio Ramonet denunciaba finalmente el poder burgués y a los patriotas norteamericanos, esbirros del gran capital: "Así, apostados en los dos extremos de la ideología dominante – escribía -, los tenientes de policía norteamericanos Kojak y Columbo, protectores de la clase media, vigilan sus respectivas fronteras a lo largo de toda la serie. Río arriba, del lado de la élite, el teniente Columbo moraliza, estigmatiza, desenmascara y castiga el comportamiento delictivo de los multimillonarios [en millardos de dólares] cosmopolitas, los ricos arrogantes, sin patria ni virtud. Aguas abajo, en el lado del pueblo, el inspector Kojak ordena, vigila, normaliza y americaniza el ascenso de las minorías étnicas de los grupos y de los márgenes de la sociedad."

En realidad, Columbo no ataca en absoluto a los "multimillonarios cosmopolitas", sino a la alta burguesía blanca anglosajona, y debemos señalar aquí que, entre un millonario anglosajón o un gran terrateniente bretón, por un lado, y un multimillonario cosmopolita [en miles de millones de dólares], por otro, existe la misma diferencia que entre alguien que monta en bicicleta y alguien que conduce un Rolls Royce. El pobre Ignacio no ve nada, no oye nada, no entiende nada de lo que le pasa. Su parrilla de lectura marxista que tamiza su pensamiento es un modelo de finales de siglo XX, que no le permite comprender la realidad del globalismo en marcha.

En marzo del 2007, la televisión emitió un episodio de la serie *FBI, Personas desaparecidas*, titulado *Las raíces del mal*. Nos adentramos aquí en un género verdaderamente retorcido: En la universidad, un estudiante que ha hecho comentarios racistas en clase desaparece misteriosamente tras el incidente. El FBI investiga y descubre que su madre tuvo una vez una relación con un hombre negro. Este estudiante blanco, como habrán adivinado, ignora que su verdadero padre era en realidad un hombre negro. Una escena retrospectiva lo muestra descubriendo la verdad. A su madre, que se lo explica todo, él responde, visiblemente afectado e indignado: "Pero eso no es posible, ¡yo soy blanco!" Y ella le responde: "¡A veces pasa!" Este episodio delirante fue dirigido por una tal Martha Mitchell.

En 1949, un director cosmopolita estrenó una película basada en un guion similar: *Pinky* (EE. UU., 1949): todo el mundo cree que la hermosa enfermera Pinky es blanca, pero en realidad es negra. Enamorada de un médico blanco, huye de este amor para vivir con su abuela negra en el sur del país. El médico, tras darse cuenta de que el mestizaje es en realidad una experiencia enriquecedora, corre en busca de ella y juntos viajan al norte para fundar un hospital para... niños negros. ¿Gracias a quién? Gracias a Elia Kazan.

Del mismo estilo, la película de Phillipe Niang *Un bébé noir dans un couffin blanc* (Fr. 2002) (*Un bebé negro en un capazo blanco*) muestra a una joven pareja francesa que espera un bebé. Cuando la joven da a luz, se quedan atónitos porque el bebé es... ¡negro! Por supuesto, en el pueblo, los franceses, que son todos muy tontos y muy racistas, se muestran extremadamente desagradables en contra de la esposa que acusan de haber engañado a su marido con el único negro del lugar. Al final, nos enteramos de que se trata de un raro caso de una pareja blanca que da a luz a un niño negro (por comprobar). Así que todos esos imbéciles franceses acaban pidiendo disculpas, y todo acaba bien, pues el negro de servicio, libre de toda sospecha, gana la copa de fútbol para el pueblo, por lo que todo el mundo es feliz. ¡La integración está en marcha! En nuestra opinión, no hay duda de que el guionista de la película es judío.

Philippe Niang -así se llama- compartió otra visión de su cosmopolitismo en otro telefilme titulado *Si j'avais des millions* (2005) (*Si tuviera millones*), donde, como la mayoría de los judíos, está obsesionado con la integración de los inmigrantes y la destrucción biológica del hombre blanco. Como vemos, los judíos están literalmente obsesionados con la mezcla étnica, al menos cuando se trata de los demás pues cultivan para ellos la más estricta defensa de su identidad propia. Ahora bien, Philippe Niang puede llamarse Tarempion o Walid ibn Reza: tanto nos da. No se reconoce a un judío tanto por su apellido o su rostro como por lo que dice, lo que escribe y lo que hace.

La confusión que a ciertos cineastas les gusta infundir en la sociedad no es sólo un deseo de subvertir el mundo europeo, sino que también refleja la propia ambivalencia de la identidad judía. En los años 80, por ejemplo, un cantante judío sudafricano, Johnny Clegg, disfrutó de una fama efímera. Johnny Clegg era conocido como el "Zulú Blanco", porque bailaba como un zulú y cantaba por la abolición del régimen del Apartheid en Sudáfrica y a favor de la igualdad de derechos para los negros. El "Zulú judío" habría sido obviamente más apropiado, ya que Johnny Clegg (Klugman) pertenecía a esa comunidad.

Veinte años más tarde, la ambigüedad y plasticidad de la personalidad judía vuelve a quedar magníficamente retratada en la persona de un tal Alain Lévy, que también bailaba como un negro. Esto era lo que decía de él el periódico suizo *Le Matin* en 2007: "Alain Lévy es blanco, judío y ejecutivo, ¡y gana concursos de baile congoleños! Apodado "*Mundélé Ndombé*" en lengua lingala (Blanco Negro), se ha convertido en un símbolo de la apertura cultural y la lucha contra los prejuicios bailando el *ndombolo*. En su espectáculo, Alain Lévy aparece enmascarado. No se le ve ni un centímetro de piel. Con ritmo, mueve las caderas a la perfección. Y cuando revela su rostro, es un "electrochoque positivo". Esta capacidad de bailar, de "resonar", que le vino "de la nada", insiste él, se ha convertido en su medio para luchar contra los prejuicios. Porque "la idea de que los negros llevan el ritmo en la sangre es racista"."

"Estoy rompiendo las barreras entre blancos y negros, afirma. ¡Es tan bueno hacer proyectos y tender puentes entre seres humanos! En las competiciones, el jurado y todos los bailarines son negros. En Sudáfrica, ¡yo era la única persona blanca en todo el estadio! ¿Te lo imaginas? En la Sudáfrica del apartheid, eso no es moco de pavo". Y el periodista añadía: "Esta treta, este palmo de narices al azar de nuestra llegada a la Tierra le produce una alegría infantil. "Mi capacidad no tiene explicación, eso es lo que desconcierta a la gente", declara. Si la hubiera, quizá sería demasiado fácil decir: "Sí, es porque ha crecido en África, es normal". Pero yo siempre he vivido en Francia, soy un desastre en el deporte, nunca he tocado un instrumento, mi mujer no es africana". Y tengo compañeros congoleños que no saben bailar. Alain Lévy también pronuncia la retahíla habitual sobre la tolerancia: "Lo interesante es el mensaje de tolerancia de mi proyecto. Porque el racismo sigue vivo en Europa". En realidad, este Lévy es típicamente judío, y no es en absoluto por su nombre que uno se da cuenta a primera vista, sino por su discurso tan característico: mezcla de pueblos, solapamiento de identidades, supresión de fronteras, militancia a favor de la inmigración, etc., así como por su propia ambigüedad identitaria. En realidad, los judíos se reconocen más por lo que dicen, lo que escriben y lo que hacen que por su apellido o su rostro. Así que Alain Lévy puede conservar su máscara. No necesitamos una prueba ADN para reconocer su verdadera identidad.

Veamos ahora otro ejemplo sintomático de la ambivalencia identitaria. En el año 2008, con la ayuda de mucha publicidad, la cantante británica Amy Winehouse se convirtió en un ídolo juvenil. Amy Winehouse nació en el seno de una familia judía de origen ruso en el norte de Londres, según nos cuentan. También se siente negra: canta como una mujer negra, "con voz de black mama", al ritmo de música *soul* de los años 60 que ella vuelve a poner de moda, y suele aparecer en las pantallas de televisión rodeada de sus músicos y cantantes negros. A los 24 años, ella es *"la diva de la soul"*. También es el "nuevo icono *trash*". Esto era lo que se podía leer sobre ella: "automutilación, drogas, alcoholismo, anorexia, bulimia, Amy se atreve con todo: insulta a su público...jura como una carretera en una gala benéfica, vomita en pleno concierto, se graba el nombre de su marido en el estómago con un trozo de cristal... Y todo el mundo aplaude... Y es que Amy Winehouse no sólo es la encarnación de la *trash* actitud, tiene, sobre todo, talento". Por supuesto, Amy Winehouse ha sido recompensada por todos sus amiguitos de la "Comunidad mediática internacional": "En los premios Grammy estadounidenses, se llevó cinco galardones, incluido el disco del Año con su canción "rehab" ("*Désintoxication*"), que es en gran parte autobiográfica. ¿Hasta dónde llegará el nuevo ídolo? Hace un mes sufrió su enésima sobredosis y estuvo a punto de morir. Su madre incluso le había reservado un lugar en el cementerio..."

Una de las películas más emblemáticas en este sentido es sin duda el western *Little Big Man* (EE. UU., 1970). Es la historia de un niño blanco que se ha criado entre los indios cheyennes desde los diez años, y que va y viene entre el campamento de los Blancos -que aparecen en la película como guerreros sedientos de sangre- y el campamento de los apacibles y tranquilos indios. El director, Arthur Penn, era evidentemente un judío que expresaba aquí toda la ambivalencia de la identidad judía, y aprovechaba la ocasión para hacer que los europeos se sintieran culpables. La inclusión de un personaje indio homosexual, invertido en todos los sentidos, es también muy sintomático de la personalidad judía. Como veremos en este estudio, la ambigüedad sexual también suele ser un marcador y un componente de la identidad judía.

Sin duda, la expresión de una identidad ambigua no puede ocultar por completo la agresividad de los cineastas cosmopolitas contra el mundo europeo. Tomemos, por ejemplo, *El show de Truman* (EE.UU., 1998), que es otra película de propaganda: Truman es un hombre que ignora que sólo vive para protagonizar un programa de televisión. Todo lo que le rodea es un decorado. Todas las personas con las que entra en contacto son actores, y él es el único que no lo sabe. El director quería denunciar la sociedad de cartón que sirve de telón de fondo a la vida de Truman, su hipocresía, su falsa felicidad. Esta sociedad hipócrita es una sociedad WASP (White Anglo-Saxon Protestant), en la que no hay drogas, delincuencia ni películas porno. Al escapar de este "mundo cercado, timorato y encerrado en sí mismo", como diría el ensayista Alain Minc, Truman puede por fin saborear las alegrías del mundo del sexo, las drogas y el caos racial. No se podía esperar otra cosa del director de *El club de los poetas muertos*, Peter Weir.

Los europeos tienen que aprender a ser tolerantes. De eso trataba la película de Joseph Losey *The Boy with green hair* (*El chico del pelo verde*, EE. UU., 1948): Es la historia de un joven huérfano que se enfrenta a la hostilidad de sus compañeros. "Una magnífica fábula sobre el racismo y la tolerancia, el encuentro con el otro y el miedo a la diferencia", explicaba Serge Bromberg en su introducción. En 1952, Joseph Losey fue víctima del Macartismo, condenado por el Comité de Actividades Antiamericanas, junto con los dos guionistas de la película, Ban Barzman y Alfred Lewis.

The Day the earth stood still (*Ultimátum a la tierra*, EE. UU., 1951) es una película de Robert Wise: un platillo volante aterriza sobre Washington. Los extraterrestres son pacíficos y debemos acogerlos con los brazos abiertos entre nosotros. Esto es también lo que Steven Spielberg esperaba que hiciéramos con su *E.T., el extraterrestre* (EE. UU., 1982), y el mismo mensaje puede encontrarse en *Men in Black* (1997), de Barry Sonnenfeld.

Podemos terminar este capítulo con la película de Thierry Binisti *Monsieur Molina* (2006), también llena de humanidad y bondad. Los dos hijos del Sr. Bonnard, Laurent y Jimmy, reprochan a su padre la donación que hizo a una desconocida, Amina, que recibirá la casa familiar a la muerte del Sr. Bonnard. Los dos hermanos desconocían hasta entonces la existencia de esta hermanastra medio árabe, fruto de una relación amorosa secreta. El Sr. Molina, magistrado del tribunal de Lille (interpretado por Enrico Macías), tendrá que resolver este espinoso problema familiar. Y esto es lo que opina el diario *Programme.tv*: "El primer gran papel de Enrico Macias como magistrado local, sensible y humano, un personaje que le va como anillo al dedo". "Humano y sensible", eso es. La película es efectivamente hipermoralizante, como sólo saben serlo los intelectuales judíos, siempre inclinados a dar lecciones al resto de la humanidad. Los dos hermanos, intolerantes y probablemente un poco racistas, aceptan finalmente a su nueva "hermanastra". Cabe destacar que también es muy agradable ver a un juez judío con su acento "*pie-negro*[145]" dando lecciones a unos buenos franceses que inclinan respetuosamente la cabeza ante él.

La propaganda cosmopolita II: la culpabilización

Los cineastas cosmopolitas también trabajan para que los europeos se sientan profundamente culpables, para que se avergüencen de lo que son.

Algunos episodios de la serie "estadounidense" *Coldcase* son muy emblemáticos en este sentido. Julián, un amigo y corresponsal nuestro, visionó y resumió para nosotros dos episodios de esta serie de principios del siglo XXI: una profesora brillante quiere ir a enseñar a un instituto de un gueto para ayudar a los negros. Poco después, es asesinada. Pero el culpable resulta ser el único blanco de la escuela: un profesor blanco drogadicto que obligaba a sus alumnos a venderle droga. Tras el crimen, se marcha a enseñar a una escuela cristiana...

He aquí otro episodio: en los años 60, una ama de casa blanca empieza a vender tápers de comida recorriendo Mississippi; pero su actividad es sobre todo una tapadera para ayudar a los negros a luchar por sus derechos cívicos. Es asesinada por el Klu Klux Klan, que incluso ataca a los niños negros quemando sus escuelas. Es al final del capítulo cuando descubrimos al culpable, treinta años después: un militar retirado, un inútil que vive

---

[145] Los *pieds-noirs* (*pies negros*) son las personas de origen principalmente francés y, en menor medida, de otros orígenes europeos que nacieron en Argelia durante el período colonial francés desde 1830 hasta 1962, la gran mayoría de los cuales tuvieron que huir a la Francia metropolitana tan pronto como Argelia obtuvo su independencia, o en los meses siguientes. Dependiendo del contexto, la definición también puede incluir a los judíos argelinos, a quienes el Decreto Crémieux les había otorgado la nacionalidad francesa. (NdT).

tranquilamente en el Viejo Sur. Estos guiones fueron escritos por Meredith Stiehm y producidos por Jerry Bruckheimer.

Julián también analizó para nosotros unos episodios de la serie policíaca *The Wire*, la famosa serie de HBO unánimemente aclamada por la crítica entre las mejores series de la historia. He aquí un breve resumen. Hemos mantenido el estilo de escritura coloquial de "Internet": "Todos los jefes y los buenos policías son negros, todos los blancos son gilipollas (hasta un punto pocas veces visto en una serie: por ejemplo, un policía fotocopia su teléfono para guardar una huella de un número de teléfono). El único personaje blanco inteligente es alcohólico y mujeriego... La heroína policía es negra y lesbiana (con otra negra). También hay dos yonkis, un polí filósofo negro y un pobre imbécil blanco. Este último es masacrado por unos negros y acaba humillado, con una bolsa artificial trasplantada para la orina porque su vejiga ya no funciona. Es sidoso y sólo piensa en pincharse otra vez, pero eso no le impide declarar alto y claro que es un "vikingo". También hay un joven policía blanco enchufado e inepto (comete una grave metedura de pata con su arma de servicio y termina de profesor dócil en un instituto de barrio chungo), o un criminal negro (Omar, suena a post 11 de septiembre) que es gay y tiene sexo con un blanco (que hace de mujer, obviamente)." Y nuestro juicioso corresponsal añadía: "He buscado el nombre del director y el ganador es: David Simon". Naturalmente, todas las críticas de este vómito televisivo son elogiosas, e incluso es citada como la serie favorita del presidente Obama… "aunque sea una basura, escribía Julián. Ni los retrasados la ven ya. La tercera temporada debería cancelarse".

En Francia, a principios del siglo XXI, una serie como *Navarro*, imaginada por Pierre Grimblat y protagonizada por Roger Hanin, se inspiraba claramente en la serie estadounidense *Kojak*. Otras series, como *Julie Lescaut, Le Commissaire Moulin, Quai nº1* o *Une femme d'honneur* también tienen una intención ideológica y sociológica similar, y se centran en temas sociales: violencia urbana, racismo, desempleo, suburbios, tejemanejes políticos y económicos. También está *PJ*, de Alain Krief, y *Plus Belle la vie*, una telenovela en la que Olivier Szulzynger elogia el mestizaje (para las mujeres blancas) y la homosexualidad (para los hombres blancos).

Veamos el guion de un episodio de *Julie Lescaut* titulado *Crédit revolver* (1994): un panadero muy francés, y muy racista, muy dado a sacar su escopeta cada dos por tres para amenazar a los jóvenes inmigrantes es amigo del teniente de alcalde llamado Lefranc ["El Francés"], el cual dirige un partido de "extrema derecha", la Unión por Francia. El alcalde también es un cabrón, pues sale elegido gracia a los votos de la "extrema derecha". Lefranc resulta ser un asesino, pero afortunadamente es desenmascarado por la inspectora Julie Lescaut, una mujer fuerte e independiente.

Le Guide des films nos ofrece muchos más ejemplos en el mismo sentido[146], aunque naturalmente no podemos citarlos todos:

Inch'Allah Dimanche (Fr., 2001): En 1974, año de la reagrupación familiar (querida por el Presidente Valéry Giscard D'Estaing[147]), una familia argelina se encuentra reunida al completo en el norte de Francia. Los vecinos franceses son malvados y mezquinos, obsesionados con su jardín. La película de Yamina Benguigui fue producida por Philippe Depuis-Mendel.

Liam (Reino Unido, 2000) está ambientada en el Liverpool de los años treinta. Liam tiene siete años y su hermana es la criada de una familia judía adinerada. Los pobres judíos son el blanco de los ataques de unos cabrones de extrema derecha, y se nos hace comprender que el dominio del cristianismo sobre las mentes de la gente no ayuda a mejorar las cosas. Una película del muy cosmopolita Stephen Frears.

The Patriot (EE. UU., 2000) es una buena película sobre la Guerra de Independencia de Estados Unidos. Pero el espectador recordará inconscientemente que el hombre de los ojos azules es cruel por naturaleza, y que sólo una sociedad multirracial podrá apaciguar sus instintos guerreros. La película es de Roland Emmerich.

Gadjo Dilo es una película de Tony Gatlif (Fr., 1997): Stéphane, un francés algo perdido, deambula por las carreteras de Rumanía. Tropieza con un pueblo gitano y se da cuenta de que los gitanos son gente realmente simpática, pero se topa con el infame racismo de los rumanos. Una advertencia: se trata de una ficción. Les aconsejamos encarecidamente que no recorran las carreteras de la Rumanía rural o de Eslovaquia oriental para conocer simpáticos gitanos.

Pullman Paradis (Fr., 1995): Durante una excursión a Normandía en un autocar Pullman, los pasajeros traban amistad. La directora Michèle Rosier presenta a unos franceses "con sus pequeñeces y su racismo ordinario". Nos enteramos de que es hija de la periodista Hèlène Gordon-Lazareff.

Sol naciente (*Rising sun*, EE. UU., 1993): Una empresa japonesa de Los Ángeles descubre el cadáver de una prostituta en sus oficinas. "Un buen thriller con el racismo y la xenofobia hacia los japoneses como telón de fondo".

Distrito 34 (*Q&A*, EE. UU., 1990), el policía Mike Brennan mata a un mafioso puertorriqueño en defensa propia. Pero una contra investigación

---

[146] *Le Guide des films*, bajo la dirección de Jean Tulard, tres tomos, 3380 páginas, Robert Laffont, 2002.
[147] El derecho a la reagrupación familiar es el derecho de los inmigrantes a mantener la unidad de su familia, pudiendo para ello reunir consigo a determinados parientes en el país al que se han desplazado. (NdT).

revela que Brennan es un policía sádico y racista. Una película de Sidney Lumet, que fue un director muy famoso y agresivo.

On peut toujours rêver es una película de Pierre Richard (Fr., 1990): A la cabeza de un enorme imperio financiero, Charles de Boleyve, conocido como el "Emperador", es un odiado multimillonario. Se hace amigo de un tal Rachid, un moro desprejuiciado y desinhibido. El francés es frío, remilgado y antipático, con una personalidad que contrasta con "la alegre exuberancia de la familia magrebí".

L'Entraînement du champion avant la course, de Bernard Favre (Fr., 1990): En un suburbio parisino, Fabrice es un descuartizador con una vida mediocre. Divide su vida entre su mujer y su amante, pero su único verdadero placer es entrenarse para las carreras ciclistas. "Fabrice es un mediocre en todo su horror, escribía Claude Bouniq-Mercier: partidario de la pena de muerte, sádico, violento, misógino, egoísta, reaccionario, su mente es tan estrecha como su horizonte vital". Gracias, señor Bouniq.

Solo ante la ley (*True believer*, EE. UU., 1989) es una película de Joseph Ruben: Dodd es un abogado inconformista. Acepta hacerse cargo del caso de un joven coreano encarcelado, acusado de haber asesinado a un preso demasiado brutal. A pesar de la oposición del fiscal, Dodd establecerá la verdad que exculpe al coreano. La película denuncia el racismo blanco y la corrupción.

En *Dead Bang*, de John Frankenheimer (EE. UU., 1988), un policía de Los Ángeles rastrea hasta Arizona el asesino de uno de sus colegas. Su búsqueda le lleva hasta un grupo de neonazis.

En *La Misión*, de Roland Joffé (EE. UU., 1986), el director nos transporta en 1750 en América del Sur. Mendoza, traficante de esclavos, se enmienda apoyando a los jesuitas en su misión a favor de los indios. Pero la Iglesia y los mercaderes españoles pretenden continuar con sus sucios negocios, y el asalto final se desatará contra los jesuitas y sus pacíficos indios. En la película, por supuesto, los traficantes de esclavos son buenos cristianos, y desde luego no judíos (cf. *La Mafia judía*, 2008).

Soldier's story (EE. UU., 1984) es la historia de un oficial negro que investiga el asesinato, en 1944, de un sargento de una unidad militar negra estacionada en Luisiana. Naturalmente, sus investigaciones desembocan en unos culpables blancos. La película es de Norman Jewison, un director tan mediocre como agresivo.

Urgence es una película de Gilles Béat (Fr., 1984): Max es un periodista infiltrado en un grupo nazi. Está convencido de que se está planeando un atentado, pero es desenmascarado y asesinado por el líder del grupo. Los nazis son detenidos. El guion es de Jean Herman, basado en la obra de Didier Cohen.

Équateur, de Serge Gainsbourg (Fr., 1983): Timar llega a Gabón en la década de 1950. Se enamora de Adèle. Tras el asesinato de uno de sus hijos,

Adèle se marcha con Timar para explotar una concesión en la selva. Superado por el alcohol y el calor, Timar pierde su amor por Adèle y consigue que confiese el asesinato del chico, pero otro negro ya ha sido condenado.

Hay que creer que son los blancos los que se benefician de la inmigración: En *Borderline* (EE. UU., 1980), Jeb Maynard dirige un puesto de aduanas en California. Su mejor amigo es asesinado a tiros por un traficante de personas. Jeb investiga y desenmascara a los jefes del asesino. Los inmigrantes ilegales son presentados aquí como víctimas, siendo los verdaderos culpables los nuevos traficantes de esclavos. Pero que no cunda el pánico: en la película no se trata de judíos. La película es de Jerrold Freddman.

Haines (EE. UU., 1949), es una película que denuncia la explotación de la mano de obra mexicana en el sur de California. Joseph Losey, como sabemos, es un director "generoso". Es obvio que los blancos se enriquecen a costa de los inmigrantes. Por otro lado, también se benefician de las subvenciones del gran capital que, como todos sabemos, es el caldo de cultivo del fascismo.

En *L'Héritier*, de Philipe labro (Fr., 1972), Bart Cordell regresa de Estados Unidos para heredar un imperio industrial. Descubre que su padre ha sido asesinado por su padrastro que dirige un emporio industrial y financia un partido neofascista. Es lo que el guionista, Jacques Lanzmann, nos quiere hacer creer.

Mille Milliards de dollars, de Henri Verneuil (Fr., 1981), tiene el mismo objetivo: un periodista descubre que la multinacional GTI trabajaba para los nazis. Su dueño se niega a que prosiga la investigación. El periodista tiene que esconder y únicamente un pequeño periódico de provincia publica su artículo. Es bien sabido que la gran prensa está totalmente controlada por los fascistas.

La última ola (*The Last wave*, Australia, 1977), es una película sobre los aborígenes de Australia. Uno de ellos es acusado de asesinato. Se puede ver "la expresión artística del sentimiento de culpabilidad de los anglosajones respecto a los aborígenes". Otra obra humanista de Peter Weir.

Cry for me, Billy (EE. UU., 1976), de William Graham, es un western: Billy, un joven sicario, está indignado por el trato que el ejército da a los indios. Él mismo se involucra con una joven india que ha sobrevivido a una masacre. Una patrulla de soldados los encuentra y los hombres violan a la india. Mancillada, ésta se suicida. Billy la vengará, pero cayendo a su vez. "Un western muy simpático, un alegato antirracista en favor de los indios", escribía Jean Tulard. El guion es de David Markson, también un judío muy simpático.

Buffalo Bill y los indios (EE. UU., 1976) es una película de Robert Altman: Leamos el comentario de Jean Tulard: "Altman es el anti-Ford en su visión del Oeste. Aquí es Buffalo Bill quien es retratado como un penoso comicastro, un mal tirador, y un mal jinete, pero un bebedor emperdernido de whisky. Los indios, en cambio, son exaltados en la persona de Toro Sentado (Sitting Bull)."

Ya que las autoridades blancas son tan corruptas, todo vale para derrocar a las autoridades de los goyim. Aquí está *Sillas de montar caliente* (*Blazing Saddles*, EE. UU., 1973) de Mel Brooks. Es una parodia de western: el gobernador corrupto pretende expropiar a los habitantes en beneficio de una compañía ferroviaria. Es derrotado por un sheriff negro, un pistolero alcohólico y un bruto.

Punishment Park (EE. UU., 1971) es una película de Peter Watkins. En 1971, el presidente Nixon declara el estado de emergencia. La película denuncia "las fuerzas de represión contra las minorías". Es una "denuncia de una violencia extraordinaria".

The Liberation of L.B. Jones (EE. UU., 1970) es una película de William Wyler, un director judío muy famoso, cuatro veces ganador del Oscar, especialmente su película *Ben-Hur* (1960): Un policía racista, Willie Joe, se acuesta con la mujer de un hombre de negocios negro. Éste quiere iniciar los trámites de divorcio. Al final, el policía asesina al empresario y el caso es silenciado por el propio abogado del empresario.

En la película *Los Desperados* (EE. UU., 1969), un padre y sus tres hijos, ex-guerrilleros confederados, siembran el terror al frente de una banda de soldados desmovilizados. Los sureños son así. La película es de Henry Levin.

The Scalphunters (EE. UU., 1968): el trampero Bass tiene que cambiar su mula y sus pieles por la vida de un esclavo negro fugado. Tras una masacre india, se une al esclavo negro en la persecución de los merodeadores e intenta recuperar sus pieles. "Un western fallido, pero entrañable por la relación entre el hombre blanco y el negro". Se trata del cineasta Sidney Pollack, que también dirigió la película *La Tapadera (The Firm*, 1993), en la que los miembros de un bufete de abogados son todos unos cabrones. Obviamente, todos son completamente blancos y cristianos.

La longue marche es una película de Alexandre Astruc (Fr., 1966): En junio de 1944, en las Cevenas, un grupo de combatientes de la Resistencia requisan a un médico petainista[148] para que cure a su líder. Los resistentes son denunciados por los campesinos franceses, mezquinos y rapaces, como todo el mundo sabe (justo lo contrario que los judíos).

La noche deseada (*Hurry Sundown*, EE. UU., 1966) está ambientada en el sur de Estados Unidos. Es una historia sobre músicos de jazz: los blancos

---

[148] Un médico leal al régimen de Vichy, colaboracionista con la Alemania nacionalsocialista. (NdT).

son malvados y sin escrúpulos, mientras que los negros son pobres víctimas. Una película de tres horas dirigida por Otto Preminger. El mismo Otto Preminger que realizó *Exodus* (1960), que exalta la lucha judía en 1947 contra los británicos y los árabes para construir un Estado judío en Palestina.

Los profesionales (EE. UU., 1966) es un western "humanista y moralista", escribía Guy Bellinger. Por un lado, están los mercenarios mexicanos, que resultan ser idealistas. "En cuanto al valiente terrateniente que cae víctima del bandido mexicano, no es más que un hipócrita despreciable que ha robado a su novia al bandido. Poco a poco, la situación inicial se invierte". La película fue dirigida por Richard Brooks. En *Elmer Gantry* en 1960, Richard Brooks ya se había burlado de los predicadores cristianos hipócritas.

Genghis Khan (EE. UU., 1965) es otra película de Henry Levin. Genghis Khan es retratado como un hombre "cortés, magnánimo, feminista, libertario y progresista".

Major Dundee es una película de Sam Peckinpah (EE. UU., 1964): Al final de la Guerra de Secesión estadounidense, el mayor Dundee, un norteño, decide perseguir a los apaches hasta territorio mexicano. Dundee extermina a los apaches. En esta película vemos el odio de los sureños hacia los negros, así como el odio de los norteños hacia los apaches. El guion es de Harry y Julian Fink, quienes claramente no aprecian ni a los sureños ni a los norteños.

En *El Diario de una camarera* (Fr., 1964), Joseph, un sirviente que asesinó a una niña pequeña, es además un militar de extrema derecha. El director mexicano Luis Buñuel, vástago de un rico indiano, es bien conocido por sus opiniones de extrema izquierda y su odio visceral al catolicismo.

The Intruder (EE. UU., 1962): Adam Cramer llega a una pequeña ciudad del sur de Estados Unidos para luchar contra la integración de los niños negros en las escuelas blancas. Un periodista se le opone y Cramer chantajea a su hija para que diga que fue violada por un negro. Justo cuando el hombre está a punto de ser linchado, la verdad sale a la luz y Cramer tiene que huir. Una película de Roger Corman, un "hombre blanco".

Retrocediendo un poco más en el tiempo, nos encontramos con *El sargento negro* (EE. UU., 1960), de John Ford: una historia de violación y una víctima inocente en el ejército. Por primera vez en la obra de John Ford, uno de los dos héroes es negro. "Ford analiza sin complacencia los miedos, las hipocresías y el despreciable racismo de ciertos blancos". El guion fue escrito por un tal W. Goldbeck.

En *Río salvaje* (EE. UU., 1960), de Elia Kazan, el espectador es transportado al año 1933: una presa se está construyendo en el río Tennessee. La población local (unos cretinos blancos racistas) se opone a la contratación de negros. Chuck lucha "victoriosamente contra el oscurantismo del pueblo llano atrasado". Guy Bellinger habla así de nosotros.

Apuestas contra el mañana (*Odds Against Tomorow*, EE. UU., 1959): Burke, un expolicía, monta un gran golpe en la que forma equipo con Slater, recién salido de la cárcel, y un cantante negro, Ingram. Pero Slater odia a los negros y durante el atraco al banco los prejuicios de Slater hacen que todo salga mal. Un thriller sobre el racismo, es decir, un thriller racista anti blanco, dirigido por un judío, Robert Wise.

En *The Vanishing American* (EE. UU., 1955), el *remake* de Joseph Kane (Cohen), una joven ayuda a los indios navajos a resistir a la invasión de sus tierras por los blancos.

Chief Crazy Horse (EE. UU., 1955), de George Sherman, es una película sobre la muerte de Crazy Horse, el jefe indio, que se "inscribe en la moda de las películas pro-indias". Pero no pro-palestinas.

The Yellow Tomahawk, es un western "de un raro antimilitarismo". Enfrentado a los indios, un oficial fanfarrón conduce a su compañía a la masacre, y resulta ser increíblemente cobarde. Se revuelca en el suelo, llora, suplica que no le abandonen. La película es del prolífico director de western de serie B Lesley Selander, en base a un guion de H. Bloom. ¿Cuál de los dos se revolcaba por el suelo suplicando en el patio del colegio?

En 1951, en *Storm Warming*, Stuart Heisler denuncia el racismo del Klu Klux Klan, una guarida de auténticos asesinos. El guion es de Daniel Fuchs y Richard Brooks.

En *The man from planet X* (EE. UU., 1951), un extraterrestre llega a la Tierra en busca de ayuda para su planeta que se enfría. Se topa con el egoísmo y el odio de los humanos, bueno... sobre todo de los humanos blancos. La película es de Edgar Ulmer.

Les Statues meurent aussi, de Alain Resnais (Fr., 1950): Es una película que denuncia la colonización a través del arte de la artesanía negra. En 1974, Alain Resnais también realizó una película sobre el famoso estafador judío de los años 30, Stavisky, en la que se borraba por completo la judeidad del personaje. Resnais también dirigió la inolvidable película sobre el holocausto *Nuit et brouillard* (*Noche y niebla*, Fr., 1955). He aquí lo que Bouniq-Mercier escribía al respecto, sin exagerar: "Hoy, los campos de concentración no son más que nombres en un mapa. Sin embargo, nueve millones de hombres, mujeres y niños fueron deportados allí, humillados, llevados al hambre y exterminados". "Nueve millones": eso es mucho, ¿no? ¿Es eso Hollywood?

Home of the brave, de Mark Robson (EE. UU., 1949): El comandante Robinson necesita tres voluntarios para localizar una isla del Pacífico ocupada por los japoneses. Uno de los voluntarios es un hombre negro, y el grupo reacciona mal ante él. La película es "un alegato antirracista". Basada en un guion de Carl Foreman.

La legión negra (*Black legion*, EE. UU., 1937) de Archie Mayo: Un militante del Klu Klux Klan se ensaña contra los inmigrantes. En su juicio, revela todo lo que sabe sobre la organización. El guion es de Abel Finkel, que pertenece a otra secta, aunque mucho más influyente.

Los blancos son unos cabrones que destruyen la naturaleza y matan animales sólo por diversión. *La última caza* (*The Last Hunt*, EE. UU., 1956) trata de la caza del búfalo. Charles Gison, un cazador de temperamento cruel sólo siente desprecio por los indios. "Una película valiente porque recuerda sin rodeos al pueblo estadounidense que es responsable del genocidio de los indios, de una catástrofe ecológica (la práctica desaparición de los dieciséis millones de bisontes de los que se alimentaban los "pieles rojas") y que tiene un gusto excesivo por las armas de fuego", escribía Guy Bellinger, añadiendo que es una película "que incomoda". Richard Brooks (de nuevo) es el director.

En *Las Raíces del cielo* (EE. UU., 1955), Morel, un hombre blanco, se dedica a defender a los elefantes víctimas de los safaris en África Central. Une sus fuerzas a las de un líder negro revolucionario... Una película de John Huston, basada en un guion de Romain Gary (Roman Kacew).

En *Estoy con los hipopótamos,* de Italo Zingarelli (Italia, 1979), dos simpáticos compadres (Terence Hill y Bud Spencer) ayudan a sus amigos africanos contra una banda de traficantes de marfil. "Probablemente una de las películas más progresistas de 1979", escribía Serge Toubiana, que olvidaba de decirnos quienes son los principales traficantes de marfil.

Cuando los blancos aman a los animales, es para utilizarlos al servicio de su odio. Véase *Les Chiens (Los Perros)*, una película de Alain Jessua (Fr., 1979): En una nueva ciudad cerca de París, muchos trabajadores inmigrantes son mordidos por perros guardianes adiestrados por un tal Morel. Pronto, unos jóvenes prenden fuego a la perrera y matan a Morel, y el pueblo se divide en dos clanes. Y he aquí el brillante y esclarecedor comentario de Claude Bouniq-Mercier: "El mal campa a sus anchas, como la peste en la Edad Media o el nazismo más recientemente. Y los perros son la expresión de una deshumanización que amenaza nuestro mundo".

En *Perro blanco* (*White dog*, EE. UU., 1982), de Samuel Fuller, una joven actriz que ha atropellado a un perro lobo blanco lo adopta para evitar que lo sacrifiquen y se encariña con él. Nos enteramos de que es un perro adiestrado para atacar a los negros.

El cine cosmopolita también ataca regularmente al ejército. En 1940, el ejército francés estaba ciertamente formado por soldados valientes, que salieron a "guarnecer las alambradas", como decía Céline, para defender los derechos humanos universales y la democracia. Pero durante la guerra de Argelia, el ejército francés, que defendía los intereses de los franceses (y sus vidas), se convirtió en una banda de torturadores. En *La Question* (Fr., 1976), los paracaidistas siembran el terror en Argel. Una película de

Laurent Heynemen. *Diabolo menthe*, de Diane Kurys (Fr., 1977), denuncia a la OAS en 1963 y a los fascistas que dirigen esta oscura organización[149]. *La batalla de Argel* es otra película culpabilizadora sobre la guerra de Argelia. La película recibió un León de Oro en Venecia en 1965. Su director, Gilles Pontecorvo, era un judío italiano.

Elise ou la vraie vie, de Michel Drach (Francia-Argelia, 1970), es otra película sobre este periodo. Originaria de Burdeos, Élise se reúne con su hermano Lucien en París. Lucien trabaja en una fábrica y apoya al FLN. Sin dinero, Élise se ve obligada a trabajar en una fábrica, donde entabla una relación con Arezki, un militante argelino. Enfrentados al racismo y a las redadas policiales, su amor es difícil y peligroso. Según Claude Bouniq-Mercier, se trata de "una película honesta y generosa que se atreve a abordar los problemas del racismo en Francia durante el convulso periodo de la guerra de Argelia".

A la luz de toda esta propaganda, podemos concluir que la "gente de color" tiene naturalmente derecho a matar a los malvados blancos. En *Tiempo de matar* (*A Time to kill*, EE. UU., 1996), de Joel Schumacher, una chica negra del sur de Estados Unidos ha sido secuestrada y asesinada por dos criminales. Su padre la venga matando al culpable durante un traslado. El guion es de Akiva Goldsman.

Está bastante claro ahora que los negros van a salvar a la humanidad. En *El chico de oro* (*The Golden boy*, EE. UU., 1986), de Michael Ritchie, un niño con poderes divinos ha sido robado de un monasterio tibetano por el pérfido Numpsa. Sólo un elegido de Dios puede encontrarlo. El elegido en cuestión es un hombre negro de Los Ángeles.

En *Deep Impact* (EE. UU., 1998), un asteroide gigante está a punto de estrellarse contra la Tierra. El planeta es salvado in extremis por el presidente estadounidense, que es negro. En la película de Luc Besson *El quinto elemento*, el presidente del mundo también es negro. En *Como Dios* (*Bruce Almighty*, EE. UU., 2003), otro negro interpreta el papel de Dios. La película es de Tom Shadyac, basada en un guion de Steven Koren. David Palmer, el presidente de Estados Unidos en la serie *24*, vuelve a ser interpretado por un actor negro. En *Independence Day* (EE. UU., 1996), el director Roland Emmerich nos muestra un planeta atacado por alienígenas. La Tierra es salvada por un hombre negro y, escondido justo detrás de él, un judío jasídico [150]. Toda esta propaganda preparó al pueblo

---

[149]Organización del Ejército Secreto (*OAS: Organisation de l'Armée Secrète*) fue una organización terrorista francesa de extrema derecha fundada en Madrid en 1961 tras el intento de golpe de Estado contra De Gaulle. (NdT).

[150]Sobre los judíos jasídicos, una rama de los místicos cabalistas, léase en *Psicoanálisis del judaísmo* y *El Fanatismo judío*, y nota 225. (NdT).

estadounidense para elegir al primer presidente negro de Estados Unidos en noviembre de 2008.

Pero terminemos este análisis de la sociedad multicultural occidental a través del cine con una película de ciencia ficción, una realmente entretenida e instructiva: *Matrix* (EE. UU., 1999). La película de Larry y Andy Wachowski es una obra de culto en su género. Pero ha sido mal interpretada por muchos.

En la película, los humanos están totalmente sometidos a un programa informático creado por las máquinas que domina todos sus pensamientos y todos los aspectos de sus vidas. Creen que existen, pero en realidad no son más que esclavos de la Matriz. Los últimos seres humanos libres en el mundo real son los que se resisten a este mundo totalitario. *Matrix* es un sistema, es nuestro enemigo, explica Morfeo a Neo en la famosa escena en medio de la multitud en las calles de Nueva York, en la que Neo se vuelve para mirar a la hermosa rubia del vestido rojo. ¿Qué vemos en esa escena? Que toda la multitud, toda esa gente que forma parte de la Matriz y que no quiere desenchufarse, es blanca. Todos, sin excepción. Vemos monjas cruzando la calle, policías recelosos, agentes de bolsa con traje y corbata, etc., y todos forman parte del sistema, que es el enemigo. El mensaje es bastante claro. Por otro lado, al contrario, la resistencia está formada por gente de todo color y condición. El líder de la resistencia, Morfeo, es negro. Entre ellos, hay un traidor; y obviamente es blanco. Será eliminado por un negro. Frente a la crueldad de los guardianes blancos de Matriz -los Agentes Smith-, que persiguen a nuestros héroes y torturan a Morfeo, el espectador se identifica naturalmente con la resistencia. En la última escena de la película, Neo, el liberador de la humanidad, el mesías que todos esperaban, escucha un mensaje en la cabina telefónica. Y este mensaje, entregado al público, es el siguiente: "A partir de ahora vais a aceptar vivir en un mundo sin leyes ni reglas, sin límites ni fronteras. Un mundo en el que puede pasar cualquier cosa...Sé que tenéis miedo...Tenéis miedo al cambio. Pero no tengáis miedo". Ese es el mensaje: un mundo sin fronteras, un gobierno mundial humano. El espectador que se ha identificado con Neo y Morfeo ha sido engañado. Porque la Matriz existe de verdad. Ella hizo la película. Y hay suficientes claves en la película como para vislumbrarlo claramente. El último nido de la resistencia humana se llama Sión, el héroe, Neo, es el elegido, el mítico libertador de la humanidad anunciado según las profecías que podrá salvar Sión, según revela el Oráculo.

Desde entonces, Larry y Andy Wachowski han cambiado de sexo. Ahora son mujeres. Se llaman Lana y Lilly Wachowski y viven muy bien su feminidad y su judaísmo (¿cabalista?) sin ningún problema.

La conquista musulmana

La invasión migratoria del Tercer-Mundo que ha sumergido Europa y el mundo occidental después de la Segunda Guerra mundial no tiene otras causas que esta incansable propaganda a favor del proyecto cosmopolita. Ya en el siglo VII los judíos habían favorecido la conquista del reino visigodo de España por los musulmanes y empezado a triangular los conflictos en la península ibérica. Habían sido los primeros en abrir las puertas de las ciudades españolas a los invasores que acogieron en liberadores. Heinrich Gratez, uno de los primeros historiadores judíos de mediados de siglo XIX, escribía: "Después de la batalla de Jerez (julio de 711) y de la muerte de Rodrigo, el último de los reyes visigodos, los árabes victoriosos siguieron adelante, apoyados en todas partes por los judíos. En cada ciudad que conquistaban, los generales musulmanes sólo podían dejar una pequeña guarnición de sus propias tropas, ya que necesitaban a todos los hombres para someter el país; por lo tanto, las confiaban a la custodia de los judíos. De este modo, los judíos, que hasta hacía poco habían sido siervos, se convirtieron en los amos de las ciudades de Córdoba, Granada, Málaga y muchas otras[151]."

Un siglo después, en 1981, otro célebre historiador judío, Leon Poliakov, escribía a su vez explícitamente en su monumental *Historia del antisemitismo*: "Lo que parece seguro es que, a medida que avanzaban, los conquistadores árabes les confiaban la vigilancia de las ciudades que caían en sus manos[152]." El fenómeno tampoco era una novedad, ya que los judíos ya habían favorecido el avance musulmán en todos los lugares donde los cristianos tenían dificultades: Las "juderías" de Siria, Palestina y Egipto, bajo dominio cristiano, así como las de Mesopotamia, bajo dominio persa, "recibían con alegría los invasores musulmanes[153]", escribía también Poliakov.

Este papel desempeñado por los judíos es por lo tanto de notoriedad pública[154]. En 1945, el historiador judío Abraham Leon Sachar, que fue director nacional de las Fundaciones Hillel para las Universidades en Estados Unidos, afirmaba en su obra titulada *History of the Jews* (*Historia de los Judíos*) que los árabes habían conquistado el reino visigodo gracias a la actitud favorable de los judíos[155].

Lean además lo que decía el historiador judío de origen alemán Josef Kastein en su libro *Historia y destino de los Judíos*: "Los berberiscos

---

[151] Heinrich Graetz, *History of the Jews III*, London, Myers High Holborn, 1904, p. 111
[152] Léon Poliakov, *Histoire de l'antisémitisme, tome I*, Point Seuil, 1981, p. 97
[153] Léon Poliakov, *Histoire de l'antisémitisme, tome I*, Point Seuil, 1981, p. 74
[154] Marcelino Menéndez Pelayo también lo escribió claramente en su *Historia de los Heterodoxos españoles, Tomo I*, Ed. F. Maroto, Madrid, 1880, p. 216. (NdT).
[155] Abram Leon Sachar, *A History of the Jews*, Mc Graw-Hill College, 1967 – Abraham Leon Sachar, *Historia de los Judíos*, Ediciones Ercilla, Santiago de Chile, 1945, p. 227.

ayudaron el movimiento árabe a extenderse a España, al mismo tiempo que los judíos apoyaron este movimiento con hombres y dinero[156]."

Deborah Pessin, en su libro titulado *The Jewish People*, publicado en Nueva York en 1952, también lo confirmaba: "En el año 711, España fue conquistada por los musulmanes, y los judíos saludaron su llegada con alegría. Estos pudieron regresar a España de los países donde habían huido. Salieron al encuentro de los invasores, ayudándoles a tomar las ciudades españolas[157]."

Los judíos del norte de África, que habían emigrado desde España en el siglo anterior, se unieron a las tropas invasoras musulmanas, mientras que los judíos que todavía residían en el reino visigodo les abrieron las puertas.

En su libro titulado *La invención del pueblo judío*, publicado en el año 2008, el historiador israelí Shlomo Sand lo confirmaba una vez más, por si fuera necesario: "Fuentes cristianas contemporáneas condenaron el comportamiento traidor de los judíos en diversas ciudades que saludaron a las fuerzas invasoras y que incluso fueron reclutados por ellas como tropas auxiliares. Realmente, la huida de muchos cristianos llevo a los judíos, sus rivales, a ser nombrados gobernadores de muchas ciudades. En su compilación *Israel in Exile*, Ben-Zion Dinur había incluido muchas citas de fuentes árabes que corroboraban a las cristianas[158]."

---

[156] Josef Kastein, *History and destiny of the Jews*, Garden City Publishing, 1936, p. 239
[157] Deborah Pessin, *The Jewish People*, United Synagogue Commission on Jewish Education, 1952, book II, p. 200, 201. [Para más detalles léase el gran estudio de Maurice Pinay, *Complot contra la Iglesia*, por ejemplo, en la Cuarta parte, capítulo XV, p. 215: "Hacia 694, diecisiete años antes de la conquista de España por los musulmanes, proyectaron una sublevación general, de acuerdo con sus correligionarios de allende el Estrecho, donde varias tribus bereberes profesaban el judaísmo y donde los judíos desterrados de España habían encontrado refugio. La rebelión probablemente debía estallar en varios lugares a la vez, en el momento en que los judíos de África hubiesen desembarcado en las costas de España; más antes de llegar el momento convenido para la ejecución del plan, el gobierno fue puesto en conocimiento de la conspiración. El rey Egica tomó inmediatamente las medidas dictadas por la necesidad; luego, habiendo convocado un Concilio en Toledo, informó a sus guías espirituales y temporales de los culpables proyectos de los judíos y les pidió que castigaran severamente a esa "raza maldita". Escuchadas las declaraciones de algunos israelitas, de las que resultó que el complot pretendía nada menos que convertir España en un Estado Judío, los obispos, estremeciéndose de ira e indignación, condenaron a todos los judíos a la pérdida de sus bienes y de su libertad. El rey los entregaría como esclavos a los cristianos y aun a quienes hasta entonces habían sido esclavos de los judíos y a los que el rey emancipaba.» *Enciclopedia Judaica Castellana*, vocablo *España*, tomo IV, p. 142, col. 2. (NdT).]
[158] Shlomo Sand, *La invención del pueblo judío*, Akal, 2011, Madrid, p. 228-229. ["El tercer regimiento, que había sido enviado contra Elvira, sitió Granada, la capital de ese Estado, y confió el bloqueo a una fuerza local formada por musulmanes y judíos, y eso fue lo que hicieron allí donde encontraron judíos[...]. Después de haberse apoderado de

Bajo el dominio musulmán, los judíos gozaron de una gran prosperidad. Esta situación duró hasta la invasión bereber de los Almohades, a mediados del siglo XII. Contrariamente a sus predecesores, éstos habían decidido poner fin al poder judío en Al-Andalus. Esto nos decía Leon Poliakov: "En Andalucía, la edad de oro no iba a durar mucho. En 1147 fue invadida por los intolerantes y sectarios Almohades de Marruecos, que impusieron el islam por la fuerza". Los judíos tuvieron que abandonar la región en dirección a lugares más benignos, en las tierras cristianas de Castilla, Aragón, Languedoc y Provenza: "Cuando, a mediados del siglo XIII, la caída de la dinastía Almohade hizo inútil la ocultación, no se vio rastro de un retorno masivo al judaísmo... Pero en Granada sí se reconstituyó abiertamente una comunidad judía[159]."

Todos los judíos de la España musulmana no se habían "integrado". Otros habían preferido huir hacia el norte, para unirse a los cristianos, que habían traicionado unos siglos antes, en su lucha contra el islam[160].

Shmuel Trigano intentaba hacernos creer que los judíos eran los mejores aliados de los cristianos. Con impudencia, la famosa *chutzpah* habitual, escribía: "Los príncipes cristianos de la reconquista encontraron en los judíos aliados fiables y, una vez conquistados los territorios, la familiaridad de los judíos con el país fue una ventaja útil. Reyes y nobles nombraron a judíos para puestos importantes como diplomáticos, financieros, recaudadores de impuestos, administradores, eruditos y médicos. En Castilla, que a menudo se encontraba en una situación de inestabilidad política, los reyes sentían que podían confiar en sus consejeros judíos, pues no estaban sujetos a las lealtades contradictorias de sus vasallos cristianos[161]."

Carmona, Musa atacó Sevilla. Después de un asedio que duró muchos meses, Musa capturó la ciudad, y los cristianos huyeron a Baya. Dejando a los judíos como el ejercito permanente en Sevilla, Musa avanzó hacia Mérida. Ademas, cuando Tariq vio que Toledo estaba vacía, llevo allí a los judíos y dejó a algunos de sus hombres con ellos, mientras que él se dirigía hacia Wadi al-Hajara (Guadalajara).» nota 39: B.Z. Dinur, *Israel in Exile*, cit., vol.1,1, p. 116-117. (NdT).]

[159] Léon Poliakov, *Histoire de l'antisémitisme, tome I*, Point Seuil, 1981, p. 112

[160] La situación era similar en el año 2008: tras haber favorecido la invasión de Europa por las masas del tercer-mundo, los intelectuales judíos, en su conjunto, animaban a Occidente a hacer la guerra en Irak y Afganistán, esperando el turno de Irán, Libia y Siria. [Léase por ejemplo este interesante editorial del diario *Le Monde* del 16 de marzo del 2011 titulado: "Sí, *debemos intervenir en Libia, ¡y rápido!*», firmado por la crema y nata de la *intelliguentsia* "francesa": Pascal Bruckner, Daniel Cohn-Bendit, Frédéric Encel, Raphaël Enthoven, André Glucksmann, Bernard Kouchner, Claude Lanzmann, Bernard-Henry Lévy. En https://www.lemonde.fr/idees/article/2011/03/16/oui-il-faut-intervenir-en-libye-et-vite_1493895_3232.html. (NdT).]

[161] Shmuel Trigano, (bajo la dirección), *La Société juive à travers l'histoire, tome I*, Fayard, 1992, p. 275

Lo mismo afirmaba Leon Poliakov, quien escribía sin reír: "Los príncipes de la Reconquista encontraron en ellos auxiliares entregados y fiables". Su ascenso en la España cristiana fue "vertiginoso". Y había que decir que no todos los judíos vivían en la miseria: "Los judíos ocupaban su lugar en la escala social inmediatamente después de reyes y señores, un rango que les aseguraba la gran variedad de sus funciones socioeconómicas. El comercio, la industria y la artesanía estaban en gran medida en sus manos", apuntaba Poliakov. "Encargados tanto de los placeres de los príncipes como de sus asuntos de negocios, los grandes judíos de Toledo y Barcelona actuaban como el grupo de expertos permanente de los reyes españoles, acompañándolos en sus incesantes viajes."

En Aragón, el papel de los judíos empezó a desvanecerse a finales del siglo XIII, pero en Castilla, más islamizada, continuó hasta el siglo XV. Leon Poliakov aseguraba también que los judíos de España desempeñaron un papel civilizador, al igual que el clero católico en el resto de Europa: "De ahí la sustitución, a partir del siglo XIII, del latín por la lengua vernácula en los documentos administrativos y jurídicos, ya que los judíos tenían una marcada aversión al latín[162]."

Pero su especialidad era sin ningún atisbo de duda las finanzas: "Los grandes financieros judíos de Toledo y Sevilla, que controlaban todos los circuitos financieros del reino, seguían siendo todopoderosos en la corte castellana, escribía Poliakov...Vivían en una atmósfera de serrallo oriental, intriga y conspiración, luchando encarnizadamente contra los favoritos cristianos cuando no peleaban entre ellos". Además, llevaban armas a la manera de los nobles y sabían utilizarlas para liquidar a sus enemigos, como nos contaba Poliakov: "En 1380, varios notables judíos, celosos del favor que Enrique de Castilla mostraba a su tesorero José Pichón, lo decapitaron en su casa, suscitando la gran indignación del rey y de los cronistas de la época[163]."

En esta época hubo una guerra civil entre el rey Pedro el Cruel, favorable a los judíos, y su hermano bastardo Enrique de Trastámara, apoyado por la burguesía cristiana. Al final, Enrique de Trastámara venció y tomó inmediatamente medidas en contra de los judíos[164]. En 1380, un edicto real abolió la autonomía judicial de las comunidades judías. "La piedra angular de su poder se derrumbaba", escribía Poliakov. A partir de entonces, muchos judíos encontraron refugio en Portugal, donde "el clero protestó contra la dominación judía como en otros lugares, y la población empezó

---

[162] Léon Poliakov, *Histoire de l'antisémitisme, tome I*, Point Seuil, 1981, p. 117, 118, 129
[163] Léon Poliakov, *Histoire de l'antisémitisme, tome I*, Point Seuil, 1981, p. 135
[164] Léase el relato de esta guerra en Hervé Ryssen, *Historia del antisemitismo* (2010). (NdT)

a murmurar[165]." En 1391, el pueblo llano se sublevó contra los judíos y un baño de sangre inundó Castilla, Aragón, Cataluña y Mallorca. Dirigidos por un monje llamado Martínez de Écija, los españoles mataron a más de 4.000 judíos en Sevilla. La comunidad de Barcelona fue aniquilada. Un decreto real de 1412 prohibió a los judíos ocupar cargos públicos y les obligó a llevar largos abrigos negros que les llegaban hasta los pies. Esto era lo que decía Poliakov al respecto: "En Aragón, los documentos demuestran que, tradicionalmente, ya eran reconocibles, gracias, al parecer, a sus abrigos, y que ellos mismos concedían gran importancia a esta distinción[166]." Aunque es cierto que en Castilla los judíos se negaron a llevarlos.

Algunos judíos se convirtieron al catolicismo por interés propio, pero siguieron practicando el judaísmo en secreto. Los españoles pronto les dieron un nombre: los "marranos". Gracias al bautismo, estos judíos conversos habían conseguido un acceso aún mayor a los empleos de la Corte, a los cargos honoríficos y a los cargos eclesiásticos que antes les estaban totalmente vedados. Al ingresar en las universidades y órdenes religiosas donde, como judíos, no tenían derecho de entrada, penetraron en estratos enteros de la sociedad -la medicina, el ejército, la magistratura, el clero- e incluso pudieron casarse con hijos e hijas de la nobleza aragonesa y castellana. "Se apoderaron ingeniosamente de los sectores más dinámicos de la sociedad", escribía Henri Tincq en *Le Monde* el 2 de agosto de 2007[167]. La España católica se había vanagloriado durante mucho tiempo de estas conversiones, antes de darse cuenta de que la mayoría eran fingidas. Estos "criptojudíos", o "conversos", pronto fueron acusados de ser falsos cristianos, y fue a través del linaje de sangre cómo los españoles llegaron a considerar legítimamente la cuestión judía. Léon Poliakov confirmaba que los marranos desempeñaron un cierto papel en el debilitamiento de la fe cristiana: muchos conversos, escribía, "profesaban un ateísmo agresivo. Algunos de ellos, relataba Poliakov, formaron un círculo cuya existencia

---

[165] Léon Poliakov, *Histoire de l'antisémitisme, tome I*, Point Seuil, 1981, p. 135-146

[166] Léon Poliakov, *Histoire de l'antisémitisme, tome I*, Point Seuil, 1981, p. 121. Elie Wiesel confirmó estos hechos en su época: "¿La estrella amarilla? Pues no me molesta la verdad. Me permite incluso sentirme más íntimamente unido a los Judíos de la Edad Media que llevaban la *rueda* en los guetos de Italia...Hay estrellas para todos los precios. Las de los ricos son resplandecientes; y las de los pobres como apagadas. Es extraño, pero llevo la mía con un orgullo inexplicable.» *Mémoires, Tome I*, Éditions du Seuil, 1994, p. 82. En 1942, Serge Gainsbourg, que sería más tarde un cantante famoso en Francia, también tuvo que llevar la estrella amarilla. Lo recordaba diciendo: "Estaba muy orgulloso de esa estrella de tela, le pedía cada día a mi madre que me la planchara bien para que estuviera impecable.»

[167] Henri Tincq fue un periodista y vaticanista francés. Tras trabajar para el diario *La Croix*, fue especialista en información religiosa en *Le Monde* de 1985 a 2008. (NdT)

se registra hacia 1460 en Medina del Campo". Fue en esta ciudad donde se encontró la primera mención histórica de una "secta atea" dentro del cristianismo[168].

Ya a principios del siglo XV, un colegio de la Universidad de Salamanca había introducido una regla que prohibía ingresar en sus filas a quienes no procedieran de sangre pura (*ex puro sanguine*). En 1440, tras varios disturbios contra los conversos, Toledo se convirtió en la primera ciudad en adoptar los estatutos de limpieza de sangre. En 1543, el cardenal Juan Martínez Siliceo convencería al rey Felipe II para que los promulgara para toda España. A partir de entonces, para ingresar en la universidad o en las órdenes religiosas, había que presentar un certificado de pureza de sangre tras una minuciosa investigación genealógica que se remontaba lo más atrás posible en el linaje (las leyes nazis de Nuremberg se limitarían a la cuarta generación): era la Inquisición. Los tribunales de la Inquisición ejercían en España con plena autoridad desde una bula emitida por el Papa Sixto IV en 1478, y su tarea consistía en desenmascarar a los falsos católicos, es decir, a los judíos que se habían convertido falsamente al catolicismo y que pretendían socavar el cristianismo desde dentro. El dominico Tomás de Torquemada, nombrado por el rey Fernando Inquisidor de Aragón, Valencia y Cataluña, quedo célebre para la posteridad por su fervoroso celo.

Como las medidas regionales de segregación y expulsión eran insuficientes, la Inquisición propuso a los soberanos la expulsión general de los judíos. Los judíos, "pobres y perseguidos", intentaron, como siempre, corromper a las autoridades. Henri Tincq escogía bien sus palabras para explicar la situación: "Los judíos castellanos intentaron retrasar el plazo, y dijeron que estaban dispuestos a pagar un alto precio". Pero Torquemada, ante la Corte reunida el día 20 de marzo, había logrado convencer al rey. Corría el año 1492. El real decreto del 31 de marzo obligaba finalmente a los judíos a abandonar el país antes del 31 de julio. Ese mismo año, la toma de Granada por los cristianos marcaba el final de varios siglos de enfrentamiento con el islam. Bajo Carlos V y Felipe II, España viviría su gran Siglo de Oro.

En el otro extremo del Mediterráneo, los cristianos luchaban contra los turcos. En 1453, estos habían tomado Constantinopla y, una vez más, los judíos fueron decisivos en la victoria musulmana. Leon Poliakov escribía: "En ciertos círculos marranos, esta victoria ismaelita, que dejó una prodigiosa impresión en toda Europa, se entendió como un presagio de la

---

[168] Léon Poliakov, *Histoire de l'antisémitisme, tome I*, Point Seuil, 1981, p. 157

inminente caída de Edom [la cristiandad, ndlr[169]] y la inminente liberación de Israel."

Los judíos aguardaban desde tiempos inmemoriales la llegada de su Mesías tan deseado: "Una activa congregación de marranos de Valencia, convencidos de que el Mesías acababa de aparecer en una montaña cercana al Bósforo, se dispuso a emigrar a Turquía: "Los goyim ciegos no ven, decía una de las fanáticas del grupo, que después de ser sometidos a ellos, nuestro Dios se encargará de que los dominemos; nuestro Dios nos ha prometido que iremos a Turquía; hemos oído decir que viene el Anticristo; se dice que el turco destruirá las iglesias cristianas y las convertirá en establos para el ganado, y que rendirá honores y reverencia a los judíos y las sinagogas[170]"."

Esta idea también la expuso el novelista Isaac Bashevis Singer, que comparaba así el destino de los judíos en el cristianismo y en la tierra del islam: "Cuando llegara el Redentor, los judíos de Israel serían los primeros en saludarlo. Además, un judío respiraba más a sus anchas en el país de los turcos, en el que la Torá era respetada. Había muchos judíos ricos viviendo en Estambul, Esmirna, Damasco y El Cairo. Sí, a veces se dictaban edictos hostiles y se hacían acusaciones falsas, pero, catástrofes como las ocurridas en Polonia, ¡eso nunca[171]!"

Hacía ya mucho tiempo que los judíos tenían puestas grandes esperanzas en los turcos. En su libro *Cita con el islam*, el escritor y director de prensa Alexandre Adler confirmaba que los judíos habían apoyado la invasión turca, igual que habían apoyado la invasión árabe de España unos siglos antes:

"En todas partes donde avanzaron, escribía Adler, los judíos...dieron la bienvenida a los turcos como libertadores."

El Imperio Otomano de Solimán el Magnífico, contemporáneo de Francisco I de Francia, acogió masivamente a los judíos de España, Portugal, Nápoles, Malta, Sicilia y Cerdeña, expulsados por los Habsburgos. Las cuatro grandes ciudades del imperio, Salónica, Esmirna, Andrinopla y Constantinopla, se convirtieron así en el hogar de la comunidad judeoespañola. Estos judíos ibéricos, los Sefardíes, proporcionaron al imperio una red comercial e intelectual que, según Alexandre Adler, desempeñó un papel muy subestimado en la gran diplomacia otomana del siglo XVI. En aquella época, Turquía encontró los medios para forjar unas alianzas estratégicas con las tres potencias antiespañolas de Europa: la Francia de Enrique III y Enrique IV, y sobre

---

[169] Léase sobre las exégesis judías en *Psicoanálisis del judaísmo*. (NdT).
[170] Léon Poliakov, *Histoire de l'antisémitisme, tome I*, Point Seuil, 1981, p. 155
[171] Isaac Bashevis Singer, *El Esclavo* (1962), Debols!llo (Penguin Random House), Barcelona, 2019, p. 280

todo los protestantes: la Inglaterra de Isabel I y la Holanda de Guillermo de Orange. Y Adler afirmaba: "En todas partes, fueron los marranos o criptojudíos de Londres, Ámsterdam, Burdeos, Nantes o Angers, quienes tejieron esta tupida red de judaísmo y humanismo revolucionario que conduciría a las grandes victorias de la libertad europea a mediados del siglo XVII[172]."

José Nasí desempeñó un papel importante en esta "victoria de la libertad europea". José Nasí era heredero de la acaudalada familia Mendés, que había huido de Portugal hacia Constantinopla, donde el sultán les recibió con los brazos abiertos. "Gracias a una red internacional de marranos, escribía Poliakov, fue durante unos quince años el hombre mejor informado de Europa, y su información, unida a sus dotes, le permitió formar un "grupo de presión", influir en la política exterior otomana e incluso decidir sobre declaraciones de guerra y conclusiones de paz[173]."

Nasí se convirtió en enemigo jurado de Francia a raíz de una disputa sobre 150.000 ducados que había prestado a Enrique II hacia 1549. El conflicto entre Francia y el Imperio Otomano se resolvió mediante un tratado en octubre de 1569, "cuyo original estaba redactado en hebreo; ¿quién sabe si este detalle insólito no reflejaba una vejación más que el judío pretendía infligir al Rey muy Cristiano?" escribía Poliakov, añadiendo: "Tan constante como su hostilidad hacia Francia parece haber sido su simpatía por la causa de los protestantes rebeldes de Flandes".

Enviaba consejos alentadores a los calvinistas de Amberes, "entre los que contaba con muchos viejos amigos. Más de una vez, durante las luchas religiosas del siglo XVI, los calvinistas fueron ayudados por judíos, y el propio Guillermo de Orange buscaba su ayuda. De hecho, en 1566, entre los líderes de la resistencia flamenca se encontraban los influyentes marranos Marcos Pérez, Martín López y Fernandino Bernuy."

Poliakov refería estas palabras pronunciadas sobre José Nasí: "Felipe II lo describió como "el personaje que más contribuye a las empresas que se están llevando a cabo en detrimento del cristianismo, y que más las impulsa"; en resumen, el conductor invisible de un complot anticristiano[174]." En varias ocasiones, José Nasí se erigió en protector de los judíos. En 1561, el sultán le regaló la ciudad de Tiberíades y las tierras circundantes para crear una especie de hogar o refugio judío. Nasí se dedicó a restaurar la ciudad, rodeándola con una muralla e intentando establecer industrias, a pesar de las protestas del delegado apostólico en Palestina, Bonifacio de Ragusa, que se pronunció contra "la llegada de esas víboras, peores que las que vagan por las ruinas de la ciudad". Pero el proyecto

---

[172] Alexandre Adler, *Rendez-vous avec l'islam*, Grasset, 2005, p. 168
[173] Léon Poliakov, *Histoire de l'antisémitisme, tome I*, Point Seuil, 1981, p. 211
[174] Léon Poliakov, *Histoire de l'antisémitisme, tome I*, Point Seuil, 1981, p. 212

fracasó, ya que las masas judías no abrazaron espontáneamente este sionismo político adelantado a su tiempo, y muy pocos judíos vinieron a establecerse en Tiberíades.

No obstante, José Nasí siguió persiguiendo sus objetivos. Enemigo jurado del cristianismo, Nasí pretendía vengarse de los cristianos a través de los turcos. En 1566, el nuevo sultán Selim II le regaló la isla de Naxos y lo nombró duque de Naxos. En 1570, fue él quien instó al sultán a declarar la guerra a Venecia. La empresa comenzó con la conquista de Chipre, donde esperaba convertirse en rey. "La gran isla era el trampolín geográfico hacia Palestina", escribía Poliakov.

"Nasí aconseja a Solimán atacar Venecia para tomar Chipre, que quiere convertir en un refugio para los judíos[175]", escribía a su vez Jacques Attali.

Pero la ofensiva otomana condujo a una alianza entre España, Venecia y la Santa Sede, y desembocó en la gran derrota naval turca de Lepanto. Nasí cayó así en un estado de semi-desgracia. "Otros favoritos judíos le sustituyeron en el favor del sultán", escribía Poliakov. Durante quince años, su nombre había figurado constantemente en los titulares de las correspondencias diplomáticas europeas. A través de *El judío de Malta*, de Marlowe, contribuyó a cristalizar la imagen de Shylock, el odioso personaje de la obra de Shakespeare, *El Mercader de Venecia*[176]. Con razón la historiografía israelí hizo de él el primer gran precursor del sionismo.

En el siglo XIX, en el norte de África, bajo el Imperio Otomano, la situación de los judíos era ya menos favorable que en la Europa democrática en ciernes, sobre todo en Francia e Inglaterra, donde ya a principios de siglo los Rothschild, los Fould, los Pereire y otros banqueros cosmopolitas se esforzaban por estrechar su control sobre los gobiernos europeos.

André Nahoum, un médico de barrio tunecino, hijo de un próspero comerciante, describía el ambiente en Túnez antes del advenimiento del protectorado francés: "Los judíos se llevaban bastante bien con los árabes, pero eran "*dhimmis*", es decir, protegidos - como los cristianos, por cierto - por el islam. Pagaban un impuesto especial, la "capitación", y estaban sujetos a todo tipo de prohibiciones, como montar a caballo o construir casas más altas que las de los musulmanes. Por último, estaban sujetos a la "*chtaka*", una costumbre que daba derecho a cualquier árabe a asestar un golpe en la cabeza a un judío. Se cuenta que un día, en el gueto, un chiquillo árabe muy pequeño vio a un judío demasiado alto para él, y le dijo: "Quiero darte tu *chtaka*, pero no sé cómo hacerlo, así que levántame. Y el alto judío lo hizo".

---

[175] Jacques Attali, *Los judíos, el mundo y el dinero*, Fondo de cultura económica, Buenos Aires, 2005, p. 227

[176] Léon Poliakov, *Histoire de l'antisémitisme, tome I*, Point Seuil, 1981, p. 214

"Llegar a Francia sólo podía significar una liberación, añadía André Nahoum; era la Francia republicana, la de 1789, la que trajo la emancipación a los oprimidos. Los judíos de Túnez, como los de Marruecos y Argelia, se entregaron de lleno a la identidad francesa[177]."

De hecho, existen otros muchos relatos de judíos norteafricanos rebosantes de entusiasmo por Francia. No se trataba, por supuesto, de la Francia de los terruños, que les era indiferente, sino de la Francia de los "derechos del hombre", generosa y tolerante, con su cerebro de gelatina, poco reacia y abierta a todos los vientos de Oriente. Vemos que, a pesar de que los judíos y los árabes "se llevaban bastante bien", los judíos colaboraron enseguida con el colonizador francés.

Ya en 1830, cuando una fuerza expedicionaria francesa tomó posesión de Argel, los judíos se alegraron, pues lo consideraban un instrumento de su venganza contra los turcos. En el número del 6 de junio de 2006 del periódico *Rivarol*, Camille Galic citaba un libro de Claude Martin, publicado en 1936 y titulado *Les Israélites algériens* (*Los israelitas argelinos*): "El 29 de junio de 1830, Bacri y Duran, las dos figuras principales de Argel, fueron a reunirse con el general Bourmont, seguidos por un largo séquito de mujeres, niños, camellos y mulas. Al grito de ¡Vivan los franceses! se dispusieron alegremente a golpear y saquear a los turcos, y luego se mostraron insolentes con los moros, muchos de los cuales abandonaron la ciudad por ello. Los judíos desempeñaron entonces un rentable papel en el negocio inmobiliario, monopolizando a gran escala el papel de intermediarios comerciales y políticos." Bacri, por ejemplo, actuó como asesor del mariscal de Bourmont en asuntos administrativos y "recibía sustanciosos sobornos por sus intermediaciones".

Sabemos que, en Argelia, en 1870, la flamante III República Francesa concedió la nacionalidad francesa a los judíos, y sólo a los judíos. Hay que recordar que un ministro "francés" de la época, Adolphe Crémieux, era también presidente de la Alianza Israelita Universal (*Alliance Israélite Universelle*). Así pues, los musulmanes del norte de África pudieron albergar legítimamente cierto resentimiento contra la Francia republicana[178].

Charles de Foucauld, que exploró Marruecos en 1883-1884, dejó un importante testimonio. Lean como hablaba del campesino marroquí: "Sólo hay un recurso: el judío. Si es un hombre honrado, le prestará el 60%, si no mucho más: entonces se acaba todo; en el primer año de sequía, le confiscan las tierras y acaba en la cárcel; la ruina es total. Esa es la historia que se oye a cada paso; esto se oye repetir en cada casa que uno entra. Todo

---

[177] André Harris et Alain de Sédouy, *Juifs et Français*, Grasset, 1979, Poche, p. 288
[178] Léase también en *El Fanatismo judío*.

se une para tal resultado, todos se apoyan para que no se pueda escapar. El caíd protege al judío, que lo soborna; el sultán mantiene al caíd, que trae cada año un tributo gigantesco, que envía constantemente ricos agasajos, y que finalmente sólo recauda para su señor, pues tarde o temprano todo lo que posee le será confiscado, ya sea en vida o a su muerte. Toda la población está, pues, profundamente entristecida y desanimada."

El país estaba en aquella época prohibido a los cristianos, y Charles de Foucauld lo había recorrido disfrazado de judío y acompañado por un rabino. Esto escribía a continuación: "Chefchaouen es una de las ciudades más fanáticas del Rif, famosa por su intolerancia. Todavía se cuenta la historia de la tortura de un desafortunado español...Incluso los judíos son objeto de los peores tratos; fuera del *mellah* [barrio judío, ndt], los atacan a pedradas. Nadie pasó a mi lado sin saludarme con un *Allah iharrak bouk*, ¡Que Dios queme a tu padre[179]!"

En Argelia, en los años del asunto Dreyfus[180], los descendientes de los pioneros, los "pequeños blancos", caminaron hombro con hombro con los árabes por las calles de Argel cantando la "Marsellesa antijudía". Durante la Segunda Guerra Mundial, los árabes se pusieron con toda naturalidad del lado de las potencias del Eje. En noviembre de 1942, las tropas alemanas invadieron Túnez. Gisèle Halimi, una abogada feminista sefardí, dejó otro interesante testimonio en su autobiografía: "El lanzamiento en paracaídas de los alemanes, escribía, provocó un verdadero alborozo entre los árabes. En las calles, los uniformes verdes atraían hacia ellos ofrendas, apretones de manos y confraternización. "Alemanes-árabes, *kif kif* ", decían los jóvenes a los atónitos soldados... Estos árabes, traidores natos, traicionaron. "Son de otra raza, le explicaba una vecina a mi madre, te apuñalan por la espalda si no los mantienes a raya[181]"."

En su libro de 1997 titulado *El racismo o el odio identitario*, el escritorzuelo Daniel Sibony nos hablaba del sufrimiento de sus congéneres sefardíes, a quienes les habría gustado quedarse en Argelia tras la independencia de 1962. Aquí vemos las contorsiones intelectuales tan características del espíritu talmúdico, y, de nuevo, siempre esa inclinación a culpabilizar a los demás: "Se sentían como árabes, escribía. Pero sus hermanos árabes no lo sentían así, y un buen día les dijeron amablemente: podéis hacer lo que queráis, sois judíos... Aquellos judíos aseguraban que podrían lograrlo, y los árabes les contestaron: es imposible. ¿Sabían que en su islam las huellas judías son imposibles de borrar? En cualquier caso, tenían razón. A no ser que este diálogo se entendiera de otra manera, y que

---

[179] Charles de Foucauld, *Reconnaissance au Maroc*, p. 41, 8. Léase el testimonio similar del escritor Guy de Maupassant en *El Fanatismo judío*.
[180] Véase nota 63. (NdT).
[181] Gisèle Halimi, *Le Lait de l'oranger*, Gallimard, 1988, Pocket, 2001, p. 72

los judíos les dijeran: queremos ofreceros nuestra Memoria, nuestra identidad. Y los otros respondieran, no sin delicadeza: Ustedes pueden aceptar perderla, pero nosotros no podemos aceptar recibirla... Y estos judíos se fueron, dejando atrás sus posesiones y sus sueños[182]."

En tierras del islam, como en otras partes, el judaísmo es una fuerza corrosiva para la religión y las tradiciones ancestrales de los pueblos. A principios del siglo XX, después de la Primera Guerra Mundial, el movimiento laico de los jóvenes turcos y la revolución kemalista tuvieron parte de sus orígenes en la influencia ejercida por los "*Dommehs*", judíos falsamente convertidos al islam. He aquí lo que Gershom Scholem, uno de los más grandes pensadores judíos del siglo XX, decía acerca de estos últimos: "Los Donmeh, escribía, proporcionaron muchos miembros de la intelligentsia de los Jóvenes Turcos....Desempeñaron un papel importante en los comienzos del Comité de Unión y Progreso, una organización del movimiento de los Jóvenes Turcos que se originó en Salónica... Hay pruebas de que David Bey, uno de los tres ministros del primer gobierno de los Jóvenes Turcos y un importante dirigente del partido de los Jóvenes Turcos, era un Donmeh[183]."

El intelectual y director de prensa influyente Alexandre Adler lo confirmaba: "Al menos uno de los fundadores del movimiento de los Jóvenes Turcos, el 14 de julio de 1889, centenario del asalto a la Bastilla, fue un Donmeh confeso, Sükrü Dey. Varios generales Donmehs lucharon al frente de sus tropas... en las desgraciadas guerras del imperio. Pero el entorno de Mustafá Kemal, a pesar de su ruptura total con su intrigante ministro de finanzas donmeh Djazid Bey, estaba lleno de sabateístas (y también de una camarilla de musulmanes sunníes masones originalmente de rito escocés)[184]."

Inmediatamente después de la Primera Guerra Mundial, el movimiento laico de los "Jóvenes Turcos" suscitó una oleada de hostilidad hacia la población cristiana griega. En un libro de 1979 titulado *Judíos y Franceses*, hallamos un testimonio sumamente interesante. Esto era lo que contaba un tal Maurice Denailles, comerciante en el barrio del Sentier (París) y judío de origen turco. Había emigrado a Francia en 1924 y recordaba la llegada al poder de Mustafá Kemal: "Mis primeros recuerdos son horribles. Aquello fue un genocidio. Fui testigo de la masacre de los griegos en Esmirna, vi arder barrios enteros. Vi a turcos desfilando con collares hechos con trozos de senos colgando. Vi popes griegos descender en fila

---

[182] Daniel Sibony, *Le Racisme ou la haine identitaire*, C. Bourgeois, 1997, p. 287
[183] Gershom Scholem, *Le Messianisme juif*, 1971, Calmann-Lévy, 1974, p. 235. Sobre los Donmehs, falsos conversos musulmanes de origen Sabateo (místicos cabalistas), léase en *Psicoanálisis del judaísmo*.
[184] Alexandre Adler, *Rendez-vous avec l'islam*, Grasset, 2005, p. 175

por las calles, obligados a caminar sobre botellas rotas lanzadas por la multitud". Maurice Denailles, por su parte, se alegraba de que los judíos no tuvieran que sufrir la furia de los turcos: "Afortunadamente, explicaba, Kemal tenía una madre medio judía, motivo por el que esa vez nos libramos[185]." Queda por ver qué papel desempeñaron exactamente los generales Donmeh de los ejércitos turcos en la masacre de cristianos en Turquía y en el genocidio de los cristianos de Armenia.

El anticristianismo

Los intelectuales judíos desprecian soberanamente todos aquellos que cuestionan su "misión" de "pueblo elegido" y de "redentores de la humanidad". En el siglo XXI, continúan su combate secular contra el cristianismo, especialmente contra la Iglesia católica.

En 1994, un intelectual judío de segunda categoría como Edouard Valdman publicaba un libro titulado *Los judíos y el dinero*. El autor no ocultaba sus sentimientos hacia la Iglesia católica: "Una fantástica destrucción de la inteligencia humana[186]", escribía. Y Valdman, que claramente había ingerido una gran dosis de Nietzsche, equiparaba el catolicismo con el bolchevismo. Obsérvese que esta pirula intelectual permite guardar silencio sobre el papel abrumador de los judíos bolcheviques en Rusia y en otros lugares: "Aquí la Inquisición, allí el Gulag. Los mismos métodos, la misma ideología, el culto de la transparencia, de la igualdad, de la pureza y, por tanto, de la muerte. El deseo de hacer a las personas transparentes ante sí mismas y ante el mundo nos sumerge en el crimen". El judío, en cambio, nunca es criminal, aunque tenga las manos rojas manchadas de sangre rusa. El comunismo y el catolicismo, añadía Valdman, "son dos perversiones, dos cultos a la igualdad, dos cultos a la reducción". E insistía: "No puede haber paz, ni igualdad, todas ellas ideas mortíferas y cristianas, las cuales, si se quieren encarnar, conducen directamente al totalitarismo". Más adelante en su texto, hablaba, sin temer posibles acciones legales, del "cristianismo perverso y culpabilizador[187]."

En el cine, los directores judíos se han ido atreviendo poco a poco a atacar la religión cristiana. En nuestros trabajos anteriores, vimos más de veinte películas en las que los cristianos, y los católicos en particular, eran retratados por directores cosmopolitas como gente obtusa, mezquina,

---

[185] André Harris et Alain de Sédouy, *Juifs et Français*, Grasset, 1979, Poche, p. 94
[186] Édouard Valdman, *Les Juifs et l'argent*, Editions Galilée, 1994, p. 28
[187] Édouard Valdman, *Les Juifs et l'argent*, Editions Galilée, 1994, p. 31, 63, 70

incluso como psicópatica, y la Europa medieval como una era abominable. Veamos algunos ejemplos más:

Mirrors (Fr., 2008): Una monja fue una vez poseída por un demonio cuando era niña. Unos psiquiatras lúnaticos consiguieron encerrar al demonio en unos espejos, y desde entonces éste se manifiesta a través de los cristales de una casa para cometer sus fechorías y aterrorizar a una simpática familia mestiza. La monja es buscada y persuadida para que se enfrente a los espejos. Se encuentra entonces atada en una habitación, rodeada por los espejos, y se enfrenta al demonio, rezando con todas sus fuerzas, rosario en mano, ¡hasta que explota literalmente en mil pedazos! Resulta que el demonio no era otro que la propia monja cuando tenía 12 años. El director de este bodrio es Alexandre "Aja", alias Jouan-Arcady, hijo del cosmopolita cineasta Alexandre Arcady.

Le moine et la sorcière (*El monje y la bruja*) (Fr., 1986): En el siglo XIII, el hermano Etienne llega a un pueblo para erradicar la herejía. Elda, una joven con el poder de curar con las plantas, es acusada de brujería. El inquisidor hace que la trasladen a las prisiones del conde de Vilars, que también explota con ensañamiento a sus campesinos. Por lo visto no eran buenos tiempos para vivir. La película es de Suzanne Schiffman.

Lady Halcón (*Ladyhawke*, EE. UU., 1984) también está ambientada en la Edad Media. El caballero Navarra está enamorado de Isabeau de Anjou, pero un malvado obispo, Aquila, ha hechizado a la pareja. Al final, Navarra entra a caballo en la catedral, durante la misa, y atraviesa con su espada al malvado obispo, para gran regocijo del director, Richard Donner, quien obviamente no es católico.

Entre tinieblas (España, 1983) es una película de Pedro Almodóvar: una abadesa lo intenta todo para asegurar la supervivencia del convento. En la película vemos una monja homosexual, drogadicta y experta chantajista.

Veredicto final (*The Verdict*, EE. UU., 1982) es una película de Sidney Lumet (otra vez): una joven ha caído en coma tras un error médico. El arzobispo de la ciudad, que dirige el hospital intenta silenciar el caso ofreciendo una gran suma de dinero al abogado de la familia. Éste acaba ganando el caso, gracias al testimonio de un anestesista negro. La Iglesia católica y el poder judicial se llevan un buen rapapolvo.

Ms. 45 (*Angel of Vengeance*, EE. UU., 1981): Thana, sordomuda pero guapa, es violada dos veces en las calles de Nueva York y en su piso. Se vuelve seductora y atrae a los hombres para así ejecutarlos mejor. Disfrazada de monja, acude al gran baile de alta costura y saca una pistola oculta en sus medias negras. Al final la matan. Una película de Abel Ferrara, producida por Arthur Weisberg.

En *Teniente corrupto* (*Bad Lieutenant*, EE UU, 1992), el mismo Abel Ferrara muestra a un policía corrupto, drogadicto, jugador y mal padre. Un día se entera de que una monja ha sido brutalmente violada en el altar de la iglesia por una banda de matones. El teniente corrupto está decidido a encontrar a los culpables y cobrar la recompensa, pero la monja insiste en protegerlos. Una película sórdida, como la mayoría de las de Abel Ferrara.

Confesiones verdaderas (*True confessions*, EE. UU., 1980) es la historia de un enfrentamiento entre dos hermanos: Desmond, que es canciller de la archidiócesis (interpretado por Robert de Niro), y Tom, un policía. Tom ha encontrado a un sacerdote fallecido de un ataque al corazón... en la cama de un prostíbulo. También se entera de que su hermano trabaja para la Iglesia en importantes negocios inmobiliarios con un empresario de dudosa reputación, aunque muy católico. Y su hermano católico también está involucrado en un negocio de ¡películas pornográficas! Se trata de una película de Ulu Grosbard, cuyo verdadero nombre es Israel Grosbard. Nacido en Amberes, era hijo de Rose Tenenbaum y Morris Grosbard, que trabajaban en el comercio de diamantes...

Hair se rodó en 1979. Los que hayan podido superar la primera hora de esta película infumable sin cabecear se habrán percatado de una escena sacrílega que tiene lugar en una iglesia: una pandilla de hippies melenudos, colocados de LSD, transforman una ceremonia de boda en una fiesta endiablada, entregándose a desenfrenadas danzas extáticas, como si cada uno de esos frikis tuviera un demonio maligno que evacuar. En realidad, estos bailes recuerdan más bien las costumbres judías jasídicas[188]. La película es del director "checo" Milos Forman. Sabemos que a los directores judíos les encanta interrumpir las ceremonias religiosas católicas en sus películas. Pero quizás sea aún más interesante, en este caso, observar que esta escena no es más que una proyección sobre los goyim (gentiles) de un problema específicamente judío.

En *The Medusa Touch* (Reino Unido, 1978), el diabólico cerebro de un hombre muerto sigue causando terribles estragos, culminando su acción con la destrucción de la catedral de Canterbury. En la escena final, el arzobispo muere aplastado por grandes bloques de piedra que caen de las bóvedas, y toda la catedral se derrumba sobre los fieles. Esto es lo que hace soñar al director Jack Gold.

Dentro de un convento (*Interno di un convento*, Italia, 1977) está ambientada en un convento italiano del siglo XIX. La abadesa descubre que Sor Verónica tiene un amante que viene a verla por las noches. La abadesa despide al joven hombre, pero para vengarse Verónica hace verter opio en la comida del convento. Una ola de locura sexual recorre los aposentos de las religiosas. "Un bello y vibrante panfleto contra la opresión

---

[188] Sobre las sectas judías jasídicas (judíos místicos cabalistas) léase *Psicoanálisis del judaísmo* y *El Fanatismo judío*.

y la hipocresía", según Claude Bouniq-Mercier. La película es de Walerian Borowczyk, que desde luego no es católico.

La Profecía (*The Omen*), estrenada en 1976, es una película de Richard Donner: Robert Thorn (Gregory Peck) es el embajador de Estados Unidos en Londres. Tiene un hijo de 5 años, Damien, al que adoptó al nacer sin el conocimiento de su mujer, la cual acababa de sufrir un aborto traumático. Varias muertes trágicas y extrañas ocurren en la casa del embajador y en su entorno. Un día, en su despacho, recibe a un sacerdote alucinado que se encontraba en el hospital cuando nació su hijo. El padre Brennan intenta convencerle de que Damien no es otro que el Anticristo. El dormitorio de este sacerdote está completamente cubierto de páginas de la Biblia y no menos de 47 crucifijos cuelgan de las paredes. Está claro que la religión católica puede volver loco al personal... El famoso director Richard Donner (que dirigió *Arma letal*) se llamaba en realidad Richard Schwartzberg. El guion fue escrito por David Seltzer.

En el mismo género, está la famosa película *El Exorcista*, de William Friedkin, estrenada en 1973. Pero en *El Exorcista*, el director concede a los dos sacerdotes católicos cierta dignidad. Así pues, *El Exorcista* no es una película del todo anticristiana.

Flavia la monja musulmana, de Gianfranco Mingozzi (Italia, 1974): A principios del siglo XV, la joven Flavia, conmovida por la suerte de un sarraceno herido, es castigada y enviada a un convento por su padre. La incursión de una tropa de sarracenos brinda a Flavia la oportunidad de recuperar su libertad. Se convierte en la esposa de un jefe moro, pero éste la decepciona. El castigo de los cristianos será terrible: desnuda, le cortarán los jarretes antes de degollarla. "Un alegato a favor de la liberación de la mujer" y "un anticlericalismo ingenuo", según los críticos. Pero la verdadera cuestión sería: ¿Mingozzi o Minkowski?

También vemos que las monjas pueden ser muy mezquinas. *Papillon* es una célebre película estadounidense de 1973 sobre el mundo carcelario. El actor Steve McQueen interpreta a un convicto deportado a Cayena. La vida es un infierno. Pero consigue escapar, cruzar el mar y ser acogido en un convento de monjas. La Madre superiora desconfía mucho, pero accede finalmente a ofrecerle la hospitalidad y le da una habitación para pasar la noche. Pero por desgracia para él, a la mañana siguiente le despierta la policía: así son las monjas católicas, delatadoras y falsas. La película es de Franklin Schaffner, que también hizo una película anti-nazi en 1978, *The Boys from Brazil* (1978).

En el nombre del Padre (Italia, 1971), de Marco Bellochio: Angelo y Franck no soportan las limitaciones de su colegio jesuita y se rebelan contra los profesores. Salvatore, por su parte, se convierte en portavoz del personal e instiga una huelga que acaba con su despido. Los alumnos "se rebelan contra la Iglesia y su sometimiento de las mentes", escribía Jean Tulard.

La novia del pirata (Fr, 1969) es una película que lleva "la marca": En la campiña francesa, una joven gitana vive con su madre y un macho cabrío en una cabaña hecha de madera y alejada del pueblo. Las relaciones con los aldeanos son tensas y conflictivas. Buenos nómadas contra malos sedentarios: ya tenemos la trama de un guion que promete ser muy "cosmopolita". Un día, su madre muere atropellada por un coche en la carretera. En una estampida, uno de los aldeanos mata a tiros a su macho cabrío. La joven se queda sola y decide vengarse de los cabrones aldeanos. Como es bastante guapa, va a vender sus encantos a los campesinos, pero también a los notables del pueblo, cuidándose de grabarlos con un magnetófono. Cuando el cura acude a verla para intentar redimirla, ella le pide que rece en la Iglesia... ¡por su macho cabrío! Como quien dice por el diablo.

Al final de la película, la vemos entrar en la iglesia donde se celebra una misa que, naturalmente, será interrumpida. Con la ayuda de una escalera, coloca el magnetófono encima de la puerta y sale subrepticiamente de la misma forma que entró. Oímos entonces resonar en la nave las voces grabadas de los hombres que se aprovechaban de sus favores. Mientras despotrican contra sus propias esposas y vecinos, la consternación da paso rápidamente al ajuste de cuentas. En cuanto a la chica, ésta quema su choza y se pone en marcha, lejos de estos aldeanos "mezquinos y timoratos", como diría Alain Minc. Esta película típicamente judía es obra de Kelly Kaplan.

En *Él* (México), estrenada en 1953, Luis Buñuel retrata a un personaje católico autoritario y antipático. Este rico terrateniente se enamora de Gloria, a la que ve en un oficio religioso. Se sale con la suya y la convierte en su esposa, pero poco a poco, y sin motivo, se vuelve locamente celoso, hasta el punto de sufrir una paranoia aguda. Una ceremonia religiosa se ve interrumpida por la disputa. En una escena de la película, vemos también a un cura glotón comiendo con la boca abierta delante de los demás invitados. Es este sacerdote, amigo del rico terrateniente, quien sermonea a la joven novia que ha venido a pedirle consejo. También vemos a un cura besando el pie de un monaguillo, y algunas referencias al marqués de Sade... El director, Luis Buñuel, había sido educado por los padres jesuitas, pero por lo visto el autoritarismo de aquel ambiente le había asqueado de la religión. La película fue producida por Oscar Dancigers, que era de origen "ruso".

The Captive City (EE. UU., 1952): Jim y Marge Austin huyen de la pequeña ciudad de Kennington donde, como periodista, Jim ha destapado una red de corrupción que se extiende a todas las autoridades de la ciudad, incluido el clero. Él expondrá el caso ante el Senado. Una película de Robert Wise. En 1952, los productores de Hollywood todavía debían ser prudentes a la hora de atacar al cristianismo para no despertar la cólera de los goyim[189].

En la Edad Media, los cristianos no estaban impregnados de toda esta propaganda cosmopolita y no sentían culpa alguna hacia los judíos. Pedro el Venerable, abad de Cluny en el siglo XII, escribió una carta al rey Luis VII, que partía entonces de cruzada: "Los judíos -decía- son los mayores enemigos de los Cristianos y peores que los Sarracenos". Y añadía: "Sin embargo, no conviene hacerlos morir, sino que se les reserve un tormento mayor, que es ser siempre esclavos, tímidos y fugitivos[190]." En aquella época, la gente sabía cómo defenderse de los constantes ataques y burlas procedentes de la "comunidad".

El bolchevismo

En octubre de 1917 estalló en Rusia la revolución bolchevique, bajo forma de golpe de Estado. Inicialmente, el objetivo ideológico no era sólo "liberar a los trabajadores", sino también construir un mundo perfecto, un mundo sin fronteras, donde reinara la igualdad. Había que hacer "borrón y cuenta nueva" para que surgiera un "hombre nuevo". En realidad, el fanatismo igualitario del comunismo dio lugar inmediatamente a una sucesión de crímenes y masacres. En total, a lo largo de los treinta primeros años, más de treinta millones de rusos y ucranianos fueron liquidados por la locura criminal de los nuevos amos. Después del experimento maoísta en China, la Revolución Rusa fue la segunda mayor tragedia de la historia de la humanidad.

Pero mientras que a principios del siglo XXI es lícito denunciar los horrores del comunismo, en cambio sigue estando perfectamente proscrito, en los países democráticos, insistir en la identidad de sus principales instigadores. Sin embargo, el comunismo fue esencialmente un asunto judío: Karl Marx era nieto de un rabino; Lenin también tenía orígenes judíos por parte de madre; Trotski, el líder del Ejército Rojo, se llamaba en realidad Bronstein; Kamenev, que fue presidente del Soviet de Moscú, se apellidaba en realidad Rosenfeld; al igual que Zinoviev, el amo de Leningrado, que se llamaba Apfelbaum; el primer presidente de la Unión

---

[189]El código Hays (Motion Picture Production Code) estuvo en vigor entre 1934 y 1967. Determinaba, en las producciones estadounidenses, con una serie de reglas restrictivas (censura), qué se podía ver en pantalla y qué no. (NdT)

[190]Fleury, *Histoire ecclésiastique*, par l'abbé Gayraud, *Antisémitisme de Saint Thomas d'Aquin*, p. 105, in André Spire, *Quelques juifs et demi-juifs II*, Grasset, 1928, p. 187. Naturalmente, siempre habrá un goy que nos demuestre que el judaísmo es por encima de todo "diversidad", a pesar de que lo que lo caracteriza es precisamente su incomparable homogeneidad en todo el mundo.

Soviética fue un judío, el estrecho colaborador de Lenin llamado Sverdlov, etc, etc. La lista de dignatarios bolcheviques judíos es sencillamente interminable.

La revolución que estalló en Berlín en 1918 fue dirigida por otros judíos: Karl Liebknecht y Rosa Luxemburgo. En Hungría, en la misma época, Bela Kun había encabezado un gobierno revolucionario compuesto casi exclusivamente por judíos, y se sabe que después de 1945 fueron judíos los que se pusieron al frente del país, al igual que en Polonia, Checoslovaquia y Rumanía. El famoso escritor Alexander Solzhenitsyn, después de muchos otros, demostró la implicación de numerosos dirigentes judíos en esta historia, y, de hecho, los doctrinarios judíos, los funcionarios judíos y los torturadores judíos tuvieron una responsabilidad especialmente aplastante en las atrocidades cometidas en nombre de esta utopía sangrienta entre 1917 y 1947[191].

Tras el colapso de la Unión Soviética en 1991, los intelectuales judíos de todo el mundo se volcaron completamente con el advenimiento de una sociedad multicultural y se convirtieron en los más ardientes defensores de la inmigración en todos los países. Por supuesto, siempre se trata del mismo proyecto: construir un mundo de paz (*shalom*) sin fronteras y cosmopolita, donde la gente sea libre e igual y en el que todas las identidades hayan desaparecido para siempre - excepto la suya propia. Así es como imaginan ser un día reconocidos como el pueblo de Dios.

He aquí otro testimonio más que añadir a las toneladas de pruebas y kilómetros de textos ya existentes. En 1992, se publicó en Alemania *Das Ende der Lügen* (*El fin de las mentiras*), un libro de la historiadora ruso-judía Sonja Margolina que tuvo el efecto de una pequeña bomba. La autora, hija de un bolchevique ruso, describía la participación masiva de los judíos en las atrocidades bolcheviques.

"La entusiasta participación de los judíos bolcheviques en el sometimiento y la destrucción de Rusia fue desproporcionada, escribía... Los judíos estaban ahora en todas partes y en todos los niveles de poder. El pueblo ruso veía judíos a la cabeza de la ciudad del Zar, Moscú, donde se concentraba el nuevo poder soviético, y también como comandantes del Ejército Rojo...El ciudadano ruso de a pie tenía muchas posibilidades de tener que vérselas con un interrogador o un ejecutor judío. Allá donde iba el ruso, se encontraba con judíos en los cargos superiores... El pueblo estaba indignado por el hecho de que los comunistas judíos participaran en la destrucción de las iglesias rusas".

---

[191]Léase los capítulos sobre este tema en *Las Esperanzas planetarianas* (Rusia 1917 y años 20) y en *El Fanatismo judío* (URSS y Europa central en las décadas de 1930 y 1940 y la Guerra civil española).

Sonja Margolina reconocía además otra realidad: "Desbordamientos de potenciales destructores, criminales y patológicos, que habían anidado en el seno de la comunidad judía, se pusieron en marcha en los primeros años de la Revolución Soviética".

Los hombres de los servicios de represión eran claramente reconocibles: "Si el oficial, el aristócrata o el burócrata de uniforme eran típicos del régimen zarista, luego, bajo el nuevo poder revolucionario bolchevique, el comisario judío con su chaqueta de cuero y su pistola automática, que a menudo hablaba un ruso deficiente, se convirtió en una figura simbólica del nuevo régimen."

Sonja Margolina citaba también el caso de un tal Jakov Bljumkin, un socialista de izquierdas que había asesinado al embajador alemán von Mirbach en 1918: "Este neurótico aventurero, escribía, había sido aceptado por la Cheka en recompensa por sus servicios prestados a los bolcheviques. Nadesha Mandelstam contó en sus memorias que, en un café de Kiev, Bljumkin mostró a una multitud horrorizada formularios en blanco de sentencias de muerte. Se jactaba de que podía escribir el nombre que quisiera en aquellos formularios impresos de antemano."

A finales de los años veinte, "se vio por primera vez un número apreciable de comunistas judíos investidos con el poder de vida y muerte en el campo. Fue durante la colectivización cuando se estableció definitivamente la imagen del judío como enemigo implacable del campesino, incluso en los lugares más remotos donde nadie había visto nunca a un judío en carne y hueso... Para una persona imparcial como el historiador Boris Paramov, que vive en Nueva York, la presencia judía en el poder era tan sorprendentemente llamativa que se preguntaba si la promoción de judíos a puestos de liderazgo no había sido una "gigantesca provocación" al pueblo ruso...Los judíos de todo el mundo apoyaron el poder soviético y permanecieron en silencio ante cualquier crítica de la oposición".

Cabe señalar aquí que algunos intelectuales judíos pueden finalmente confesar los crímenes de sus congéneres, pero sólo después de cierto tiempo, cuando las pasiones ya se han disipado. Un relato de Nahum Goldmann confirmaba la preponderancia de los judíos en el sistema comunista: "Muchos comunistas eran ellos mismos judíos y antisionistas, escribía. Un día, Litvinov[el ministro de Asuntos exteriores, ndlr] llegó a Ginebra con una delegación de catorce miembros, once de los cuales eran judíos. Le pregunté al ministro: "Pero ¿por qué necesitan un *minyan*? (un *minyan* es un cuórum, una reunión de oración de al menos diez fieles). Litvinov, que hablaba muy bien el yiddish, se echó a reír y me explicó: "Es muy sencillo. Lo único que necesito es gente que hable francés, inglés y alemán, y, en Rusia, sólo los judíos saben lenguas extranjeras". En 1976, añadía Goldmann, esto ya no es cierto, pero sí lo era en aquella época. En los años 30, eran los judíos los que hacían la Internacional[192]."

Después de la guerra, los países ocupados por el Ejército Rojo sufrieron la venganza de los judíos entronizados por Stalin en los puestos de mando de esos países. En su número de junio de 1995, *L'Arche*, la "revista mensual del judaísmo francés", publicó un informe sobre Alemania. Alexandre Adler escribía en las páginas 44-45: "Los judíos forman hoy la élite natural, la aristocracia intelectual aceptada por consenso en la nueva sociedad alemana, justo cuando la influencia del judaísmo oficial es la más débil de Europa."

Nos enterábamos de que la cuñada del filósofo Walter Benjamin (que se suicidó en 1940 tras cruzar la frontera española) había llegado a ser Ministra de Justicia en Alemania del Este (RDA: República Democrática Alemana). Alexandre Adler escribía aquí: "Como Ministra de Justicia de Alemania del Este, Hilde, *Roter Hilde,* fue responsable de varios miles de condenas a muerte que fueron, como mínimo, sumarias. La suerte ha querido que una de sus discípulas, Elisabeth Heimann, que ahora tiene más de setenta años y sigue siendo judía, acabe siendo condenada en principio a cinco años por negarse a hacer ningún acto de contrición por las condenas a muerte que distribuyó generosamente en la RDA durante su larga y vengativa carrera."

Alexandre Adler mencionaba también el caso de Markus Wolf, un "judío malvado", "eterno jefe del servicio de inteligencia comunista", el HVA, "que había puesto su mente sarcástica y siempre despierta" al servicio de sus amos estalinistas: "Abortar a las novias de algún ministro bávaro en una clínica de Berlín Este, enviar a algún Don Juan a seducir a la secretaria soltera de un político prominente, embaucar a Willy Brandt [jefe del gobierno de Alemania Occidental] con un joven militante completamente entregado y servil."

El historiador François Fejto, un judío francés de origen húngaro conocido por sus estudios sobre la historia de Europa Central, también lo reconocía, aunque furtivamente: "Su presencia en puestos de autoridad proporcionó nuevo combustible al antisemitismo "popular[193]"." No fue hasta varias décadas después de la tragedia cuando algunos intelectuales judíos empezaron por fin a reconocer tímidamente la aplastante responsabilidad de su "comunidad".

El judaísmo corrosivo

---

[192] Nahum Goldmann, *Le Paradoxe juif,* Stock, Paris, 1976, p. 39, 40
[193] François Fejtö, *Dieu et son juif,* Ed. Pierre Horay, 1997, p. 37

Los intelectuales y cineastas judíos trabajan incansablemente para instaurar la "paz" en la Tierra. Su propaganda, de un modo u otro, pretende disolver todos los valores ancestrales, todas las religiones y todas las identidades, para erradicar las supuestas fuentes de conflicto entre los pueblos. El judaísmo es, pues, esencialmente un poder disolvente.

Pierre Goldmann, un gánster de la Francia de los años 70 al que admiraba el filósofo Bernard-Henri Lévy, expresó muy claramente este poder corrosivo inherente del judaísmo[194]. Fue entrevistado en el diario *Le Monde* el 30 de septiembre de 1979, poco antes de su asesinato. El periodista le preguntaba: "En su opinión, ¿tiene el judaísmo algo específico que aportar al mundo actual?" Y Pierre Goldman contestaba: "Lo que los judíos pueden aportar a la civilización es la errancia apátrida, el sentimiento de no pertenencia. Creo en los valores judíos que los antisemitas odian. Creo en el nihilismo, en la negatividad. Creo en el judío libertario que está ahí como principio disolvente de los valores positivos, porque no es ni el hombre de una tierra, ni el hombre de una patria, ni el hombre de una nación."

Los comentarios de Goldman confirman efectivamente los análisis de todos los antisemitas desde tiempos inmemoriales: el judaísmo es un poder corrosivo, un disolvente, una amenaza constante para los pueblos, las naciones y las civilizaciones de toda la humanidad.

En 1934, el historiador del arte y ensayista Elie Faure confirmaba esta apreciación, evocando el sarcasmo histórico del espíritu judío y su "poder de desintegración": "Esta risa burlona y sarcástica -Heine, Offenbach - contra todo lo que no es judío...Su análisis despiadado y sarcasmo irresistible han actuado como un potente vitriolo". Elie Faure lo decía muy explícitamente: "Freud, Einstein, Marcel Proust, Charlie Chaplin han abierto en nosotros, en todas direcciones, prodigiosas avenidas que derriban los mamparos del edificio clásico, grecolatino y católico, dentro del cual la ardiente duda del alma judía había estado acechando, durante cinco o seis siglos, la oportunidad para sacudirlo...¿Podía verse al judío como otra cosa que un demoledor armado con la duda corroedora que Israel siempre ha opuesto al idealismo sentimental de Europa desde los griegos?"

En su folleto de 1965 titulado *El Problema Judío; Ante el Concilio (Le Problème Juif; Face au Concile)*, Léons de Poncins, un patriota francés, citaba juiciosamente al lingüista James Darmesteter. El judío, escribía James Darmesteter, "es el doctor de lo incrédulo. Todos los sublevados del espíritu vienen a él en la sombra o a cielo abierto. Él está en obra en el inmenso taller del blasfemo gran Emperador Federico y de los Príncipes de Suabia o de Aragón; es el que forja todo ese arsenal criminal de razonamiento y de ironía que legará a los escépticos del Renacimiento, a

---

[194] Sobre Pierre Goldmann, léase en *Psicoanálisis del judaísmo* y *El Fanatismo judío*.

los libertinos del gran siglo, y el sarcasmo de Voltaire no es más que su último y resonante eco de una palabra murmurada seis siglos antes en la sombra del gueto y más aún antes (en los contra-evangelios de los siglos I y II) en tiempos de Celso y de Orígenes, en la cuna misma de la religión de Cristo[195]."

Como escribía el *Jewish World* del 9 de febrero de 1883: "La dispersión de los judíos los ha convertido en un pueblo cosmopolita. Son el único pueblo verdaderamente cosmopolita, y, en esta calidad, deben actuar y actúan como un disolvente de todas las distinciones de raza o de nacionalidad."

En su *Retrato de un Judío*, publicado en 1962, Albert Memmi lo declaraba sin ambages: "Vivíamos en la espera entusiasta de nuevos tiempos, extraordinarios, y creíamos ver ya los signos precursores: el principio de la agonía de las religiones, de las familias y de las naciones. No sentíamos más que rabia, desprecio e ironía por los retrasados de la historia que se aferraban a esos residuos[196]."

"El amanecer de Nuestro Día ya resplandece en el horizonte", escribía uno de sus profetas con el cerebro alucinado ante la visión del próximo triunfo[197]. Léons de Poncins, que refería estas palabras, añadía muy acertadamente: "El sueño mesiánico puede adoptar las formas más diversas, el objetivo final sigue siendo invariable: el triunfo del judaísmo, de la ley judía y del pueblo judío. Es la unificación del mundo bajo la dirección del pueblo judío. Bajo el disfraz del universalismo, es en realidad el imperialismo judío el que pretende gobernar y esclavizar al mundo".

De modo que el blanco de los ataques de la propaganda cosmopolita deben ser la justicia, el ejército y la aristocracia europea. En el cine, algunas películas de carácter "social" animan subrepticiamente al pueblo llano a sublevarse contra las autoridades y las élites europeas, a las que se suele presentar como corruptas y rancias, a las que hay que derrocar y sustituir lo antes posible.

En *Un crimen* (*Un Crime*), de Jacques Deray (Francia, 1992), se denuncia la alta burguesía. Un abogado consigue absolver a su cliente del doble asesinato de sus padres. El cliente revela sus oscuros secretos...

---

[195] James Darmesteter, *Coup d'oeil sur l'histoire du peuple juif*, Paris, 1881, en Julio Meinvieille, *El Judío en el misterio del mundo (1937)*, Cruz y Fierro Editores, Buenos Aires, 1982, p. 72. Citado por Léons de Poncins, *Le Problème Juif; Face au Concile*, 1965 (folleto). Citado a su vez por André Spire, *Quelques juifs*, Éd. Grasset, Paris, 1928. La cita se encontraba ya en el libro de Monseñor Henri Delassus, *L'Américanisme et la conjuration antichrétienne*, Société de Saint-Augustin, D. de Brouwer et Cie, Paris 1899, p. 48.
[196] Albert Memmi, *Portrait d'un juif*, Gallimard, 1962, p. 186, y en Léon de Poncins.
[197] Alfred Nossig, *Integrales Judentum*, Renaissance Verlag, Berlin, 1922, en Léon de Poncins.

En *F.I.S.T.* (EE.UU., 1978), Kovak, un inmigrante polaco que trabaja descargando camiones, se afilia a la federación de camioneros (FIST). Los sindicalistas se alían con la mafia para acabar con las milicias patronales. Una película de Norman Jewison, que dirigió la anticatólica *Agnes of God* (1985).

En *Los tres días del Cóndor* (EE UU, 1975), Turner, alias "el Cóndor", trabaja para la CIA en una sección de investigación bibliográfica. Pronto descubre una red secreta dentro de la organización que no duda en hacer asesinar a sus colegas. A partir de entonces, su vida pende de un hilo. La película es "una impecable denuncia de las vilezas de la CIA", leemos en el *Guide des films* de Jean Tulard. La película fue dirigida por Sydney Pollack.

Je sais rien mais je dirai tout (*No sé nada pero lo contaré todo*) de Pierre Richard (Francia, 1973): Pierre es el hijo levantisco de un industrial fabricante de armas. "Pierre Richard se enfrenta a los poderes fácticos, como la patronal, la Iglesia y el ejército, para hacer una película muy dinámica".

Golpe por golpe (*Coup pour coup*, Francia, 1971): En una fábrica de confección, las trabajadoras sufren acoso y un ritmo infernal. Dos cabecillas son despedidas y pronto estalla una huelga salvaje que sobrepasa los sindicatos. El dueño, secuestrado y humillado, tiene que ceder. Las trabajadoras ganaron la huelga solas y se comprometen a continuar la lucha. La película está dirigida por Marin Karmitz. Cabe señalar que Marin Karmitz pasó a dirigir MK2, una importante red de cines franceses. Como muchos de sus correligionarios, también él se pasó de la extrema izquierda a la derecha liberal. En enero del 2009, supimos que había sido nombrado por el Presidente francés Nicolas Sarkozy para dirigir el "Consejo para la Creación Artística".

La fuerza del destino (*Force of Evil*) de Abraham Polonsky (EE.UU., 1948): Joe Morse es un abogado del sindicato del crimen un poco abrumado por los casos que lleva. "Más allá de los chanchullos, es la sociedad capitalista la que Polonsky quiso cuestionar en este thriller, que es también una película social", escribía Jean Tulard.

La huelga (URSS, 1924): en una fábrica en plena Rusia zarista, un obrero es acusado injustamente de robo y se suicida. Estalla una huelga, pero al final los obreros son masacrados por los malvados aristócratas rusos. Los aristócratas judíos bolcheviques serán mucho más benévolos con el pueblo. La película es del legendario Sergei Eisenstein, un auténtico ruso, que también dirigió *El acorazado Potemkin* (1925) y *Octubre* (1927) en el mismo género "social".

Para debilitar a la aristocracia goy, también había que fomentar los matrimonios con las clases populares. *The late George Apley* (EE UU, 1947) es una película de Joseph Mankiewicz: un notable de Boston, George Apley, descubre que su hija sale con un chico pobre y que su hijo John ignora a su prima por una joven de los suburbios. Pondrá orden en la familia, pero al final volverá sobre sus prejuicios burgueses.

El rey y la corista (*The King and the Chorus Girl*, EE UU, 1937) cuenta la historia de un aristócrata que se enamora de una bailarina del cabaré parisino de las *Folies-Bergère*. La película fue dirigida por Mervyn Leroy, con un guion de Norman Krasna.

Aún mejor, en la misma línea, es *Gipsy* (Gran Bretaña, 1957), sobre la tumultuosa relación amorosa entre una gitana y un miembro de la aristocracia inglesa. Una película del cosmopolita Joseph Losey.

El Juicio de Dios (*Le jugement de Dieu*), de Raymond Bernard (Francia, 1949), denuncia las tensiones sociales de la sociedad medieval, así como el catolicismo. Cuenta la historia del amor loco e imposible - en pleno siglo XV - entre el joven príncipe Alberto de Baviera y Agnés Bernauer, hija de un barbero boticario. Alberto se casa con Agnés, pero pronto es acusada de brujería por malvados eclesiásticos. Es detenida, juzgada y condenada a morir ahogada en las aguas del Danubio. Desesperado, Albert se arroja al río para reunirse con ella. El guion es de Bernard Zimmer.

De hecho, si se mira un poco más de cerca, uno se da cuenta de que la historia de los europeos no es más que una larga opresión. El periodo medieval, en particular, fue especialmente oscuro:

El favorito de la reina (*The Virgen Queen*, EE UU, 1965): En el siglo XI, el señor local se fija en una joven campesina durante una cacería. Ella está prometida a un hombre, y van a casarse, pero el señor hace valer entonces su derecho de pernada (un invento de los republicanos franceses del siglo XIX). "Escenas de batallas y erotismo se combinan muy bien". La película es de Franklin Schaffner.

El cantar de Roldán (*La chanson de Roland*, Francia, 1977) revive la historia del héroe franco. El director simplemente se ha tomado algunas libertades con la famosa leyenda: en el siglo XII, una compañía de comediantes acompaña a los peregrinos en su camino a Santiago de Compostela. Cantan las hazañas de los héroes de la guerra santa. El camino está sembrado de escollos y violencia. Roland se interroga acerca del origen de este mal y por el verdadero papel social que debe desempeñar. Se da cuenta entonces de que sirve un orden injusto y, tras el ataque a Roncesvalles, regresa a Flandes para unirse a los campesinos sublevados. A partir de entonces, cantará a la esperanza y ya no a la fatalidad y el destino. "Una reflexión pertinente... una película de gran inteligencia analítica", escribía Claude Bouniq-Mercier en el *Guide des films*. La película es de Franck Cassenti, que no nos tomó el pelo en ningún momento.

La policía, la justicia y la administración penitenciaria están, naturalmente, llenas de cabrones y psicópatas blancos. Completemos a continuación la lista que publicamos en nuestros anteriores libros. En

Sleepers (EE UU, 1996), cuatro jóvenes pandilleros acaban en la cárcel torturados y violados por unos guardias degenerados y sádicos. Una película de Barry Levinson.

La patrulla de los inmorales (*The Choirboys*) es una película de Robert Aldrich (EE UU, 1977): narra el día a día de una comisaría de Los Ángeles. Allí están Cachalote, un policía que espera su jubilación; Roscoe, un bruto racista; y Baxter, un aficionado a las prácticas masoquistas. Este último se suicidará. Otro policía mata accidentalmente a un homosexual y será sancionado. El guion es de Christopher Knopf y Joseph Wambaugh.

Por lo visto, tenemos que creer que la mayoría de las personas encarceladas son en realidad inocentes. Como por ejemplo *Huracán Carter* (EE.UU., 1999): El boxeador Hurricane Carter, condenado a cadena perpetua por triple asesinato, es en realidad inocente. La película es de Norman Jewison (¡otra vez él!). Veinte años antes, Jewison había rodado *Justicia para todos* (1979): Kirkland, un abogado demasiado impulsivo, acaba en la cárcel por agredir a un juez perverso al que reprocha de haber dejado pudrirse en la cárcel a un inocente. Ahora el juez, que ha sido acusado de violación, le requiere como abogado. Norman Jewison "no se detiene ante nada para cuestionar el sistema judicial y el mundo carcelario (violación, histeria)."

En *Ejecución inminente* (*True crime*), de Clint Eastwood (EE.UU., 1999), un joven negro es condenado a muerte por homicidio, pero un periodista va a demostrar su inocencia. El guion es de Larry Gross y Stephen Schiff.

La Unión Soviética y los Estados comunistas de Europa Central, que habían expulsado del poder a los judíos después de la Segunda Guerra Mundial, también tenían que llevarse un buen rapapolvo. En *La Confesión* (*L'Aveu*, Francia, 1970), Constantin Costa-Gavras muestra el interminable interrogatorio de un inocente en la Praga de 1951. Agotado, confiesa crímenes de los que no es culpable. La película está basada en el libro de Arthur London.

Los cineastas judíos también se pronunciaron claramente a favor de la abolición de la pena de muerte. Indudablemente, esto no sólo fue el fruto de una profunda reflexión filosófica, sino también motivado por un interés objetivo, pues sabemos que los criminales judíos son numerosos en todas las formas de tráfico ilícito y en la mafia internacional (armas, drogas, diamantes, blanqueo de dinero, proxenetismo, asesinatos por encargo, etc.; léase en *La Mafia judía*).

En *Pena de muerte* (*Dead man walking*), de Tim Robbins (EE.UU., 1995), Matthew Poncelet, acusado de un doble asesinato, es condenado a muerte pero afirma ser inocente. La película es "un violento ataque a la pena de muerte, tanto más cuanto que el condenado no inspira mucha autocompasión. Es obtuso, fascista, racista, pero a pesar de todo, es un ser humano", escribía Bouniq. Gracias de todos modos.

Daniel (EE UU, 1983): Daniel, cuyos padres comunistas fueron ejecutados en la silla eléctrica en pleno macartismo, decide averiguar la verdad. La película de Sydney Lumet revisa la ejecución de los Rosenberg. Lumet sostiene que la pareja fue condenada a muerte como ejemplo.

En 1957, Sydney Lumet ya había dirigido *Doce hombres sin piedad* (*Twelve Angry Men)*: Doce jurados se reúnen en la sala de deliberación para decidir el veredicto que debe emitirse sobre un joven acusado de dieciocho años de edad. Dado que el acusado se enfrenta a la pena de muerte, el jurado debe ser unánime. Se procede a la primera votación: once jurados votan culpable y uno inocente. Davis, el único miembro del jurado que ha votado inocente, logra, con su elocuencia y el rigor de su demostración, persuadir uno a uno los demás miembros del jurado de que la acusación está viciada y que el acusado sólo puede ser declarado inocente.

Le pull-over rouge (*El jersey rojo*, Francia, 1979) es otro alegato contra la pena de muerte. La película fue dirigida por Michel Drach.

En *El detective*, de Gordon Douglas (EE UU, 1968), Joe Leland, un policía honrado, captura a un homosexual sospechoso de asesinar a su compañero. Consigue que hable y obtiene su condena a muerte. Ascendido a capitán, rompe con su esposa ninfómana. También se da cuenta de la corrupción de sus superiores. Peor aún, se entera de que el hombre que envió a la silla eléctrica era inocente. El guion es de Aby Mann.

¡Quiero vivir! (EE UU, 1958): Barbara, sospechosa del asesinato de una rica viuda, es condenada a muerte. Un "alegato contra la pena de muerte" dirigido por Robert Wise (¡otra vez!).

Je suis un sentimental, de John Berry (Fr-It, 1955): ¡Van a guillotinar a un inocente! Basada en un guion de Lee Gold.

Convicted (EE UU, 1950): Joe Hufford es acusado de asesinato a pesar de ser inocente. Una película de Henry Levin. En resumen, todo el mundo es inocente, especialmente los judíos.

También se puede culpar a la jerarquía militar: *Allons z'enfants*, de Yves Boisset (Francia, 1981): Simon Chalumot es colocado por su padre en una escuela de infantes de tropa. Odia la vida militar. Durante su convalecencia en el hospital, tiene un breve romance con la hermana Beatriz. Una "violenta crítica contra el ejército". El guion es de Jacques Kirsner.

El Proceso de Billy Mitchell es una película de Otto Preminger (EE.UU., 1955). El coronel Mitchell está convencido de que la aviación desempeñará un papel fundamental en las guerras futuras. Se convierte en un incordio y pronto es juzgado en consejo de guerra y expulsado del ejército. La película es "una acusación de los jueces retrógrados".

Senderos de gloria (1958) pinta un feroz retrato de los generales franceses en 1916. La película estuvo prohibida durante mucho tiempo en Francia. Es de Stanley Kubrick, que también dirigió *La Chaqueta metálica* (*Full Metal Jacket)*, otra película antimilitarista.

Los cineastas cosmopolitas no sólo atacan la cultura europea. Dondequiera que estén, tienen que atacar a las élites locales para poder sustituirlas:

He aquí un ejemplo de ataque a la cultura india, una película tamil: *Un burro en el enclave de los brahmanes* (*Un âne dans l'enclave des brahmanes*, India, 1977): Un burro se adentra en el enclave de los brahmanes de un pueblo y es adoptado como mascota por un profesor. Al principio, los miembros de la casta de los brahmanes no quieren al animal en su recinto sagrado. Pero pronto, el burro provoca visiones milagrosas en los sacerdotes y el animal se convierte finalmente en objeto de veneración. "Una ácida sátira contra el fanatismo de la casta superior de los brahmanes", y "una obra emblemática del nuevo cine de autor indio". La película es de John Abraham, tamil hasta la médula.

El Batido (*Le Barattage*) es una película india de 1976. Un cirujano veterinario, el Dr. Rao, es enviado a un pequeño pueblo de Gujarat para crear una cooperativa lechera. Rao se apoya en la comunidad intocable y en el jefe Bhola, que acaban tomando las riendas de su destino, a pesar de los intentos de intimidación de quienes detentan el poder. Jean Tulard escribía aquí: "Esta poderosa película social de producción propia tuvo un profundo impacto en la India y muestra una vez más la simpatía de Shyam Benegal por los oprimidos y su deseo de cambiar las mentalidades a través del cine".

La semilla (India, 1974): En un pueblo de la India, una campesina, sirvienta en casa de un terrateniente, es seducida por su jefe. Éste perpetúa impunemente una serie de abusos contra los campesinos, pero la revuelta se está preparando. El director Shyam Benegal es "uno de los cineastas con más talento de la India".

Como vemos, el judaísmo es una fuerza disolvente universal para todas las naciones en las que penetra. Como lo escribió Nahum Goldman de forma muy explícita: "Así son las cosas: los judíos son revolucionarios para los demás pueblos, no para sí mismos[198]."

Lean también este testimonio encontrado en el libro del católico francés Roger Gougenot des Mousseaux, escrito en 1869. Gougenot mencionaba el "relato muy curioso extraído de un informe que hiciera el doctor Buchanan, en 1810, a la Iglesia anglicana, a propósito de esta fe mesiánica cuya perseverancia no es menos remarcable entre los Israelitas de la India como en los de la parte central de Europa. "Durante mi estadía en Oriente, en todas partes encontré Judíos animados de la esperanza de regresar a Jerusalén y de ver a su Mesías. Pero dos cosas sobre todo me impactaron, es el recuerdo que conservan de la destrucción de Jerusalén y la esperanza

---

[198] Nahum Goldmann, *Le Paradoxe juif*, Stock, Paris, 1976, p. 72

que tienen de ver algún día esta ciudad santa renacer de sus ruinas. Sin rey, sin patria, no dejan de hablar de su nación; la lejanía de los tiempos y de los lugares no parece haber debilitado en nada el recuerdo de su infortunio. Hablan de Palestina como de un país vecino y de fácil acceso... Creen que la época de su liberación no está lejana, y miran las revoluciones que agitan el universo como presagios de libertad. Un signo certero de nuestro próximo paso, dicen, es que en casi todos los países las persecuciones contra nosotros están disminuyendo[199].""

Vean también lo que escribía el famoso escritor irlandés James Joyce en un dialogo de su *Ulises*: "Fíjese en lo que le digo, señor Dedalus —dijo—. Inglaterra está en manos de los judíos. En todos los lugares más elevados: en sus finanzas, en su prensa. Y son la señal de la decadencia de una nación. Dondequiera que se reúnen, se comen la fuerza vital del país. Les estoy viendo venir desde hace unos años. Tan cierto como que estamos aquí, los mercachifles judíos ya están en su trabajo de destrucción. La vieja Inglaterra se muere[200]."

Tras la fachada de disimilitudes, el pensamiento judío es en realidad extraordinariamente homogéneo. Sean de izquierdas o de derechas, marxistas o liberales, religiosos o ateos, sionistas o "perfectamente integrados", los judíos son los más firmes partidarios de la sociedad multicultural y de un mundo sin fronteras, por la sencilla razón de que el mundo de "paz" que desean instaurar es la condición *sine qua non* para la llegada de su ansiado mesías. De modo que un judío se le reconoce por tres cosas: lo que dice, lo que escribe y lo que hace. Si sus palabras y sus actos conducen al cosmopolitismo, es un judío. Si sus palabras y sus actos están arraigados en la tierra y el alma de la nación, éste es un goy. Es en base a esto que debemos razonar. A continuación, podremos afinar los criterios con la ascendencia, el apellido y la fisonomía, para asegurarnos de que no estamos ante un judío sintético. Evidentemente, la genealogía sigue siendo un criterio importante para definir la judeidad de un individuo, ya que los propios judíos reconocen como judío a cualquier persona nacida de madre judía. Sin embargo, hay personas que sólo tienen un abuelo judío por parte de padre y que se sienten judíos hasta la médula. Por otra parte, el judaísmo también puede perderse con el paso de las generaciones, por lo que es posible encontrase con un "Blumenthal" que ya no sea consciente de su judeidad.

---

[199] Gougenot des Mousseaux. *El Judío, el judaísmo y la judaización de los pueblos cristianos*, Versión pdf. Traducido al español por la profesora Noemí Coronel y la inestimable colaboración del equipo de Nacionalismo Católico Argentina, 2013, p. 495

[200] *Ulises*, James Joyce, citado en Albert Memmi, *Portrait d'un juif*, Gallimard, 1962, p. 129

La onomástica -el estudio del origen de los apellidos- tampoco es infalible, ya que muchos judíos, con el pretexto de integrarse, modifican sus apellidos para darles una consonancia más local o incluso los cambian radicalmente. Evidentemente, un personaje de la televisión, el cine, la banca o la mafia es mucho más sospechoso que un viejo campesino autóctono. Pero nadie en la historia ha atacado nunca a los judíos "por ser judíos", sino porque son, como ellos mismos suelen reconocer, "irritantes" y "molestos", obsesionados por unificar el mundo y destruir todo lo que no es judío. Esto es precisamente lo que los judíos llaman púdicamente, o sutilmente, "obrar por la paz en el mundo".

Los Derechos Humanos

Los Derechos Humanos son un concepto clave en el arsenal propagandístico cosmopolita. Estos significan que todo ser humano, independientemente de su raza, nacionalidad o religión, puede establecerse y vivir donde le plazca, sin tener en cuenta las fronteras e ignorando los derechos de los pueblos autóctonos en sus propios países. Los Derechos Humanos son, pues, una máquina de guerra ideológica que trabaja para disolver las identidades nacionales y étnicas, y no es casualidad que, una vez más, sean los intelectuales judíos los que más gritan en defensa de estos principios.

René Cassin fue uno de los grandes hombres de la República Francesa. Este antiguo presidente de la Alianza Israelita Universal (*Alliance Israélite Universelle*), desde 1943 hasta su muerte en 1976, fue también el padre de la Declaración Universal de los Derechos Humanos de 1948, que él veía como "una laicización de los principios del judaísmo[201]." Esto es también lo que decía el Gran Rabino Jacob Kaplan: "Para encontrar la fuente original de 1789, tenemos que remontarnos más allá de la antigüedad clásica, a la Biblia, la Torá y los profetas". Durante la Segunda Guerra Mundial, René Cassin imaginó "una especie de ministerio universal de educación". Sus planes tomaron forma después de la guerra, con la creación de la Unesco. Tras la vuelta al poder del General de Gaulle en 1958, se encargó de redactar la Constitución de la V República. Doctor Honoris Causa por la Universidad Hebrea de Jerusalén, fue reelegido Presidente del Tribunal Europeo de Derechos Humanos en junio de 1968, poco antes de recibir el Premio de Derechos Humanos y el Premio Nobel

---

[201] Declaración hecha durante el coloquio del *Decalogue Lawyers Society*, celebrado en Chicago en 1970; en Yann Moncomble, *Les Professionnels de l'anti-racisme*, Faits et Documents, 1987, p. 60-64

de la Paz. René Cassin falleció el 20 de febrero de 1976 y sus cenizas fueron trasladadas al Panteón en 1987.

Pero para comprender mejor el destino de este personaje emblemático y la ideología que encarnaba, parece necesario presentar también su actuación durante la Segunda Guerra Mundial. René Cassin se exilió en Londres en 1940. En 1943, fue nombrado por el general De Gaulle director del Comité Jurídico en Argel, y se le encargó entonces la preparación de una jurisdicción de excepción para castigar los crímenes de colaboración: fueron los Tribunales de Justicia. René Cassin fue el inventor del postulado jurídico según el cual el gobierno del Mariscal Pétain era ilegal desde el 16 de junio de 1940, fecha que marcó la caída del ministerio de Paul Reynaud y el nombramiento del Mariscal como Presidente del Consejo por Albert Lebrun. Como consecuencia de este subterfugio, a los funcionarios que habían obedecido al mariscal Pétain se les aplicaron los artículos 75 y siguientes del Código Penal. A partir de 1944, los tribunales encargados de juzgar a los ciudadanos franceses culpables de obedecer al mariscal Pétain dictaron 2.853 condenas a muerte, 2.248 condenas a trabajos forzados de por vida (más 454 en contumacia), 8.864 condenas a trabajos forzados por un tiempo determinado (más 1.773 en contumacia), 1.956 condenas de reclusión y 22.883 condenas de cárcel.

Además, decenas de miles de personas fueron condenadas a la degradación nacional, una pena desconocida hasta entonces en la legislación francesa. La indignidad y la degradación nacional implicaban la pérdida del derecho de voto, la inelegibilidad, la supresión del acceso a los empleos en la función pública y las empresas públicas, la pérdida de todos los grados en el ejército, la pérdida del derecho a la jubilación, la pérdida del derecho a enseñar, a crear una empresa, a dirigir una empresa de prensa o de radiodifusión y la pérdida del derecho a indemnización por daños de guerra. Este fue también el trabajo de René Cassin.

El 27 de noviembre de 1967, tras la Guerra de los Seis Días y la victoria del ejército israelí, el General de Gaulle se atrevió a hablar, en una famosa conferencia de prensa, del "belicoso Estado de Israel, decidido a expandirse", y de "un pueblo seguro de sí mismo y dominador". Estas palabras fueron poco apreciadas por los judíos y causaron "una gran conmoción en la comunidad". La reacción de René Cassin, relatada aquí por el antiguo Presidente del Consejo, Pierre Mendés France, fue la siguiente: "Durante la recepción del Consejo de Estado en el Palacio del Elíseo, el día de Año Nuevo, el Presidente se acercó a René Cassin y le dijo que había sido malinterpretado, etc. Cassin respondió: "En *Mein Kampf*, General, el adjetivo "dominador" aplicado a los judíos aparece cuarenta veces". Sin responder, el General levantó los brazos al cielo, alejándose mientras Cassin le espetaba en voz alta: "General, la palabra que ha

EL ESPEJO DEL JUDAÍSMO

utilizado es un término asesino[202]"." ¡Ni más ni menos! Sabemos que los intelectuales judíos son "altamente intolerantes a la frustración", tal como lo establece cierto diagnóstico médico.

En 1958, un tal Daniel Mayer fue elegido Presidente de la Liga de Derechos Humanos (*Ligue des Droits de l'Homme*). Permaneció en este cargo hasta 1975. También él abogaba por la tolerancia, pero, una vez más, se trataba en realidad de un discurso para la exportación. El 31 de enero de 1950, en una reunión de la Lica (Liga contra el antisemitismo - Ligue contre l'antisémitisme), había declarado acerca de la liberación y la depuración de 1944: "Hubo muchos cabezas rapadas, pero no suficientes cabezas cortadas[203]."

Daniel Mayer era un judío tortuoso. De 1962 a 1967 fue colaborador habitual del periódico *Témoignage chrétien*. Pero cuando el semanal protestó contra la ocupación de nuevos territorios árabes por colonos israelíes en 1967, dejó de escribir en él, al mismo tiempo que Marcel Bleustein-Blanchet, presidente de la agencia Publicis, cortaba bruscamente toda publicidad para el periódico.

Este sentimiento de pertenencia no le había impedido declarar un día: "Soy ante todo socialista, luego francés y finalmente sólo judío". El semanal *L'Express* del 4 de marzo de 1983 recogía estas palabras de un diplomático israelí: "Afortunadamente, en hebreo se lee todo al revés[204]." Los intelectuales judíos tienen claramente la costumbre de confundir la comunidad judía con la humanidad en su conjunto, y de proyectar en un plano universal lo que en realidad sólo concierne a los judíos. Elie Wiesel escribía por ejemplo: "Para salvar a nuestro pueblo, debemos salvar a toda la humanidad[205]." Y vean lo que decía Franz Kafka: "Quien golpea a un judío echa por tierra a la humanidad[206]."

Nahum Goldmann también expresó el mismo egocentrismo: "Es en interés de toda la humanidad que el pueblo judío no desaparezca", decía, porque es portador de "valores que conciernen a toda la humanidad".

En estas condiciones, es natural que los palestinos desalojen y les dejen el sitio: "Israel es la única forma de dar al pueblo judío la oportunidad de continuar su contribución a la civilización humana. Así pues, la humanidad

---

[202] Claude Vigée, *Délivrance du souffle*, Flammarion, 1977, p. 213
[203] Yan Moncomble, *Les Professionels de l'anti-racisme*, Faits et Documents, 1987, p. 20
[204] Yan Moncomble, *Les Professionels de l'anti-racisme*, Faits et Documents, 1987, p. 22
[205] Elie Wiesel, *Mémoires, tome I*, Seuil, 1994, p. 51
[206] Bernard-Henri Lévy, *Le Testament de Dieu*, Grasset, 1979, p. 181

tiene derecho a decir a los árabes: "Os pedimos que sacrifiquéis el uno por ciento de vuestros territorios para servir a toda la humanidad[207]"."

Otro intelectual judío, André Neher, también escribió con toda naturalidad: "El mundo necesita al judío, pero el judío espera y desea que el mundo exprese esta necesidad[208]."

A finales del año 1986, Elie Wiesel recibió el Premio Nobel de la Paz. En su *Discurso de Oslo*, pronunciado en esa ocasión, habló como de costumbre de memoria, esperanza, humanidad y de "paz" en la tierra. Sabemos que a Elie Wiesel siempre le gustaron las grandes frases: "La memoria desafía a la muerte, porque la muerte detiene la memoria; la memoria niega el odio, porque el odio niega la memoria".

También parecía confundir la secta judía con la humanidad en su conjunto, como si los judíos fueran la quintaesencia de la humanidad: "Nuestra supervivencia tiene sentido a los ojos de la humanidad en su conjunto", escribía. "Al relatar el martirio de mi pueblo, evoco el sufrimiento de todos los pueblos". Y de nuevo: "El sufrimiento judío debe concernir a toda la humanidad. Llegará el día en que los crímenes contra los judíos se considerarán crímenes contra la humanidad, y los crímenes contra la humanidad crímenes contra el pueblo judío[209]." En pocas palabras, si arrancáis un pelo de la barba a un rabino, estáis atacando a toda la humanidad.

Así pues, el antisemitismo no es sólo cosa de judíos: es "cosa de todos". En octubre del 2004, la Unión de Estudiantes Judíos de Francia (Uejf) quiso lanzar una campaña contra el antisemitismo y hacer de esta lucha "una gran causa nacional". Según Yonathan Arfi, responsable de la asociación, el objetivo era "producir un choque emocional, la única manera de dejar una huella profunda". La campaña de carteles que se planeó reflejaba esta voluntad de los judíos, deliberada o no, de provocar a los goyim. Los carteles mostraban a Cristo, "pintado con spray" con el insulto "sucio judío", y a la Virgen María con el niño Jesús en brazos, embadurnada con la inscripción "sucia judía". "Nuestro objetivo no es provocar u ofender gratuitamente", explicaba Yonathan, sino persuadir a todo el mundo de que el insulto "Sucio judío" mancilla y degrada a todos los hombres sin excepción". El eslogan era el siguiente: ""Antisemitismo: ¿y si fuera cosa de todos?""

Sin embargo, el proyecto no fue del gusto de todos, y bajo la presión de la Licra (Liga Internacional Contra el Racismo y el Antisemitismo - Ligue Internationale Contre le Racisme et l'Antisémitisme), la Uejf se vio

---

[207] Nahum Goldmann, *Le Paradoxe juif*, Stock, Paris, 1976, p. 238
[208] André Neher, *L'Identité juive*, 1977, Petite Bibliothèque Payot, 2007, p. 35
[209] Elie Wiesel, *Discours d'Oslo*, Grasset, 1987, p. 28, 18, 38, 41

obligada a dar marcha atrás. La Licra consideró que la campaña era "chocante" y podía "tener un efecto contraproducente".

"Estamos decepcionados", reconocía Yonathan Arfi. En su opinión, "esta campaña expone hasta qué punto es insoportable la brutalidad moral e intelectual del antisemitismo". Estos carteles "se dirigen a todos y el mensaje es fundamentalmente cristiano: Jesús fue el primer antirracista".

Rudolph Loewenstein también intentaba que admitiéramos que el judaísmo estaba en el corazón de nuestra civilización, al igual que el cristianismo. Confundía los dos, evocando sin tapujos "los principios de justicia, libertad, caridad y dignidad humana de los que el judaísmo y el cristianismo han impregnado la civilización occidental[210]."

Dado que es absolutamente imposible que la gente esté resentida con los judíos, y sólo con los judíos, dado que son inocentes, la razón de su odio sólo puede ser el odio a toda la humanidad. El intelectual judío proyectaba aquí de forma típica el mal en un plano universal.

"Allí, en Treblinka, escribía Martin Gray, no mataban a los judíos, no exterminaban a una raza particular: los verdugos querían destruir al hombre, y habían decidido empezar por aquellos a quienes llamaban judíos; pero todos los hombres estaban condenados. No quedarían con vida más que los verdugos y sus perros. En Treblinka eliminaban al hombre. Mas para disimular mejor aquella empresa gigantesca, los verdugos habían intentado esconder al ser humano bajo el nombre de judío[211]."

Por lo tanto, podemos pensar legítimamente que en la mente de los dirigentes de la Liga de Derechos Humanos se trataba ante todo de defender los derechos de los judíos a imponer su visión y su proyecto al resto del mundo [Hombre=Judío, ndt[212]].

"Israel es el pueblo de Dios y de la poesía, escribía Edouard Valdman. En cuanto los judíos renuncien a ello, se perderán a sí mismos y, al perderse, amenazarán al Hombre[213]." Expresaba así instintivamente el orgullo desmesurado de Israel o, más exactamente, la megalomanía característica de la personalidad histérica.

El desprecio hacia los goyim

Nahum Goldmann, fundador del Congreso Judío Mundial, expresó la opinión común que los judíos de Europa central tenían de los goyim a principios del siglo XX: "La opinión que generalmente se tiene de los

---

[210] Rudolph Loewenstein, *Psychanalyse de l'antisémitisme*, 1952, PUF, 2001, p. 154
[211] Martin Gray, *En nombre de todos los míos*, Plaza & Janés, Barcelona, 1973, p. 176
[212] Una definición de la humanidad confirmada por la exegesis rabínica en el Talmud, por ejemplo en *Keritot; 6b* (NdT).
[213] Édouard Valdman, *Les Juifs et l'argent*, Ed. Galilée, 1994, p. 20

judíos de los shtétlj -esas pequeñas aldeas aisladas en un entorno goy- me parece errónea, escribía. A menudo se dice que estos judíos llevaban una existencia infeliz, incluso miserable. Esto no es del todo cierto: los judíos se encontraban ciertamente en una posición económica poco envidiable; es más, no tenían nada que decir en el plano político. Pero no son los hechos objetivos los que determinan una vida: es la reacción psicológica ante esos hechos. Y desde este punto de vista, los judíos eran en general un pueblo bastante feliz". Y Goldmann añadía: "Los judíos consideraban a sus perseguidores como una raza inferior... En mi pequeña ciudad de Wisznewo, vivíamos en una zona rural y la mayoría de los pacientes de mi abuelo eran campesinos. Cada judío se sentía diez veces, cien veces, superior a estos humildes agricultores: él era culto, aprendía hebreo, conocía la Biblia, estudiaba el Talmud; en resumen, se sabía muy por encima de esta gente analfabeta". Y de nuevo: "El pueblo judío siempre ha creído en su superioridad (expresada en la forma clásica del "pueblo elegido")[214]."

"Por supuesto, los judíos estaban privados de derechos políticos, pero de haberlos tenido, probablemente no habrían hecho uso de ellos. La política de los goyim (los no judíos) no les interesaba: ese mundo les era ajeno y se sentían como de paso. Un día, el Mesías vendría y los llevaría a Israel. Así que lo único importante era sobrevivir hasta que llegara el Mesías, sin preocuparse demasiado por la realidad de "los otros". Gracias a este razonamiento, añadía Goldmann, los judíos consiguieron superar lo que habría destruido a cualquier otro pueblo[215]."

El gánster de los años setenta, Pierre Goldmann, dejó un testimonio concordante de cómo veían los judíos al resto del mundo. He aquí lo que declaraba en una entrevista publicada en el diario *Le Monde* el 30 de septiembre de 1979, titulada *Goldman l'étranger*: "Sí, odio la humillación. Me equivoqué al hablar de rabinos humillados. Mi padre me explicó que el judío barbudo, dedicado al trabajo intelectual, que fue azotado por el cosaco, no fue humillado en absoluto. Despreciaba profundamente al cosaco. Era perfectamente consciente de su superioridad. En la religión judía, hay que decirlo, existe un gran desprecio por los demás."

El novelista Arnold Mendel, judío nacido en Polonia, no decía nada diferente. En uno de sus libros, daba la siguiente definición de la palabra yiddish "*Goïmnachess*": "Término de desprecio, utilizado en judeoalemán y en yiddish. *Goïmnachess* se refiere a placeres, glorias y triunfos, apenas dignos de las vanidades pueriles de los goyim, los no judíos... Y teníamos

---

[214] Nahum Goldmann, *Le Paradoxe juif*, Stock, Paris, 1976, p. 21, 16
[215] Nahum Goldmann, *Le Paradoxe juif*, Stock, Paris, 1976, p. 21

una indulgencia despectiva por ese mundo de *goïmnachess*, su futilidad y su vulgaridad[216]."

En 1997, el historiador François Fetjo también escribía: "Las desgracias de la vida, las pequeñas y grandes desgracias e incluso las catástrofes, las pestes, las guerras, los pogromos, los Auschwitz, el judío las soporta, se adapta y sobrevive a ellas. Las injusticias flagrantes a las que se ve sometido, las humillaciones, también las soporta por parte de la mayoría de los hombres, le parecen naturales porque del hombre, del "gentil", del no elegido, no tiene una buena opinión. Lo cree capaz de todo. La crueldad y el odio de los hombres no le causan pena, sólo justifican su desprecio[217]."

Theodor Herzl, el fundador del sionismo, también expresó este inmenso orgullo: "Nuestra raza es, en todo, más capaz que la mayoría de los pueblos del mundo[218]."

Vean también lo que escribía el académico Gilles Keppel en 1994 en *Le Retour de Dieu*, citando a la *Revue de la jeunesse loubavitch de France*: "Dios creó el universo entero según la división fundamental de los cuatro reinos: mineral, vegetal, animal y humano... Está escrito que existe en realidad un quinto género: *AmIsrael*, el pueblo judío. Y la brecha que lo separa del cuarto género - el conjunto de la especie "hablante", humana- no es menor que la brecha entre lo humano y lo animal".

En cuanto al Gran Rabino de Francia, Joseph Sitruk, éste llegó a declarar en la revista judía *Passages* en mayo de 1988, a propósito del general De Gaulle y su célebre frase sobre el pueblo judío - "seguro de sí mismo y dominador": "Nunca he tenido la impresión de que se equivocara en lo esencial."

En la práctica, cuando los judíos sienten que tienen las manos libres, este desprecio se traduce en una brutalidad y una crueldad a la altura de los peores déspotas de la historia. En Israel, en particular, algunos altos funcionarios abogan abiertamente por la limpieza étnica contra los árabes.

Avigdor Lieberman, nombrado viceprimer ministro de Asuntos Estratégicos en 2006, alentó el traslado de las poblaciones árabes de Cisjordania: "Ha dejado claro que está a favor de la expulsión, para hacer de Israel un Estado judío homogéneo "en la medida de lo posible"", escribían John Mearsheimer y Stephen Walt en 2007 en su libro que ha dado la vuelta al mundo: *El Lobby israelí y la política exterior estadounidense*.

---

[216] Arnold Mendel, *Tikoun*, Mazarine, 1980, p. 18, 29
[217] François Fetjö, *Dieu et son juif*, Ed. Pierre Horay, 1997, p. 43, 44
[218] Theodor Herzl, *L'État juif*, éd. Stock-plus. Collection Judaïsme/Israël, p. 217. ["*El sionismo es el retorno al judaísmo, y precede al regreso al país de los judíos»*. Theodor Herzl *El estado de Israel y otros escritos*, Editorial Israel, Buenos Aires, 1960, p. 195. (NdT).]

Los dos académicos estadounidenses explicaban así los métodos adoptados por los judíos desde el principio de sus asentamientos en Palestina: "Fueron los terroristas judíos del Irgun quienes colocaron por primera vez bombas en autobuses o lugares concurridos de Palestina a finales de 1937", explicaban los profesores. "No hay más que leer lo que Ben-Gurión escribió en su diario el 1 de enero de 1948, época en que se reunía a menudo con otros dirigentes sionistas para discutir cómo abordar la cuestión palestina: "Ha llegado el momento de reaccionar con firmeza y violencia. Debemos precisar el momento, el lugar y el objetivo. Si atacamos a una familia, debemos brutalizarla sin piedad, mujeres y niños incluidos. De lo contrario, no será una reacción eficaz... No hay que distinguir entre culpables y no-culpables"."

Estos métodos no han cambiado con el tiempo: "*Tsahal* fusiló a cientos de prisioneros egipcios durante las guerras de 1956 y 1967. En 1967 expulsó entre 100.000 y 260.000 palestinos de la recién conquistada Cisjordania y a 80.000 sirios de los Altos del Golán. Cuando las víctimas de esta limpieza étnica intentaron regresar a sus hogares, a menudo desarmados, los israelíes a veces les disparaban a matar. Amnistía Internacional calcula que entre 1967 y 2003 Israel destruyó más de 10.000 viviendas en Cisjordania y la Franja de Gaza[219]."

Tras la Guerra de los Seis Días, en junio de 1967, un tal Victor Tibika publicó un pequeño libro de propaganda sionista titulado *1967, Despertar y unidad del pueblo judío,* cuyo objetivo era animar a los judíos de Francia a instalarse en Israel. El autor sugería que judíos y árabes habían sido los mejores amigos del mundo. Se trataba, por supuesto, de propaganda y no del trabajo de un historiador. Por lo que Victor Tibika se permitía escribir: "No he olvidado la excelente cooperación y entendimiento entre judíos y árabes en el norte de África. En 1941-1942, los árabes argelinos se portaron perfectamente con los judíos". Pero en 1967, los árabes, en su opinión, cometieron un grave error: "Fue la agresión árabe-fascista contra un pequeño país que sólo aspiraba a la paz[220]."

Victor Tibika también tenía un don especial para hacer hablar a los palestinos: "Muchos árabes de las zonas controladas por los israelíes me dijeron: "Realmente, no esperábamos que tuvieran una actitud tan conciliadora y tan poco severa hacia nosotros, mientras que nuestro comportamiento hacia ellos habría sido muy diferente si nosotros hubiéramos salido victoriosos. Hay que decir que nuestros jefes nos habían llenado la cabeza con su propaganda antiisraelí y sus eslóganes que no predicaban otra cosa que la matanza y el exterminio de los judíos...Esta

---

[219] John J. Mearsheimer / Stephen Walt, *Le Lobby pro-israélien et la politique étrangère américaine*, La Découverte, 2007, p. 103, 112, 113, 115

[220] Victor Tibika, *1967, Réveil et unité du peuple juif*, p. 70, 40

propaganda no ha hecho más que excitarnos contra los judíos, describiéndolos como monstruos, e incitándonos a exterminarlos en una guerra santa, ¡en nombre del Islam! ¡Nuestro venerado profeta Mahoma ciertamente no lo habría aprobado[221]!""

En 1994, Claude Lanzman, en su película a la gloria del ejército israelí, *Tsahal*, llegaba a la misma conclusión. En una entrevista concedida al diario *Le Figaro*, ensalzaba con la habitual *chutzpah* la excepcional amabilidad de los soldados de *Tsahal* y condenando de paso la corrupción inherente de la sangre de los soldados franceses: "El paracaidista israelí, explicaba Claude Lanzmann, no es el paracaidista francés... El soldado judío no lleva la violencia en la sangre. Puede matar, pero no es un asesino. Para empezar, tienen su pelo. En *Tsahal* no hay el culto a la virilidad, ni machismo. Los soldados son amables, tiernos. Los demás: llevan el acto de violencia en la sangre".

Durante la Segunda Guerra Mundial, como sabemos, no todos los judíos fueron víctimas: muchos de ellos lucharon en los ejércitos aliados o en los grupos de partisanos en el Este. En el año 2007, por ejemplo, Lituania abrió un proceso contra un tal Yitzhak Arad, antiguo director del instituto Yad Vashem[222] de Israel, que había luchado contra los nazis en ese país. Lituania pidió oficialmente a Israel que le permitiera investigar la masacre de 300 civiles lituanos. Las memorias de Yitzhak Arad incluían descripciones detalladas de sus crímenes.

Ya hemos visto algunos casos similares en el *Fanatismo judío*, pero muy pocas informaciones de este tipo lograron pasar los filtros de los principales medios de comunicación en las décadas posteriores al final de la guerra.

También están los casos de los hermanos Tuvia y Aaron Bielski, líderes de un maquis judío polaco acusados de numerosos asesinatos, incluida la masacre de 128 campesinos en Nabiloki el 8 de mayo de 1943. Aaron se instaló más tarde en Estados Unidos y cambió de apellido. Ahora se hacía llamar Aaron Bell. En 2007 fue acusado de apropiarse de los ahorros (250.000 dólares) de una vecina católica de 93 años.

El desprecio hacia el goy también quedaba patente en las palabras de Philippe Sollers, un escritor "francés" bastante mediático. En 1999, durante una campaña para las elecciones europeas, Jean-Pierre Chevènement, un político de izquierdas con cierta vena patriótica, tuvo la suprema osadía de criticar a Daniel Cohn-Bendit, diciendo del ex-líder de Mayo del 68

---

[221] Victor Tibika, *1967, Réveil et unité du peuple juif*, p. 69, 70
[222] Yad Vashem es la institución oficial israelí constituida en memoria de las víctimas del Holocausto durante la Segunda Guerra Mundial. El sitio está ubicado en el Bosque de Jerusalén, en la vertiente occidental de Monte Herzl ("Monte del Recuerdo"). Tiene una delegación en España desde el año 2007 y celebra actos conmemorativos en toda el país: https://yadvashemspain.com/. (NdT)

convertido en candidato ecologista que "en cierto modo era el representante de las élites globalizadas[223]."

Este comentario banal bastó para desencadenar una violenta campaña de prensa contra él. El 28 de enero, *Le Monde* publicó en portada un artículo del escritor Philipe Sollers, antiguo maoísta y amigo de Bernard-Henri Lévy, titulado *La Francia enmohecida*. En él, Sollers denunciaba a los "rentistas cobardes", la "estulticia francesa sin parangón" y derramaba su bilis: "La Francia enmohecida, decía, siempre ha odiado a los alemanes, a los ingleses, a los judíos, a los árabes, a los extranjeros en general, al arte moderno, a los intelectuales quisquillosos, a las mujeres que piensan o son demasiado independientes, a los obreros rebeldes y, en fin, a la libertad en todas sus formas[224]."

La reacción de Sollers era muy sintomática: cuando un intelectual judío se cree el blanco de las críticas, su primer instinto es marear la perdiz, asociándose en su desgracia con otras comunidades: Gitanos, protestantes, obreros, inmigrantes, leprosos, herejes perseguidos por la Inquisición, etcétera. Pues es efectivamente incomprensible que se señale a los judíos, y sólo a los judíos, y a nadie más.

El judaísmo apocalíptico

La espera del Mesías es el eje en torno al cual se estructura el universo mental de los judíos. Los judíos tienen una fe absoluta en su venida, que será el momento de su liberación. Se dejan llevar por las profecías y son como absorbidos por las esperanzas mesiánicas.

Estas aparecen, por ejemplo, en la película *Kadosh*, del director israelí Amos Gitai (1999): En Jerusalén, en el barrio judío ultraortodoxo de Mea Shearim, Meir vive con Rivka desde hace diez años, pero ella no le ha dado descendencia. El rabino obliga a Meir a repudiar a Rivka y casarse con otra mujer. Rivka se enclaustra en la postración, pero Malka, su hermana, decide que es hora de rebelarse. La película denuncia con dureza las costumbres de estos judíos jasídicos, que tratan a sus esposas como el ganado. También escuchamos al rabino sermonear al pobre Meir, explicándole que su deber es casarse con su mujer para tener hijos, porque el deber de todo judío es procrear: "Es así como podremos derrotarlos", le dice claramente.

Meir le pregunta entonces - para la comprensión de los espectadores - de quién habla y el rabino responde: "de los otros", antes de añadir, tras una

---

[223] Programa *Public*, presentado por Michel Field, 10 de enero de 1999.
[224] En Elisabeth Lévy, *Les Maîtres censeurs*, Lattès, Poche, 2002, p. 291, *La France moisie*, Le Monde, 28 janvier 1999.

pausa: "de los impíos, de los paganos que gobiernan este país". Pero todo el mundo habrá comprendido que el mensaje está codificado y que se trata efectivamente de vencer a los goyim[225].

Otro pasaje de la película muestra a un judío jasídico al volante de su coche, utilizando un megáfono para invitar a los judíos a reunirse. Estamos en 1999 y advierte a los judíos de que los tiempos se acercan, de que el Mesías está a punto de llegar y que los goyim deben ser castigados por todo el mal que han hecho a los judíos. La escena es bastante reveladora del espíritu judío, animado por la esperanza mesiánica de dominación mundial. Los intelectuales judíos hablan aquí púdicamente de "paz" en la tierra y de "pacificación" de los pueblos y de los individuos. Su victoria es "ineluctable", como lo era la del proletariado en la época del comunismo triunfante. La historiade muestra, sin embargo, que son sobre todo los reveses dolorosos los que parecen "ineluctables".

En la Hagadá[226] de Pésaj, un texto hebreo utilizado para la ceremonia de Pascua que conmemora la liberación de Egipto, la correspondiente traducción francesa de la oración del Kidush[227] en la página 9 dice: "Bendito eres tú, Señor, Dios nuestro, Rey del Universo, que nos has elegido de entre todos los pueblos y nos has elevado por encima de todas las naciones, y nos has santificado por tus mandamientos". El libro fue prologado por el Gran Rabino de Francia, Joseph Sitruk.

---

[225] Sobre el movimiento jasídico (el misticismo judío cabalista), léase *Psicoanálisis del judaísmo* y *El Fanatismo judío*. Los *jasidim* (o jasídicos), escribía Elie Wiesel, "socavaron la importancia del estudio del Talmud afirmando que recitar los Salmos era tan importante como estudiar la Torá en profundidad». Sus oponentes, los *mitnagdim*, "no apreciaban el exhibicionismo de los *jasidim*, que gritaban mientras rezaban, se agitaban, golpeaban las paredes y los pupitres para alcanzar el éxtasis. Es más, se reunían en casas particulares donde se contaban historias abracadabrantes y aprendían melodías populares en lugar de estudiar la Biblia». Había que castigarlos: "Algunos fueron azotados públicamente, otros expulsados de la ciudad. Los centros jasídicos fueron dispersados y sus líderes humillados. Entonces se decidió dar un paso más en la represión anatematizando a los *jasidim* en masa: se quemaron sus escritos, se destruyeron sus libros y se movilizó a las comunidades cercanas y lejanas contra ellos.» Elie Wiesel, *Célébrations hassidique II*, Seuil, 1981, p. 37-39. Los judíos tienen la costumbre de quemar los libros de sus adversarios. En Israel, los alumnos de Yehuda quemaron unos Evangelios cristianos el 20 de mayo de 2008. En la Edad Media, los libros de Maimónides, entre otros, también fueron quemados por los rabinos.

[226] El término Hagadá (en hebreo: "narración" o "discurso") designa un conjunto de narraciones de la tradición oral hebrea, así como textos literarios hebreos de naturaleza no legalista, provenientes a veces de debates y escritos rabínicos (tal como sucede con el Talmud) y entre los que se incluyen cuentos, leyendas, parábolas y otras tantas narraciones que pueden hacer referencia a la historia judía. (NdT)

[227] El *kidush* (del arameo: Santificación) es una bendición que se recita sobre el vino durante el Shabat y otras festividades judías. (NdT)

En su libro de 1973, titulado *Enciclopedia profética*, el autor Jacques Lévitan expresó muy explícitamente las obsesiones planetarianas de los intelectuales judíos. El libro iba dirigido a un público judío entendido, por lo que el autor pudo expresarse con más franqueza que sus colegas más mediáticos. Las primeras frases de su libro eran las de un Rabí, tomadas de un libro de 1964 titulado *La Conciencia judía ante la historia* (*La Conscience juive devant l'histoire*, Editions Payot). He aquí lo que decía este Rabí, citado por Jacques Lévitan:

"Se está librando una lucha gigantesca en el vasto tablero del mundo, cuyo resultado se conocerá sin duda antes del final del sexto milenio (del calendario judío, es decir, aproximadamente el año 2000). El objetivo de esta vasta lucha es la posesión del mundo que reclaman dos grupos humanos, ambos con vocación de dominación planetaria. La humanidad busca un punto de apoyo y avanza irrevocablemente hacia un gobierno mundial. Dentro de cuarenta años, la unidad del mundo se hará. Esta unidad que hemos buscado, y que hemos proclamado por todos los caminos del exilio durante dos milenios, se logrará en vida o en muerte, pero se logrará[228]."

El resto del libro tendía a demostrar, echando mano de cálculos basados en la Torá y la Cábala, que el momento se estaba acercando. Esta vez con toda seguridad ¡sería la definitiva!

Jacques Lévitan reclamaba seguramente un lugar para sí mismo en la larga lista de los profetas de Israel. Escuchen estas elucubraciones:

"Echando la vista atrás, vemos que los israelitas permanecieron en Egipto 430 años (cf. *Éxodo 12:40* y *Ezequiel 4:5-6*). Ahora bien, lo que se hizo es lo que se hará. Resulta que el Imperio Otomano, del que descienden los turcos, ocupó la tierra de Israel durante 400 años, de 1517 a 1917 para ser exactos. A estos 400 años hay que añadir los 30 años del mandato británico para obtener 430 años: 1947, fecha en la que la tierra de Israel obtuvo su liberación. El Templo se construyó 480 años después de salir de Egipto (Cf. *Reyes 6/1*). Si, por tanto, a estos 430 años (1947) añadimos 50 años (1997: 480 años), obtenemos la fecha aproximada de la reedificación del Santuario (en medio de la angustia de los tiempos...cf. *Daniel 9/26*). Pues así como la mujer engendra en el dolor de su liberación, así el mundo engendrará en el dolor de su liberación, "queriendo soportarlo con tribulaciones para hacerlo feliz al final" (cf. *Deuteronomio 8/16*). Esto parece confirmar que el destino de la humanidad está escrito de antemano en el libro de la vida[229]."

---

[228] Jacques Lévitan, *Encyclopedie prophétique*, La Pensée universelle, 1973, p. 13
[229] Jacques Lévitan, *Encyclopedie prophétique*, La Pensée universelle, 1973, p. 295, 296. Para los judíos, los sufrimientos terrenales que preceden "el alumbramiento del Mesías» son comparables a los sufrimientos de la mujer antes de dar a luz.

Está escrito que cuatro imperios deberán sucederse antes de la venida del Mesías, según las visiones del profeta Zacarías, que vio "cuatro cuernos" que dispersaron a Judá, Israel y Jerusalén [*Zacarías 2, 2*]. Zacarías se refería a los cuatro reinos de Babilonia, Persia, Grecia y Roma, "que dominaron a Israel y le hicieron tanto daño[230]."

Jacques Lévitan utilizaba fuentes bíblicas para explicar la época contemporánea: el primer imperio, según él, era ahora el del águila nazi; el segundo imperio (el Oso) era la URSS. "El tercer imperio, aún no plenamente soberano, estaba representado hasta entonces por Nasser (la Pantera)." El cuarto imperio, el nuevo Magog, debía ser el bloque asiático.

"Cuando entramos con la obra en imprenta, a principios de 1971, Nasser ya había desaparecido del mundo de los vivos varios meses antes... Habrá contribuido... a la creación de una unidad árabe que prefigura este tercer imperio con cuatro cabezas (cuatro reyes) decidido a sublevarse y reconquistar Israel...Podemos concluir, pues, que nos acercamos a pasos agigantados al fin de los días, cuando aumentará nuestro desconcierto[231]." Tenemos que esperar, por lo visto, un nuevo enfrentamiento a gran escala antes de la venida del Mesías "de Israel y Libertador de toda la Tierra".

El pueblo de Israel también tenía que prepararse para nuevas persecuciones: "Es un hecho que Israel nació de la persecución. Ahora bien, el Mesías - como Moisés - nacerá de una segunda persecución, sin duda aún más formidable que la anterior".

Pero el desenlace final ya está escrito. Está en los propios textos: "Jerusalén, el ombligo de la tierra, está destinada a convertirse en "el trono del Señor" y en "la metrópoli de todas las naciones[232]"."

En efecto, la "Paz universal" debe venir precedida de grandes catástrofes. Los judíos esperan con impaciencia revoluciones, guerras y catástrofes, así como persecuciones que imaginan anunciarán el día de la Redención. Estos son, como ellos mismos dicen, "los dolores del alumbramiento del Mesías".

Por tanto, las persecuciones son consideradas parte del proceso de la Redención. Si, tras todos estos siglos de indecibles sufrimientos, los judíos siguen presentes, es porque su naturaleza sólo puede ser divina. Así lo explicaba el escritor Edouard Valdman, asestando de paso un buen zarpazo a la Iglesia católica:

"A pesar de los esfuerzos de la Santa Inquisición, y de todas las inquisiciones", escribía, los judíos siguen ahí, gracias a algún diabólico juego de manos. ¿Una pregunta extraña? Muchos genocidios han tenido éxito, indios, negros, armenios, etc. y a menudo con el asentimiento de la

---

[230] Léase en *Psicoanálisis del judaísmo*.
[231] Jacques Lévitan, *Encyclopedie prophétique*, La Pensée universelle, 1973, p. 14, 15
[232] Jacques Lévitan, *Encyclopedie prophétique*, La Pensée universelle, 1973, p. 302, 303, 310

Iglesia romana. Un pueblo siempre ha estado ahí y siempre ha resistido. Hay que aceptarlo, y por lo visto no es nada fácil[233]."

François Fetjó también ha expresado esta idea: "Incluso golpeado, aplastado, dispersado, ha sobrevivido, lo que no se ha dado en ningún otro pueblo. He aquí, pues, la prueba suprema dada por los fariseos de la vocación eterna de Israel[234]."

Los judíos parecen capaces de resistir las embestidas de todos sus enemigos: "Los supervivientes de cada catástrofe descubrían de nuevo su invencibilidad", escribía Manès Sperber. Desde la Antigüedad, "vemos que nunca se han considerado verdaderamente vencidos, sino que, por el contrario, creen que se les ha prometido un triunfo futuro que será definitivo. Reclaman un aliado invencible, su Dios, el único Dios verdadero, que reina sobre todo el universo[235]."

Mientras se extasían ante la perennidad del judaísmo en medio de las ruinas de pueblos y civilizaciones que han desaparecido (Babilonia, Persia, Grecia, Roma), en cambio los intelectuales judíos permanecen muy discretos sobre el papel desempeñado por el fanatismo igualitario del judaísmo en el hundimiento de esas grandes civilizaciones.

El judaísmo alimenta así una tensión mesiánica que lleva invariablemente a los judíos de todo el mundo a esperar los peores escenarios apocalípticos para la humanidad. "En la literatura judía tradicional, explicaba Benbassa, la llegada de la era mesiánica, anunciada por el regreso del profeta Elías, se asocia a cataclismos, guerras, revoluciones y plagas diversas". Benbassa nos aportaba los elementos constitutivos del mesianismo judío, tal como los hemos presentado con mucho más detalle en nuestros tres primeros libros. "El libro de Isaías, escribía Benbassa, describe la era mesiánica bajo dos formas, tanto de catástrofe como de utopía. La liberación final es el fin del exilio, la reunión en Tierra Santa de las tribus dispersas y la restauración de la soberanía política de Israel bajo la autoridad de un descendiente de David, pero también es el establecimiento de la paz universal, posible gracias a la adhesión de las naciones al culto del Dios único[236]."

El novelista Arnold Mandel también parecía esperar las catástrofes con una impaciencia febril: "Siempre había sido, más o menos e inconscientemente, un catastrofista, reconocía. Me hubiera gustado vivir

---

[233] Édouard Valdman, *Les Juifs et l'argent*, Ed. Galilée, 1994, p. 29
[234] François Fetjö, *Dieu et son juif*, Ed. Pierre Horay, 1997, p. 64
[235] Manès Sperber, *Être Juif*, Odile Jacob, 1994, p. 60, 133
[236] Benbassa, *La Souffrance comme identité*, Fayard, 2007, p. 85, 83. Se trata por lo tanto de un proyecto político inmanente, nacionalista e imperialista, y no de una religión trascendental. Acerca de la espera de grandes catástrofes, léase *Las Esperanzas planetarianas*, *Psicoanálisis del judaísmo* y *El Fanatismo judío*.

en la época de las Cruzadas, la Gran Peste, el Terror Rojo o el éxodo de los judíos de España en 1492, bajo Isabel la Católica[237]."

Manès Sperber escribía por su parte: "El sentido de la permanencia de la catástrofe era general en todos nosotros[238]." El escritor Chaim Potok, en *Los Elegidos*, una novela de 1967, confirmaba este estado de ánimo y expresaba su fe en la llegada del Mesías: "Justo antes de que llegue, escribía, habrá una época de grandes desastres". Por boca de uno de sus personajes, expresaba las inclinaciones activistas de muchos judíos: "Estoy cansado de esperar. Ha llegado el momento de traer al Mesías, no de esperarlo[239]."

Revoluciones, cataclismos, guerras y epidemias, todo tipo de locuras asesinas, y cualquier cosa que pueda acercar a la humanidad al apocalipsis, parecen ser una bendición para la secta. Elie Faure lo decía entre líneas: "Su misión histórica está claramente definida, y tal vez para siempre. Será el factor principal en todos los tiempos apocalípticos, como lo fue en el fin del mundo antiguo, y como lo es en el fin -al que ahora asistimos- del mundo cristiano[240]."

Así que no nos debe sorprender encontrar una serie de películas basadas en guiones de catástrofes. Las historias de ciencia ficción, además, son siempre un pretexto para unir a los humanos de todas las razas contra los extraterrestres.

Vimos por ejemplo en *Deep Impact* (EE UU, 1998) cómo un asteroide gigante estaba a punto de estrellarse contra la Tierra. El planeta era salvado in extremis por el Presidente estadounidense, un hombre negro. En *Independence Day* (EE.UU., 1996), el director Roland Emmerich muestra el planeta atacado por extraterrestres y salvado por un negro y un judío. En *Mars Attacks* (EEUU, 1996), de Tim Burton, los platillos volantes invaden los cielos de Estados Unidos, y los marcianos, con sus cerebros hipertrofiados, no son nada amistosos.

El pueblo de los malditos es una película de John Carpenter (EE.UU., 1995): a raíz de un extraño fenómeno que afecta a un pueblo, varias mujeres se quedan embarazadas y dan a luz a niños rubios y superiormente inteligentes. En realidad son extraterrestres que pretenden conquistar la Tierra. En 1988, John Carpenter dirigió la célebre película *Estan vivos* (*They live*, EE UU, 1988): Gracias a unas gafas especiales, el héroe, Nada,

---

[237] Arnold Mandel, *Tikoun*, Mazarine, 1980, p. 39
[238] Manès Sperber, *Être Juif*, Odile Jacob, 1994, p. 114, 136
[239] Chaïm Potok, *L'élu*, 1967, Calmann-Lévy, 1969, p. 117, 237
[240] Élie Faure, *L'Âme juive* dans *La Question juive vue par vingt-six éminentes personnalités juives*, Paris, E.I.F, 1934, en León de Poncins, *Le Problème Juif; Face au concile*, 1965 (Brochure).

descubre que una pequeña parte de la población está formada por alienígenas de aspecto perfectamente normal. Forman una élite que gobierna el mundo mediante la mentira y la corrupción. Estas gafas también le permiten leer los mensajes subliminales de las vallas publicitarias que ordenan la sumisión de los humanos. Están en todas partes, lo controlan todo, ¡Pero no los veis!

Cuando no son los extraterrestres, son los vampiros los que amenazan a la humanidad: en *Return to Salem'Lot* (EE UU, 1987), estos vampiros son de una naturaleza bastante especial, pero también en este caso se trata principalmente de una inversión acusatoria: un antropólogo viaja a Salem'Lot con su hijo. Ocurren cosas extrañas y pronto queda claro que el pueblo está en manos de ¡vampiros nazis!. Una película de Larry Cohen.

Hemos mencionado anteriormente el papel de influyentes judíos en las revoluciones comunistas de Europa durante el siglo XX. También tenemos que mencionar el papel de ciertos judíos en el desencadenamiento de las guerras que han tenido lugar en las últimas décadas. Por lo que respecta a la Segunda Guerra Mundial, cabe citar aquí dos testimonios que corroboran los que ya hemos presentado en nuestros anteriores libros. El historiador judío estadounidense Saul Friedlander ha citado un extracto de un discurso pronunciado por el famoso aviador Charles Lindbergh, el 11 de septiembre de 1939, ante 8.000 personas en Des Moines, Iowa: ""¿Quiénes son los agitadores de la guerra?" Lindbergh censuró a la administración estadounidense, a los británicos y a los judíos...."El mayor peligro para este país reside en sus grandes propiedades y su influencia en nuestro cine, prensa, radio y gobierno"." Y Saul Friedlander añadía: "Posiblemente sin darse cuenta de ello, Lindbergh había caído en aquel momento al mismo nivel que un famoso agitador americano antisemita, el predicador radiofónico Charles Coughlin, o incluso al mismo nivel de los argumentos de Goebbels[241][242]."

Sin embargo, otro testimonio de Nahum Goldmann arrojaba mucha más luz sobre el papel desempeñado por los líderes judíos en torno al presidente estadounidense:

"Roosevelt no sólo amaba el humor, sino que lo practicaba brillantemente, escribía Goldmann. He aquí un ejemplo, recogido en circunstancias particularmente trágicas. Un día de verano de 1943, recibimos mensajes aterradores de Gerhart Riegner, que nos contaba los detalles de la "Solución

---

[241] Saul Friedländer, *El Tercer Reich y los judíos (1939-1945), Los años del exterminio*, Galaxia Gutenberg, Barcelona, 2009, p. 369-370.

[242] ""No podemos permitir que las pasiones y los prejuicios naturales de otros pueblos dirijan a nuestro país a la destrucción"." Saul Friedländer, *El Tercer Reich y los judíos (1939-1945)*, p. 370 (Discurso de Des Moines).

Final" aplicada por los nazis para aniquilar a los judíos. Era sábado e inmediatamente telefoneé a Stephen Wise para pedirle consejo. Durante el fin de semana, el presidente Roosevelt rara vez se quedaba en Washington, prefería descansar en su casa de campo de Hyde Park. Sugerí esperar a que regresara el lunes por la mañana para informarle de estas horribles revelaciones, pero Wise consideró que las circunstancias eran lo bastante graves como para acudir inmediatamente al asesor del Presidente, Sam Rosenman, que había alquilado una casa cerca de la de Roosevelt para estar siempre a mano en caso de necesidad. Alertado por Wise, Rosenman nos pidió que nos reuniéramos con él en su casa. Era un día muy caluroso y los tres estábamos en mangas de camisa en la terraza de Rosenman cuando oímos el ruido del coche presidencial. ¡El coche de Roosevelt se detuvo frente a la terraza y, al vernos a todos juntos, el Presidente dijo: "¡Vaya! Rosenman, Stephen Wise y Nahum Goldmann hablando juntos! Seguid, muchachos, Sam me dirá el lunes lo que tengo que hacer". Su coche empezó a alejarse y Roosevelt lo paró para decirnos: "Imaginaos cuánto pagaría Goebbels por tener una fotografía de esta escena: el presidente de los Estados Unidos recibiendo instrucciones de los Tres Sabios de Sion[243]"."

A principios del siglo XXI, la principal fuerza organizada que se opone al mesianismo judío parece ser el islam radical, al menos el islam chiíta defendido por Irán. Los atentados del 11 de septiembre de 2001 en Nueva York justificaron la invasión estadounidense de Afganistán e Irak. Desde entonces, en Estados Unidos y Europa, el lobby judío[244] se esfuerza por

---

[243] Nahum Goldmann, *Le Paradoxe juif*, Stock, Paris, 1976, p. 189. En la Francia de Léon Blum y Daladier, antes de la guerra, Jean Zay había sido ministro de Educación y era un ferviente partidario de la guerra contra Alemania, al igual que su congénere en el ministerio de Interior, Georges Mandel.

[244] Sobre el lobby judío sionista neoconservador en Estados Unidos, léase *El Fanatismo judío*. La política exterior estadounidense para el siglo XXI estuvo marcada de forma decisiva por un grupo de personalidades sionistas neoconservadoras muy presentes e influyentes en los medios estadounidenses y la administración de Washington en la década de los 90. Esta política fue preparada y anunciada públicamente a través de artículos y documentos muy relevantes que pasaron a la historia de las hemerotecas. Por ejemplo: *A Clean Break: A New Strategy for Securing the Realm*, un documento que data de 1996, escrito por un grupo de estudio liderado por Richard Perle para el entonces Primer Ministro israelí Benjamin Netanyahu. Este documento incluía ideas de James Colbert, Douglas Feith, Charles Fairbanks, Robert Loewenberg, David Wurmser y Meyrav Wurmser. Otro destacado documento fue el informe *Rebuilding America's Defenses Strategy, Forces and Resources For a New Century*. Este informe de 1997 fue el resultado de una iniciativa del famoso *Think Tank* neoconservador PNAC (*Project for the New American Century*). El PNAC fue fundado por William Kristol y Robert Kagan en 1997 y disuelto en el 2006. Este proyecto contó con la colaboración de una legión de personalidades: Bruce P. Jackson, Mark Gerson, Randy Scheunemann, Ellen Bork, Timothy Lehmann, Giselle Donnely, Reuel Marc Gerecht, Gary Schmitt, Michael

lanzar a Occidente en una nueva guerra contra Irán; y la Rusia del presidente Putin - que se deshizo de los "oligarcas[245]" - es también el objetivo de la pequeña "comunidad mediática internacional". En efecto, los Derechos "Humanos" no se aplican a los enemigos de la "Humanidad".

Las declaraciones belicosas y la agitación de muchos judíos influyentes (declarados o no) sobre este tema son tan flagrantes que incluso el semanal de izquierdas *Marianne*, de Jean-François Kahn, se alarmaba de la situación. En su número del 17 de febrero de 2007, se podía leer unas líneas muy discretas: "Torpeza: el Consejo Representativo de las Instituciones Judías Francesas (Crif) ha convocado a todos los candidatos a las elecciones presidenciales para pedirles que apoyen la idea de la guerra contra Irán. Esto demuestra que nunca se aprenden las lecciones de la historia: los mismos cometen siempre los mismos errores". Así es el judío eterno, impregnado y moldeado por la lectura de la Torá, el Talmud y el Zohar: los textos no cambian; el judío empecinado tampoco.

Hollywood se ha hecho naturalmente cargo de la propaganda planetaria. En los años 80 y 90, hubo una treintena de películas que mostraban a los árabes intentando esclavizar al mundo "libre".

En *Reglas de compromiso* (*Rules of Engagement*, EE.UU., 2000), de William Friedkin, la embajada estadounidense en Yemen se ve amenazada por una turba manipulada por islamistas. Estos son tan viles que el público aplaude cuando los marines estadounidenses comienzan la masacre.

L'Union sacrée (*Unión sagrada*), de Alexandre Arcady (Francia, 1989), es una película bastante emblemática (léase en *Psicoanálisis del judaísmo*).

Estado de sitio (*The Siege*) es una película de Edward Zwick (EE.UU., 1988): Estados Unidos se ha convertido en objetivo de ataques terroristas. Como represalia, un comando secuestra a un líder musulmán fundamentalista. Se envía un ultimátum a la unidad antiterrorista de Nueva York.

Delta Force, de Menahem Golan (EE UU, 1986): Unos árabes secuestran un avión y aterrorizan a los pasajeros.

Regreso al futuro, de Robert Zemeckis (EE.UU., 1985) muestra a unos traficantes de armas árabes tan violentos como estúpidos.

Goldfarb, Dov Zakheim, John R. Bolton, Richard Perle, Elliot Abrams, Gary Bauer, William J, Bennett, John Ellis Bush, Dick Cheney, Eliot A. Cohen, Midge Decter, Paula Dobriansky, Steve Forbes, Aaron Friedberg, Francis Fukuyama, Frank Gaffney, Fred C. Ikle, Donald Kagan, Zalmay Khalilzad, Norman Podhoretz, J. Danforth Quayle, Peter W. Rodman, Stephen P. Rosen, Henry S. Rowen, Donald Rumsfeld, Vin Weber, George Weigel, William Schneider Jr., Paul Wolfowitz. También se puede consultar un artículo de *The New York Times* del 30 de enero de 1998 firmado por William Kristol y Robert Kagan y titulado *Bombing Iraq Isn't Enough* (*"Bombardear Irak no es suficiente"*). (NdT).

[245] Sobre los "oligarcas rusos", léase *La Mafia judía*. (NdT).

En *Objetivo mortal,* de Richard Brokks (*Wronh is right,* EE.UU., 1982), un terrorista árabe planea destruir Tel Aviv y Jerusalén con dos bombas atómicas. ¡Esta gente está completamente loca!

En *Network* (EEUU, 1977), vemos cómo los árabes y sus petrodólares están comprando toda América. Un presentador llama a los telespectadores a rebelarse. Esta película proyectiva es de Sydney Lumet.

Domingo negro, (*Black Sunday,* EEUU, 1977): Una terrorista palestina amenaza con matar a miles de estadounidenses reunidos en un estadio de Miami para un partido de fútbol. Elimina a cualquiera que se interponga en su camino. Una película de John Frankenheimer.

La sombra de un gigante (EE UU, 1966) es una película de Melville Shavelson sobre la creación del Estado de Israel. Los palestinos son retratados brutales y sedientos de sangre, mientras que Kirk Douglas, como soldado estadounidense, acude al rescate para prestar su pericia a la justa causa israelí.

En septiembre del 2007, el ministro Bernard Kouchner, célebre creador y partidario de la "injerencia humanitaria", expresó su belicismo hacia el Irán del presidente Ahmadineyad, haciendo bullir de alegría a todos aquellos neoconservadores que soñaban con volver a utilizar soldados franceses para defender los intereses judíos en el mundo.

El 22 de septiembre de 2007, el semanal *Marianne* mencionaba a Antoine Sfeir, un intelectual muy mediático en Francia, especializado en cuestiones de Oriente Próximo: "A Sfeir le sorprende la ignorancia de muchos intelectuales franceses. Ignoran, por ejemplo, que el presidente Ahmadineyad, un iluminado y un antisemita, "pertenece a un movimiento apocalíptico de locos mesiánicos que no es en absoluto representativo del régimen"." Una vez más, se trataba de una inversión acusatoria.

Está claro, en cualquier caso, que los judíos no se detendrán voluntariamente. A pesar de todos los reveses que la historia les ha infligido, siguen convencidos de su misión y continúan su frenética lucha contra el resto de la humanidad. Retomando una frase de Ernst Jünger: son "como máquinas de hierro que sólo se detienen cuando se rompen".

En su pequeño libro de propaganda sionista, escrito en 1970, Victor Tibika ya deploraba la actitud hostil de los árabes hacia los judíos que les habían robado sus tierras tras la Guerra de los Seis Días de 1967: "En el futuro, decía, es seguro que los historiadores juzgarán muy duramente a los enemigos de Israel si, manteniendo su actitud provocadora y agresiva, vuelven a iniciar una guerra que, esta vez, degeneraría en una conflagración apocalíptica del universo".

Y Victor Tibika proseguía: "Lo único que nos queda a todos nosotros, hijos de Dios de pleno derecho, sea cual sea el color de nuestra piel, es trabajar y rezar sin descanso, con todas nuestras fuerzas, por una paz definitiva en el mundo[246]."

Evidentemente, todo es cuestión de vocabulario. Todo el mundo está a favor "de la paz". Después de haber aplastado a sus enemigos, siempre se está a favor de la "paz".

---

[246] Victor Tibika, *Réveil et unité du peuple juif*, 1970, p. 92

SEGUNDA PARTE

PSICOPATOLOGÍA DEL JUDAÍSMO

1. La gran soledad de los judíos

Un enigma en medio de las naciones

André Neher, un intelectual judío de los años setenta, expresó la pesada soledad de los judíos en el mundo: "La definición del hombre-Israel, escribía, es precisamente ser el hombre de la soledad". Es "un pueblo solitario", y esta soledad es "dramática". Y añadía: "No ser como los demás, vivir en soledad, permanecer en la morada", tal es el destino del pueblo judío. Y André Neher citaba a continuación la Torá: "Sí, es un pueblo que habitará solo y no será reconocida como una de las naciones" (Números XXIII, 9)[247]."

Albert Memmi, en su *Retrato de un judío*, publicado en 1962, lamentaba el destino de sus congéneres: "Conozco bien el dolor del amor decepcionado, escribía: amar sin ser amado, este es en resumidas cuenta el drama cívico de muchos Judíos; desear desesperadamente ser amado, adoptado de una vez por todas, mientras se está casi seguro de no serlo nunca[248]."

En el tomo II, volvía a hablar de la "terrible soledad" del pueblo judío: "El aislamiento es un corolario de la elección", escribía. Y se preguntaba: "¿Por qué este cruel destino? ¿Por qué han sido arrojados a esta terrible historia que los aplasta y castiga constantemente?"

---

[247] André Neher, *L'Identité juive*, 1977, Seghers, 1989, p. 23, 24, 26
[248] Albert Memmi, *Portrait d'un juif*, Gallimard, 1962, p. 198

La respuesta sólo podía ser de naturaleza divina: "La elección lo explica todo, lo consuela todo; tranquiliza y halaga, exige y atrae. Es a la vez la gloria y el deber del Judío, la carga, el privilegio y la protección[249]."

En su *Psicoanálisis del antisemitismo*, en 1952, Rudolph Loewenstein expresaba la misma angustia: "Como niños injustamente castigados, los judíos sufren de injusticia pero también de falta de afecto. Pues los hombres, como los niños en este aspecto, esperan del destino, del mundo entero, de Dios, pruebas de amor. Los judíos, a pesar de su convicción de que son los favoritos de Dios, quizás sufran más por falta de afecto que por todas las desgracias que padecen[250]."

Shmuel Trigano, profesor universitario, insistía en la singularidad de Israel: "El aspecto más singular del pueblo judío, escribía, es la idea que tiene de su doble autonomía. El pueblo judío se ve a sí mismo como una entidad autónoma, tanto políticamente, en relación con otras naciones, como espiritualmente, en relación con otros sistemas religiosos...La "autonomía" es un concepto judío esencial. Se refiere al autogobierno de acuerdo con las leyes y normas específicas del pueblo judío... La autonomía política y espiritual está garantizada por el pacto contraído con Dios[251]."

La historia de Barry Lyndon, el héroe de la película de Stanley Kubrick (1975), parece una alegoría para los iniciados conocedores. La película refleja de maravilla las angustias del judaísmo, y probablemente no sea una casualidad que Stanley Kubrick echara mano de este guion para adaptarlo[252]. En pleno siglo XVIII, Barry Lyndon es un joven hidalgo irlandés que, por amor, reta a duelo a un oficial inglés. Está seguro de sus derechos y provoca un escándalo. Es apartado mediante una maquinación. Creyendo haber matado al oficial inglés, se ve obligado a huir. Se alista en el ejército británico y parte hacia los campos de batalla de Europa. Barry Lyndon huye del campo de batalla, de una lucha que no le concierne, deserta del ejército y se pasa al bando contrario. Miente, le cuenta cualquier cosa al oficial que le interroga y finalmente recibe una condecoración. Luego se convierte en espía, pero vuelve a traicionar para salvar a un compatriota. A continuación hace fortuna en los salones aristocráticos haciendo trampas en los juegos de azar. Se introduce en una gran familia adinerada para aprovecharse del patrimonio acumulado por otros. Como amo de la casa, se comporta como un dictador, dilapidando la herencia familiar, incitando al odio y sembrando la discordia y la locura. Finalmente,

---

[249] Albert Memmi, *Portrait d'un juif II*, Gallimard, 1966, p. 127-129
[250] Rudolph Loewenstein, *Psychanalyse de l'antisémitisme*, 1952, Presses Universitaires de France, 2001, p. 211
[251] Shmuel Trigano, *La Société juive à travers l'histoire*, t. I, Fayard, 1992, p. 71
[252] *La suerte de Barry Lyndon* (1844) de William Makepeace Thackeray. (NdT).

un miembro de la familia se rebela, se enfrenta a él y lo expulsa; y Barry Lyndon retoma el camino del exilio, rechazado por todos, como al principio.

Los judíos son muy conscientes de su soledad en este enfrentamiento con el resto de la humanidad. Edouard Valdman fue un intelectual judío de segunda fila, pero su libro de 1994, *Los Judíos y el dinero*, contiene algunas reflexiones interesantes. En primer lugar, cabe señalar que, aunque abordara muchos temas, Valdman no dijo casi nada sobre la relación entre los judíos y el dinero. Pero el título era más vendedor así, y eso era claramente lo más importante. Hay que ganar dinero, pero no hablar demasiado de ello. Rogamos al lector que lea atentamente el siguiente texto. Edouard Valdman elogiaba el psicoanálisis, pero el lector informado verá en él una introspección identitaria propia del judaísmo. "El psicoanálisis, decía, es escuchar la palabra del otro dentro de uno mismo, de lo desconocido dentro de uno mismo...aceptar excavar en su propio abismo. Significa intentar ver si la razón de este choque perpetuo con el mundo exterior, de esta herida que sentimos constantemente en nuestro contacto con él, como si la relación con el otro fuera imposible, no se encuentra ante todo dentro de nosotros mismos[253]."

Lo habéis comprendido: se trata efectivamente del judaísmo. Valdman nos hablaba del judaísmo y su "choque perpetuo con el mundo". Unas páginas antes, Edouard Valdman ya había mencionado el "misterio" del judaísmo, su "extrañeza": "¿Cuál es el origen, hoy como ayer, del antisemitismo polaco? escribía Valdman: Es la extrañeza del judaísmo, esta imposibilidad de aprehenderlo, cuando es precisamente desencarnación, brecha y apertura". Pero el intelectual prefería proyectar el mal sobre la cultura europea: "Auschwitz no es un accidente, sino la máxima expresión dentro de la cultura europea de ese inmenso miedo a lo extraño, a lo desconocido, al vacío que yace dentro de todo ser humano y que la presencia del judío tiene precisamente la vocación de revelar[254]."

En la misma línea, la psicoanalista Elisabeth Roudinesco ha podido escribir: "El destino del pueblo judío aparece ante el historiador como un fenómeno paradójico, increíble y casi incomprensible. Es único y sin parangón en la historia de la humanidad[255]."

Por su parte, el célebre filósofo Bernard-Henri Lévy se extasiaba ante el misterio del pueblo judío: "Un caso absolutamente único de rebeldía ante cualquier lógica, olvido o genocidio, de empecinamiento en decir no, en desmentir el veredicto de los hechos, en desafiar la máquina de los siglos en su procesión de admoniciones y fatalidades asesinas". Este "pueblo

---

[253] Édouard Valdman, *Les Juifs et l'argent*, Ed. Galilée, 1994, p. 48
[254] Édouard Valdman, *Les Juifs et l'argent*, Ed. Galilée, 1994, p. 31
[255] Elisabeth Roudinesco, *Le Malheur d'Israël*, Cluny, 1956, p. 7

indomable" es por consiguiente "uno de los más profundos enigmas para la consciencia contemporánea[256]."

El influyente director de prensa Jean Daniel no decía otra cosa: "El misterio judío es un fenómeno conmovedor que puede suscitar preguntas místicas y llevar a algunos a creer en la elección de un pueblo[257]."

De nuevo oímos el eco de las palabras de André Glucksmann: "Dos milenios siendo una pregunta viviente para todo el mundo. Dos milenios de inocencia, sin tener nada que ver con nada[258]."

Incluso antes de la guerra, Daniel Pasmanik escribía: "Considerada en su conjunto, la historia del pueblo judío es única y sin equivalente en el mundo. Aún hoy es un enigma insoluble para sociólogos, filósofos e historiadores. Toda cultura es original, pero la cultura judía, producto de la historia judía, es absolutamente excepcional[259]."

André Neher también se envanecía con el "misterio" del judaísmo. "El judío", escribía, es "algo distinto de un hombre en el sentido terrenal, técnico y banal del término". Este "misterio" es "el signo mismo de su origen divino, trascendente y eterno". El judío no es, pues, un hombre como los demás: "Este hombre que acepta ser el hombre particular, el hombre "otro", el hombre "no como los demás", es Israel".

André Neher nos advertía, sin embargo, que corríamos el riesgo de llevarnos una gran decepción si nos acercábamos a este ser divino que vive entre nosotros y entabláramos conversación con él: "El observador puede captar esta mirada divina que ilumina al judío y lo aureola de una santidad ejemplar; pero entonces corre el riesgo de no darse cuenta y de quedarse estupefacto y decepcionado cuando descubra que este testigo de la luz divina es al mismo tiempo un obrero de la corteza terrestre". Es lo que el autor denominaba "la ambigüedad característica y fatal del judío[260]."

El plan del judaísmo para la unificación del mundo y la paz en la tierra, una "paz absoluta y definitiva", conlleva un fanatismo igualitario que está en absoluta oposición a las leyes de la naturaleza. Los judíos son muy conscientes de que su proyecto va en contra de las leyes de este mundo.

En 1968, el novelista Albert Cohen, en *Bella del señor,* lo expresaba con todas sus letras:

---

[256] Bernard-Henri Lévy, *Le Testament de Dieu*, Grasset, 1979, p. 8, 9
[257] Jean Daniel, *La Blessure*, Grasset, 1992, p. 259
[258] André Glucksmann, *Le Discours de la haine*, Plon, 2004, p. 88
[259] Daniel Pasmanik, *Qu'est ce que le judaïsme?*, Lipschutz, 1930, p. 83
[260] André Neher, *L'Identité juive*, 1977, Petite Bibliothèque Payot, 2007, p. 32, 26. [Para mitigar esta decepción sugerimos al lector buscar y visionar una *Jabad Hasidic Dance* en youtube, por ejemplo. O al contrario leer *La Mafia judía*, según los puntos de vista. NdT.]

"Israel es el pueblo de antinaturaleza portador de una loca esperanza que lo natural aborrece". Y proseguía en estado de trance profético: "Las más nobles porciones de la humanidad son de alma judía y se mantienen firmes en su roca que es la Biblia oh los judíos míos a quienes en silencio hablo conoced a vuestro pueblo veneradlo por haber querido el cisma y la separación por haber emprendido la lucha contra la naturaleza y sus leyes[261]."

La feminista Elisabeth Badinter también había señalado la inclinación de los judíos a oponerse a las leyes de la naturaleza: "El dominio de la naturaleza sobre nosotros está retrocediendo y, con él, la diferencia que separa los sexos". Y ensalzaba de paso el Nuevo Orden mundial prometido por los profetas: "La igualdad está en vías de realización, genera la semejanza que pone fin a la guerra... El siglo XX ha inaugurado en nuestra parte del mundo algo que se asemeja a una nueva era", escribía, rechazando las objeciones: "Los moralistas no verán en este cambio, tan contrario al orden natural, más que una manifestación de decadencia análoga a tantas otras que ha conocido la historia[262]."

El pequeño libro del filósofo Emmanuel Levinas, titulado *Algunas reflexiones sobre la filosofía del hitlerismo,* publicado en 1934, prometía algunas joyas. En realidad, es un galimatías totalmente incomprensible. Es más, en la reedición de 1997, descubrimos que el texto del gran filósofo sólo tiene en realidad unas veinte páginas; el resto del libro es un ensayo de Miguel Abensour, cuyo nombre está escrito en pequeños caracteres en la portada. Uno se siente pues un poco estafado en la vigésima página, aunque quizás Abensour pueda no resultar peor que Levinas. ¡Error! Abensour, como su maestro, también es totalmente ilegible. Escuchad esto: "Para Levinas, la fuente de la barbarie nazi residiría en adelante -al margen de cualquier contingencia o accidente- en una "posibilidad esencial del Mal elemental" que tendría que ver con la ontología del Ser, preocupada por ser[263]." No hace falta proseguir la lectura: todo es de la misma índole.

Sin embargo, hemos podido rescatar la siguiente idea, enterrada en ese embrollo dialéctico: "El destino judío puede definirse así como un ser

---

[261] Albert Cohen, *Bella del Señor*, Anagrama, Barcelona, 2017, p. 711-716. Se trata del flujo de conciencia, un ininterrumpido flujo sin puntuación ni diferenciación tipográficas en el que afloran los pensamientos y las impresiones del personaje. (Se puede leer en el famoso soliloquio de Molly Blum en el *Ulises* de James Joyce y en las novelas de Marcel Proust).

[262] Elisabeth Badinter, *L'un est l'autre*, Éd. Odile Jacob, 1986, p. 245, 250. Léase más en *El Fanatismo judío*.

[263] Emmanuel Levinas, *Quelques Réflexions sur la philosophie de l'hitlérisme*, 1934, Rivages poche 1997, p. 95

extraño al mundo, un desafío y un cuestionamiento del mundo que parece contenerlo".

Es el judío "extraterrestre", por decirlo de alguna manera. "En este caso - continuaba Abensour, citando a Levinas -, el antisemitismo puede desplegarse como la revuelta de la Naturaleza contra la Supernaturaleza, la aspiración del mundo a su propia apoteosis, a su beatificación en su propia naturaleza[264]."

Lo que Edouard Valdman escribía sobre la naturaleza hacía eco a las palabras de Albert Cohen, Elisabeth Badinter y Emmanuel Levinas: "Antes de Abraham, los hombres estaban encerrados en la Naturaleza, escribía, en la fascinación de la belleza y de todos los terrores del mundo. Eran en aquella época idólatras...Daban vueltas y vueltas en el círculo de su propia tragedia". Edouard Valdman manifestaba otra vez el egocentrismo patológico del judaísmo, incapaz de ver el mundo más que a través de su mesianismo: "Hasta entonces [antes de Abraham], no hay Historia, escribía; sólo existe el círculo y la fatalidad". Y Valdman continuaba: "Para estos hombres, para los judíos, el mundo será en adelante una marcha y una búsqueda. Ya no habrá descanso. Pero andando el camino, se han convertido en otros. Nunca más serán esclavos de la naturaleza, de la nación, de la repetición, del suelo[265]." El pueblo judío no conoce el descanso. "Ya no puede descansar", añadía dos páginas después.

Pero el problema no es que los judíos no puedan descansar, sino que impiden a los demás vivir en paz, vanagloriándose de ello. Se trata de una idea que hallamos con frecuencia en el judaísmo intelectual[266].

A la pregunta "¿Qué es un judío?", el Premio Nobel Isaac Bashevis Singer, entrevistado en el *New York Times Magazine* en noviembre de 1978, respondió: "Un judío es alguien que, incapaz de conciliar el sueño, impide que todos los demás se duerman".

La jeremiada judía: 4000 años de puro sufrimiento

Los propios judíos suelen presentar su historia como un "ininterrumpido valle de lágrimas". Sin duda, los lamentos y las jeremiadas están profundamente arraigados en el alma judía.

Esther Benbassa es una intelectual judía que parece más serena que la mayoría de sus congéneres. En un libro publicado en 2007, titulado *El*

---

[264] Emmanuel Levinas, *Quelques Réflexions sur la philosophie de l'hitlérisme*, 1934, Rivages poche 1997, p. 36
[265] Édouard Valdman, *Les Juifs et l'argent*, Ed. Galilée, 1994, p. 17-19
[266] Se jactan de ser "molestos", "irritantes", léase las declaraciones de Elie Wiesel, Emmanuel Levinas, Daniel Cohn.Bendit, George Steiner en *Psicoanálisis del judaísmo* y en *El Fanatismo judío*.

sufrimiento como identidad, Esther Benbassa mostraba cierta altura de miras al cuestionar la singularidad de Israel y denunciar la visión lacrimosa que los judíos tienen de su propia historia. Escribía con razón: "Incluso hoy, cuando se habla de los judíos, lo primero que se evoca es su sufrimiento... El sufrimiento y el victimismo han adquirido el valor de un cuasi dogma para muchos judíos secularizados. Para algunos, es un sacrilegio tocarlos, incluso sólo aludirlos[267]."

Se suele decir que Heinrich Graetz, el autor de la monumental *Historia de los judíos* en once volúmenes, publicada en Alemania entre 1853 y 1875, habría sido el "ideólogo, el arquitecto indiscutible de esta lacrimosa historia". Pero en realidad, mucho antes que él, Joseph Ha-Cohen ya había escrito *El valle de las lágrimas* en 1560, que relataba la violencia antisemita en Europa desde los tiempos de las Cruzadas: "*El valle de las lágrimas* iba a convertir a su autor en el representante arquetípico de la visión lacrimosa de la historia judía, escribía Benbassa. Se vio influido por los relatos de las Cruzadas". Efectivamente, la primera cruzada de 1096 marca según los judíos europeos el origen de sus desgracias en tierras cristianas.

El pensador judío alemán Hermann Cohen intentaba dar sentido a estas persecuciones: "En su obra póstuma publicada en 1918, *La religión de la razón,* veía el sufrimiento de los judíos como un signo mesiánico dirigido a las naciones[268]."

El muy famoso Jacques Attali, que fue consejero del presidente socialista François Mitterrand antes de convertirse en consejero del liberal conservador Nicolas Sarkozy [y posteriormente en padrino del banquero de Rothschild Emmanuel Macron, ndt], estaba naturalmente impregnado de sufrimiento judío. En su libro sobre el gran banquero Siegmund Warburg, publicado en 1985, derramaba algunas lágrimas sobre la suerte de los pobres banqueros judíos de la Edad Media. Son, escribía Attali, "obligados a prestar dinero a los príncipes para atraerse su protección, a riesgo de ser acreedores de los poderosos para garantizar su libertad, sabiendo que multiplican al mismo tiempo el riesgo de acabar como chivos expiatorios, y habiendo aprendido, en cuatro mil años de sufrimiento, a articular una moral y una acción[269]."

El actor estadounidense Kirk Douglas también se indignaba por la eterna y aún inexplicable persecución contra los judíos: "Mis padres pertenecían al grupo de afortunados, dichosos de escapar de los pogromos de Rusia, donde jóvenes cosacos estimulados por el vodka consideraban un deporte

---

[267] Esther Benbassa, *La Souffrance comme identité,* Fayard, 2007, p. 116
[268] Esther Benbassa, *La Souffrance comme identité,* Fayard, 2007, p. 111
[269] Jacques Attali, *Un hombre de influencia,* Seix Barral, Barcelona, 1992, p. 11

galopar por el ghetto y abrir unas cuantas cabezas judías[270]." Y Kirk Douglas bien podría haber añadido: "Así, sin más, por simple diversión", pues los judíos son inocentes de cualquier cosa que se les pueda reprochar.

Esto era exactamente lo que el novelista Joseph Joffo nos quería hacer creer en *El jinete de la tierra prometida*, su novela publicada en 1983. Toda la novela, de principio a fin, relata las humillaciones sufridas por los pobres judíos rusos a principios del siglo XX:

"Con un grito de triunfo, Iván cayó sobre él y golpeó, golpeó... Repetía una y otra vez: ¡Judío! ¡Judío!... Andrei sintió que el dolor le abrumaba. Todo a su alrededor se volvió borroso y se hundió en un agujero negro".

En cuanto a Myriam: "Ella había sido humillada y violada por ser judía" (páginas 77, 79). Las chicas rusas no se acostaban con judíos: "De repente, Olga apartó a Andrei. La desconfianza se reflejaba en sus ojos.
- ¿Eres... judío? preguntó. Él no respondió. La mirada de Olga se endureció. Se agarró la blusa y se la interpuso delante como para protegerse. "¡Judío! ¡Eres judío!", repitió. Fue como si hubiera escupido las palabras.
- Sí - dijo Andrei.
Ella tuvo una risa amarga.
- Pensar que iba a acostarme con un judío...¡Sois todos unos ladrones y unos mentirosos!, gritó Olga, "¡Maldita raza! ¡Nos habéis engañado!" Sin decir palabra, Andrei salió de la habitación" (página 233).

Los cosacos también la tomaban con los ancianos, sólo por diversión: "Los tres ancianos siguieron rezando, balanceando sus bustos con renovado vigor". Un soldado se adelantó, "barrió el candelabro con su sable y lo envió al otro extremo de la habitación". Pronto "los tres ancianos, arrastrados en el barro, fueron arrojados a los pies del coronel".

A los rusos les encantaba humillar a los pobres judíos: "¡Ahora, judíos, os inclinaréis ante este cerdo y rezaréis la oración de los muertos!" Hubo algunas risas, pero los cuatro hombres no se inmutaron.
- Os equivocáis haciéndoos los duros, dijo el suboficial. Si es así, encontraremos algo más gracioso.

Desenvainó su sable y, con un rápido movimiento, degolló al desafortunado cerdo. La sangre brotó a borbotones...
- Ahora vais a arrodillaros y a beber la sangre del cerdo, ordenó el sargento.

Los hombres seguían sin moverse. El cosaco agarró su látigo de cuero trenzado y empezó a golpear. La correa silbó. El cuero cayó sobre los cuatro viejos judíos". Cuando Andrei intentó intervenir, el sargento replicó: "No, a mí no me han hecho nada, ¡pero hay que divertirse un poco[271]!"

---

[270] Kirk Douglas, *El hijo del trapero* (1988), Cult Books, *2021*, p. 18
[271] Joseph Joffo, *Le Cavalier de la terre promise*, Editions Ramsay, 1983, p. 266, 267, 279, 280

Sin embargo, los judíos de Rusia a principios del siglo XX no eran todos unos pobres diablos perseguidos sin motivo por los malvados Cosacos. Ya hemos visto en *El Fanatismo judío* que la mayor parte de la riqueza minera estaba en manos de ricos empresarios y banqueros judíos. Sholem Asch, que junto con Scholem Aleichem e Isaac Bashevis Singer fue uno de los grandes escritores en lengua yiddish, lo confirmaba en una de sus novelas, titulada *Petersburgo* y publicada en 1933. En ella, un revolucionario judío acudía en busca de dinero y subvenciones a sus congéneres de las altas finanzas: "¿Queréis saber, señores, por qué acudimos a vosotros? Es porque el capital ruso está concentrado en vuestras manos. Ahí está hablando el petróleo de Rusia - y miró a Boris Khaimovitch -, a mi lado tengo el té de Rusia, allá el azúcar de Rusia, y aquí están los bosques de Rusia frente a mí. - Y el joven señaló a cada uno de estos señores, con una sonrisa casi cínica en los labios. - Los judíos pobres son los únicos oprimidos en Rusia; el capital judío sigue siendo libre. Por eso hemos venido a verles[272]."

Manès Sperber, un influyente intelectual de los años setenta, era bastante caricaturesco cuando hablaba de las persecuciones. Sperber escribía por ejemplo: "Con las Cruzadas comenzó la era del mártir sin nombre, una sucesión casi ininterrumpida de opresión y sufrimiento". Naturalmente, no podía olvidar la "Shoah": "Desde hace décadas, no pasa un solo día en que no piense en aquella época en que mi pueblo, en el corazón de Europa, fue humillado hasta la deshumanización y eliminado por los asesinos en el poder. Ni un solo día en que pueda olvidar la indiferencia con que el mundo toleró esto durante años. Semejante soledad anida desde entonces en el corazón de mis semejantes". Y añadía: "Europa cayó más bajo que el fondo del abismo: se convirtió en el escenario de un genocidio practicado cada día contra seres humanos indefensos[273]."

El novelista Chaim Potok también acusaba al mundo entero. En *Los Elegidos*, escribía sobre la situación de los judíos en 1942: "Los ingleses dejaron entrar a unos pocos judíos, y luego cerraron la puerta. Estados Unidos tampoco se había preocupado lo suficiente por ellos. Nadie se había preocupado lo suficiente. El mundo había cerrado sus puertas, y seis millones de judíos habían sido masacrados. ¡Qué mundo! ¡Qué mundo de locos[274]!" Si el mundo entero permitió que los pobres judíos sufrieran, entonces el mundo entero es culpable, y algún día tendrá que expiar sus crímenes. Este es un discurso recurrente.

La leyenda de Moisés también ha servido para perpetuar el sufrimiento judío. Como sabemos, Batya, la hija del faraón, descubrió al niño

---

[272] Scholem Asch, *Pétersbourg*, 1933, Belfond, 1985, p. 51
[273] Manès Sperber, *Être Juif*, Odile Jacob, 1994, p. 97, 28, 110
[274] Chaïm Potok, *L'élu*, 1967, Calmann-Lévy, 1969, p. 212

abandonado en las aguas del Nilo. Elie Wiesel escribía sobre este episodio bíblico: "Supo que era judío porque no lloraba como un niño sino como un adulto, como una comunidad de adultos; todo su pueblo lloraba en él, dice un comentarista[275]."

La fecha de aniversario de este continuo lamento judío es el 9 de Av (finales de julio-principios de agosto en el calendario cristiano), es decir, el día de la destrucción de los dos templos, el primero destruido por Nabucodonosor en 486 a.C., y el segundo por las legiones romanas de Tito en 68 d.C.

La expulsión masiva de los judíos de España en 1492 tuvo lugar el mismo día, según Abravanel, que era entonces el líder de la comunidad judía española. Esther Benbassa señalaba, sin embargo, que fue el 31 de julio, es decir, el 7 de Av, cuando el último judío abandonó las tierras de España, y no el 9, y añadía: "Aquí vemos de nuevo cómo el autor inserta las vicisitudes del presente en el marco litúrgico tradicional aceptado para las grandes catástrofes... España se identifica con la tierra de Israel y la expulsión con la destrucción del Templo, mientras que el propio Abravanel se transforma en un nuevo Ezequiel, profeta del exilio[276]."

En 2007, el libro de John Mearsheimer y Stephen Walt sobre el *Lobby* contenía una serie de consideraciones que confirmaban el mismo punto. Señalaban, por ejemplo, que el nuevo antisemitismo no databa de principios del siglo XXI: "En 1967, Arnold Foster y Benjamin Epstein de la ADL [Anti-Defamation League] publicaron *The New Antisemitism*".

En realidad, los intelectuales judíos siempre se han quejado del resurgimiento del fenómeno. El 11 de mayo de 2002, el columnista del *New York Times* Frank Rich admitía: "Como muchos otros judíos, quizás me inclino demasiado a creer que el mundo entero es antisemita".

"Este temor profundamente arraigado entre los judíos estadounidenses pasó a primer plano cuando Israel fue duramente criticado en todo el mundo en la primavera de 2002, añadían los dos académicos norteamericanos. Nat Hentoff, que escribía para el *Village Voice,* dijo entonces: "Si de repente una voz en un altavoz gritara por la calle: "¡Todos los judíos en Times Square!", no me sorprendería en absoluto. Ron Rosenbaum ha afirmado en el *New York Observer* que un "segundo Holocausto podría muy bien ocurrir". Esta preocupación se extendió tanto que el semanal *New Republic* creyó necesario poner en portada este titular de un artículo de Leon Wieseltier, él mismo muy comprometido con la defensa de Israel: "Hitler ha muerto: alegato contra el pánico étnico de los judíos estadounidenses[277]"."

---

[275] Elie Wiesel, *Celebración bíblica,* pdf Proyectos Editoriales, Buenos Aires, p. 153
[276] Esther Benbassa, *La Souffrance comme identité,* Fayard, 2007, p. 86
[277] John J. Mearsheimer / Stephen Walt, *Le Lobby pro-israélien et la politique étrangère*

En Francia, la situación es muy parecida. En su número de 1995, *L'Arche*, la revista mensual del judaísmo francés, publicaba un artículo de un tal Christian Boltanski, que escribía en la página 24: "La guerra en Francia me ha enseñado que nuestro vecino sólo tiene un deseo: matarnos, que nuestro vecino, que es extremadamente amable y simpático, puede asesinarnos al día siguiente, que el mismo hombre que besa a su hijo por la mañana puede matar a otros por la tarde". Y añadía también: "...y que nosotros mismos somos capaces de ello".

Veinte años antes, los responsables de la comunidad no veían el mundo de otra forma. En 1978, por ejemplo, *Le Droit de vivre*, el órgano oficial de la Liga contra el antisemitismo (Licra), titulaba en primera página: "Vencer el antisemitismo para evitar lo peor". En 1991, su presidente declaraba: "Tenemos derecho a estar preocupados. Tengo la impresión de que estamos en 1934 o 1938."

En su libro *Retrato de un judío*, publicado en 1962, Albert Memmi también lamentaba la miserable condición de los judíos: "El judío en cuanto judío, escribía, casi nunca puede influir en el destino nacional del que, sin embargo, forma parte: no se le consulta y, la mayoría de las veces, ni siquiera pide que se le consulte, pues se contenta con que se le olvide y se le trate como si no existiera. Pero si lo pide, descubre inmediatamente su impotencia". Y Albert Memmi insistía en el mismo sentido: "Somos, a fin de cuentas, los marginados, rechazados de la historia. Queremos pasar desapercibidos, pero como la historia se hace sin nosotros, también se hace, las más de las veces, contra nosotros. Como hemos visto, todo ocurre como si el judío fuera designado y ofrecido como víctima expiatoria a la pobre imaginación de los verdugos, dictadores y políticos. Pero esto no es por casualidad: social e históricamente, el judío es el punto más débil de la nación, el eslabón más frágil de la cadena, que por tanto debe ceder primero".

Este tema es repetido a lo largo de todo su libro: "Los judíos son particularmente oprimidos, más gravemente, más generalmente que los demás[278]." Y seguía habiendo motivos para alarmarse: "El año pasado, los muros de París volvieron a cubrirse de eslóganes y símbolos antijudíos. Una editorial eligió el mismo momento para lanzar un diccionario que contenía numerosas definiciones insultantes contra los judíos[279]."

En el tomo II, seguía erre que erre: "Sí, el judío sigue siendo esencialmente una persona oprimida...En Argentina, los muslos de algunas estudiantes judías fueron incisos con cruces gamadas. En Inglaterra, se celebraron mítines neonazis, y una vez más se coreó "¡Judíos fuera!" En

---

américaine, La Découverte, 2007, p. 207, 210
[278] Albert Memmi, *Portrait d'un juif*, Gallimard, 1962, p. 193, 195, 219
[279] Albert Memmi, *Portrait d'un juif*, Gallimard, 1962, p. 212

América, las sinagogas siguieron siendo saqueadas: ¡veinticinco en dos años[280]!"

En noviembre del 2007, el canal de televisión público France 3 emitió uno de los innumerables reportajes sobre el extraordinario sufrimiento de los judíos a principios del siglo XXI: *Comme un juif en France (Como un judío en Francia)*. Todos los testigos, sin excepción, interpretaron el papel habitual del judío quejumbroso y llorón. Con tales testimonios, un observador diría, cinco generaciones después, que nuestra época había sido realmente terrible para los pobres judíos. Habían sido vilipendiados, acosados y maltratados en las escuelas y en las calles de las grandes ciudades. Les quemaban las sinagogas y tenían miedo. Se habían visto obligados a huir de Israel (dos o tres mil al año, de un total de un millón de individuos aproximadamente), y nadie se preocupaba y ocupaba de ellos. En ningún momento del documental, por supuesto, se nos habló de los ministros judíos, de los multimillonarios judíos, de los judíos omnipresentes en los programas de televisión, en la radio y en el cine, siempre dispuestos a dar lecciones de tolerancia y a hacer sentir culpables a los demás para imponerse con más fuerza como pueblo homogéneo e implacablemente racista en medio del pueblo que los ha acogido.

A finales del siglo XX, los millones de inmigrantes afromusulmanes, que los intelectuales judíos tanto habían hecho por traer a Francia en el espacio de unas pocas décadas, empezaban a causar graves problemas. Desde el comienzo del nuevo milenio, se han producido revueltas generalizadas en los suburbios franceses, y los pocos ataques de carácter antisemita que se han producido, por pequeños que fueran, han alarmado sobremanera a los dirigentes de la comunidad judía.

Por este motivo, los judíos se han dado cuenta recientemente de que los árabes y los musulmanes representan ahora el principal peligro para ellos. Roger Cukierman, elegido Presidente de Crif en el año 2001, publicó un artículo en *Le Monde* el 5 de febrero de 2002 en el que escribía: "El peligro más inmediato no procede de la extrema derecha tradicional, sino de algunos fanáticos islamistas o de individuos aislados a los que se suele denominar con tacto "jóvenes gamberros" de los suburbios[281]."

Muchos intelectuales judíos se han pasado abiertamente a la derecha dura, liberal y pro-estadounidense. André Glucksmann, Alexandre Adler, Marc Weitzmann, Pascal Bruckner, Romain Goupil y Alain Finkielkraut

---

[280] Albert Memmi, *La Libération du Juif, Portrait d'un Juif II*, Gallimard, 1966, p. 14, 13

[281] Roger Cukiermamn, *Ni fiers ni dominateurs*, Edition du Moment, 2008, p. 240. Léase declaraciones de Cukierman y otros presidentes del Crif en *Las Esperanzas planetarianas, Psicoanálisis del judaísmo* y *El Fanatismo judío*. ["Jovenlandia" apareció en Francia en aquellos años. NdT.]

persiguen así sus objetivos mesiánicos de unificación mundial, precisamente porque son judíos, porque siguen siendo judíos. Ciertamente, hay judíos que se han integrado sinceramente en la sociedad francesa, pero ya no son judíos en absoluto. Pues son franceses.

El 27 de abril de 2006, el semanal *Le Point* publicaba un reportaje sobre el antisemitismo en Francia y la emigración de algunos judíos a Israel. En él, Julien Dray, dirigente socialista cofundador de SOS Racismo en los años 80, explicaba que, comparados con los millones de árabes que viven ahora en Francia, los judíos no tenían mucho peso. Escuchen esto: "La verdad es que la comunidad se ha equivocado tomando esa dirección. Se ha convertido en un grupo de presión para influir en la política exterior de Francia. Es una actitud suicida, porque lobby contra lobby, no puede competir[282]." Efectivamente, está bastante claro que el lobby judío del comercio mundial, de las finanzas internacionales y los medios de comunicación no es rival para el formidable lobby de los tenderos de barrio magrebíes y los traficantes de hachís.

En el mismo número del semanal aparecían también las declaraciones del conocido filósofo Alain Finkielkraut. Alarmado por la agresividad de los jóvenes musulmanes que viven en Francia, éste también se había pasado a la "derecha". También él expresaba ese sufrimiento identitario de la personalidad judía. Denunciaba el discurso de estos inmigrantes, que ahora se hacían pasar por víctimas de Occidente y competían peligrosamente con la propaganda victimista judía: "Hay en Francia esclavos imaginarios, decía el pensador, indígenas imaginarios que quieren saldar sus cuentas con los judíos. Sin duda creen que el holocausto es una elección y tienen envidia. No sé si los judíos han cambiado, pero la situación sí que es nueva. Lo padezco no sólo como judío, sino también como francés, sobre todo porque dos de los insultos más comunes son "maldito judío" y "maldito francés"."

Doble sufrimiento, pues, para Alain Finkielkraut. Sus comentarios recordaban lo que el historiador Pierre Vidal-Naquet había escrito en sus memorias sobre su padre Lucien, que también había sufrido mucho antes de la guerra: "Lucien, decía, era un francés judío que sentía como francés el insulto que se le hacía como judío[283]."

En el mismo número de *Le Point*, Shmuel Trigano, autor con el que los lectores de *Las Esperanzas planetarianas* ya están algo familiarizados, también expresaba su gran dolor: "¿Por qué juzgar a los judíos por haber

---

[282] El piso de Julien Dray fue registrado en diciembre de 2008. El hombre es sospechoso de fraude. Hace unos años compró un reloj por valor de 38.000 euros, en parte en efectivo. También sacó decenas de miles de euros de las cuentas de la asociación SOS Racismo.

[283] Pierre Vidal-Naquet, *Mémoires I*, 1930-1955, Seuil, p. 102

girado a la derecha?... Es patético que a los únicos franceses a los que se les pida que demuestren que son buenos franceses sean los judíos. Se espera de ellos que sean la quintaesencia de Francia. Y como Francia perdió la cabeza, se convierten en los chivos expiatorios de todo lo que va mal". El judío es un chivo expiatorio, siempre perseguido sin motivo. Es uno de los grandes enigmas de la historia.

El rabino Haïm Dynovisz lo explicaba de forma sencilla: "Con los árabes, o pegas o te pegan. No hay *kavod* (respeto) que mostrar a un árabe. O está bajo tus pies o tú estás bajo los suyos".

Los periodistas de *Le Point* precisaban aquí: "Cuando le preguntamos por esta moral racista, Haïm Dynovisz protestó: "Estoy hablando de la civilización árabe, no de individuos que, considerados individualmente, son muy buenos"." Los lectores del semanal podían tranquilizarse pues, y Haïm Dynovisz no sería arrastrado ante los tribunales como un vulgar goy.

Victor Malka no fue ciertamente un intelectual de gran relevancia, pero lo que escribía era bastante revelador. Su *Carta a mis amigos musulmanes*, publicada en 2006, estaba llena de buenos sentimientos, aunque su objetivo era simplemente convencer a los musulmanes de Francia de que respetaran al "Hombre". Su discurso era un poco pueril, como suele ocurrir a veces con los pensadores y guionistas judíos[284].

Victor Malka reconocía que los intelectuales judíos siempre estaban dispuestos a apoyar a los inmigrantes: "¿Se han dado cuenta, escribía, del gran número de intelectuales que hay entre nosotros -a veces ellos mismos procedentes de Marruecos, Argelia o Túnez- que apoyan sus reivindicaciones y toman partido por su causa todos los días en las columnas de la prensa nacional?"

Pero los árabes debían comprender que el apoyo que podían recibir de los judíos residentes en Francia dependía de su respeto a las leyes democráticas: "Podemos ser vuestros mejores compañeros de viaje en cuanto cortéis todos los lazos - haciéndolo saber a los cuatro vientos, alto y claro, de manera inequívoca - con los fundamentalistas de todo pelaje y variedad (vengan de Egipto o de Arabia Saudí), con sus proyectos liberticidas y sus sueños imposibles de dominación". Es bien sabido, en efecto, que los musulmanes fanáticos buscan dominar el mundo: exactamente lo contrario de los judíos, en definitiva.

Por tanto, se invita a los musulmanes a reformar su religión para convertirse en verdaderos Occidentales, en buenos consumidores dóciles y cosmopolitas, deseosos de mantener la máquina económica en marcha y pleno rendimiento: "Probablemente necesitéis desempolvar algunas de

---

[284] Edouard Drumont ya había notado este rasgo de carácter, léase en *Psicoanálisis del judaísmo*.

vuestras costumbres para ponerlas al día de los tiempos franceses[285]", escribía ufanamente Victor Malka.

Los intelectuales judíos, en su mayoría, suelen explicarnos que a lo largo de la historia las relaciones entre judíos y árabes siempre fueron cordiales. En realidad, apenas hace falta investigar a fondo para darse cuenta de que este discurso es en gran medida falaz. Más que nada, hay que entender que para ellos la verdad histórica no tiene ninguna importancia cuando se trata de trabajar en favor de la comunidad judía.

De creerles, los judíos y los árabes en Francia pueden ser los mejores amigos del mundo: "Hemos coexistido juntos la mayoría de las veces en armonía y paz. Mejor aún: ¡a veces en una especie de simbiosis!", aseguraba Malka.

Y bien podría haber añadido: "Nosotros en la cima del poder, vosotros en lo más bajo de la escala". De hecho, todo el libro está escrito en este tono condescendiente: "Ya ven, nuestros problemas y los suyos no están tan alejados como podría pensarse a primera vista..." El discurso se asemeja al de un psiquiatra poniendo una inyección a una víctima ligeramente desconfiada, como otra forma de decir: "Veis, al final, no duele tanto".

El 22 de febrero del 2007, el semanal *Le Point* publicaba un artículo sobre los judíos franceses que se instalan en Israel: "Se reúnen en grupos homogéneos en Beit Vagan, Har Nof, Kyriat Moshe o Bnei Braq, los barrios religiosos de Jerusalén o Tel Aviv", leíamos. Estos pocos miles de judíos están literalmente "asqueados" de en qué se ha convertido Francia. He aquí lo que escribía el periodista sobre uno de estos emigrantes: "A sus 55 años, nunca imaginó que le resultaría tan fácil hacer una cruz definitiva a su vida en Francia. Para él, era señal de que el divorcio ya se había consumado desde hacía mucho tiempo. No encuentra palabras suficientemente duras para De Gaulle, Giscard, Michel Jobert y Roland Dumas, a los que acusa sin reservas de "haber vendido Francia al mundo árabe". Jacques Chirac, por su parte, habría favorecido escandalosamente a los "inmigrantes árabes-musulmanes" en detrimento de los judíos de Francia".

A continuación, esto decía Miguel, de 20 años. Nacido en Marsella, Miguel se alistó en Tsahal, el ejército israelí: "Francia se ve obligada a elegir entre la escoria y los judíos. Ha dejado bien claro hacia qué lado se inclina. No creo que fuera libre de hacer esa elección. Los judíos de Francia no cuentan para nada; los otros, en cambio, pueden quemar miles de coches si se les molesta".

Alex Moïse, cofundador de Radio Shalom y secretario general de la Federación de las Organizaciones Judías de Francia, intervino en *Actualité*

---

[285] Victor Malka, *Letrre à mes amis musulmans*, Albin Michel, 2006, p. 21, 192

juive el 24 de julio de 2008: "Estoy convencido de que el judaísmo europeo está en vías de desaparición, declaraba. La galopante asimilación e islamización del continente significa que dentro de veinte años será difícil vivir como judío. China e India deberían albergar comunidades florecientes en el futuro". Vemos como el judío está dispuesto a partir en busca de nuevas tierras y continuar así su eterna errancia.

En todos los países democráticos, el menor incidente "antisemita" suele adquirir dimensiones gigantescas, en proporción a la influencia de los judíos en los medios de comunicación. Pero no todos estos incidentes son culpa de los "neonazis" o de los musulmanes.

Estos son sólo algunos ejemplos que añadimos a nuestra larga lista de falsos atentados antisemitas y que ya hemos enumerado en *El fanatismo judío* (2007).

En 1990, un contable de Maryland, Joel Davis, fue condenado por fraude al seguro. Había incendiado su casa de campo y cubierto las paredes con pintadas antisemitas.

Ese mismo año, un tribunal israelí condenó a un judío, David Goldner, por escribir pintadas antisemitas en trescientas tumbas judías de un cementerio de Haifa. El culpable explicó que lo había hecho para que los judíos tomaran conciencia del peligro y se unieran frente al enemigo (*Los Angeles Times*, 28 de mayo de 1999).

En 1995, en Portland (Oregón), otro judío, Dan Davenport, fue condenado por hechos similares: prendió fuego a su casa y pintó cruces gamadas en las paredes para cobrar el dinero del seguro.

En 1996, en Miami, Al Rubin fue condenado a tres años de prisión, y su hijo a ocho, por cubrir una escuela judía, la Hillel County Scholl, con pintadas nazis y destruir los autobuses escolares.

En 1998, un chico judío de 15 años de Huntington Beach, California, fue detenido junto con otros cuatro amigos por pintar y quemar una esvástica en el jardín de sus padres. Más tarde admitió que lo había hecho porque sus padres le habían prohibido ir a una fiesta en la playa, y también porque su madre se había negado a darle tres dólares para comprar cigarrillos.

En febrero del 2000, Alan Jay Lorenz, judío, decoró dos sinagogas de Connecticut con pintadas que llamaban a "matar judíos" (*Associated Press*, 11 de febrero de 2000).

En octubre de 2007, la comunidad judía francesa quedó conmocionada cuando una colegiala judía de 13 años fue atacada por tres hombres de "tipo magrebí y africano" en las escaleras de la estación de metro de Iglesia de Pantin. Se trataba de un caso claro de agresión antisemita. Kelly F. presentó una denuncia y la Oficina de vigilancia nacional contra el antisemitismo, dirigido por Sammy Ghozlan, hizo un llamamiento a las autoridades públicas. El semanal *Rivarol* del 26 de octubre de 2007 explicaba que tras el asunto RER D [línea de cercanía, ndt], en el que una joven denunció que su cuerpo había sido cubierto de cruces gamadas, las autoridades habían sido esta vez más prudentes y habían esperado a las conclusiones de la investigación antes de reaccionar. Hicieron bien: "Interrogada largamente por la policía la Seguridad departamental, la adolescente dio varias versiones contradictorias antes de admitir el 11 de octubre que se había herido accidentalmente con una valla y que se había inventado el incidente, del que no dio ninguna explicación".

Faits et Dcouments, el boletín de información de Emmanuel Ratier, informó el 15 de noviembre de 2007 de que desde hacía varias semanas florecían cruces gamadas en las paredes de la Universidad George Washington, donde alrededor de un tercio de los estudiantes eran judíos. Varias organizaciones comunitarias presentaron una denuncia y, gracias a las cámaras de vigilancia, el autor fue pillado in fraganti. La autora era Sarah Marshak, una estudiante de la comunidad judía.

Aunque es posible que se produzcan algunos incidentes reales, la cobertura mediática suele ser en cualquier caso totalmente desproporcionada. Esther Benbassa es uno de los pocos intelectuales judíos que reconocen los defectos de su comunidad. Ha observado que "la prensa judía dedica demasiado espacio a los incidentes más nimios, que en general son poco preocupantes. No cabe duda de que el antisemitismo no ha muerto, escribía, pero hoy en día no veo ninguna razón para afanarse en detectarlo en todas partes. La prensa no judía también mantiene vivo el fenómeno. No sé muy bien cómo llamarlo. ¿Obsesión? Al insistir constantemente en el antisemitismo, denunciar implacablemente cualquier discurso que no se ajuste a la norma, rastrear incansablemente el menor rastro de odio, rechazo o incluso simple indiferencia, estamos creando sin duda una comunidad de sufrimiento ilusoria[286]."

El propio Sigmund Freud tenía una fuerte tendencia a la hiperemotividad. Su discípulo y biógrafo Ernst Jones escribió sobre él en su *Vida y Obra de Sigmund Freud*: "Se sentía judío hasta lo más hondo de su ser, y ello, evidentemente, significó mucho para él. Tenía una exagerada sensibilidad, común en los judíos, al más leve indicio de antisemitismo, y tenía muy pocos amigos que no fueran judíos. Se oponía enérgicamente a la idea de que los judíos fueran impopulares, o inferiores en cualquier sentido, y evidentemente sufrió mucho, desde la época escolar en adelante, y especialmente en la Universidad, a causa del antisemitismo[287]."

La verdad es que esta inclinación a la jeremiada es obviamente de naturaleza patológica. La "gran fragilidad emocional", tal como ya la

---

[286] Esther Benbassa, Jean-Christophe Attias, *¿Les Juifs ont-ils un avenir?* J.C. Lattès, 2001, p. 108-114
[287] Ernst Jones, *Vida y Obra de Sigmund Freud, Tomo I*, Editorial Anagrama, Barcelona, 1981, p. 48

hemos estudiado en *Psicoanálisis del judaísmo* y *El Fanatismo judío*, es uno de los síntomas de la patología histérica. No fue una mera casualidad si precisamente a partir del estudio de esta enfermedad Freud desarrolló sus teorías psicoanalíticas.

El judío errante. Israelitas neurópatas

Todos los observadores del judaísmo han constatado la extraordinaria homogeneidad del pensamiento judío y las numerosas similitudes entre individuos de caracteres muy diferentes. A finales del siglo XIX, ante la llegada masiva de judíos procedentes de Rusia y de Europa del Este, algunos franceses se alarmaron al ver cómo estos extranjeros se agolpaban en las calles de París, pero también se beneficiaban del misterioso apoyo de las altas esferas del poder republicano. Su ropa harapienta y la apariencia enfermiza de muchos de ellos suscitaron dudas entre los higienistas y médicos franceses de la época, ya bastante ocupados en tratar a su propia población.

El número de abril de 1998 de la revista comunitaria *Passages* publicó un interesante artículo sobre este tema de un tal Tristan Mendés France. Este señalaba que la prensa hablaba entonces de "una invasión judía de París".

"Esta llegada desordenada impulsó a un gran número de judíos sin hogar al centro de la ciudad, viviendo en la promiscuidad o el vagabundeo. La gente empezó en seguida a asociar este estado de vagabundeo con la vieja leyenda del Judío errante, hasta el punto de considerar que estaba en la naturaleza del judío de errar sin cesar".

El autor se refería a continuación a los trabajos del profesor Jean-Martin Charcot[288], en el hospital de la Sapêtrière, y "a la elaboración de una patología de la migración": "Debemos al profesor Charcot, escribía, y en particular a sus famosas "clases de los martes", la primera concepción teórica de la patología del Judío Errante. El médico imagina que los judíos padecen un estrés específico heredado a lo largo de los siglos,

---

[288] Jean-Martin Charcot (1825-1893) fue un neurólogo francés, profesor de neurología clínica en la Facultad de Medicina de París y miembro de la Academia Francesa de Medicina. Fue el descubridor de la esclerosis lateral amiotrófica (ELA), enfermedad neurodegenerativa que lleva su nombre en la literatura médica francófona. Junto con Guillaume Duchenne, fue el fundador de la neurología moderna, uno de los grandes impulsores de la medicina clínica y una figura destacada del positivismo. Sus trabajos sobre la hipnosis y la histeria, que dieron origen a la Escuela de la Salpêtrière, inspiraron tanto a Pierre Janet en sus estudios de psicopatología como a Sigmund Freud, que fue brevemente su alumno y uno de sus primeros traductores al alemán, en su invención del psicoanálisis. (NdT)

probablemente como consecuencia de las sucesivas exclusiones a las que fueron sometidos".

Otros después de él identificaron una patología ligada al desarraigo del viaje. En 1893, el doctor Henry Meige, alumno de Charcot, había continuado y profundizado el estudio médico. Habiendo tenido ocasión de observar a judíos neurasténicos o vagabundos, dedicó a sus casos su tesis doctoral, publicada en 1893 con el título *Estudio sobre algunos viajeros neuropáticos; El judío errante en la Salpêtrière*: "Así pues, el judío errante existe hoy en día, escribía. Cartaphilus, Ahasverus, Isaac Laquedem entran en el ámbito de la patología nerviosa del mismo modo que las enfermedades cuya historia acabamos de relatar". El judío errante bien podría haber sido "una especie de prototipo de los israelitas neuropáticos que vagaron por el mundo[289]."

Tristan Mendés France señalaba que estas consideraciones habían sido ampliamente explotadas en su momento por los nacionalistas franceses, que acusaban a los pobres judíos de todos los males: "A la neurosis judía ligada a la errancia de la que hablaba Charcot respondía la "implacable enfermedad judía" ligada al cosmopolitismo denunciada por Edouard Drumont".

Naturalmente, en palabras de Mendès France, estas acusaciones antisemitas parecían totalmente delirantes y fuera de lugar. Se acusaba a los judíos, por ejemplo, de ser la causa de una epidemia de conjuntivitis y de constituir una verdadera "plaga social". Una segunda campaña sobre el mismo tema fue lanzada en 1920 por varios antiguos senadores antidreyfus[290], que esta vez acusaron a los judíos inmigrantes de traer "todo tipo de enfermedades, incluida la lepra y, sobre todo, la enfermedad número 9 [la peste]."

Louis Dausset, uno de estos senadores, tras citar los peligros epidémicos que suponían los inmigrantes judíos en París, argumentó que también eran "portadores del veneno revolucionario". Estos comentarios se repitieron en noviembre del mismo año en el periódico *Le Petit Bleu*: "Estos indeseables no sólo propagan gérmenes, sino también las doctrinas del bolchevismo derrotista entre las clases bajas con las que entran en contacto" (*Le Petit Bleu*, 3 de noviembre de 1920). En 1920, Gaudin de Vilaine, otro senador, hacía una síntesis de la situación económica de los inmigrantes judíos en París: "unos microbios anárquicos", concluía tajantemente.

Los otros inmigrantes también serían utilizados como chivos expiatorios. Los judíos no fueron los únicos acusados, lo que sin duda suponía un gran alivio para Tristan Mendès France. "Todo inmigrante tiene, pues, una

---

[289] Henry Meige, *Étude sur certains névropathes voyageurs; Le Juif errant à la Salpêtrière*, p. 61, 68, 69
[290] Ver nota 63. (NdT).

propensión natural a este tipo de patología, a esta enfermedad de la nación. Esta suposición a priori de que los inmigrantes son portadores de enfermedades pervierte el discurso sobre la inmigración, sin que se pueda distinguir claramente la fantasía de la realidad médica".

Tristan Mendès France concluía, por tanto, que los europeos aún no se habían desprendido por completo de las viejas leyendas ridículas que todavía estructuraban lo más profundo de su ser, "esos esquemas ancestrales en los que el judío... se convierte en el agente difusor de un mal antinacional que no se puede contener".

Y utilizaba este ejemplo: "Jean-Marie Le Pen es un vehículo revelador. Al utilizar el neologismo de sidaico *(sidaïque)* - contracción de sida y judaico *(judaïque)*[291] - no es más que una correa de transmisión de la vieja leyenda del judío errante portador de epidemias". En resumen, según Mendès France, los judíos no propagaban ningún mal social ni ninguna enfermedad, y eran completamente vírgenes de toda responsabilidad en los crímenes del bolchevismo e inocentes de cualquier cosa que se les pudiera reprochar. En cambio, los europeos tenían que deshacerse de todas las viejas leyendas que aún obstruían sus cerebros y les impedían comprender todos los beneficios que aporta el judaísmo.

De todas las leyendas populares, la del judío errante es una de las más universalmente difundidas. La misteriosa figura del eterno caminante ha alimentado la imaginación de muchos autores y artistas desde tiempos muy lejanos: novelistas, poetas, eruditos y pintores han estudiado, comentado y reproducido sus inmutables rasgos de diferentes formas. Gregorio de Tours fue el primero en dar a conocer la leyenda[292].

Pero es a Mateo Paris, un benedictino inglés que vivió en tiempos de Enrique III, a quien debemos el primer relato detallado[293]: Cartophilus (o Cartaphilus), el portero del pretorio de Poncio Pilato, golpeó con el puño a Jesucristo cuando cruzaba el umbral y le dijo: "¡Camina! Jesús va más deprisa, pues. ¿Por qué te detienes?" Jesús, dándose la vuelta, le contestó: "Ya voy. Pero tú esperarás mi segunda venida: caminarás para siempre". Y

---

[291] *Sidaïque:* palabra acuñada por Guillaume Faye, periodista y escritor de "extrema derecha", y popularizado por varias figuras del Frente Nacional, entre ellas su antiguo presidente Jean-Marie Le Pen. Se basa en el acrónimo francés Sida. La Comisión General de la Lengua Francesa ha recomendado el uso del término *sidéen*, mientras que otros han preferido el término *sidatique* (sidoso). (NdT).

[292] Grégoire de Tours, *Epistola ad Sulpilium Bituriensem*, traduction de l'abbé Marolles, II, 712, p. 148. [Gregorio de Tours (539-594) fue un clérigo e historiador que vivió en la época de los reyes merovingios de Francia. Es conocido sobre todo por sus escritos, que constituyen un testimonio literario e histórico esencial del siglo VI y de los periodos anteriores que describe. (NdT).]

[293] Mathieu Pâris, *Historia Major*, in fol. édit. Will Wats., p. 352, Londini, 1640.

Cartophilus se puso en camino, para no detenerse nunca más. *"Ne morra pas voirement / Jusqu'au jour del jugement*[294]*."*

Más cerca de nosotros en el tiempo, el judío errante ha cautivado a otros novelistas: Goethe, Béranger y, sobre todo, Eugenio Sue, que presentó otra versión en 1844. El legendario judío se cruzaba en su camino, contaminando sus pasos con el mal cuya carga lleva consigo. Se alejaba, cargado de maleficios y de muerte. Eugenio Sue mostraba al eternamente maldito, en las alturas de Montmartre, conjurando a Dios para que le librara de la calamidad invisible que siembra a su paso, la peste, pues la epidemia de cólera de 1834 había reavivado el miedo en la ciudad[295].

Para los cristianos de antaño, la leyenda del judío errante simbolizaba el nomadismo de los israelitas, culpables a sus ojos de haber condenado a Cristo a la muerte, y que pagaban su crimen errando para siempre.

El mito del judío errante Ahasverus es de origen alemán. Según los cronistas germánicos de la Edad Media, cuando Poncio Pilata preguntó a los judíos si querían que mataran a Jesús o a Barrabás, Ahasverus, un zapatero, fue uno de los que más fuerte gritó: "¡Jesús! ¡Jesús!" Jesús, cargado con la Santas Cruz, pasó por delante de la zapatería. Se apoyó en ella. Ahasverus lo apartó malamente de un empujón, y Jesús dijo al zapatero: "En verdad, yo me detendré, y tú, Ahasverus, caminaras para siempre". Repentinamente arrepentido, el judío, llorando, abandonó Jerusalén en aquella hora. Y así fue como, habiéndose negado a ayudar a Jesús en la vía crucis, Ahasverus fue condenado a errar de país en país, sin poder asentarse jamás en ninguna parte.

En el siglo XIX se le llamaba Isaac Laquedem. Su fama rivalizaba con la de la mítica Bestia de Gévaudan. La buena gente del país creyó haberle visto en Beauvais, Estrasburgo o Metz. La maldición de la que era objeto provocaba a veces lástima o terror. Numerosos lamentos lo evocaban:

"¿Hay algo en la tierra / Más sorprendente / Que la gran miseria / Del pobre judío errante? / Que su desdichado destino / Parece triste e infeliz.

Un día cerca de la ciudad / De Bruselas, en Brabante / Unos dóciles burgueses / Pasaron por allí y lo abordaron; / Nunca habían visto / Un hombre tan barbudo.

Su vestimenta toda deforme / Y muy mal arreglada / Les hizo creer que aquel hombre / Era extranjero, / Llevaba un delantal de obrero / Delante de él.

Le dijeron: - Buenos días, maestro, /Permítanos, por favor/ La satisfacción de estar /Un momento con usted /No se niegue/ Retrase un poco sus pasos.

---

[294] Crónica rimada de Ph. Mouskes, de. Reiffemberg, p. 491. Se hablaba todavía francés en la corte del reino de Inglaterra.
[295] Eugène Sue, *Le Juif errant*, 1844, Laffont, Paris, 1990.

- Señores, protesto/ Pues soy muy infeliz. / Nunca me detengo, /Ni aquí, ni en otra parte, / Con buen o mal tiempo/ Camino sin cesar.

- Entrad en esta posada, venerable anciano, / Con una jarra de cerveza fría/ tome parte con nosotros. / Le trataremos / lo mejor que podamos.

- Aceptaré Beber / Dos copas con ustedes, / Pero no puedo sentarme, / Debo estar de pie. / Estoy verdaderamente/ Confundido por vuestras bondades.

Y el judío errante concluía:

- Caballeros, el tiempo se acaba, /Adiós a la compañía. /Gracias a vuestra cortesía/ Os lo agradezco. / Estoy demasiado atormentado / Cuando me detengo.

El nacionalista francés Edouard Drumond había visto claramente que la agitación frenética y permanente de los judíos era ante todo la manifestación de una neurosis, y que esta neurosis tan específica correspondía exactamente a la patología histérica que el Doctotr Charcot estudiaba en aquella época y que Freud estudiaría después de él. Sin embargo, en 1886, al terminar de escribir los dos volúmenes de *La Francia Judía*, Edouard Drumond aún no disponía del material suficiente para hacer un diagnóstico preciso de la enfermedad tan específica que aquejaba a los judíos. He aquí lo que escribía en el primer volumen de *La Francia judía*: "La neurosis es la enfermedad implacable de los judíos. En este pueblo largamente perseguido, que vive siempre en medio de una perpetua angustia y de incesantes conspiraciones, sacudido luego por la fiebre de la especulación, que además ejerce profesiones en las que sólo interviene la actividad cerebral, el sistema nervioso ha terminado por alterarse por completo. En Prusia, la proporción de dementes es mucho mayor entre los israelitas que entre los católicos... El doctor Charcot hizo las revelaciones más curiosas sobre este tema en sus clases del hospital de la Salpêtrière, a propósito de los judíos rusos, los únicos de los que podemos hablar, ya que los demás ocultan cuidadosamente sus enfermedades en sus palacios".

Drumont estaba alarmado por el fabuloso poder que la élite judía había adquirido tan rápidamente en la sociedad cristiana: "Esta neurosis, el judío ha acabado, curiosamente, comunicándola a toda nuestra generación, escribía. La neurosis judía ha desempeñado su papel en los destinos del mundo. Durante los veinte años que los semitas han manejado, como decía Disraeli, los hilos de la diplomacia secreta, y que han reducido a los verdaderos embajadores a la condición de comparsas, durante los veinte años que han dirigido la política europea, esta política se ha vuelto verdaderamente irracional y demencial".

En el segundo volumen de *La Francia judía*, encontramos también esta pertinente observación: "Siempre están en movimiento, incesantemente en todas las carteleras, ocupando continuamente París con su ruidosa y vanidosa personalidad; se atraen unos a otros y se promocionan mutuamente haciéndose eco unos de otros. Sarah Bernhardt no puede dar un paso sin que Wolf haga sonar su trompeta; Arthur Meyer aparece inmediatamente; Marie Colombier interviene y el estruendo es inaudible...La neurosis judía, evidentemente, tiene mucho que ver con esta agitación trepidante; no es natural, en efecto, que uno no pueda descansar y tampoco dejar a los demás. Para estos entusiastas de la publicidad, el sueño en sí no parece existir; creen estar muertos cuando ya no oyen ningún ruido a su alrededor".

Y Drumont se amparaba en la perspicacia de los médicos y especialistas franceses de su época: "Sobre estos estados de ánimo particulares, que revelan un trastorno innegable del sistema nervioso, será útil consultar a Legrand du Saulle quien, en su libro sobre la *Histeria*, vio y describió claramente el lado enfermizo de estas manifestaciones. El docto médico explica muy claramente cómo las virtudes mismas se han convertido, para estos seres teatrales, en una oportunidad de aparecer, de estar en escena[296]."

Jacques Ploncard, un patriota francés, fue uno de los pocos resistentes antisemitas que se inspiró en la obra de Charcot. Por desgracia, sólo publicó un artículo sobre el tema. Apareció en la revista *L'Ethnie française*, en enero de 1943, y se titulaba *Note sur l'hystero-neurasthénie juive* (*Nota sobre la histero-neurastenia judía*): "Gritos como *"Je vous hais!"*(*¡Os odio!*) de Leon Blum, acompañados de un estremecimiento de su cuerpo, son síntomas que no pueden engañar, escribía. Existe una histeria colectiva judía. Los antiguos Hebreos parecen haberla padecido ya. A lo largo del Nuevo Testamento, vemos una multitud de individuos poseídos por el demonio, dementes, hombres con espíritus impuros que invocan a Cristo para que los libere". Y Jacques Ploncard proseguía: "Bénédikt, Charcot y muchos otros autores reconocen que la histeria es más preponderante en los Judíos que en los Arios. Según sus observaciones, se trata principalmente de una histeria que afecta más a los hombres que a las mujeres. A menudo se combina con la neurastenia."

Ploncard también se refería al Doctor Jean Flamant, que había estudiado en su tesis doctoral (publicada en 1934 por la librería judía Lipschutz) *La Patología de los israelitas*: "Charcot observó una gran proporción de neurópatas e histéricos entre los judíos y relató numerosas observaciones al respecto... El profesor judío Lombroso encontró cuatro veces más alienados judíos que arios en Italia".

Los judíos sienten una necesidad morbosa de comunicar su enfermedad al resto de la humanidad. En *El Gran temor de los biempensantes*, publicado en 1931, Georges Bernanos, que denunciaba el fanatismo de los judíos en la época del caso Dreyfus, también señalaba esta perpetua

---

[296] Édouard Drumont, *La France juive*, 1886, tome I, p. 105, 106, 108; tome II, p. 231, 232

agitación: "Estaba claro, escribía, que, a la larga, la agitación frenética y convulsiva del mundillo judío acabaría quebrando los nervios de un pueblo ya contagiado por esta neurosis oriental". Y Bernanos añadía, quizás sin darse cuenta de la exactitud de su diagnóstico: "Así triunfa una mujer histérica sobre el mejor hombre[297]."

---

[297] Georges Bernanos, *La grande peur des bien-pensants, Edouard Drumont*, 1931, Grasset, Poche, 1969, p. 323

2. La fabulación histérica

La fabulación histérica I

La fabulación es uno de los numerosos síntomas de la patología histérica. Como sabemos, la histeria es muy común en el judaísmo. Esta patología, que tanto llamó la atención de Sigmund Freud, es también extremadamente contagiosa y hay que subrayar que los judíos son los grandes especialistas en estos delirios político-religiosos que regularmente incendian a la humanidad. La personalidad histérica siempre expresa sus angustias con gran emoción, de modo que las comunica rápidamente a su entorno. Al principio, su fragilidad emocional y sus crisis existenciales inspiran lástima e impiden que sus allegados se den cuenta de su extraordinaria capacidad de manipulación. Sólo después de algún tiempo, las personas que la rodean, agotadas, prefieren distanciarse de ella o deciden mantenerla a distancia. He aquí todo el drama de la historia del judaísmo.

Tras la destrucción del Templo, los tormentos de la Primera Cruzada, la expulsión de España y de todos los países de Europa, los pogromos de los Cosacos en el Este, etc., las desgracias sufridas por los judíos durante la Segunda Guerra Mundial han provocado en ellos un nuevo trauma, y desde entonces los judíos, a través del sistema mediático moderno, se aprovechan para compartirlo con el resto de la humanidad. Retransmitidos en directo por la televisión y el cine, los gritos de indecible sufrimiento y los lamentos ensordecedores acabaron por doblegar a la humanidad, literalmente atónita ante tanta emoción. Y sin embargo, en toda esta incesante logorrea hay una evidente parte de fabulación.

En 1967, Simón Wiesenthal, el famoso cazador de nazis, publicó un libro titulado *Los Asesinos entre nosotros*. Contiene varios ejemplos de evidente fabulación histérica. Al principio del libro, un tal Joseph Wechsberg esbozaba un retrato de Simón Wiesenthal. En el campo de concentración de Lwów, "uno de los más perversos guardas de la SS eran conocido por "Tom Mix", mote sacado del famoso artista de cine del Oeste. El pasatiempo favorito de "Tom Mix" era montar a caballo por el campo y disparar a boleo contra los prisioneros. Hay varios testigos presenciales de los crímenes de "Tom Mix", pero Wiesenthal no ha logrado dar con el hombre en cuestión porque no conoce su nombre verdadero".

Joseph Wechsberg también aseguraba que las SS fueron culpables de atrocidades incalificables: "He leído otra carta en la que un SS describe cómo mataban a niños judíos recién nacidos arrojándolos contra la pared y a renglón seguido preguntaba si su hijito está ya bien del sarampión[298]."

Vemos también que los nazis sabían festejar a lo grande las grandes ocasiones: "Los SS iban a ejecutar a unos pocos judíos para celebrar el cumpleaños del Führer[299]."

Sentían más piedad por los animales que por los pobres judíos. En el verano de 1944, los judíos del campo fueron trasladados: "Les hicieron marchar a través de la ciudad, que se hallaba bajo intenso fuego de artillería, y al llegar a la estación les empujaron hacia el interior de un vagón de carga, ya atestado de polacos. Alguien dijo que los SS iban a gasearles allí, pero cuando se abrió otra vez la puerta y un SS llamado Blum hizo subir a un perrito negro y les dio una jaula con un canario, amenazándoles con ejecutarles a todos si algo les ocurría a los animalitos, Wiesenthal supo que no iban a gasearles: los SS adoran a los animales[300]."

Joseph Wechsberg relataba a continuación cómo Simón Wiesenthal había escapado de la muerte. Wiesenthal había formado parte de un convoy de prisioneros trasladados de Buchenwald a Mauthausen en pleno invierno. Esto escribía Weschberg: "De las tres mil personas que habían salido de Buchenwald tres semanas antes, habían quedado vivas sólo mil doscientas. Ciento ochenta murieron en el camino de la estación al campo de concentración de Mauthausen, un paseo de sólo seis kilómetros. Wiesenthal recuerda muy bien el frío espantoso, la noche clara, el crujir de la nieve helada bajo los pies. Cada paso era un esfuerzo mayor. Resultó que iba andando al lado del príncipe Radziwill, uno de cuyos parientes se casaría, en el transcurso del tiempo, con la hermana de la hoy viuda de John F. Kennedy. Tenían los brazos atados codo con codo, e intentaban sostenerse mutuamente, pero al fin no pudieron seguir y cayeron en la nieve. Wiesenthal oyó una voz que decía: "¿Estáis vivo?", y luego un disparo. Pero el SS debía de tener las manos entumecidas, porque la bala fue a parar entre Wiesenthal y Radziwill. La columna desapareció en la oscuridad, pero Wiesenthal y Radziwill siguieron allí echados. Al cabo de un rato se empezó a sentir a gusto, casi calentito, allá sobre la nieve, y recuerda haber dormido algo y que luego lo levantaron y lo echaron a un camión con los cadáveres. Luego le contaron que las autoridades del campo habían enviado a recoger los muertos para que los vecinos de Mauthausen, al ir de mañana a su trabajo, no se impresionaran al ver tantos cadáveres. Al

---

[298] Simón Wiesenthal, *Los Asesinos entre nosotros*, (pdf) Editorial Noguer, Barcelona, 1967, p. 13, 16

[299] Simón Wiesenthal, *Los Asesinos entre nosotros*, (pdf) Editorial Noguer, Barcelona, 1967, p. 24

[300] Simón Wiesenthal, *Los Asesinos entre nosotros*, (pdf) Editorial Noguer, Barcelona, 1967, p. 29

parecer, él y Radziwill estaban casi tiesos de frío y les supusieron muertos. Pero cuando el camión llegó al crematorio del campo y sacaron los cuerpos, los prisioneros designados para el trabajo notaron que aquellos dos hombres no estaban "muertos del todo". Por suerte no había ningún SS presente y el patio estaba muy oscuro; así, que los prisioneros llevaron a Wiesenthal y Radziwill a unas duchas cercanas, les quitaron las ropas y los pusieron bajo un chorro de agua fría que les reavivó. Desde las duchas, un estrecho corredor llevaba a los barracones del campo y los dos fueron conducidos en secreto a uno de ellos, débiles y aturdidos, pero con vida[301]." Tenemos que creérnoslo.

A continuación, Simon Wiesenthal relataba su propia experiencia de cazador de nazis después de la guerra. Franz Murer era un terrible criminal: "Szymon Bastocki, con antigua residencia en Vilna, ahora en Nueva York, prestó testimonio acerca de cierto día de marzo de 1943 en que Murer reunió a mujeres y niños en la plaza del campo de trabajo ordenando a la policía que arrancara a los hijos de sus madres para cargarlos en unos camiones que esperaban. Lanzaban a los recién nacidos por los aires como si fueran paquetes. Tuvieron lugar escenas que destrozaban el corazón, pero Murer permaneció inflexible[302]."

El Dr. Josef Mengele, natural de Günzburg, a orillas del Danubio, en Baviera, fue el tristemente célebre médico jefe de Auschwitz. Era doctor en filosofía por la Universidad de Múnich. Había estudiado la *Crítica de la razón pura* de Kant y, como nos decía Wiesenthal, "simultáneamente se empapó de la basura racial del filósofo hitleriano Alfred Rosenberg". Era además doctor en medicina de la Universidad de Fráncfurt.

He aquí lo que nos decía de él Simón Wiesenthal: "Tengo el testimonio de un hombre que vio cómo Mengele echaba una criatura viva a las llamas y el de otro que presenció cómo Mengele mataba a una niña de catorce años con una bayoneta". Qué locura, ¿verdad?

Pero el Dr. Mengele era aún más sádico. Su amigo Hermann Langbein le "dijo que una vez Mengele entró en el bloque infantil de Auschwitz para medir las estaturas de los niños. Se enfadó muchísimo al ver que muchos de ellos eran bajos con relación a su edad e hizo que los niños se pusieran uno tras otro contra un poste que había en la entrada y que tenía unos clavos que marcaban la altura apropiada de cada edad. Si los niños no llegaban al clavo que les tocaba, Mengele hacía un signo con su látigo y el niño era llevado a la cámara de gas. Más de mil niños fueron asesinados en tal ocasión".

---

[301] Simón Wiesenthal, *Los Asesinos entre nosotros*, (pdf) Editorial Noguer, Barcelona, 1967, p. 31
[302] Simón Wiesenthal, *Los Asesinos entre nosotros*, (pdf) Editorial Noguer, Barcelona, 1967, p. 53

Pero eso no era todo: Mengele "sacrificó miles de niños gemelos de toda Europa, inyectándoles dolorosas soluciones para tratar de cambiar el color castaño de sus ojos en azul [¡que cabrón!]...En Auschwitz, su sala quirúrgica estaba impecablemente limpia, sus jeringas con las que muchas veces inyectaba ácido fénico, bencina o aire, que matara a sus pacientes en pocos segundos, siempre esterilizadas. Mengele era el SS perfecto. Sonreía a las muchachas bonitas mientras las enviaba a la muerte. Frente al crematorio de Auschwitz le oyeron decir una vez: "Aquí los judíos entran por la puerta y salen por la chimenea[303]"."

Sin embargo, unos pocos judíos habían sobrevivido a la vigilancia del horrible Dr. Mengele. Así lo contaba el gran Elie Wiesel. A todos los supervivientes de los "campos de exterminio", Wiesel dejó este conmovedor testimonio: "Y de esta familia de cinco o siete enanos que la gente venía a ver y aplaudir desde todas partes: todos ellos sobrevivieron a las selecciones y torturas de Mengele en Birkenau[304]."

Tras la guerra, Mengele vivió tranquilamente durante varios años en su ciudad natal. En 1950, huyó primero a España y, en 1959, a Paraguay. Nunca fue detenido, a pesar de la incesante persecución de los cazadores de nazis. Fue sin duda, para los judíos, lo que se llama un "chivo expiatorio", tal como está escrito en la Torá, es decir, una víctima expiatoria a la que los judíos hacen responsable de sus crímenes incalificables.

Martin Gray fue uno de los grandes testigos del Holocausto. En 1971 alcanzó fama internacional con su libro *En nombre de todos los míos*. En 1941, Martin Gray tenía diecisiete años y vivía en el gueto de Varsovia, donde traficaba con mercancías. "Mis beneficios eran enormes...", escribía en la página 67. Contaba que había sido detenido por la policía e interrogado sobre sus tráficos. Como permanecía en silencio, la policía alemana tumbó al muchacho sobre una mesa y lo torturó horriblemente durante varios días, golpeándolo con porras, dándole puntapiés en la entrepierna y quemándole las manos con cigarrillos y las heridas con ácido. También lo colgaron "por los pies y los brazos como el cuerpo de un animal colgado en un gancho de carnicería", escribía. "Cuando me dejaron caer al suelo y el verdugo de la cara roja, sudando, se me acercó, dije en alemán: - Hablaré." Y entonces, al acercarse el oficial, Martin Gray tuvo un gesto heroico. Escribía así: "Se acercó, porra en alto. Reuniendo mis fuerzas, le escupí en la cara." El oficial, vociferando, ordenó a los soldados que salieran: "Su cara estaba contra la mía. ¡Me matarás y no habrás conseguido nada! Escupí otra vez."

---

[303] Simón Wiesenthal, *Los Asesinos entre nosotros*, (pdf) Editorial Noguer, Barcelona, 1967, p. 110, 111
[304] Elie Wiesel, *Mémoires, tome I*, Seuil, 1994, p. 48

Tras tres o cuatro días de tortura, Martin Gray seguía todavía con fuerzas suficientes para resistir. El policía de la Gestapo le ofreció entonces un trato: le dejaría vivir si delataba a sus cómplices. Y Gray respondió: "Primero haz que me curen...Y me darás los papeles de un ario." Finalmente, le transportaron a la enfermería donde el doctor Scherbel, de la Gestapo, vino a visitarle: "Supe más tarde que a veces operaba a los presos sin anestesia, para darse gusto."

Una mañana, al cabo de una semana, el médico polaco que le atendía resultó ser cómplice. Le inyectó una sustancia en las venas que le hizo delirar, para que pareciera que padecía una fiebre tifoidea. Los alemanes, que temían el contagio, lo llevaron a toda prisa a un hospital de las afueras. Allí fue liberado por sus compañeros, atado y bajado con una cuerda por la fachada del edificio. En la cama habían puesto un cadáver en su lugar. Fue así como Martin Gray salió con vida de este terrible trance[305].

Más tarde fue arrestado de nuevo y enviado al campo de Treblinka, donde se convirtió en un *Totenjuden*, un judío de la muerte. Junto con otros reclusos, sacaba los cadáveres de los pobres judíos de la cámara de gas, "aquellas nuevas cámaras tan bien concebidas, escribía Gray, con sus grifos de ducha por los que se daba paso al gas." Arrojaba los "millares de cuerpos" en camillas y los tiraba en las fosas. Martin Gray sacaba los cadáveres de la cámara de gas inmediatamente después de gaseados, sin tomar siquiera la precaución de ponerse una máscara antigás, a pesar de que el devastador gas Zyklon B impregnaba las ropas y los cuerpos de las víctimas: "Entre los cuerpos calientes encontrábamos los de niños todavía vivos. Sólo niños, apretados contra los cuerpos de sus madres. Y los estrangulábamos con nuestras propias manos, antes de arrojarlos a la fosa: y arriesgábamos nuestra vida al hacer aquello, porque perdíamos tiempo. Porque los verdugos querían que todo fuera aprisa."

La vida en el campo era atroz. Los perros mordían a los prisioneros: "Escuchábamos los gritos locos, los ladridos de los perros. Y a veces encontrábamos hombres mutilados, con el bajo vientre ensangrentado. Los perros azuzados por los hombres para llevar los vivos a la muerte."

Al día siguiente, le tocaba trabajar en los fosos: "Cada vez que llegaba un convoy importante nos empujaban a todos hacia los fosos, hacia las puertas de madera de las cámaras de gas, y volvíamos a coger las camillas de tela, corríamos bajo el martilleo de la excavadora que profundizaba en la arena amarilla, para otras fosas...Tuve que bajar al foso, de pie sobre los cadáveres, ordenándolos como si se tratara de trozos de madera, ordenándolos como si se tratara de trozos de madera, pateándolos como si

---

[305] Martin Gray, *En nombre de todos los míos*, Plaza & Janés, Barcelona, 1973, p. 116-118

no hubiesen sido, media hora antes, existencias vibrantes de miedo y esperanza[306]."

También había policías judíos que colaboraban con los alemanes: "Cada policía judío tenía que llevar cuatro cabezas al día...Había soñado con matar a aquellos hombres que para salvar su piel entregaban nuestras vidas a los verdugos." (página 127).

Martin Gray consiguió escapar de un tren que transportaba ganado, pero fue capturado de nuevo. La policía descubrió que estaba circuncidado: "Todavía intenté protestar, explicar que había estado enfermo, que me habían operado cuando era niño; pero ya no me oían; hablaba para no caer en la desesperación." De nuevo fue atrozmente golpeado y torturado, pero se negó a dar los nombres de los partisanos. Un oficial alemán que le custodiaba le salvó la vida al dejarle escapar en el bosque. En realidad, era un judío con uniforme alemán: "En todas partes sobrevivían hombres [judíos]; algunos escondidos bajo el uniforme de los verdugos[307]."

Para escapar una vez más de los alemanes, Martin Mietek tuvo que esconderse en el pozo inmundo de un retrete. La siguiente escena era de una autenticidad realmente pasmosa: "Oí gritos, ladridos de perros, voces. Me deslicé entre la mierda, primero hasta la cintura, y luego más bajo aún, hasta el cuello, con el estómago revuelto por espasmos de asco y la boca llena de amarga bilis. No pienses, Mietek, sobrevive, Mietek. Volví a colocar las planchas por encima de mí, poniendo los brazos sobre la capa helada que había a mi alrededor, pero que iba derritiéndose poco a poco. Afuera, siempre los perros cerca de la barraca: entró un soldado: sus botas aplastaban los tablones, su lámpara los iluminaba. Hablaba a su camarada, que se había quedado fuera...Oía cómo sus botas rascaban el suelo. Su mierda cayó en mi espalda. Cuando hubo acabado el uno, entró el otro, y de nuevo la mierda, sobre mi espalda. No me movía, no respiraba, no existía: era una cosa insensible, un chuzo duro plantado en la mierda, un pedazo de hierro que nada mermaría[308]."

Después, atravesó campos y bosques, en la nieve, durmiendo en granjas y robando los campesinos polacos: "Como un zorro, robé huevos y pollos... robé tocino y pan y los campesinos me persiguieron...Luego les vendía sacos de yute, preciosos en aquel período de penuria, que acababa de robar en la escalera de su granero. Encontré bestias con cara de hombre..."(páginas 214-215), escribía Gray. Ya había expresado su opinión

---

[306] Martin Gray, *En nombre de todos los míos*, Plaza & Janés, Barcelona, 1973, p. 161, 164, 168
[307] Martin Gray, *En nombre de todos los míos*, Plaza & Janés, Barcelona, 1973, p. 202, 204
[308] Martin Gray, *En nombre de todos los míos*, Plaza & Janés, Barcelona, 1973, p. 213. Está de excrementos hasta el cuello, pero recibe las heces sobre la espalda. Extraño...

sobre los autóctonos al principio de su relato: "¿Cómo no odiar a aquellos polacos apacibles que se paseaban por la *Marszalkowska*?" (página 101); "Por mí viviría la venganza" (página 153), juraba Gray.

Luego partió en busca de los partisanos en el bosque: "Qué alegría vencer al fin, lanzar un grito de guerra, empezar el tiempo de la venganza!" (página 219). "Había llegado el momento de la prueba; estaba con los míos con un arma en la mano, íbamos a empezar a hacerles pagar, y la deuda era inmensa" (página 234). Efectivamente, la venganza, como sabemos, es un tema recurrente en la literatura judía. "Venganza" es, de hecho, el título de la segunda parte del libro de Martin Gray[309]. Durante la lucha en Varsovia, uno de sus camaradas aseguró que "había visto cómo los alemanes incendiaban lo que servía de hospital en el ghetto; los había visto romper contra las paredes las cabezas de los recién nacidos, abrir los vientres de las embarazadas, arrojar los enfermos a las llamas. Lo había visto[310]". Y si él los vio, entonces hay que creerle.

"Entonces empezó el tiempo del heroísmo: vi a una muchacha rociarse de gasolina, prenderse fuego y arrojarse sobre un tanque; vi a hombres presentarse a los alemanes con los brazos en alto, para precipitarse luego sobre ellos y arrancarles las armas. Para subsistir recurrimos a todas las formas de guerra. Escondido entre las ruinas, llamaba a los alemanes en el tono gutural de uno de ellos, y los mataba al amparo de la noche. Luego, algunos nos poníamos los uniformes de SS que habíamos recuperado el primer día...y anduvimos por la calle hasta una barrera custodiada por una decena de soldados. Nos acercamos con calma y luego abrimos fuego[311]."

De modo que acumularon una serie de hazañas contra los alemanes y los polacos antijudíos, apuñalando hasta la muerte, incendiando lecherías y serrerías. "Era Mietek el partisano, que espiaba a los traidores, que organizaba su castigo...Era Mietek el vengador". Después, se introdujo en las filas del enemigo, los NSZ polacos, milicianos antisemitas, haciéndose pasar por uno de ellos. Su jefe, Zemba, "era una bestia con cara de hombre.": "Ahora estaba allí, entre aquellos bandidos, riendo con ellos. Mi calvario duró algunas semanas...Por la noche me escurría fuera del pueblo,

---

[309] Martin Gray, *En nombre de todos los míos:* "-Nos vengaremos, Martin. Al final seremos nosotros los más fuertes.», p. 38; "¿Cuándo podríamos lanzar un grito de guerra?, ¿cuándo podríamos vengar a nuestros muertos?» p. 95; "¿Cuándo lanzaremos un grito de guerra? Zofia, ¿cuándo nos vengaremos?» p. 105; "No podría lanzar el grito de guerra y de venganza.» p. 114; "Vivir para gritar, decir, vengarse.» p. 155; "Vivir, vivir para vengarme...» p. 156; "Había salido para vengarme.», p. 185; "Había escapado de Treblinka, para combatir y vengarnos.», p. 187; "...yo sobreviviría...solo si era preciso, y al menos quedaría un hombre para vengarlos.», p. 193; "-Tú nos vengarás.» p. 196; "He sobrevivido, he luchado, os he vengado.», p. 357. (NdT).
[310] Martin Gray, *En nombre de todos los míos*, Plaza & Janés, Barcelona, 1973, p. 237
[311] Martin Gray, *En nombre de todos los míos*, Plaza & Janés, Barcelona, 1973, p. 239

hasta el bosque, un camarada me esperaba. Daba los nombres de los NSZ, la situación de los pueblos que les eran fieles, los campesinos que les ayudaban...Juraba con los demás, bebía con ellos, los engañaba. Sin embargo, me di cuenta de que sospechaban...Todos reían al ver el ademán de Zemba...Yo quería vivir, vencer, no reventar allí bajo los cuchillos de aquellos bandidos borrachos. Vencer... Me levanté como si fuera a pedir bebida o a hablar; luego di un salto hacia la puerta y, volviéndome, lancé una granada contra la casa, para correr hacia el bosque, hacia mis árboles [312]." Martin Mietek también había colocado explosivos en ferrocarriles y volado trenes enteros.

Más tarde fue destinado a una unidad de la NKVD soviética, la policía política. Con su unidad, pudo impartir justicia recorriendo los campos, con toda la humanidad de los "Hombres" que los comisarios políticos bolcheviques sabían impartir.

Tras la guerra, se marchó a Estados Unidos. En Nueva York se reunió con su familia, que milagrosamente no había sido exterminada. Fue un "milagro", uno entre otros cientos de miles. En un balneario a pocas horas de Nueva York, se encontró con judíos rusos y polacos y trabajó en un hotel: "Una vez más había cambiado de nombre: Martin, Mietek, Micha, Mendle; pero siempre era yo, no cambiaba; era yo, con un plan por realizar. Ocho días más y me convertí en jefe de camareros. La mayoría eran estudiantes, que se burlaban de mí, de mi frenesí."

Martin Gray ganó dinero, mucho dinero, "frenéticamente". Esa era su manera de hacer venir el mesías de los judíos: ""Harás fortuna; quieres dólares y los tendrás. No corras tanto, vas a reventar", le decían. ¿Qué me importaban los dólares? Tenía que construir una fortaleza, aprisa, porque hacía siglos que esperaba la paz...La vida es una carrera, Mietek, tienes que correr. Multipliqué mis actividades, los juegos, las ventas, el servicio, los espectáculos. Acumulaba dólares. Por la noche me derrumbaba en la cama, agotado[313]." Al final de su larga carrera Gray se dedicaría al comercio de antigüedades a gran escala, saqueando obras de arte por toda Europa, especialmente en la Alemania ocupada, siempre "con frenesí"[314].

Wladyslaw Szpilman también dejó un testimonio extraordinario. Su libro, *El pianista*, publicado en 1946, contaba la extraordinaria historia de un músico judío en el gueto de Varsovia. El autor escribió este relato justo

---

[312] Martin Gray, *En nombre de todos los míos*, Plaza & Janés, Barcelona, 1973, p. 259, 261, 262

[313] Martin Gray, *En nombre de todos los míos*, Plaza & Janés, Barcelona, 1973, p. 330, 332

[314] Sobre los negocios turbios de Martin Gray y el pillaje de los países vencidos, léase *La Mafia judía*

después de la guerra, pero las autoridades soviéticas retiraron rápidamente el libro de las librerías porque contenía "verdades" vergonzosas sobre el comportamiento de rusos, polacos y letones. En 1940, los judíos de Polonia occidental fueron deportados en trenes a la capital: "En algunos trenes apenas quedaban vivos la mitad de los pasajeros, y con graves congelaciones. La otra mitad eran cadáveres que, rígidos por el frío glacial, se mantenían en pie aprisionados entre los vivos y caían al suelo al moverse éstos[315]."

El director Roman Polanski ha adaptado a la gran pantalla la historia de Wladyslaw Szpilman. Su película incluye una escena en la que soldados alemanes arrojan a un anciano y su sillón por la ventana de un "tercer piso" (página 82). La película también muestra la escena en la que una madre, escondida con su bebé en brazos, se ve obligada a asfixiar a su hijo para evitar ser descubierta por las SS (página 106).

Algunos de los SS pueden parecer a primera vista seres humanos perfectamente normales: "Al frente de la pequeña columna iba un SS que, como buen alemán, amaba a los niños, incluso cuando estaba a punto de verlos en camino hacia el otro mundo. Sentía especial aprecio por un muchacho de doce años, violinista, que llevaba su instrumento bajo el brazo. El SS le dijo que se pusiera en cabeza del cortejo y tocara, y así iniciaron la marcha. Cuando me los encontré en la calle Gesia iban sonrientes y cantando a coro; el pequeño violinista tocaba para ellos y Korczak llevaba en brazos a dos de los niños más pequeños, que también sonreían, y les contaba algún cuento divertido. Estoy seguro de que incluso en la cámara de gas, cuando el fluido letal los estuviera ahogando y convirtiendo en terror la esperanza de sus corazones, "el viejo doctor" les susurraría en un último esfuerzo que todo estaba bien y que todo iba a salir bien, para ahorrar a sus pupilos, al menos, el miedo ante el paso de la vida a la muerte[316]."

Los nazis tenían sus propios métodos. Aquí, Wladyslaw Szpilman describía lo que había visto con sus propios ojos, al borde del gueto, en las afueras de una calle sin salida: "Había unos cuerpos tendidos en el suelo: los cadáveres de quienes habían sido asesinados el día anterior por algún delito, tal vez incluso por intentar escapar. Entre cadáveres de hombres se veían los cuerpos de una mujer joven y dos muchachas con el cráneo destrozado. El muro a cuyo pie yacían los cuerpos mostraba restos de sangre y sustancia cerebral. Los niños habían sido asesinados con uno de los métodos preferidos de los alemanes: agarrándolos por las piernas, los

---

[315] Wladyslaw Szpilman, *El pianista del gueto de Varsovia*, Turpial Amaranto, Madrid, 2003, p. 57
[316] Wladyslaw Szpilman, *El pianista del gueto de Varsovia*, Turpial Amaranto, Madrid, 2003, p. 98-99

lanzaban violentamente contra el muro. Grandes moscas negras se posaban en los cadáveres y en los charcos de sangre del suelo, y los cuerpos se hinchaban y descomponían casi a ojos vistas por el calor[317]." Sin embargo, tenemos nuestras dudas sobre la realidad de estos métodos nazis. A decir verdad, nos inclinamos a pensar que se trata más bien de un caso de "proyección", o de inversión acusatoria, si lo prefieren.

Wladyslaw Szpilman se escondió durante varios meses en el ático de una de las muchas casas abandonadas de Varsovia, hasta que un día se encontró cara a cara con un oficial alemán, cortés y culto, que le informó que el cuartel general de las fuerzas especiales en Varsovia estaba a punto de mudarse ahí. Cuando el oficial supo que el pobre judío era pianista, le pidió que tocara en el piano de cola que casualmente había allí. Fue allí, entre los escombros, donde Wladyslaw Szpilman tocó el nocturno en do sostenido menor de Frédéric Chopin. Tras lo cual, este oficial alemán, según nos contaba Szpilman, se sintió avergonzado de ser alemán: "Me avergüenza serlo, después de todo lo que está ocurriendo[318]", confesaba. Como ven, Wladyslaw Szpilman también se esforzaba en culpabilizar a los goyim.

Al final del libro figuraba el diario del capitán Wilm Hosenfeld, un oficial alemán antinazi: "Nos hemos cubierto de una vergüenza que no se puede borrar; es una maldición imposible de levantar. No merecemos perdón; todos somos culpables[319]", escribía en su diario personal. Aunque uno juraría que fue el propio Szpilman quien escribió el texto.

El 25 de julio de 1942, Hosenfeld describía las atrocidades que eran capaces de cometer los alemanes: "En algún punto cerca de Lublin se han construido edificios con salas que se pueden calentar mediante corriente eléctrica, como los crematorios. Se lleva a los infortunados a esas salas y allí son quemados vivos, y todos los días se puede matar así a miles de personas, con lo que se evitan los inconvenientes de fusilarlos, cavar fosas comunes y enterrarlos."

El 6 de septiembre de 1942, Hosenfeld relataba lo que había oído decir a personas que habían logrado escapar del infierno de Treblinka, en el este de Polonia: "Los millares de mujeres y niños tienen que desnudarse, y luego los conducen a una cabaña móvil, donde los gasean. La cabaña se coloca sobre un foso y tiene un mecanismo que abre una de las paredes y levanta el suelo, para que los cadáveres caigan al foso. Lleva mucho tiempo

---

[317] Wladyslaw Szpilman, *El pianista del gueto de Varsovia*, Turpial Amaranto, Madrid, 2003, p. 101

[318] Wladyslaw Szpilman, *El pianista del gueto de Varsovia*, Turpial Amaranto, Madrid, 2003, p. 180

[319] Wladyslaw Szpilman, *El pianista del gueto de Varsovia*, Turpial Amaranto, Madrid, 2003, p. 204

funcionando...Mi confidente se enteró de todo esto por un judío que consiguió escapar con otros siete misioneros."

El 13 de agosto de 1942 se produjo un tiroteo en el gueto de Varsovia: "Una mujer le dijo a mi conocido polaco que varios hombres de la Gestapo habían entrado en la maternidad judía, se habían llevado a los recién nacidos [¡es una obsesión!], los habían puesto en un saco, habían salido y los habían echado a un coche fúnebre. Los malvados no se conmovieron con el llanto de los niños ni con las quejas desgarradoras de las madres. Aunque casi no se pueda creer, fue así."

El 21 de agosto 1942, Hosenfeld anotaba en su diario esta consideración: "No, las cosas no pueden seguir así, por el bien de la naturaleza humana y de la libertad de espíritu. Los mentirosos y quienes distorsionan la verdad deben perecer y ser privados de su capacidad de gobernar a la fuerza, y entonces volverá a haber espacio para una humanidad más libre y noble."

Y el 23 de junio 1942: "No puedo creer que Hitler quiera una cosa semejante y que haya alemanes que puedan dar órdenes así. Pero, en tal caso, sólo puede haber una explicación: son enfermos o anormales, o están locos[320]." Es exactamente eso: "enfermos o anormales, o locos."

Ya hemos citado extensamente a Elie Wiesel en nuestros libros anteriores, señalando su inclinación hacia la fabulación. De hecho, el gran "Hombre" presentó algunas confesiones en su obra, hábilmente destiladas de forma elíptica. He aquí otros datos interesantes sobre el "caso" Wiesel. En un libro de 1993 titulado *L'Holocauste au scanner (El Holocausto bajo la lupa)*, el historiador suizo alemán Jürgen Graf escribía: "En *La Noche*, su "testimonio" publicado en 1958, no dice nada sobre las cámaras de gas... Wiesel no vio por lo tanto las cámaras de gas, ni oyó hablar de ellas, de lo contrario las habría mencionado". Y el autor observaba juiciosamente: "Atención, las cámaras de gas aparecen de repente en la versión alemana, *Die Nacht zu begraben*, Elischa, traducción de Curt Meyer-Clason, publicado por las ediciones Ullstein; cada vez que aparece la palabra "crematorio" en el texto original, Meyer-Clason lo traduce como "cámara de gas"."

A falta de cámaras de gas, Wiesel había visto lo que nadie más había visto: "No lejos de nosotros, de un foso subían llamas, llamas gigantescas. Estaban quemando algo. Un camión se acercó al foso y descargó su carga: eran niños. ¡Eran bebés! Sí, los vi, con mis propios ojos los vi...Niños entre llamas (¿Es asombroso si desde entonces el sueño huye de mis ojos?) He ahí pues adonde íbamos. Un poco más lejos habría otro foso más grande para los adultos...Padre, si es así, no quiero esperar más. Iré hacia las

---

[320] Wladyslaw Szpilman, *El pianista del gueto de Varsovia*, Turpial Amaranto, Madrid, 2003, p. 198-202

alambradas electrificadas. Es mejor que agonizar durante horas entre las llamas."

Pero Elie Wiesel se libraría de la interminable agonía entre las llamas sin tener que recurrir a las alambradas electrificadas. Mientras caminaban directamente hacia su muerte, hacia las fosas incandescentes, esto fue lo que ocurrió: "A nuestra columna sólo le faltaba dar unos quince pasos. Me mordí los labios para que mi padre no oyera cómo me temblaban las mandíbulas. Diez pasos todavía. Ocho. Siete. Andábamos lentamente, como si siguiéramos detrás de un coche fún ebre, siguiendo nuestro propio entierro. Sólo cuatro pasos. Tres pasos. Ahora estaban muy cerca de nosotros el foso y las llamas. Reuní todas las fuerzas que me quedaban para saltar de las filas y arrojarme contra las alambradas. En el fondo de mi corazón, me despedí de mi padre, del Universo entero, y a mi pesar, se formaron y brotaron de mis labios, en un murmullo, las palabras *"Yizgadal veyiskadash shmé raba...Que su nombre sea alabado y santificado..."* Mi corazón iba a estallar. Eso era. Me encontraba ante el Ángel de la muerte...No. A dos pasos del foso, nos ordenaron doblar hacia la izquierda, y nos hicieron entrar en una barraca [321]." Como en una película norteamericana.

Respecto a la masacre de Babi Yar, cerca de Kiev, "atestiguada únicamente por testigos oculares presentados por el NKVD soviético", informaba Jürgen Graf, Elie Wiesel escribía: "Más tarde, supe por un testigo que, durante meses y meses, el suelo no había dejado de temblar y que, de vez en cuando, brotaban géiseres de sangre." Esto era parecido a lo que también escribía el novelista Isaac Bashevis Singer cuando describía las atrocidades de los cosacos durante los pogromos del siglo XVII: "A Moisés Bunim lo empalaron. Estuvo quejándose toda la noche. Veinte cosacos forzaron a tu hermana Lía, y después la descuartizaron.... En una mañana semejante se hacía difícil creer que éste fuera un mundo en que se asesinaban a los niños o se los enterraba vivos y en que la tierra se nutría de sangre como en los días de Caín[322]." Obviamente, se trataba de una imagen sacada del Talmud.

El 20 de enero de 1945, ante el avance del Ejército Rojo, un total de más de 98.000 judíos fueron evacuados de Auschwitz. Elie Wiesel prefirió abandonar el campo de Auschwitz con los nazis y recorrer andando los caminos cubiertos de nieve antes que esperar tranquilamente en un

---

[321] Elie Wiesel, *Trilogía de la noche*, Austral-El Aleph Editores, Barcelona, [¡Undécima impresión de 2023!], p. 42, 43, 44, en Jürgen Graf, *L'Holocauste au scanner*, Guideon Burg Verlag, 1993, p. 54-56

[322] Isaac Bashevis Singer, *El Esclavo*, Debols!llo, Penguin Random House, Barcelona, 2019, p. 110, 129

barracón a los liberadores soviéticos[323]. ¿Por qué los nazis se tomaron tantas molestias para llevarse consigo a los prisioneros judíos de Auschwitz y otros campos, cuando habría sido más cómodo "gasearlos" o fusilarlos sumariamente? Curiosamente, ninguno de los historiadores estrellas de la televisión ha respondido nunca a esta pregunta.

En su libro *La industria del holocausto*, publicado en el año 2000, Norman Finkelstein también desveló las múltiples contradicciones de Elie Wiesel: "Elie Wiesel recuerda en sus aclamadas memorias que, recién liberado de Buchenwald, cuando solo contaba dieciocho años, leyó *La crítica de la razón pura*..., ¡no vayan a reírse!, en yidish. Aun sin tener en cuenta que el propio Wiesel confiesa que en aquella época "no tenía ni idea de gramática yídica", hay que decir que *La crítica de la razón pura* nunca se ha traducido al yidish". Y Finkelstein añadía: "Wiesel también recuerda con toda suerte de intrincados pormenores a un "misterioso estudioso del Talmud" que "llegó a dominar el húngaro en dos semanas", solo para sorprenderle. Wiesel declara a un semanario judío que "muchas veces se queda ronco o pierde la voz" mientras lee en silencio libros, porque los lee "interiormente en voz alta". Y, ante un reportero del *New York Times*, rememora la ocasión en que le atropelló un taxi en Times Square. "Recorrí volando toda una manzana. El taxi me golpeó en la esquina de la Calle 45 con Broadway y la ambulancia me recogió en la Calle 44". "La verdad que ofrezco carece de adornos –dice Wiesel con un suspiro–, no sé hacerlo de otra forma"[324]."

La fabulación histérica II

En su pequeño libro de 1993 titulado *L'Holocauste au scanner (El Holocausto bajo la lupa)*[325], el escritor suizo-alemán Jürgen Graf examinó ciertas contradicciones de los testimonios y recopiló los trabajos de los investigadores revisionistas. Los primeros informes sobre el exterminio de los judíos, escribía, aparecieron en 1942 en periódicos controlados por los sionistas, como el *New York Times*, y se debieron con toda probabilidad al Congreso Judío Mundial.

---

[323] Elie Wiesel, *Mémoires, tome I*, Seuil, 1994, p. 119, cf. *Psicoanálisis del judaísmo*.
[324] Wiesel, *All Rivers*, p. 121-130, 139, 163-164, 201-202, 336. *Jewish Week*, 17 de septiembre de 1999, *New York Times*, 5 de marzo de 1997, en Norman Finkelstein, *La industria del Holocausto*, Ediciones Akal, Madrid, 2014, p. 76
[325] Jürgen Graf, *Der Holocaust auf dem Prüfstand -Augenzeugenberichte versus Naturgesetze*, 1992, Guideon Burg Verlag, Basel, Schweiz. Jürgen Graf, *L'Holocauste au scanner, Témoignages oculaires ou lois de la nature*, Guideon Burg Verlag, 1993. Jürgen Graf, *El Holocausto bajo la lupa, Testimonios oculares versus leyes de la naturaleza*, con Prólogo de Joaquín Bochaca, Editorial Revisión, Buenos Aires, 1997.

Júrgen Graf citaba a un historiador estadounidense:

"En su libro *The Hoax of the Twentieth Century* el autor, Arthur Butz, estudia la génesis del engaño del siglo. Además de las cámaras de gas, en las columnas del diario *New York Times* se fantaseaba sobre todos los métodos de asesinato imaginarios habidos y por haber. El 30 de junio de 1942 informaron sobre una "casa de fusilamientos", donde se fusilaba a mil judíos por día y, el 7 de febrero de 1943, de "estaciones de intoxicación de sangre" en la Polonia ocupada. Pero mientras que la casa de fusilamientos y las estaciones de intoxicación de sangre pasaron a la trastienda de la historia ya antes de finalizar la guerra, las celdas de ejecución por vapor tuvieron mayor éxito, todavía aparecieron durante el juicio de Nuremberg. Allí, el día 14 de diciembre de 1945, se asentó en el acta lo siguiente: Todas las víctimas tenían que sacarse ropas y zapatos, que luego eran coleccionados; acto seguido empujaban a todas las victimas - primero a las mujeres y los niños - a las cámaras de la muerte. Una vez repletas éstas, se las cerraba herméticamente, y se insuflaba vapor... A raíz de los informes presentados se puede estimar que han sido exterminados varios cientos de miles de judíos en Treblinka (Documento de Nuremberg, PS-3311). Exactamente 75 días más tarde, el Alto Tribunal ya se había olvidado de las cámaras de vapor: ahora de repente se hablaba de las, cámaras de gas de Treblinka." Y Jürgen Graf concluía: "Así pues, hasta después del final de la guerra no se llegó a un acuerdo sobre la forma definitiva de la leyenda[326]."

Belzec, en el este de Polonia, fue otro campo de "exterminio", el tercero en importancia, según la historiografía oficial. Seiscientos mil judíos habrían sido gaseados allí. La historia de Belzec, decía Jürgen Graf, "es una versión en miniatura de toda la leyenda del Holocausto". Belzec se abrió en marzo de 1942 como campo de tránsito para los judíos deportados a Rusia. Poco después de la apertura del campo, corrió el rumor de que allí se estaban llevando a cabo masacres. El historiador italiano Carlo Mattagno investigó estos rumores y descubrió diferentes versiones de los hechos[327].

Según una primera variante, los judíos eran empujados a un barracón donde tenían que permanecer de pie sobre una placa metálica por la que pasaba una corriente eléctrica letal (según informó en diciembre de 1942 el periódico del gobierno polaco en el exilio *Polish Fortnightly Review*).

En una segunda variante, los judíos eran fusilados y los que no, gaseados o electrocutados (Declaración del Comité de Información Aliado del 19 de diciembre de 1942).

---

[326] Jürgen Graf, *El Holocausto bajo la lupa*, Editorial Revisión, Buenos Aires, 1997, p. 57, 58

[327] *Annales d'histoire révisionniste n°1*, printemps 1987, p. 15-107, en J. Graf, *El Holocausto bajo la lupa*.

Tercera variante: los judíos eran asesinados por calor en un horno eléctrico. Así lo afirmaba Abraham Silberschein (*Die Judenausrottung in Polen*, Ginebra, agosto de 1944).

Stefan Szende, doctor en filosofía, presentaba otra variante en su libro *Der letzte Jude aus Polen*[328] *(El último judío de Polonia)*: "Los trenes cargados al tope con judíos ingresaban por un túnel a los ambientes subterráneos del lugar de ejecución... Se les quitaba todo...Los objetos se separaban ordenadamente, se inventariaban y se utilizaban para los fines de la raza superior. Para evitar este trabajo tan complicado y de gran insumo de tiempo, más adelante todos los transportes ya entregaban su carga desnuda. Los judíos desnudos eran llevados a inmensas salas. Estas salas tenían capacidad para varios miles de personas. No tenían ventanas, y eran de metal con piso sumergible. El piso de estas salas, con los miles de judíos encima, luego se bajaba a una pileta con agua, que se encontraba por debajo; pero solamente tanto como para que las personas sobre la plataforma metálica no quedaran tapadas del todo por el agua. Cuando el agua ya les llegaba hasta las caderas, se activaba una línea de alta tensión a través del agua. Después de unos pocos instantes, todos los judíos, miles a la vez, habían muerto. Entonces el piso metálico volvía a elevarse. Sobre él yacían los cadáveres de los ejecutados. Se conectaba otra corriente eléctrica, y la plataforma metálica se convertía en un crematorio incandescente, hasta que todos los cadáveres se habían transformado en cenizas. Gigantescas grúas levantaban luego esta inmensa urna y descargaban las cenizas. Grandes chimeneas, tipo fabril, evacuaban el humo. El procedimiento había terminado. El próximo tren ya esperaba con más judíos delante de la boca del túnel. Cada tren traía de tres a cinco mil, y a veces aún más judíos. Hubo días en que el ramal a Belzec había transportado veinte o aún más trenes. La técnica moderna triunfaba bajo la conducción nazi. Habían solucionado el problema de cómo ejecutar a millones de personas."

También existía una quinta variante: los judíos eran electrocutados en duchas eléctricas y luego convertidos en jabón. Esta versión procedía del propio Simon Wiesenthal: "La gente, hacinada, azuzada por las SS, letones y ucranianos, llegaba corriendo a través del portón abierto al "baño". 500 personas cabían por vez. El piso de la "sala de baño" era de metal, y del cielorraso pendían duchas. Cuando el espacio estaba lleno las SS conectaban corriente de alta tensión, 5.000 voltios, a la placa metálica. Al mismo tiempo, las duchas despedían agua. Un breve grito, y la ejecución había culminado. Un jefe médico de las SS, Dr. Schmidt, comprobaba a través de una mirilla la muerte de las víctimas, a lo cual se abría la segunda

---

[328] Europa-Verlag, Zurich-New York, 1945, p. 290, en J. Graf, *El Holocausto bajo la lupa*, p. 60, 61

puerta, por donde entraba "el comando cadáveres" y se llevaba rápidamente los muertos. Ya había lugar para los próximos 500[329]."

Según Simon Wiesenthal, los cadáveres de las víctimas no eran "reducidos a cenizas en un ataúd crematorio incandescente", como afirmaba Stefan Szende: los verdugos los usaban para fabricar jabón de la marca RIF, "*Rein jüdisches Fett*"; en español "pura grasa judía". En realidad, RIF significaba "*Reichstelle für Industrielle Fettversorgung*"; en español: "Departamento para el suministro de grasa industrial del Reich".

Y Wiesenthal continuaba: "En la última semana de marzo (1946), la prensa rumana daba una noticia singular En la pequeña ciudad rumana de Folticeni, con toda solemnidad y ceremonia de entierro regular, se sepultaron veinte cajones de jabón en el cementerio judío…Sobre los cajones figuraba la sigla RIF - "Grasa pura judía" …¡A fines de 1942 se oyó por primera vez la terrible expresión "Transporte para jabón"! Fue en la Gobernación General (de Polonia), y la fábrica se encontraba en Galitzia, en Belzec. Desde abril de 1942 hasta mayo de 1943 se utilizaron en esa fábrica 900.000 judíos como materia prima."

Simon Wiesenthal añadía su propio comentario: "Para el mundo civilizado tal vez sea incomprensible el solaz con el que los nazis y sus mujeres contemplan ese jabón en la Gobernación General. En cada pan de jabón veían a un judío, al que habrían hechizado y así impedido que se críe un segundo Freud, Ehrlich o Einstein... El sepelio del jabón en una pequeña ciudad de Rumanía parecerá algo sobrenatural. El dolor hechizado, encerrado en este pequeño objeto de uso cotidiano, desgarra el ya insensible corazón humano de este siglo. ¡En esta era atómica, el regreso a las brujerías del más oscuro medioevo parece un fantasma! Y, sin embargo, ¡es verdad![330]" Habría sido una verdadera lástima perderse este testimonio de Simon Wiesenthal. El gran cazador de nazis murió en 2005. En cuanto al jabón hecho con grasa judía y demás pantallas de lámpara hechas con pieles judías, curiosamente ningún historiador estrella de la televisión los ha vuelto a mencionar desde hace al menos unos quince años[331].

---

[329] Simon Wiesenthal, *Der neue Weg*, Vienne, 19, 20, 1946, en J. Graf, *El Holocausto bajo la lupa*, p. 60

[330] Simon Wiesenthal, *Der neue Weg*, Vienne, 17, 18, 1946, en J. Graf, *El Holocausto bajo la lupa*, p. 62

[331] En 1988, una celebridad mundialmente famosa como Kirk Douglas todavía mencionaba esta historia en sus memorias: "Las atrocidades cometidas en la civilizada Europa fueron de tal magnitud que escapan a la comprensión. Resulta difícil creer que unos seres humanos fueran capaces de conducir a otros seres humanos a una sala y con la apariencia de duchados los llevaran a la muerte asfixiándolos con gas, luego les arrancaron los dientes de oro, les afeitaran el pelo, y convirtieran sus cadáveres en jabón y su piel en pantallas de lámparas.» Kirk Douglas, *El hijo del trapero* (1988), Cult Books, 2021, p. 173

He aquí una sexta variante: judíos asesinados con cal viva. Esta versión fue escrita por el polaco no judío Jan Karski, autor del libro *Story of a Secret State* (*Historia de un secreto de Estado*), publicado en 1944[332] y publicado en francés en 1948 con el título *Mon témoignage devant le monde* (*Mi testimonio ante el mundo*), del que extrajimos el siguiente pasaje[333]: "El piso del tren (en el cual habían sido abarrotados los judíos) estaba cubierto con una gruesa capa de polvo blanco. Era cal viva. Cualquiera sabe lo que pasa cuando se vierte agua sobre cal... Por el contacto, con la cal, la carne se deshidrata rápidamente, se quema. A los ocupantes del tren se les iba carcomiendo lentamente la carne de los huesos...El atardecer comenzaba cuando se habían llenado los 45 vagones (yo los había contado). El tren, con su carga torturada de carne humana, basculaba y resonaba de los aullidos desgarradores[334]."

En Auschwitz, los métodos de ejecución también eran diversos y variados, dependiendo de los "testigos". Eugène Aroneanu, un judío de origen rumano que había estado en el campo de Auschwitz relató uno de esos métodos en su "relato de los hechos": "A unos 800 a 900 metros del lugar donde se encuentran los hornos, los prisioneros suben a carritos que corren por rieles. En Auschwitz, su tamaño varía y pueden tener una capacidad para 10 a 15 personas. Cuando el carro está cargado, lo hacen bajar por una pendiente y entonces corre a toda velocidad por un pasillo. Al final del mismo se encuentra una pared y detrás de ella, la puerta del horno. En el momento de chocar con la pared, esa puerta se abre automáticamente. Vuelca el carro y arroja su carga humana al horno[335]."

El testimonio de Zofia Kossak era igual de conmovedor. Según ella, el Zyklon B introducido en la cámara de gas de Auschwitz no se "arrojaba", como habían afirmado algunos testigos: "Subía desde orificios en el piso hacia arriba: Un toque de timbre estridente, e inmediatamente comenzó a subir el gas por los orificios en el piso. Desde un balcón, de donde se podía ver la puerta, los hombres de las SS observaban con curiosidad la agonía, el espanto y los espasmos de los consagrados a la muerte. Para esos sádicos, aquello era un espectáculo del que no se cansaban nunca...El trance mortal duraba entre 10 y 15 minutos...Poderosos ventiladores expulsaban el gas. Ahora aparecían los miembros del comando especial con máscaras antigás y abrían la puerta que estaba en frente de la entrada y donde se encontraba

---

[332] *Houghton Miffling*, Boston, The Riverside Press, Cambridge.
[333] Citado por R. Faurisson, *Réponse à Pierre Vidal-Naquet*, 1982, p. 44, en J. Graf, *El Holocausto bajo la lupa*.
[334] Jürgen Graf, *El Holocausto bajo la lupa*, Editorial Revisión, Buenos Aires, 1997, p. 62, 63
[335] Aroneanu, *Camps de concentration*, Office français d'édition, 1945, p. 182, en J. Graf, *El Holocausto bajo la lupa*, p. 88

una rampa con pequeños carritos. El equipo cargaba los cadáveres sobre el carro, con el mayor apuro. Otros esperaban. Y después muchas veces sucedía que los muertos resucitaban. En esa concentración el gas solamente narcotizaba y no mataba. Muchas veces ocurrió que las victimas volvían en si sobre los carros... Estos bajaban la rampa a toda velocidad y descargaban su carga directamente en el horno[336]."

Varios autores describieron cómo unos ochocientos mil cadáveres de Treblinka habían sido eliminados sin dejar rastro. El novelista "ruso" Vassili Grossmann también desveló las asombrosas habilidades pirotécnicas de los nazis en *Die Hölle von Treblinka*[337]: "Se trabajaba día y noche. Gente que había presenciado la cremación cuenta que esos hornos parecían volcanes gigantescos, cuyo terrible calor chamuscaba la cara de los obreros y que las llamas llegaban a una altura de 8 a 10 metros...Hacia fines de julio el calor se hizo sofocante. Cuando se abrían las fosas, surgía vapor de ellas como de calderas gigantescas. El terrible hedor y el calor de los hornos mataba a la gente esmirriada que se desplomaba muerta sobre las parrillas de los hornos al querer arrastrar a los muertos hacia ellos."

Yankel Wiernik ofrecía otros detalles "picantes": "Los cadáveres se hacían embeber en gasolina. Esto causaba costos importantes y el resultado no era satisfactorio; los cadáveres masculinos sencillamente no querían cremarse. Siempre que aparecía un avión en el cielo, el trabajo se interrumpía y los cadáveres se cubrían con hojarasca para no ser detectados desde arriba. Era un espectáculo espantoso, el más horrible visto jamás por ojo humano. Cuando los cadáveres de mujeres encintas se quemaban, los vientres reventaban y era posible ver llamear a los embriones en el cuerpo materno...Los gánsteres están pare dos cerca de las cenizas y son sacudidos por risotadas satánicas. Sus rostros resplandecen de una alegría verdaderamente diabólica. Brindan por la escena con aguardiente y las bebidas alcohólicas más selectas, comen, bromean y se ponen cómodos, calentándose al lado del fuego[338]."

Daniel Zimmermann nos avisó de que su libro de 1996, bellamente titulado *El Ano del mundo*, era una novela. Es la historia de François Katz, un brillante estudiante de la Escuela Normal Superior, justo antes de la Segunda Guerra Mundial. François Katz procedía de una familia de judíos polacos perfectamente integrados, como todos los judíos polacos. Era un pequeño genio superdotado: "Es ganador del Concurso general de griego y

---

[336] Zofia Kossak *Du fond de l'abîme, Seigneur,* Albin Michel, 1951, p. 127-128, en J. Graf, *El Holocausto bajo la lupa*, p. 89

[337] Citado de *Historische Tatsachen,* n° 44, en J. Graf, *El Holocausto bajo la lupa*, p. 91, 92

[338] Donat, *The Death Camp of Treblinka*, p. 170-171, en J. Graf, *El Holocausto bajo la lupa*, p. 92

latín. En *"Normale Sup"*, eligió director de tesis al profesor Levi, que era un hombre extraordinario: todo en él es atractivo, su *voltairiano* rostro envejecido, la amplitud de su erudición, la sutileza de su humor, su frecuente uso de parábolas y metáforas cuando finge interrogarse en voz alta..." Evidentemente, frente a tanta perfección judía, siempre había entre los alumnos algún goy envidioso para llamarle "judío talmudista". Pero no eran más que pequeños goyim amargados, y no había por qué darles demasiada importancia.

Así que François Katz no era para nada judío. A su amigo Jacques Ravanal, un protestante cevenés, le aseguraba que no era "judío en absoluto". Además - leíamos en las primeras páginas del libro-, su padre se había "opuesto rotundamente" a su circuncisión. Durante dos generaciones, su familia "había renunciado a este tipo de mutilación, perpetuada por rabinos oscurantistas, al igual que habían renunciado a todas las prácticas religiosas."

Diez páginas más adelante, al señalar a su amigo un grupo de judíos ortodoxos en la calle, François volvía sobre este importante punto: "¿Entiendes, Jacques, por qué aseguro no ser judío?" Y Jacques replicaba: "¿Pero entiendes lo que dicen? - Por supuesto -respondía François-, mi madre me enseñó yiddish. Es nuestro código secreto, porque mi padre no lo conoce." Aparte de esto, François Katz no era judío. Además, no hay "comunidad judía" y los judíos no existen, como es bien sabido, salvo a través de los ojos de los antisemitas.

François Katz también era muy patriota. Era muy activo en la Union patriótica de franceses israelitas. Su padre era el capitán Katz, cuya actitud heroica contradecía todas las estadísticas de la época sobre sus congéneres: "Héroe de Verdún, tres veces herido, cinco condecoraciones, Legión de Honor por hazañas excepcionales con las armas[339]." Unas décadas más tarde, una de las más bellas mansiones privadas de París dedicaría a una exposición permanente en memoria de este puñado de "patriotas" tan especiales. Pero François, él, ay, mil veces ay, fue declarado inútil para el servicio en 1940, exento permanentemente a causa de sus "taras físicas".

En 1940 estalló la guerra y se promulgó el estatuto de los judíos. François no era judío, pero, como leíamos en la portada del libro, "el régimen de Vichy y los nazis le demostraron lo contrario": ¡qué cabrones! Internado por la policía francesa en el campo de Drancy, se vio envuelto en una espiral que le llevó a participar en lo inconcebible. "De Drancy a Treblinka, pasando por Auschwitz, François se ve sumergido en el complejo concentracionario de los campos de exterminio...Este viaje a las profundidades de las tinieblas es también un viaje iniciático...François se

---

[339] Daniel Zimmermann, *L'Anus du monde*, Le Cherche Midi, 1996, p. 24, 21, 17

acostumbra al horror y realiza las tareas más abominables." El libro es "una constatación implacable de la naturaleza humana. Una novela profundamente conmovedora e inolvidable."

En Auschwitz, François Katz iba a vivir un infierno. Para empezar, he aquí una escena de combate entre prisioneros. Un combate de boxeo organizado por las autoridades del campo: "Sin árbitro, inútil para un pugilato a ultranza, sin reglas", y el perdedor iba directamente a la cámara de gas sin haber tenido tiempo siquiera de tomarse una ducha. Müller, un coloso judío, ajustaba cuentas con un polaco musculoso probablemente muy antisemita. "Le agarra de la cabeza y la hace pedazos de un rodillazo, antes de dejar que se desplome, muerto... librándose así de la cámara de gas[340]." Al salir del cuadrilátero, Müller es felicitado por un capitán de las SS que había apostado por él. El capitán de las SS estaba contento: acababa de ganar mil marcos.

Mientras tanto -no hay que olvidarlo-, los crematorios "humeaban día y noche". El cruel Doctor Mengele entraba en escena: tras sus "refinados modales", llevaba a cabo todo tipo de "experimentos terroríficos" con los prisioneros. Mientras François -que también era un violinista maravilloso- tocaba la *Berceuse* de Fauré, Mengele clavaba jeringuillas en el pecho de los bebés [empieza a ser cansino].

Aquí François tuvo una visión de horror: en la sala oscura, vio "decenas de cráneos humanos con leyendas escritas en caligrafía gótica: "judío ruso, comisario político", "judío polaco, rabino", "judío alemán, matemático famoso", etc. Detrás de cada uno, un frasco de formol contiene el cerebro correspondiente." Mengele también había reducido algunas cabezas, a la manera de los Indios jíbaros. Las había fijado en pequeños bloques de mármol y las utilizaba como ¡pisapapeles!

Nada más llegar a Auschwitz, los prisioneros eran despojados de todas sus pertenencias. Pero Kramer, el comandante del campo, se puso furioso cuando se dio cuenta de que la nueva remesa de judíos franceses había dejado muy poco oro. Mengele preguntó a François al respecto, y éste respondió que los propios gendarmes franceses extorsionaban a los judíos antes de expedirlos: "Los cerdos, cazan furtivamente en un coto reservado de caza vigilado. Mengele se estremeció de irritación, contagiando a su vez a Kramer que dejó de golpear a Hans", el jefe kapo judío, quien, para resarcirse, había pedido azotar él mismo hasta la muerte a un prisionero recién llegado.

Por la noche, Kramer, el comandante de las SS, dio una "fiesta esplendorosa". Estaba "muy animado", pero François no pudo contener su

---

[340] Daniel Zimmermann, *L'Anus du monde*, Le Cherche Midi, 1996, p. 105, 106

indignación cuando le vio "coger suavemente a Hans del brazo y llevárselo para encargar un abrigo de visón para su mujer como regalo de Navidad[341]."

Auschwitz era un negocio muy lucrativo para las SS. El banco de Auschwitz-Birekenau, leíamos, guardaba "fabulosos tesoros venidos de toda Europa". Alianzas de oro, dientes y dentaduras postizas se fundían en lingotes. Cada semana, bajo estricta vigilancia, salía una ambulancia con el emblema de la Cruz Roja entregar el botín al Banco del Imperio (página 104) ... Hay que reconocer que la Cruz Roja, y todas las cruces en general, no auguran nada bueno, todo sea dicho.

Estaba previsto que el siguiente cargamento de judíos fuera llevado a la cámara de gas. François, que era un virtuoso violinista, se encargaba de tocar algunas melodías yiddishes para tranquilizarlos nada más bajar del tren. Los hombres y las mujeres eran separados, y François Katz se ofreció, por galantería, a llevar la maleta de una joven judía. Apenas tuvieron tiempo de conocerse, ya que los prisioneros fueron enviados inmediatamente a las duchas colectivas. La joven se había fijado en François: "Si está obligada a desnudarse delante de aquellos señores, señalando a los SS agolpados en la entrada, prefiere que también se quede, pues confía en él."

Las mujeres parecían preocupadas, murmuraban entre ellas y se negaban a desnudarse delante de las SS. La joven, que había llamado la atención de François, comprendió entonces lo que iba a suceder. Comenzó a desnudarse lentamente, y entonces se produjo una escena extraordinaria, "inolvidable": "...Aparecen sus senos, espléndidos, sin sujetador. François querría huir, pero no puede, hipnotizado... Los SS también se quedan boquiabiertos... Más lentamente aún, la joven se sube la falda, desengancha las medias del liguero, se las quita y se descalza, lánguidamente. Se levanta de nuevo, con un escarpín en la mano, salta como una gata y planta el tacón de aguja en el ojo de un SS. Le arrebata la pistola y dispara a Schillinger. Schillinger se desploma, un disparo en el cráneo. Dispara dos veces más antes de fundirse con el grupo de mujeres. Aterrorizados y sin devolver los disparos, los hombres de las SS huyen hacia la salida. François se escabulle entre ellos. - ¡Fuego a discreción! Los SS contraatacan con fuego de ametralladora. Gritos de terror, dolor y agonía. Los heridos son rematados. Silencio[342]." Asombroso episodio, ¿no?

También había mujeres SS en el campo de Auschwitz: "Son tan crueles o más que sus congéneres masculinos. Una de ellas se ensaña a porrazos con una "mujer "musulmana" inanimada. En posición de guardia, a diez pasos de distancia, Hans se destapa y susurra:

---

[341] Daniel Zimmermann, *L'Anus du monde*, Le Cherche Midi, 1996, p. 113, 126, 116
[342] Daniel Zimmermann, *L'Anus du monde*, Le Cherche Midi, 1996, p. 121

- Le llaman la perra. Todos los días mata así al menos a treinta personas. La SS da la vuelta con el pie al cuerpo sin vida."

François Katz tuvo un mal encuentro con Mietek, conocido como el Sangriento. Mietek era un polaco de la peor calaña, un condenado de derecho común miembro del comando disciplinario. En Nochebuena, había decidido que no se tolerara a ningún judío en puestos de responsabilidad, salvo a aquellos que hubieran prestado grandes servicios. Y dio la casualidad de que tenía un favor que pedir a François: esconder una bolsa llena de joyas en la habitación de Hans. Para convencer mejor a François, él y sus acólitos dieron muerte a un prisionero recalcitrante ante sus propios ojos: "Mietek el Sangriento levanta al prisionero, lo sienta sobre la estufa al rojo vivo, chisporrotea, su cuerpo atormentado se sacude, apesta... Mietek el Sangriento lo destripa con un cuchillo, lo eviscera a manos llenas, gruñendo de placer."

François no tuvo elección. Así que fue a esconder la preciada bolsa bajo el colchón de su amigo Hans, pero seguido discretamente por un soplón. Los SS registraron la habitación y Hans fue detenido en el acto. Por la noche, no se erigió una horca en la plaza de llamamiento, sino una cruz. El comandante de las SS leyó la sentencia. Esto escribía Daniel Zimmermann: "...Hans se deja crucificar sin oponer resistencia. Sin gritos, con poca sangre y, desde el principio, con violentas contracciones de todos los músculos. Para respirar, el coloso tiene que jalar de los brazos, lo que, según Mengele, era la prueba de que la causa de su muerte sería efectivamente una carencia de oxígeno, que sin duda se aceleraría si le rompían las piernas, de modo que no pudiese apoyarse en ellas y, como consecuencia mecánica, se asfixiaría rápidamente." Mengele le dijo a François: "Creo recordar, secretario, que esto es lo que solían hacer ustedes los judíos. Es más, leí que administraban una bebida narcótica a los condenados antes de la crucifixión para aliviar su sufrimiento, si no me falla la memoria... Ah, ¿ni siquiera conocía estas pequeñas disposiciones humanitarias? Bueno. Aparte de eso, ¿qué se siente al ver a su mejor amigo clavado como una mariposa?"

Sólo quedaban François, Mengele y un guardia junto al condenado, que contemplaban la agonía del desgraciado: "Kramer baja de su pedestal, vuelve a casa, su mujer y sus hijos le esperan para celebrar la Navidad, ¡Heil Hitler![343]"

François también vio con sus propios ojos a los hombres de las SS aplastando las cabezas de los bebés. Bielas, el segundo al mando del sanatorio de Treblinka, estaba de visita en Auschwitz. Pidió a su colega, el

---

[343] Daniel Zimmermann, *L'Anus du monde*, Le Cherche Midi, 1996, p. 124, 128, 130, 131

EL ESPEJO DEL JUDAÍSMO

Dr. Mengele, que le "prestara" a este pequeño genio del violín tan educado. Mengele dudó un momento: "¿Y luego me devolverás su cráneo y su cerebro? ¡Trato hecho!"

Así pues, François fue enviado a Treblinka. Nada más llegar al campo, vio a los guardias ucranianos ocupados con los pobres judíos: "Una bala en la nuca y el cuerpo vuelca, o es empujado, a la fosa de incineración donde ardía un fuego permanente alimentado por azufre. Pronto sólo quedó un bebé olvidado, gritando. Un hombre de las SS lo agarra por los pies y le aplasta la cabeza contra la pared de un vagón[344]."

He aquí otra escena conmovedora: Unos prisioneros permanecían firmes en posición de guardia. Un chico judío, al que las SS habían enseñado a denunciar a sus semejantes, "señala a un hombre que rompió fila para rascarse los dedos." ¡Ataque fulgurante!: "El perro salta, derriba a su presa, la agarra por los genitales y se los arranca, luego ataca las vísceras. Bielas ironiza:

- ¡El número de trabajadores está mal, decano del campo!
- Menos una unidad, fallecida repentinamente de hemorragia, corrige Galewski, imperturbable[345]."

François Katz también aprendió a matar a sus propios hermanos: "En el suelo, dos hombres se retuercen de dolor, sujetándose la barriga. A su alrededor, los reclusos exultan, apostando sobre quién morirá primero. Se apartan respetuosamente cuando aparece Galewski. Este recoge un garrote del suelo y se lo da a François:

- ¡Acaba con ellos!
- ¿Golpeándoles en la cabeza?
- No, así.

Galewski coloca el mango de su látigo en la garganta del jefe del bloque. Se sube encima y alterna entre el pie izquierdo y el derecho, se balancea: crujidos, ¡listo!, ahora le toca a François hacer lo mismo. Un joven de su edad, con rictus de dolor en la cara, preparado para morir como prueba. Éxito, François es un buen alumno empedernido[346]."

La escena de la barbacoa gigante también es muy memorable: Stumpfe, un SS, era apodado la Muerte risueña. Solía arrojar a la hoguera a niños judíos vivos (página 182). Encima de las gigantescas fosas, unos raíles sobre pilares de hormigón "soportaban unas vigas transversales de acero". Era una "parrilla ciclópea" que consumía miles de cadáveres: "Bajo el efecto del calor, los cadáveres parecían volver a la vida. Convulsiones, contorsiones, volvían a sufrir. Silbidos, chirridos, los brazos y las piernas

---

[344] Daniel Zimmermann, *L'Anus du monde*, Le Cherche Midi, 1996, p. 153. Era probablemente una antigua costumbre judía con los bebés goyim secuestrados.
[345] Daniel Zimmermann, *L'Anus du monde*, Le Cherche Midi, 1996, p. 156
[346] Daniel Zimmermann, *L'Anus du monde*, Le Cherche Midi, 1996, p. 165

removían, los troncos se enderezaban. Las pieles hacían ampollas, los rostros lloraban. Deflagraciones, los vientres estallaban, los fetos eran expulsados.

- ¡Vamos, vamos, más rápido, más rápido!

... François avivaba la hoguera funeraria... Se afanaba entre los cuerpos." Ponía grasa fundida sobre los cuerpos, como se haría con una pierna de cordero en un horno: "Con un cubo en el extremo de una pértiga, la extraía del fondo de la fosa, en la cisterna que recogía la grasa humana. Alterado, cegado por el humo, enloquecido por los latigazos, sofocado, eructando, vomitando, orinando y defecando de pie, vertía el combustible hirviendo en los lugares donde el fuego era menos intenso[347]."

Ante tantos horrores, François decidió circuncidarse. ¿No se había circuncidado Abraham a los noventa y nueve años? "¿Así que por fin aceptas firmar el Pacto de Alianza con el Santo, bendito sea?" le preguntó su amigo Mosché. Y François respondió: "No creo en él y nunca lo haré. Pero quiero pactar una alianza con vosotros, hermanos míos... Al día siguiente, estalló la insurrección." Estas eran las líneas finales de esta magnífica y conmovedora historia.

En los agradecimientos que figuran al final del libro, Daniel Zimmerman explicaba que "se había inspirado principalmente en los numerosos testimonios de supervivientes de los campos de exterminio nazis". Y añadía que, si bien la historia era "ficticia", escribirla fue una experiencia "muy agotadora". "Más de medio siglo después de Drancy, Auschwitz y Treblinka, ¿había llegado el momento para mí de añadir el deber de la imaginación al deber de la memoria?"

Esto mismo se podía leer en la contraportada del libro: "En este libro, la ficción toma el relevo de la memoria". Y los lectores también habrán notado que Daniel Zimmermann es un puro genio de la literatura: "Gracias a su escritura aguda y alucinante, Zimmermann trasciende los hechos más insoportables y los metamorfosea en diamantes negros."

Esperamos, sin embargo, que se nos permita decir que no nos hemos creído ni una sola palabra de lo narrado. Todo parece falso: La muerte del boxeador, los cráneos del doctor Mengele, el episodio peliculero del tacón de aguja, la mordedura del pastor alemán, la crucifixión teatral y los niños arrojados a la hoguera, por no hablar de todo lo demás. El hecho de que los dirigentes de la comunidad judía permitieran la publicación de esta novela, que pone en duda todo el sufrimiento de los campos de concentración, es sorprendente.

---

[347] Daniel Zimmermann, *L'Anus du monde*, Le Cherche Midi, 1996, p. 183

La fabulación histérica III

El académico francés Maurice Rheims también fue un superviviente del Holocausto. Había conocido al tristemente "célebre Danecker, Oberfüher de la Gestapo, de siniestra memoria. Danecker era extraordinario, escribía: esbelto, elegante, alto, bien parecido, ario, en definitiva. Muy sinceramente, me advirtió: "nunca saldrá de Drancy, adonde le llevo, a menos que esté muerto. ¡Yo mismo me encargaré de ello!" Era un hombre que no ocultaba su odio a los judíos[348]."

Es lamentable que Maurice Rheims no explicara a sus lectores las razones del odio del SS Danecker hacia los judíos. Hubiese sido un testimonio de la mayor importancia. Pero lo más importante, por supuesto, es que regresara vivo del infierno de Drancy.

El 23 de agosto de 2008, el diario *The Telegraph* publicó el enésimo relato de un superviviente del Holocausto, Eugène Black. Acababa de descubrir en los archivos de Arolsen que sus dos hermanas, a las que creía gaseadas en Auschwitz, habían muerto en realidad bajo las bombas aliadas mientras trabajaban en una fábrica cerca de Buchenwald.

Emmaly Reed fue otra de estas supervivientes. Había sido separada de su madre, su padre y sus hermanos mayores judíos a la edad de 3 años [es decir, en 1933...], y enviada al campo de concentración de Dachau. A sus 77 años, esta mujer se dedicaba a viajar por las escuelas de Estados Unidos relatando las atrocidades que había vivido. Bajo el titular *Doce años en campos de concentración alemanes: una superviviente habla,* el semanal estadounidense *The Western Times* del 27 de marzo de 2008 anunciaba una conferencia que daría esta superviviente del Holocausto en un instituto de Kansas. Tenía 15 años cuando el ejército francés la rescató: "Era el final de la guerra y las SS tenían que huir rápidamente, así que nos colgaron contra la pared. Nos pusieron cadenas al cuello. Si respirábamos, nos estrangulábamos y moríamos. Murió casi el 50% de la gente. Si los franceses no hubieran llegado en ese momento, yo también habría muerto."

Sobre Hitler, esta mujer contaba que le había visto matar a un niño que estaba a su lado: "(...) y le miré a la cara. No era la cara de un ser humano, era la cara del diablo. Son escenas que no se olvidan. Todavía tengo pesadillas sobre ello por la noche y me despierto gritando."

Jean-Jacques Servan-Schreiber, fundador del periódico *L'Express*, era un Schreiber francés de tercera generación, descendiente de judíos prusianos que se dedicaban a la venta ambulante de telas. Tras la Gran Guerra, hicieron fortuna creando el primer periódico dedicado al comercio y que

---

[348] Maurice Rheims, *Une Mémoire vaganbonde*, Gallimard, 1997, p. 68

incluía publicidad: *Les Echos*[349]. En sus memorias, tituladas *Pasiones*, publicadas en 1991, contaba cómo en 1938, cuando tenía solo trece años, su padre, periodista, le había llevado con él en un viaje de reportaje a Múnich. Así fue como el joven Schreiber tuvo la oportunidad de acercarse al canciller Adolf Hitler en persona:

"Allá, al final del puente, un Mercedes muy largo avanza lentamente, escribía. Todos los ojos están puestos en él... Me paro allí con los brazos colgando. El Führer, de pie en su cupé, llega a mi altura. Un grito: la voz de Hitler. Ordena a su chófer que se detenga y el coche frena en seco. Los ojos de Hitler, a dos metros de distancia... ¡Todavía puedo verlos! Expresan la esencia de este personaje ya fabuloso. Son azules claros, estriados de negro y amarillo, y parecen no tener mirada. ¡Ha visto que no he levantado el brazo! De hecho, ni siquiera lo pensé. No lo habría hecho, quiero creer, si se me hubiera ocurrido, pero sencillamente no se me ocurrió... ¡Hitler ruge tres o cuatro frases cuyo significado no me cuesta entender! Me hipnotiza el sonido de esa voz, que oigo en directo y no por la radio. Todavía no se me ocurre levantar el brazo, con el cuerpo congelado y la mirada clavada en los fascinantes ojos de Hitler. Otro grito al conductor y el coche arranca de nuevo. Entonces el rugido de la multitud hacia mí se convierte de repente en tormenta... Afortunadamente, dos policías alemanes me agarran del brazo y me sacan de la tempestad para llevarme de vuelta al hotel, donde encuentro a mi padre[350]." ¡El pequeño Schreiber se salvó por poco!

Este testimonio es similar al del escritor Marck Halter. Marek Halter también tenía historias extraordinarias que contar. Durante la Segunda Guerra Mundial, cuando aún era un niño, tuvo la oportunidad de conocer en persona a Stalin, el "Padre de los Pueblos". Por aquel entonces, estaba refugiado al sol con sus padres, en Uzbekistán, como cientos de miles de otros judíos polacos: "Mi madre, escribía, tenía una tarjeta de miembro de la Unión de escritores soviéticos...Me incluyeron en la delegación de los Pioneros de Uzbekistán que iba a participar en la fiesta de la Victoria en Moscú...En el último momento, me designaron para ofrecerle a Stalin el ramillete de los Pioneros de Uzbekistán. Estaba tan emocionado que tuvieron que empujarme. Stalin tomó mis flores, pasó su mano por mi cabello y dijo algo que no entendí de lo turbado que estaba[351]."

Es bien conocida la tendencia de Marek Halter a inventarse historias, habiendo sido totalmente desacreditado por el semanal *Le Point* del 28 de

---

[349] Sobre JJSS: Christine Ockrent, *Françoise Giroud, une ambition française*, Fayard, Paris, 2003, p. 88, 89
[350] Jean-Jacques Servan-Schreiber, *Passions*, Fixot, 1991, p. 12
[351] Marek Halter, *Le Fou et les rois*, Albin Michel-Poche, 1976, p. 26, 33

abril de 2005³⁵². En este caso, el testimonio de Servan-Schreiber también resultaba altamente sospechoso. Como podemos ver, a menudo hay similitudes entre las historias de infancia de estos judíos. Mismo plumaje, mismo ramaje, como diría el buen señor Jean de La Fontaine.

Imre Kertesz, Premio Nobel de Literatura, deportado a Auschwitz a los catorce años, habló en una entrevista concedida a la revista *Le Point* el 3 de enero de 2008. Explicaba a los lectores el sentimiento opresivo que le consumía. Lo habían encontrado medio muerto en un charco de agua helada sobre el hormigón de Buchenwald. Contaba así:

"Todavía no puedo considerar racional el hecho de haberme salvado. ¿Por qué habría de serlo? ¿Por qué no otra persona?" Imre aprovechaba la ocasión para advertirnos contra el despertar del monstruo: "El antiamericanismo y el antisemitismo son el combustible de las nuevas dictaduras. Como Irán, que niega el Holocausto por un lado pero lo utiliza por otro, cuando le conviene, en su propio beneficio. Así que estemos alerta; ¡que toda Europa esté alerta!" Explicaba además: "Me niego simplemente a dar mi testimonio sin más. Cuando desaparezcan los supervivientes de los campos, la experiencia de Auschwitz, si creemos a Adorno, será un recuerdo muerto. Al contrario, creo que otra generación deberá abordar este tema e inventar algo nuevo." Efectivamente, la imaginación es primordial para ahuyentar a los demonios.

He aquí un extracto de la historia de Malinka Zanger, publicada en 2008 y titulada *Malinka*. Narra la historia de una niña judía de Polonia, de unos catorce años, cuya familia fue aniquilada y que sobrevivió de milagro: "Wladek, desde su campo, pudo ver la puesta en escena. Cuando llegaron a Bobryk, reunieron a todos los habitantes. Luego los alinearon a todos contra un muro. Cuando se alcanzó el número de veintinueve, todos tuvieron que huir por orden del oficial al mando. Y así empezó la cacería humana... Entre las víctimas había un bebé y ancianos que no podían moverse. Persiguieron a mamá, apuntándole a la cabeza varias veces... Mi hermana Luba no estaba entre ellos al principio, pero corrió para estar con mamá. Le dispararon en la mejilla y la enterraron viva... El bebé, que sonreía a los verdugos, fue el blanco de cuatro fusiles. Una anciana, que salió de una casa en llamas, era como una bola de fuego. La cacería terminó cuando habían contado veintinueve víctimas."

En el prefacio del libro, el gran cazanazis Serge Klarsfeld escribía: "Los testimonios de los supervivientes del Holocausto son numerosos. Por supuesto, aun así, siempre diremos que no son suficientes. Siempre escasea el tipo de testimonio que creemos tener derecho a esperar de cada superviviente." Y añadía un poco más adelante: "La historia que vamos a

---

³⁵² Al respecto, léase *Las Esperanzas planetarianas*.

leer es una de esas que generan esa vacilación que suele estar cerca de la duda."

En su libro sobre el *Lobby*, John Mearsheimer y Stephen Walt citaban un artículo del 2002 de un tal Leon Wieseltier, aparecido en el semanal *New Republic*: "La comunidad se ha vuelto hipersensible, está sumergida por un desastre imaginario que ya no puede controlar intelectualmente. La muerte está a las puertas de cada habitante judío. El miedo está en todas partes. La razón ha perdido la cabeza. La angustia se ha convertido en la prueba suprema de autenticidad. Abundan las comparaciones imprecisas y provocadoras. El Holocausto imaginario es omnipresente[353]."

André Schwarz-Bart fue conocido sobre todo por haber ganado el Premio Goncourt en 1959 por su libro *Le Dernier des Justes (El último justo)*. El escritor, fallecido el 30 de septiembre del 2006, era de origen polaco. Su padre había empezado estudios para ser rabino y luego había trabajado como feriante. El 3 de octubre del 2006, Robert Faurisson, el célebre historiador revisionista, escribió un interesante artículo sobre el autor de *El último justo*: "El éxito de *El último justo* fue clamoroso y reportó a su autor sumas considerables, escribía Faurisson. Cientos, quizás miles de artículos y estudios se han dedicado, en Francia y en el extranjero, a lo que ahora se considera ampliamente como el primer *gran libro* sobre la *Shoah*. Pero el autor era un plagiario, un fraude literario. Esta es la conclusión de un estudio publicado por Francine Kaufmann, profesora de la Universidad Bar-Illan de Israel, en la *Revue d'histoire de la Shoah*, septiembre-diciembre de 2002, p. 69-99. Este texto contiene una lista de autores judíos sistemáticamente expoliados por nuestro falsificador: Martin Buber, Manès Sperber, Isaac Babel, Michel Borwicz y otros. Pero André Schwarz-Bart también sacó provecho de una carta de Madame de Sévigné que relata cómo, en 1676, la marquesa de Brinvilliers ha sido condenada por envenenamiento, decapitada y quemada. También había reproducido palabra por palabra algunas líneas de la novela del autor chino Lu Xun, *La verdadera historia de Ah Q*. Pecados veniales, por supuesto, ya que estos robos se habían cometido con la piadosa intención de hacernos llorar por los judíos y su martirio."

El especialista en el tema, Robert Faurisson, remataba el asunto: "La literatura concentracionaria está llena de esos robos, plagios y estafas. En primer lugar, como todas estas historias son en gran parte ficticias, sus autores proceden aquí y allá con pequeños robos en la literatura no judía, y luego, en segundo lugar, éstos son robados a su vez por sus congéneres

---

[353] John J. Mearsheimer / Stephen Walt, *Le Lobby pro-israélien et la politique étrangère américaine*, La Découverte, 2007, p. 210

judíos. El resultado es una cadena interminable de historias, relatos, novelas, películas e incluso obras supuestamente históricas que no hacen más que copiarse unas a otras. Esto puede denominarse "la circulación circular" (dixit Bourdieu) del comercio literario, artístico, cinematográfico o universitario de la mentira y el comercio holocáusticos. Los incautos se imaginan que están ante testimonios que se superponen: la realidad es que están ante invenciones de mentirosos y ladrones. Por poner sólo un ejemplo, se podría escribir una tesis de lingüística sólo sobre el personaje del "Doctor Mengele en la literatura judía concentracionaria". Demostraría hasta qué punto los autores judíos se limitan a repetirse, a veces sin cambiar ni una coma. Todos evocan la figura de este presunto verdugo de Auschwitz a la manera del novelista o estafador Schwarz-Bart, Premio Goncourt 1959, cuyos relatos, como los de sus compatriotas, no son más que una serie de clichés, inverosimilitudes, historias absurdas y Gran Guiñol mezclado con esperma, sangre y materia fecal, todo ello inspirado en el Antiguo Testamento y el Talmud. En este sentido, *El último justo* es, un año después del relato autobiográfico y mendaz de Elie Wiesel *La Noche*, "el primer gran libro sobre la Shoah".''

El 20 de octubre de 2006, en Internet, Robert Faurisson volvía a la carga y añadía, además de su artículo dedicado a Schwarz-Bart: "Los jurados del premio Goncourt tienen cierta debilidad por la literatura holocáustica del tipo de de André Schwarz-Bart. Para el año 2006, tuvieron que coronar la novela de Jonathan Littell, el autor judío de *Les Bienveillantes*." Faurisson citaba un artículo de Peter Schöttler publicado en *Le Monde* el 14 de octubre: "El narrador, una especie de Tom Riley con uniforme de las SS, no hace más que chapotear en sangre y mierda (sin olvidar el esperma, ¡por supuesto!), la mayor parte del tiempo diciendo cosas tan poco interesantes como las que se encuentran en cierto tipo de literatura de aeropuerto."

Naturalmente, los historiadores que se atreven a cuestionar el testimonio de los supervivientes reciben automáticamente una orden de busca y captura, extraditados y condenados. En el 2002, el revisionista René-Louis Berclaz fue entregado por Serbia a Suiza, donde fue condenado a 8 meses de cárcel. Suiza también encerró durante un año a Gaston Amaudruz, que en aquel momento tenía más de 80 años, al igual que Jürgen Graf.

El historiador Ernst Zündel fue entregado por Estados Unidos a Canadá, y luego por Canadá a Alemania, donde fue condenado en febrero del 2007 a cinco años de cárcel, que cumple en Mannheim. El revisionista belga Siegfried Verbeke fue entregado por los Países Bajos a Alemania, donde cumplió nueve meses de cárcel. Regresó a Bélgica en 2006, donde estuvo encarcelado un año. En noviembre del 2005, Estados Unidos entregó al revisionista alemán Germar Rudolf a Alemania, donde fue condenado a tres años de prisión. En Austria, el historiador semi-revisionista David Irving, de nacionalidad británica, fue detenido por la policía en noviembre de 2005 y encarcelado en Viena durante once meses. Gerd Honsik, que se había refugiado en España, fue detenido y extraditado en octubre de 2007 y encarcelado durante 18 meses. El ingeniero Wolfgang Frölich fue condenado a cuatro años de prisión.

En enero del 2008, Sylvia Stolz, abogada de Ernst Zündel, también fue condenada y cumple una pena de tres años de prisión en Heidelberg. En octubre de 2008, el revisionista australiano Frederick Töben, doctor en filosofía, fue detenido en Inglaterra y extraditado a Alemania, donde ya había cumplido nueve meses de prisión por el contenido de su sitio web. Finalmente fue puesto en libertad unas semanas más tarde. En diciembre, el joven Kevin Käthe fue juzgado en Berlín y condenado a ocho meses de cárcel.

En Francia, Robert Faurrisson ha sido multado severamente en numerosas ocasiones. El profesor Jean-Louis Beger también recibió una condena condicional de un mes de cárcel en el año 2000. Georges Theil recibió un castigo de seis meses de prisión y casi 60.000 euros en multas y daños y perjuicios. En junio del 2008, Vincent Reynouard fue condenado a dos penas de un año de prisión, en Francia y en Bélgica, y desde entonces está huido[354].

El 1 de noviembre de 2005, la ONU prohibió el revisionismo.

"Este día 1 de noviembre, por unanimidad y sin votación, escribía Faurisson, los representantes de las 191 naciones que componen la ONU adoptaron -o permitieron que se adoptara- un proyecto de resolución israelí que proclama el 27 de enero "Día Internacional de Conmemoración en Memoria de las Víctimas del Holocausto". El proyecto también rechaza cualquier negación del Holocausto como acontecimiento histórico, ya sea total o parcial. La existencia del revisionismo histórico está así reconocida en todo el mundo -escribía Faurisson-, lo que prueba su fuerza y su vida, pero, al mismo tiempo, esta decisión significa que los revisionistas se

---

[354] Vincent Reynouard (1969) es un ingeniero químico, profesor de matemáticas, historiador y autor de varios ensayos, vídeos y documentales revisionistas francés. En noviembre del 2015, Reynouard fue juzgado ante un tribunal de Normandía por negar el Holocausto en publicaciones de redes sociales. Reynouard, que eligió representarse a sí mismo en el juicio, fue condenado a dos años de cárcel; la sentencia fue aumentada debido a las condenas previas de Reynouard. Vincent Reynouard se exilió entonces en el Reino Unido desde donde continuó publicando sus trabajos y sus videos en internet. En noviembre del 2022, Reynouard fue arrestado en Escocia. El 12 de octubre del 2023, los tribunales escoceses autorizaron su extradición que, tras una batalla legal, fue confirmada el 26 de enero de 2024, tras haber agotado Vincent Reynouard todos los recursos posibles. Fue entregado a las autoridades francesas el 2 de febrero de 2024, acusado por un juez de instrucción de París de "negación de crímenes de guerra", "negación de crímenes contra la humanidad" e "incitación al odio". Quedó en libertad bajo vigilancia judicial. (NdT).

encuentran sometidos a una prohibición moral por parte de todos los países del mundo... La historia de las sociedades y de las religiones es rica en prohibiciones, proscripciones y excomuniones, proseguía Faurisson, pero mientras que, hasta hace poco, las víctimas podían, al menos en principio, esperar encontrar refugio fuera de su país o de su grupo de origen, aquí la condena es, por primera vez en el mundo, de carácter universal, lo que confirma que el revisionismo histórico tiene un carácter excepcional y también que los judíos, una vez más, son capaces de obtener privilegios exorbitantes."

Es cierto que para los judíos la verdad histórica tiene poca importancia. Lo que les importa es el mito que corresponde a la idea que tienen de su papel y su misión histórica en la tierra. Escriben e interpretan la historia únicamente en función de los intereses del judaísmo:

"Maimónides consideraba que el estudio de la historia era una pérdida de tiempo, escribía Esther Benbassa. Más tarde, Joseph Caro, autor del *Shulján Aruj* (La Mesa servida) y uno de los principales codificadores de la ley rabínica, prohibió la lectura de historia no sólo el sábado, sino también durante la semana[355]."

De modo que Israel Finkielstein, reputado arqueólogo israelí y autor de *La Biblia desenterrada* (2001)[356], puede demostrar mediante la arqueología que la salida de Egipto no pudo tener lugar: esto no tiene ninguna importancia, porque para los judíos el mito siempre es mucho más fuerte que la realidad. Son una comunidad con una imaginación fértil, incluso delirante, que se devanea los sesos continuamente.

Alexandre Minkowski lo ilustraba perfectamente. En su libro de 1980 *Un judío no muy católico*, relataba sus comienzos en el mundo del "troche y moche". Tras la publicación de su libro, fue invitado a un programa de televisión, presentado por el presentador estrella Michel Drucker, uno de sus congéneres. Esto escribía: "Me basta con leer o escuchar una historia un poco heroica o ejemplar para que mi imaginación se dispare y me haga creer que la he vivido. Aquella tarde fui a la vez un alpinista, un marinero solitario, un cantante y un Premio Nobel de Biología[357]." Y proseguía: "Fue gracias a una pregunta, aunque muy anodina, y a un acto de audacia del que nunca habría sido capaz en otra compañía, que me consagraría como gran experto deportivo. Aquel domingo se disputaba una semifinal del

---

[355] Esther Benbassa, *La Souffrance comme identité*, Fayard, 2007, p. 77
[356] Norman Finkielstein, Neil Asher Silberman, *La Biblia desenterrada, Una nueva visión arqueológica del antiguo Israel y de los orígenes de sus textos sagrados* (2001), Siglo XXI, Madrid, 2003.
[357] "Somos budistas estadounidenses, informáticos indios, ecologistas árabes, pianistas japoneses, médicos sin fronteras.» Pierre Lévy, *World philosophie*, Odile Jacob, 2000, p. 42, en *Las Esperanzas planetarianas*.

campeonato de Francia de rugby. Drucker pidió a cada uno de nosotros su pronóstico. Yo nunca había pisado un campo de rugby, pero aquel día en particular, daba igual. Nada podía detenerme. Y eso que, sinceramente, todavía no estoy seguro de entender del todo las reglas del juego. Sin embargo, mis conocimientos del vocabulario técnico son suficientes para permitirme comentar un partido con todo detalle sin que mis interlocutores sospechen ni por un momento que apenas sé de lo que hablo. Así fue como, a partir de aquel día, pasé a ser considerado un auténtico entendido. Al día siguiente del programa, recibí una voluminosa carta que me convenció de que el rugby no tenía secretos para mí[358]."

Unas páginas más adelante, Minkowski confesaba su inclinación a decir sandeces con el mayor aplomo y descaro. Es la famosa *chutzpah* de la que tanto gustan alardear los intelectuales judíos: "Soy capaz de hablar con seguridad de lo que desconozco por completo, sobre todo si me enfrento a alguien, escribía. Afortunadamente, los periodistas de RTL tuvieron la buena idea de ponerme en contacto directo con la señora Veil, entonces Ministra de Sanidad...Respeto mucho a la señora Veil, pero algunas de sus actitudes me ofenden. Así que, por una vez, decidí hacer un alegato a favor de una medicina radicalmente nacionalizada... Incluso solté una diatriba izquierdista y ataqué al "dinero", conocido agente de la corrupción. Y cuanto más hablaba, más me sorprendía -incluso me asustaba un poco - de poder defender con tanto ardor y convicción una opinión que no era del todo mía. Tras el programa, recibí un montón de cartas y llamadas telefónicas de admiración, a veces incluso ditirámbicas. Esto me convenció de que lo único que hay que hacer para ser creído a pies juntillas es afirmar algo con autoridad. No importa lo que se diga: hay que ser persuasivo...Hay que "darse ínfulas", sin rodeos ni vergüenza...Entonces empecé a hablar de mis viajes a países comunistas. No escatimé detalles, conté cómo había conocido a Castro, Pham Van-Dong y Zhou Enlai, incluyendo una pequeña anécdota personal sobre cada uno de ellos para dejar claro que, aunque no eran amigos íntimos, los conocía bastante bien. Quizás exageraba un poco, pero me sentía extraordinariamente creíble."

Podemos cerrar este capítulo con una cita de una película de Christian Merret-Palmair, titulada *Les Portes de la gloire* (*Las Puertas de la gloria*, Francia, 2000). Es una historia sobre vendedores a domicilio que recorren los pueblos y ciudades del norte de Francia engatusando a sus clientes para venderles sus baratijas. Al final de la película, uno de estos vendedores, apodado Balzac, recitaba su pequeño verso: "Si comparas el destino de dos hombres, uno de los cuales está dotado de verdadero mérito y el otro que goza de una falsa gloria, tendrás la sensación de que el segundo es más feliz

---

[358] Alexandre Minkowski, *Un juif pas très catholique*, Ramsay, 1980, p. 63-65

que su rival y casi siempre más rico. La impostura sobresale y triunfa en la mentira. Pero sin impostura, la verdad no es nada. Esto no se debe, en mi opinión, a alguna mala inclinación de nuestra especie, sino a que la verdad es siempre demasiado simple y demasiado pobre para satisfacer a los hombres que exigen, para entretenerse o conmoverse, una parte de ilusión y de error. La naturaleza es la primera en engañarnos de este modo, porque es esencialmente a través de la ilusión y la mentira como nos hace la vida agradable o al menos soportable."

Los goyim fabuladores: judíos sintéticos

Los judíos son la población más afectada por la patología histérica. Sin embargo, no son los únicos que padecen estos trastornos psíquicos. El delirio histérico y la imaginación enfermiza también se encuentran en algunos autores no judíos. Y cuando estos autores hablan de las desgracias que sufrieron durante la guerra, los judíos las reconocen instintivamente como propias. Entonces se benefician de toda la maquinaria publicitaria y de las redes de distribución que rápidamente los catapultan a la fama mundial.

El caso de "Misha Defonseca" fue bastante emblemático. En un libro "autobiográfico" titulado *Sobreviviendo con lobos*, publicado en 1997, Misha Defonseca, de 70 años, contaba su extraordinaria historia. Cuenta la historia de una niña judía de ocho años que, en 1941, partió en busca de sus padres, deportados a Auschwitz. Con la ayuda de una simple brújula, abandonó su Bélgica natal y atravesó a pie Alemania y Polonia hasta llegar a Ucrania, con la esperanza de encontrar a sus padres. Recorrió 3.000 kilómetros. Para sobrevivir, robó comida y ropa, y evitó a los hombres y su violencia. En los bosques, se unió a una manada de lobos y se convirtió en uno de ellos.

En el 2008, el libro de Misha Defonseca fue adaptado al cine, en una película dirigida por una tal Vera Belmont. La película es violentamente anti-alemana. La niña habla con odio de esos "sucios alemanes[359]", y los católicos también salen bastante mal parados. Vemos, por ejemplo, a una horrible arpía recibir a la niña con un discurso de esclavista. En la pared, un crucifijo ocupa un lugar destacado. Efectivamente, los católicos tienen fama de hacer dinero con cualquier cosa, incluso a costa de una pobre niña judía (todo lo contrario que los judíos, de hecho).

En Internet, el historiador revisionista Robert Faurisson denunció la impostura, pues en realidad Misha Defonseca no era judía en absoluto. Se

---

[359] *"Sales boches"* en francés en el texto. (NdT).

llamaba Monique de Wael y su historia era absurda. El 28 de febrero de 2008, la historia salió finalmente a la luz.

En el *Nouvel Observateur* del 10 de enero de 2008, con motivo del estreno de la película, Serge Aroles, autor de *L'Enigme des enfants-loups (El Enigma de los niños-lobos),* daba su opinión: "La exuberante ficción de Misha Defonseca, decía, repite todos los clichés surrealistas habituales, que la ciencia y los archivos han destruido sin remedio cada vez que ha investigado un caso de niño lobo: esta niña comparte la vida de una manada (6 adultos y 4 lobeznos), porque hace compañeros lupinos modulando el aullido del lobo; sus dientes (de 9 años), sus dientes, no sus manos, desgarran la piel de una liebre y hacen crujir los huesos de la presa (inténtelo, incluso con dientes de adulto); Su lengua lame el agua con eficacia (de nuevo, ¡pruébelo!); Apacigua a los lobos machos amenazadores "tirándose inmediatamente encima de sus espaldas" y gimoteando "como los cachorros"; sus heridas se curan gracias a la saliva (¡en realidad sobreinfectada!) de toda la manada que ha acudido a lamerle las heridas, etc." Y continuaba: "Pero hay dos invenciones de Misha Defonseca cuya desmesura no tiene parangón; dos fabulas que jamás he encontrado en una historia que abarca siete siglos (1304-1954): 1. En un "día excepcional", todos los lobos de la manada se van de caza, dejándole a cargo de los cachorros, incluso uno de ellos estando herido, lo que, según el autor, demuestra la gran confianza que se había ganado. 2. Cuando, ya miembro de la manada, la pequeña se atreve a orinar levantando la pata, es "regañada" por la loba dominante, que "le ordena que se agache como las demás hembras" para orinar (página 162). Paradójicamente, en mi libro sobre el tema, di una explicación científica irrefutable del fenómeno de los niños-lobos: en la historia de la humanidad, se han dado casos exclusivamente de crías lactantes acogidas por una loba solitaria en estado de pseudogestación (embarazo nervioso). La loba los amamanta y los defiende, pero su esperanza de vida es corta."

El diario belga *Le Soir* publicó una declaración de Misha Defonseca, en la que admitía que su historia, presentada como auténtica, era una obra de ficción y no un relato autobiográfico, como había afirmado durante diez años. "Me conté una vida, otra vida. Pido perdón", declaró. "Siempre me he sentido judía", titulaba toda la prensa al día siguiente.

El 2 de marzo, la página web del diario belga *Le Soir* informaba de que el padre de "Misha", Robert de Wael, miembro de una red de resistencia, había sido detenido por los nazis. Entonces delató a sus camaradas para poder ver a su hija y participó en los interrogatorios de sus antiguos compañeros de armas. Su nombre - el colmo de la ignominia - fue retirado de la estela de piedra del ayuntamiento de Schaerbeek que les rendía homenaje.

"Sí, me llamo Monique De Wael, pero desde que tenía cuatro años he querido olvidarlo. Mis padres fueron detenidos cuando yo tenía cuatro años. Me acogió mi abuelo, Ernest De Wael, y luego mi tío, Maurice de Wael. Me llamaban "la hija del traidor" porque se sospechaba que mi padre había hablado bajo tortura en la prisión de Saint-Gilles. Aparte de mi abuelo, odiaba a las personas que me acogieron. Me trataban mal. Me sentía diferente. Es cierto que siempre me he sentido judía, y más tarde en la vida pude reconciliarme conmigo mismo siendo acogida en esta comunidad. Ciertamente, siempre me he contado a mí misma una vida, otra vida, una vida que me separaba de mi familia, una vida lejos de los hombres que odiaba. También por eso me enamoré de los lobos, por eso entré en su mundo. Y lo mezclé todo. Hay momentos en los que me cuesta diferenciar entre lo que era la realidad y lo que era mi mundo interior... Pido disculpas a todos aquellos que se sientan traicionados, pero les ruego que se pongan en la piel de una niña de cuatro años que lo ha perdido todo, que tiene que sobrevivir, que cae en un abismo de soledad, y que comprendan que nunca quise otra cosa que conjurar mi sufrimiento."

Tras estas confesiones, Serge Aroles, estupefacto ante la magnitud de los acontecimientos, declaraba: "El caso de Misha Defonseca no está en mi libro, era tan delirante que no me detuve en él, pensando que todo el mundo se daría cuenta rápidamente." Y repetía: "Una loba necesitada de adopción puede desarrollar un "embarazo nervioso" y acabar con las ubres llenas de leche. Es muy probable que, por accidente estadístico, algunos recién nacidos escondidos en el bosque a causa de la guerra, el hambre o el abandono hayan sido amamantados durante un breve periodo de tiempo. Pero esto sólo se aplica a los bebés. Y esto, sin duda, ha alimentado el mito de los niños lobo... [Pero] cuando Misha Defonseca explica que una loba la reprendió por orinar como un macho al levantar la pata, o que se encontró haciendo de niñera en la manada, nadie ha llegado tan lejos en el delirio."

El editor francés Bernard Fixot, propietario de los derechos mundiales del libro, declaraba: "Le hice algunas preguntas a Misha hace mucho tiempo, en 1995. Me interesaba saber cómo había sobrevivido... Esas historias sobre lobos, por supuesto que me sorprendieron mucho... Conocía a Misha muy bien. Realmente confiaba en ella. Cuando se publican documentos, no se comprueba todo. Se comprueba cuando puede causar daño a otras personas. En este caso, a nadie. Era una historia muy bonita que sólo perjudicaba a los nazis". A continuación, confirmaba que no emprendería acciones legales contra la autora belga.

Por su parte, Vera Belmont, la cineasta que realizó la película *Sobreviviendo con lobos*, afirmó que estaba "un poco enfadada" con Misha Defonseca. "Pero ha construido algo, como una salvaguardia para no hundirse. Así que me duele el corazón por ella."

La directora decía que nunca había tenido dudas sobre la supuesta judeidad de la Señora Defonseca, pero que no creía del todo el resto de su historia sobre su viaje con los lobos. "Es difícil ser judío, así que nunca pensé ni por un segundo que alguien se revestiría de esa identidad...Si ella me hubiera dicho la verdad, lo habría hecho de todos modos, porque, siendo yo misma judía y queriendo hablar de esa época, no podía hablar de ello directamente", añadía. La directora precisaba que se suprimiría la mención "Basada en una historia real" de los títulos de crédito de la película, la cual seguiría a pesar de todo en cartelera.

Maxime Steinberg, historiador "belga" de la Shoah, señaló que las deportaciones de judíos comenzaron en Bélgica en agosto de 1942. Por tanto, no había ninguna razón para que los judíos se escondieran o huyeran en la primavera del 41. Misha Defonseca se anticipó a los hechos un año y medio...Su travesía de Europa sin más ayuda que la de los lobos es igualmente inverosímil. Tras una larga batalla jurídica y financiera que finalmente perdió, la editorial estadounidense publicó en Internet un extracto de un registro del curso escolar 1943-1944, que atestiguaba que en la época en que la heroína afirmaba encontrarse en los bosques de Polonia, adoptada por una manada de diez lobos, en realidad iba a la escuela en Schaerbeek. El documento iba acompañado de un extracto de la partida de bautismo católica de "Misha", nacida en 1937 en Etterbeeck, y no era judía ni de padre ni de madre. Los registros escolares de Schaerbeek también confirmaban que durante el curso 1943-1944, Monique Dewael había asistido a la escuela junto a Marguerite Levy, nada menos que la hermana de su futuro marido.

El caso del suizo Binjamin Wilkomirski tampoco tiene desperdicio. A finales de 1955, Wilkomorski publicó un pequeño libro de 150 páginas, *Bruchstücke aus einer Kindheit 1939-1948*, en el que relataba sus experiencias. El libro se tradujo a una docena de idiomas y fue un éxito mundial. La traducción francesa fue publicada en enero de 1997 por Calmann-Lévy, con el título *Fragments / Une enfance 1939-1945*. En la contraportada se podía leer:

"Binjamin Wilkomirski no sabe su fecha de nacimiento, desconoce sus orígenes precisos y no le queda ningún pariente. Era aún muy joven cuando se intensificaron las redadas de judíos en Polonia. Su padre fue asesinado delante de sus ojos, le arrancaron de su familia y, a los cuatro años, fue deportado al campo de exterminio de Majdanek. "Mis primeros recuerdos se asemejan a un campo de ruinas salpicado de imágenes y acontecimientos aislados. Fragmentos de memoria con bordes duros y afilados que hoy en día aún no puedo tocar sin hacerme daño. A menudo en un desorden caótico y, en su mayor parte, imposibles de clasificar en orden cronológico. Fragmentos que se resisten obsesivamente a la preocupación por el orden del adulto en que me he convertido y que escapan a las leyes de la lógica". Son estos fragmentos los que el autor reconstruye aquí a través de los ojos del niño que una vez fue. Un libro inolvidable, una obra maestra de escritura y emoción. Binjamin Wilkomirski vive actualmente en Suiza. Es fabricante de instrumentos musicales y clarinetista."

El 22 de diciembre de 2002, Robert Faurisson resumía el asunto en un esclarecedor artículo que reproducimos a continuación: "En realidad, este panfleto de 150 breves páginas es una obra maestra de la no-escritura y de la falta de emoción, nos decía Faurisson. Es un producto mal elaborado cuyo autor, en el mejor de los casos, toca la gaita. Lejos de descubrir "fragmentos de memoria con bordes duros y afilados", el lector no encuentra más que blandura, incoherencia, indefinición (en el tiempo y en el espacio), confusión, vaguedad, humo, vapor, niebla y gris. La acción se estanca, los diálogos suenan huecos. El tono es erróneo: los constantes llantos, pánicos y rabietas del héroe se producen en su mayoría sin ton ni son. Si todo es impreciso, es a propósito. Es evidente que el autor ha evitado dar detalles de lugares, momentos o personajes porque temía cortarse con los fragmentos. Afirma haber estado internado en Majdanek, pero se abstiene de describir el campo, salvo situándolo en una colina que, en realidad, nunca existió. A continuación, da a entender que estuvo en Auschwitz, pero no escribe el nombre de Auschwitz, de modo que no se le puede reprochar de equivocarse sobre el campo. Salvo raras excepciones, los personajes no tienen realmente uniformes, rangos, idiomas, trabajos precisos o incluso -y esto es el colmo- rasgos verdaderamente distintivos; no son más que fantasmas u hombres del saco de cartón. Los paisajes que recorremos están en todas partes y en ninguna. Esta atención por borrar cualquier detalle comprometedor es característica del mentiroso o del falsificador. Descarta la buena fe. Sería un error afirmar que el autor acabó creyéndose su propia historia. Nuestro estafador está constantemente alerta. Se vigila a sí mismo como hacen los mentirosos. No divaga, ni cede a la ilusión. Construye su historia pieza a pieza, frase a frase, laboriosamente."

Y Faurisson remataba la faena: "Ciento cincuenta páginas de semejante verborrea traducidas del alemán deberían haber sido una llamada de atención para los más crédulos. Todo el mundo debería haberse dado cuenta de que Binjamin Wilkomirski pertenece a la categoría de falsos testigos que, al no tener nada que contar sobre una experiencia vivida, se ven reducidos a armar un rompecabezas de clichés, estereotipos, cursilerías y sentimientos prefabricados. Igual de facticio es el relato de las atrocidades con que el autor salpica su narración supuestamente autobiográfica. En su libro, los villanos pasan la mayor parte del tiempo agarrando maliciosamente a los niños para arrojarlos a través de una ventana contra una pared, rompiéndoles el cráneo, atravesándoles la frente con una bola, enterrándolos vivos en el barro, arrojándolos al fuego, para hacer "combustible" con ellos (sic) o, más sencillamente, para levantarlos del suelo por las orejas, encerrarlos en perreras llenas de alimañas, hacerlos caminar sobre excrementos hasta las rodillas, clavarles palitos de cristal "en los pitos de los chiquillos" (p. 60). En una pila de cadáveres, vemos que el vientre de una mujer se hincha y se abre; nuestro hombre puede dar fe de ello: "El abdomen se desgarra y una enorme rata, toda brillante y embadurnada de sangre, baja rápidamente del montón de cadáveres. Otras ratas asustadas emergen de la maraña de cadáveres y emprenden la huida: ¡las he visto, las he visto! ¡Las mujeres muertas paren ratas! ¡Las ratas! El enemigo mortal de los niños del campo. Las ratas nos atacan noche tras noche, sus mordeduras infligen heridas horriblemente dolorosas e incurables, ¡heridas que nada puede curar y que hacen que los niños se pudran vivos! (p. 84)."

"A pesar de su atroz calidad literaria y de sus invenciones dignas del Gran Guiñol, proseguía Faurrisson, el libro se convirtió rápidamente en un éxito de ventas. Cuando se publicó, la élite de la Shoah se desmayó en éxtasis. Se asfixiaron de admiración ante la fuerza del testimonio y el talento del autor. Lea Balint, especialista israelí de los niños de la Shoah, Lawrence Langer, Daniel Goldhagen y Blake Eskin se hacen los adalides de la causa, junto con Wolfgang Benz, director del Centro de Investigación sobre el Antisemitismo, con sede en Berlín, y Annette Wieviorka, en Francia. Desde el *New York Times* hasta el *Nouvel Observateur*, desde el *Daily Telegraph* y el *Guardian* hasta *Le Monde*, los medios de comunicación se estremecen de alegría y felicidad. En Estados Unidos, el libro fue promocionado por el *Holocaust Memorial Museum* de Washington y ganó el *National Jewish Book Award for Autobiography*, mientras que la *American Library Association* lo incluyó en su lista de los mejores libros para jóvenes adultos en 1997 ("*Best Book for Young Adults*"). En Gran Bretaña, recibió el premio literario *Jewish Quarterly* y, en Francia, el premio *Mémoire de la Shoah*. Los testimonios orales de B. Wilkomirski han sido cuidadosamente recopilados por la *Shoah-Foundation* de Steven Spielberg, una fundación creada para recoger 50.000 testimonios en vídeo en casi cincuenta países con el fin de demostrar al mundo que los revisionistas son falsificadores de la historia. Wilkomirski ha viajado y dado numerosas conferencias, sobre todo en escuelas. Amasó una fortuna. Su primer milagro fue encontrar a su padre en Israel, un superviviente de Majdanek llamado Jaakov Morroco. Bajo la mirada de las cámaras, padre e hijo cayeron llorando en los brazos del otro. Segundo milagro: una californiana que se hace llamar Laura Grabowski y se presenta como superviviente de Auschwitz afirma haberle conocido en aquel campo de concentración. Una vez más, el reencuentro tuvo lugar ante las cámaras en el aeropuerto de Los Ángeles. Laura Grabowski le recibió con los brazos abiertos, gritando: ""He's my Binji"" ("¡"Es mi Binji"!") Por su parte, ella muestra las cicatrices de los experimentos mediáticos de Mengele. Ella también es música. Nuestro clarinetista y su compañera van de gira de conferencias y conciertos. Hacen una peregrinación a Auschwitz. Y allí, todavía ante las cámaras, nuestro héroe revela que Mengele le había infligido experimentos médicos para volver azul el color marrón de sus ojos, un episodio que nunca había mencionado en su libro. Se produce un incidente que debería haber sido una llamada de atención: cuando se le pide que describa a Mengele, B. Wilkomisrski se niega a hacerlo (*L'enfant des camps de la mort: vérité ou mensonges*, documental para la televisión británica de Christopher Oliglati, 1999).

"Ya en 1995, un periodista suizo, Hanno Helbling, jefe del departamento cultural de la *Neue Zürcher Zeitung*, advirtió al editor alemán Suhrkampf del engaño. Pero Hanno Helbling no tenía la suerte de ser judío y fue ignorado como un vulgar revisionista. No fue hasta que un judío llamado Daniel Ganzfried, nacido en Israel y residente en Suiza, escribió en el semanario suizo *Die Weltwoche* (27 de agosto y 3 de septiembre de 1998) que se puso en marcha el proceso que condujo a una serie de revelaciones sobre la verdadera identidad del impostor. Obviamente, todo el mérito del descubrimiento corresponde al judío y no al "revisionista" H. Helbling, cuyo nombre caería rápidamente en el olvido.

"Nos enteramos de que el verdadero nombre de Binjamin Wilkomirski era en realidad Bruno Grosjean. Nacido como hijo natural de Yvonne Berthe Grosjean el 12 de febrero de 1941 en Biel (cantón de Berna), fue confiado por ésta a un orfanato. Adoptado por un matrimonio adinerado de Zúrich, los Doesseker, adoptó el nombre de la familia pasando a llamarse Bruno Doesseker. Su madre murió en 1981, recibiendo su escasa herencia. Nunca fue judío. Su nacimiento en Riga es pura invención. Pasó toda su infancia en Suiza, no en Majdanek, Auschwitz ni en ningún otro lugar de Letonia, Polonia o Alemania. Nunca vivió en un orfanato de Cracovia. Un análisis genético demostró que no está emparentado con Jaacov Morroco. Sólo visitó Riga, Auschwitz o Cracovia como turista, mucho después de la guerra.

"Laura Grabowski, en cambio, es lo que podría llamarse una estafadora con falda. Su verdadero nombre es Laura Rose Wilson; nació en Estados Unidos de padres cristianos en Auburn, en el estado de Washington. Diez años antes, bajo el seudónimo de Lauren Statford, había escrito un libro en el que se presentaba como víctima de rituales satánicos, mostrando cicatrices que más tarde atribuyó a los experimentos de Mengele.

"El impostor empieza por combatir las acusaciones. Mezcla protestas, amenazas y gemidos. A falta de su verdadero padre, se encuentra a su verdadero tío, que acepta someterse a una prueba genética, pero el impostor se niega. Empiezan a surgir testimonios de personas que le conocían bien; resulta que, desde su juventud, Bruno tenía una fuerte propensión a mentir.

Nos enteramos de que un psicoterapeuta judío, Elitsur Bernstein, estaba implicado en la empresa del falsificador; especialista en recuerdos enterrados, había ayudado al clarinetista a reconstituir su identidad como Binjamin Wilkomirski, supuestamente nacido en Riga, luego internado en un orfanato de Cracovia y deportado a los campos de concentración nazis. Algunos judíos empiezan entonces a distanciarse de este goy que ha jugado a ser judío y cuya impostura, ahora demasiado evidente, corre el riesgo de perjudicar a toda la comunidad. Raul Hilberg y Yehuda Bauer expresan su escepticismo. Judíos como Judith Shulevitz en Canadá, o Deborah Dwork y Deborah Lipstadt en Estados Unidos, persisten en defender al impostor o su obra; en su opinión, poco importa que la historia sea auténtica o no, pues hay que tener cuidado de no hacerles el juego a los revisionistas.

"En 1999, Elena Lappin, judía de origen ruso, dedica un estudio al asunto, *The Man with Two Heads,* que fue traducido y publicado en 2000 por la editorial L'Olivier (director general: Olivier Cohen) con el título *L'Homme qui avait deux têtes (El hombre que tenía dos cabezas).* Esta vez, la explicación es sencilla: para Elena Lappin, el autor es sincero porque tiene doble personalidad. Jorge Semprun no duda en expresar la misma opinión (*Le Journal du Dimanche,* 6 de febrero de 2000, p. 27); aprovecha la ocasión para elogiar la ficción, que, según él, debe "tomar cada vez más el relevo de la historia"; afirma textualmente: "Esto ya ha sucedido en el cine. Spielberg y Benigni han utilizado la ficción para ir más allá de la realidad, y está claro que funciona."

Pero cada vez se alzaban más voces para denunciar la contribución involuntaria del autor al auge del revisionismo. A continuación, abreviamos el relato del profesor Faurisson: Uno tras otro, los editores retiraron el libro del circuito comercial, los tribunales de Zurich tomaron cartas en el asunto y se presentó una denuncia por fraude. En abril del año 2000, supimos que el juez de instrucción había decidido "archivar la investigación sobre el autor de las falsas memorias sobre Auschwitz". He aquí el texto de la Agencia Telegráfica Suiza: "...El tribunal de Zurich ha cerrado la investigación sobre este asunto. Las investigaciones han demostrado que no hay pruebas concretas que sugieran que el autor del libro tuviera la intención de ocultar "de manera fraudulenta" su verdadera identidad... Aunque se ha demostrado que el libro contiene afirmaciones falsas, no hay pruebas de que su autor mintiera."

"Esta decisión judicial debería haber provocado una avalancha de comentarios, añadía Faurrisson, pero parece haber sido seguida de un silencio total. Hoy el asunto Wilkomirski parece haber terminado, para alivio, sin duda, de muchos. Y Robert Faurrisson concluía: "Está claro que cuando se trata de mentiras sobre el Holocausto, el sistema judicial suizo no razona de forma diferente a los sistemas francés, alemán, austriaco, holandés, canadiense o australiano. Avala las mentiras cometidas de buena fe, o incluso las mentiras *posiblemente* cometidas de buena fe."

Pero para Faurrisson, "el rey de los impostores" seguía siendo Elie Wiesel: "En términos de falso testimonio, escribía, Elie Wiesel continúa su carrera muy por delante de Martin Gray, Filip Müller, Rudolf Vrba, Mel Mermelstein, Abraham Bomba, Fania Fénelon y la considerable multitud de otros mitómanos del "Holocausto". No está dicho que algún día su fama y fortuna como Premio Nobel de la Paz no igualen a las de los Rothschild. De momento, en su campo, Elie Wiesel sigue siendo el rey de los impostores y a su lado, reconozcámoslo, el goy Bruno Grosjean es casi insignificante."[360]

Misha Defonseca y Binjamin Wilkomirski, ambos huérfanos, eran evidentemente casos patológicos. Como sabemos, la histeria es extremadamente contagiosa y, en este caso, la patología también pudo haber sido favorecida por el contacto regular con miembros de la secta.

André Malraux fue un escritor muy conocido en la segunda mitad del siglo XX[361]. También fue Ministro de Cultura del General de Gaulle de 1959 a 1969. Roger Peyrefitte, otro novelista, no es ciertamente un personaje que apreciamos mucho, pero su retrato de André Malraux merece ser reproducido aquí: "Utilizó el comunismo, luego el gaullismo... La única vez que lo vi, en carne y hueso, fue gracias a Montherlant. Cuando volví de Atenas, de la administración central, entre 1938 y 1940, frecuentaba con asiduidad la Biblioteca Nacional...Allí me encontraba a menudo con Montherlant... Solíamos salir juntos y almorzar en el Louis XIV, plaza de las Victorias. Un día me dijo: "Mire, ahí va Malraux...No nos saludamos, me dijo Montherlant. A mí me consideran de derechas, él es rojo. Un mal tipo, pero un gran escritor...Te prestaré *La Esperanza*". Le devolví el libro unos días después: "No pude pasar de la página 12. Reconozco que es un escritor; hay algunas fórmulas hermosas, algunos destellos de brillantez. Pero leerlo exige un esfuerzo constante..." De hecho, Montherlant, como muchos otros, se había dejado impresionar por la comedia heroica de

---

[360] La autora Anne Kling ha resumido varios de estos casos de mitómanos del Holocausto en su libro *Menteurs et affabulateurs de la Shoah*, Editions Mithra, 2013. (NdT).

[361] André Malraux (1901-1976) fue un novelista, aventurero y político francés. Se trata de un personaje representativo de la cultura francesa que giró en torno al segundo tercio del siglo XX, y en su vida se confunden los elementos novelados del escritor con la expresión del hombre público, la propaganda del político y la realidad de los hechos históricos que vivió. Esta mezcolanza ha llevado a alguno de sus críticos, como el biógrafo Olivier Todd, a considerar a Malraux "el primer escritor de su generación que logró edificar de una manera eficaz su propio mito». Es famosa su novela *La Esperanza*, ambientada en la guerra civil española. (wikipedia). (NdT).

Malraux. Me lo dijo después de la guerra: "Tuve la idea de releer *La Esperanza*. Y tenía razón. Como usted, no fui capaz de terminarlo..."[362]

"Malraux no quería que se publicara su biografía. Hubiera preferido que nos limitáramos a consultar su obra. Evidentemente, ¡su biografía es la destrucción de su obra! Traigo algunas pruebas de ello. ¿Qué dice el *who's who*, es decir, el propio Malraux? "Organizador y jefe de la aviación extranjera al servicio del gobierno español" ¿Cuál era la realidad? Basta leer las memorias del comandante de la Fuerza Aérea Republicana Española, publicadas hace dos o tres años, para convencerse[363]: no sabían cómo deshacerse de Malraux, inactivo, incompetente, perturbaba todas las actividades del grupo. Por consiguiente, aunque fue a España, no desempeñó allí ningún papel decisivo...

"¿Malraux coronel? Se dio a sí mismo el rango, como Chaban se dio a sí mismo el rango de general. ¿Malraux al mando de la brigada "Alsacia Lorena"? Se fundó en junio del 44, qué buen esfuerzo. Tengo el testimonio de un hombre al que venero y al que ya he aludido y que fue uno de los trece jefes de las redes de resistencia. ¿Qué descubrió sobre Malraux? Ninguna proeza de armas, sólo la formación de la famosa brigada, dos meses antes de la liberación...

"Malraux afirmó haber dinamitado un tren, pero nunca dio ni el mismo lugar ni la misma fecha. Y, repito, no queda ni rastro de esas supuestas hazañas de armas. Por precaución, citaba siempre al mismo testigo, un testigo fiable: su cómplice en fumadero de opio, Emmanuel d'Astier de la Vigerie. ¿Quiere otro ejemplo? En sus *Antimemorias*, cuenta cómo descubrió el reino de la reina de Saba en avión. Conocía esa historia. Me la contó Jean Vigneau, mi primer editor. Dado que ese famoso vuelo lo hizo en compañía de Corniglion-Molinier, se lo pregunté directamente a él... Me

---

[362]Roger Peyrefitte (1907-2000) fue un escritor e historiador francés, defensor de los derechos de los homosexuales. Peyrefitte siempre se proclamó abiertamente homosexual, o más bien pederasta: "¡Me encantan los corderos, no los carneros!» (*¡J'aime les agneaux, pas les moutons!*). Más todavía que André Gide, y al contrario de Henry de Montherlant de quien él fue durante largo tiempo amigo y cómplice, Peyrefitte concibió su carrera literaria como una militancia en favor del amor a los efebos. (wikipedia). Henry de Montherlant (1895-1972) fue uno de los más destacados novelista, ensayista y dramaturgo francés de su tiempo. Autor de unos setenta libros, es conocido sobre todo por sus novelas *Les Bestiaires* (1926), *Les Jeunes Filles* (1936-1939), *Les Garçons* (1969) y sus obras de teatro *La Reine morte* (1942), *Le Maître de Santiago* (1947), *La Ville dont le prince est enfant* (1951), *Port Royal* (1954) y *Le Cardinal d'Espagne* (1960). Fue un apasionado de la tauromaquia, del mundo mediterráneo y la época clásica en general, siendo elegido miembro de la Academia Francesa en 1960. Tras su muerte (suicidio), su ambigua vida sentimental y sexual causó cierta controversia. (NdT).

[363]Peyrefitte se refiere seguramente a las memorias de Ignacio Hidalgo de Cisneros publicadas en 1961 y 1964. (NdT).

contestó que él y Malraux se habían puesto de acuerdo para montar esa farsa y fingir que unos montones de arena eran un reino desaparecido...

"¿Malraux el historiador del arte? Cuando estaba en Estados Unidos, en 1967, un profesor de Princeton me dijo que los alumnos obtenían un cero cuando se referían al ilegible *Las voces del silencio* [*Les Voix du silence*, un ensayo sobre el arte de Malraux, ndt]. ¿Habló alguna vez del amor? Siempre de la muerte. ¿Alguna vez sonrió? Fíjense en su rostro siniestro, que siempre aparecía en historias siniestras. Su desaparición se presentó en la Francia giscardiana de forma muy parecida a como se había presentado la de De Gaulle en la Francia pompidoliana. Es natural que el mundo oficial, creador de la impostura, quiera honrar al rey de los impostores[364]."

Cabe señalar que André Malraux compartió su vida con una tal Clara Goldschmidt, con la que se había casado en 1921, y a la que los lectores de *Psicoanálisis del judaísmo* ya han conocido.

Y es que las esposas judías parecen ejercer cierta influencia sobre algunos escritores. El propio Anatole France[365], por ejemplo, también se había casado con una judía, una judía austriaca llamada Armande de Caillavet. He aquí el testimonio de Xavier Vallat[366]: Anatole France era veinticuatro años mayor que él, pero había demostrado hacia Vallat cierta simpatía; "una simpatía curiosa, teñida de consideración protectora". Fue el caso Dreyfus[367] lo que les había separado: "Se había dejado arrastrar por el dreyfusismo para tener paz en su falso matrimonio, escribía Vallat. Pero en privado juzgaba sanamente el fondo del caso. Un día me dijo: "Todo esto acabará mal para el país[368]"."

---

[364] Roger Peyrefitte, *Propos secrets*, Albin Michel, 1977, p. 198-202. [Pompidoliana: de la presidencia de George Pompidou; Giscardiana: de la presidencia de Giscard d'Estaing. NdT.]

[365] Anatole France (1844-1924) fue uno de los grandes escritores y críticos literarios de la III República francesa, considerado una autoridad moral de primer orden. Fue premio Nobel de literatura en 1921 por toda su obra. (NdT).

[366] Abogado católico y político de extrema derecha, antisemita y colaboracionista durante la Ocupación. (NdT).

[367] Ver nota 63. (NdT).

[368] Xavier Vallat, *Charles Maurras, N.º d'écrou 8.321*, Plon, 1953, p. 20, 22. Xavier Vallat añadía, además: "Sin embargo, una vez enterrada Madame Armande, publicó *Los dioses tienen sed*, lo que constituye un acto contrarrevolucionario.»

3. La mentalidad cosmopolita

El proceso de culpabilización de los goyim

La culpabilización de los "otros" es una fuerte tendencia entre los intelectuales judíos. En 1946, Jules Isaac publicó un libro titulado *Jesús e Israel* en el que decía: "Alrededor de seis millones de judíos asesinados por el simple hecho de que eran judíos. Para deshonra, no sólo del pueblo alemán, sino de toda la cristiandad. Ya que, sin los siglos de catequesis, de predicación y de vituperación cristianas, la catequesis, la propaganda y la vituperación hitlerianas no hubieran sido posibles[369]."

Toda la humanidad es culpable de lo ocurrido durante la Segunda Guerra Mundial. Esto era lo que Elie Wiesel también quería decirnos: "El mundo lo sabía y guardó silencio", aseguraba en un discurso pronunciado en Oslo[370]. Martin Gray también mostraba la misma tendencia a culpabilizar a los demás: "El mundo entero nos está dejando morir[371]"; "El mundo entero dejaba que nos asesinaran[372]...", escribía.

Alexandre Minkowski, que se declaraba cristiano al principio de su libro, se permitía algunos comentarios menos amistosos sobre los católicos en los "documentos anexos" del final, y se complacía en publicar una carta de un misterioso lector católico cuya fraseología parecía más bien talmúdica. Decía lo siguiente: "El cristianismo ha sido culpable ante Dios y ante la historia de inconmensurables atrocidades contra los judíos. Hemos creado un tabú colosal que está arruinando la salud moral y espiritual de todo el mundo occidental... Sólo hay un remedio posible para todo esto: el arrepentimiento. Debemos tomarnos en serio la advertencia de Jesús: "Si no os arrepentís, pereceréis"(Lucas XIII: 3) ...Ha llegado la hora de la verdad para la Iglesia cristiana, para el cristiano, con respecto a Israel. Un

---

[369] Jules Isaac, *Jésus et Israël*, (1946), Fasquelle, Paris, 1959, p. 508; citado en León de Poncins, *El Judaísmo y la Cristiandad*, Ediciones Acervo, Barcelona, 1966, p. 24-25. [Libro muy recomendable por la cantidad de citas de eminentes figuras del judaísmo y su implicación en la reforma que supuso el concilio Vaticano II. Reeditado por Omnia Veritas en el año 2015. (NdT).]

[370] Elie Wiesel, *Discours d'Oslo*, Grasset, 1987, p. 13, 22

[371] Martin Gray, *Au nom de tous les miens*, Robert Laffont, 1971, p. 109. (Traducción omitida en Plaza & Janés, 1973, p. 102. NdT.)

[372] Martin Gray, *En nombre de todos los míos*, Plaza & Janés, Barcelona, 1973, p. 193

mea culpa histórico se presenta ante nosotros como desafío...La Iglesia enferma sólo será curada y reunificada cuando se haya arrepentido[373]."

El libro de Alexandre Minkowski terminaba con estas líneas. Así pues, ya sólo queda arrodillarse ante los judíos. Pero, de nuevo, estas líneas bien podrían haber sido escritas por el propio autor, usurpando la identidad de un católico para socavar el catolicismo desde dentro.

Esta denuncia constante de los fundamentos de la civilización europea preparó el camino para el Concilio Vaticano II (1962-1965) y la reforma de la Iglesia, en la que Jules Isaac había participado activamente.

Naturalmente, Nahum Goldmann era también otro ferviente partidario de la reforma de la Iglesia católica. En *La paradoja judía*, explicaba el papel de sus congéneres en este cambio: "Existe una comisión mixta, compuesta por católicos y judíos, que se reúne tres veces al año para eliminar o enmendar pasajes polémicos de los libros católicos, desde el catecismo elemental hasta los manuales utilizados en los seminarios y universidades católicas, sin olvidar la liturgia y, ante todo, el oficio del Viernes Santo. El trabajo es muy lento, porque hay que respetar la independencia de cada obispo y hay cientos de textos manchados de antisemitismo; por tanto, hay que suprimirlos país por país, lengua por lengua, y esto llevará años."

Nahum Goldmann también se había reunido con el Papa Pablo VI: "Mi posición como Presidente del Congreso Judío Mundial fue un obstáculo, porque el Vaticano decía: "Podemos negociar con el Judaísmo como religión, pero el Congreso es una organización política[374]"."

Elie Benamozegh fue un eminente rabino e intelectual judío italiano, fallecido en 1900, que también trabajó febrilmente para reformar la Iglesia católica. Defendía el Noajismo, un sucedáneo de religión universal para los goyim previsto en el Talmud. Gérard Haddad lo citaba en uno de sus libros: "El Noajismo no es otra cosa que la Iglesia católica...pero ésta lleva en sí elementos erróneos...Debe renunciar a la divinidad de Jesús, reinterpretar en lugar de abolir el misterio de la Trinidad y reconciliarse con la fuente del que surgió. Se trata de ayudar al cristianismo a completar su última evolución" que era, según él, "el retorno a los principios de lo que él llamaba la madre de las Iglesias, el Judaísmo[375]."

---

[373] Alexandre Minkowski, *Un juif pas très catholique*, Ramsay, 1980, p. 289, 290

[374] Nahum Goldmann, *Le Paradoxe juif*, Stock, Paris, 1976, p. 233

[375] Gérard Haddad, *Histoire n°3, Les Juifs en France*, nov. 1979, n.° spécial, p. 249-251. ["Tal era la concepción judía del mundo. En el cielo un solo Dios, padre común de todos los hombres, y en la tierra una familia de pueblos, entre los cuales Israel es el primogénito encargado de enseñar y de administrar la verdadera religión de la humanidad, de la cual es el sacerdote".» Elie Benamozegh, *Israël et l'humanité*, (*Israel y la humanidad*), Albin Michel, Paris, 1961, p. 40, citado en Leon de Poncins, *El Judaísmo y la Cristiandad*, Ediciones Acervo, Barcelona, 1966, p. 204-205. Y sobre el Noajismo véase: (https://noahideworldcenter.org/. (NdT)]

Tras el Holocausto, una nueva religión mundial, basada en el sufrimiento de los judíos, parece instaurarse poco a poco en las mentes, promovida machaconamente por el sistema mediático. Esther Benbassa, la directora de estudios de la Escuela Práctica de Altos Estudios, escribía en *Otra historia de los judíos* (*Une autre histoire des juifs*, Fayard, 2007):"El Holocausto se ha transformado en una auténtica teología[376]... El genocidio se ha sacralizado con el término Shoah a partir de los años setenta, y la historia ya sólo se lee a la luz de esta tragedia...Hacer de la Shoah una religión casi universal, reconocible por todos, permite [también] compensar la pérdida de tradiciones entre quienes se alejan cada vez más del judaísmo[377]."

Gary Shteingart, un emigrante ruso que se había trasladado a Nueva York en 1978, también expresó esta idea en una de sus novelas, publicada en 2007: "El Holocausto, cuando se explota juiciosamente con fines de culpabilización, vergüenza y victimización, puede ser una herramienta extraordinaria para la perpetuación de los judíos[378]."

Naturalmente, los cineastas judíos han realizado numerosas películas sobre este tema, para mostrar todo el horror que los cristianos hicieron sufrir a los judíos. He aquí algunas sinopsis publicadas en *Le Guide des films*, una extensa obra en tres volúmenes dirigida por Jean Tulard.

Lucie Aubrac (Fr. 1997) es una película a la gloria de la pareja de la Resistencia francesa Lucie y Raymond "Aubrac" (nacido Samuel). El 21 de junio de 1943, tras una denuncia, Raymond Aubrac fue detenido junto a Jean Moulin por la Gestapo. Lucie, su esposa, no se detendrá ante nada para liberar a su marido de las garras de la policía alemana. Los alemanes son crueles hasta la exageración. Es una película de Claude Berri, cuyo verdadero nombre es Langmann.

La lista de Schindler (EE. UU., 1993) cuenta la historia real de un industrial alemán que salvó a judíos deportados empleándolos en su fábrica. El jefe del campo de concentración, Amon Goeth, maltrata brutalmente a

---

[376]La nueva Santa Trinidad, diríamos: Auschwitz (el Gólgota), la Cámara de Gas (la Santa Cruz) y el Pueblo Judío (la Divinidad Sacrificada por los pecados del mundo). (NdT).

[377]Un artículo del Pew Research Center del 16 de marzo de 2016 titulado "*Una mirada más cercana a la identidad judía en Israel y Estados Unidos*" aportaba los resultados de una encuesta realizada a judíos israelíes y estadounidenses acerca de su identidad. En ambas encuestas se preguntó a los judíos sobre una lista de ocho posibles comportamientos y atributos que podrían ser "esenciales" o "importantes" para su identidad judía personal. En ambos países, la mayoría dijo que recordar el Holocausto era esencial para su identidad judía (73% en Estados Unidos, 65% en Israel). En https://www.pewresearch.org/fact-tank/2016/03/16/a-closer-look-at-jewish-identity-in-israel-and-the-u-s/. (NdT).

[378]Gary Shteingart, *Absurdistan*, 2006, Ed. de l'Olivier, 2008, p. 336

su sirvienta judía y dispara a los prisioneros desde el balcón de su villa con vistas al campo. Los prisioneros viven diariamente aterrorizados. El salvajismo de los soldados alemanes contrasta con la debilidad e inocencia de los judíos. Se trata de una película de Steven Spielberg, que también dirigió *Amistad*, una película de denuncia de la esclavitud de los Negros, olvidando por supuesto el espantoso papel de los armadores judíos.

El entierro de las patatas (Polonia, 1990): En la primavera de 1946, un viejo guarnicionero regresa a su pueblo natal tras una larga temporada en el campo de deportación y se topa con la resistencia silenciosa de los demás habitantes. Poco a poco, descubre que son responsables de la muerte de su hijo y se venga humillándolos. Ridiculiza a los representantes del gobierno y denuncia a los campesinos por su actitud despreciable hacia los judíos. La película es de Jan Jakub Kolski, que no es un campesino polaco, claro.

Adiós, muchachos (*Au revoir les enfants*, Francia, 1987) es una película famosa. Narra la amistad entre Julien, hijo de un industrial de Lille, y Bonnet, un judío registrado con identidad falsa. La historia se desarrolla en un colegio religioso de las afueras de París en 1944. El pinche de cocina, expulsado por dedicarse al estraperlo, acude a la Gestapo para denunciar a los niños judíos y a los combatientes de la Resistencia que se esconden en el colegio. La detención de Bonnet pone fin cruelmente a esta amistad. Una vez más se señala con el dedo a la burguesía francesa, a pesar de que el director, Louis Malle, también era hijo de la alta burguesía, aunque judía. Su película ganó un León de Oro en el Festival de Venecia de 1987.

La decisión de Sophie es una película de Alan Pakula (EE. UU, 1983): Stingo, un joven escritor, conoce a Sophie, de origen polaco, que poco a poco le cuenta su pasado. Naturalmente, ella también es una superviviente del campo de concentración de Auschwitz. En una escena digna del Gran-Guiñol, relata cómo, a su llegada al campo, frente a los vagones de ganado, un oficial de las SS le obligó a elegir entre su hijo y su hija de siete años, la cual acabaría esfumándose en la cámara de gas. La escena de sufrimiento es interminable, pero sigue arrancando las lágrimas a los crédulos espectadores.

En *L'as des as* (1982), de Gérard Oury, los nazis son ridiculizados por Jean-Paul Belmondo, entrenador del equipo francés de boxeo en los Juegos Olímpicos de Berlín.

L'adolescente, de Jeanne Moreau (Francia, 1978): En 1939, justo antes de la guerra, Marie, una joven parisina, viene a pasar las vacaciones de verano con su abuela en un pueblo de Auvernia. Se enamora de un joven médico judío con el que su madre ha mantenido una breve relación. El guion es de Henriette Jelinek.

Marathon Man (EE. UU., 1976) es otra película famosa: un criminal nazi refugiado en Uruguay llega a Nueva York para comerciar con diamantes (el negocio de los diamantes es típicamente nazi, como todos sabemos).

Reconocido por un antiguo deportado, lo degüella en plena calle con una cuchilla oculta en la manga. También hay una escena en la que un nazi tortura a un prisionero judío en el sillón de un dentista. La película es de John Schlesinger, que no es nazi.

Un saco de canicas es una película de Jacques Doillon, basada en la novela de Joseph Joffo (Francia, 1975). Durante la Ocupación, un peluquero judío envía a sus cuatro hijos al sur de Francia. Un profesor intimida a los niños judíos, el portero vende su silencio, los contrabandistas se aprovechan de la situación y la policía y la milicia mantienen el orden. En resumidas cuentas, los franceses son unos cabrones.

Encrucijada de odios (EE. UU., 1974): Después de la guerra, un soldado judío desmovilizado es asesinado. El capitán Finlay dirige la investigación que le lleva hasta un delincuente antisemita, Montgomery. Este será asesinado por la policía. No hay piedad para los antisemitas. Una película de Edward Dmytryk, según Richard Brooks.

Odessa, de Ronald Neame (Reino Unido, 1974): En 1963, Nasser se dispone a lanzar cohetes con bacilos de la peste sobre Israel. Le ayuda una organización alemana para la reconversión de antiguos nazis, "Odessa". Basada en un guion de George Markstein.

Les Violons du bal, de Michel Drach (Francia, 1973), narra la infancia del director durante la guerra. "Aprendió la humillación de ser judío... Una película muy personal, en la que Michel Drach nos habla de su consternación ante el odio racial, de sus angustias y temores, pero también de su inmenso amor a la vida. Lo cuenta todo sin falsos sentimentalismos, con gran ternura, generosidad y emoción contenida." Este era el comentario de Claude Bouniq-Mercier.

En *El Ejército de las sombras* (Francia, 1969), Jean-Pierre Melville muestra a combatientes de la Resistencia francesa que caen en manos de la Gestapo. Los nazis organizan un juego de masacre. Simone Signoret interpreta el papel de Lucie "Aubrac". El guion es de Joseph Kessel.

Tobruk, (EE. UU., 1967): Durante la Segunda Guerra Mundial, un comando de judíos alemanes con uniforme británico recibe el encargo de destruir las reservas de petróleo en Libia, tras las líneas alemanas. Esto no está exento de tiranteces con los viejos oficiales ingleses con prejuicios antisemitas. La película no fue dirigida por un oficial inglés: Arthur Miller, con guion de Leo Gordon, que tampoco era antisemita.

El Viejo y el niño es una conocida película de Claude Berri (Francia, 1966): durante la Ocupación, un niño es enviado a vivir con una pareja de ancianos en el campo. Yayo, el anciano, es petainista y antisemita. Ignora que el niño es judío y se encariña con él. Cuando el niño se marcha en autobús al final de la guerra, el anciano no se habrá dado cuenta de nada.

Jericó, de Henri Calef (Francia, 1946): En 1944, se produce un atentado contra soldados alemanes en Amiens. Los malvados alemanes reúnen a los rehenes en la iglesia para pasar su última noche. El guion es de Claude Heymann.

Hitler's Madman (El orate de Hitler), de Douglas Sirk (EE. UU., 1942): El *Reichsprotektor* Heydrich, comandante en jefe del gobierno nazi en Checoslovaquia, es asesinado a tiros por dos combatientes de la resistencia. Himmler decide arrasar el pueblo de Ldice. Un horror. Basado en un guion de Peretz Hirshbein y Melvin Levy.

Deshacerse de los judíos tampoco serviría de nada. Veamos *La ciudad sin judíos* (Austria, 1924): Para solucionar el paro y la crisis, el canciller de Utopia decide expulsar a todos los judíos en convoyes de tren. Circula un panfleto firmado por "verdaderos cristianos", pero escrito en realidad por un judío clandestino, que exige el regreso de los judíos. Gracias a una treta, pronto regresan y todo vuelve a la normalidad. La película fue dirigida por un "verdadero cristiano": Karl Breslauer.

En realidad, los antisemitas deberían suicidarse. Es lo único bueno que pueden hacer para redimirse. Esto es lo que quería decirnos el director de la película *Partir, revenir* (Francia, 1985): Cuando publicó su primer libro, Salomé Lerner recordaba...: Durante la última guerra, su padre y su madre judíos se habían refugiado en Borgoña con sus amigos, Hèléne y Roland Rivière. Una carta anónima (seguramente un cabrón francés) les había denunciado. Fueron deportados y murieron en un campo de concentración, junto con su hijo Salomón, un gran pianista. Salomé fue la única superviviente de la familia. Roland Rivière se hace cargo de la investigación y descubre que el culpable, autor de la carta, era su propia esposa. Hélène había denunciado a los Lerner por sus celos; atormentada por el peso de la vergüenza, Hélène se suicida. Salomé, apaciguada, puede por fin empezar a escribir su primer libro. Según Claude Bourniq-Mercier, se trata de una película "simpática" de Claude Lellouch.

Por lo demás, se debería saber que los judíos tienen derecho a matar a sus enemigos (han sufrido tanto). *La passante du Sans-Soucis* (1982) es una película de Jacques Rouffio: Max Baumstein, estimado presidente de la organización humanitaria Solidaridad Internacional, acaba de matar al embajador de Paraguay. Detenido, explica a su mujer la razón de su acción: en 1933, cuando aún era un niño, fue martirizado por los nazis por ser judío, y su padre murió fusilado ante sus ojos[379]...

Los supervivientes de los campos de exterminio han sido ampliamente indemnizados por los sucesivos gobiernos alemanes. Cincuenta años

---

[379] En mayo de 1926, el anarquista judío Samuel Schwarzbard asesinó en París, en plena calle, al jefe nacionalista ucraniano Simon Petlioura. El revuelo mediático entorno al juicio llevó a la fundación de la Liga contra los Pogromos, antecesora directa de la LICRA. La comunidad judía se movilizó para defender el asesino. Schwarzbard fue absuelto.

después, se siguen pagando nuevas indemnizaciones. El 14 de julio de 2000, por ejemplo, un decreto publicado en el Diario Oficial de la República Francesa introdujo una medida de indemnización para los huérfanos cuyos padres habían sido víctimas de persecuciones antisemitas. El artículo 2 del decreto estipulaba que la medida de reparación adoptaría la forma, a elección del beneficiario, de un pago en capital de 180.000 francos o de una renta vitalicia de 3.000 francos al mes (suficiente para alquilar un estudio en París en esos años). A modo de comparación, un veterano de guerra recibía unos 1.300 francos durante seis meses, es decir, algo más de 200 francos al mes. En cuanto a los huérfanos cuyos padres habían sido "transformados en calor y luz" por las bombas estadounidenses (65.000 víctimas francesas), tampoco se beneficiaron de tanta largueza.

Las indemnizaciones pagadas por la Alemania democrática a los judíos de todo el mundo después de la guerra son inconmensurables comparado con la mezquindad de la República Francesa, sobre todo teniendo en cuenta que los milagrosos supervivientes de los campos de la muerte eran innumerables. Simon Wiesenthal, en su libro *Los Asesinos entre nosotros*, escribió tras la liberación de los campos: "Una turbulenta corriente de supervivientes frenéticos cruzaba Europa. Hacían auto-stop, hacían cortos trayectos en jeep o se colgaban como podían de desvencijados vagones de tren sin puertas ni ventanas. Se sentaban amontonados en carros de heno, y otros simplemente andaban. Empleaban cualquier medio para acercarse unos pocos kilómetros a su destino[380]."

Nahum Goldmann, como presidente del Congreso Judío Mundial, había dirigido las negociaciones con Alemania para evaluar la cuantía de la indemnización que debía pagarse a los judíos. El periodista le entrevistó: "La obtención de reparaciones alemanas después de la guerra fue, según usted mismo confesó, uno de sus logros más esenciales. Expulsado de Alemania por Adolf Hitler, usted regresa para hablar casi de igual a igual con Konrad Adenauer. ¿Cómo se desarrollaron vuestras entrevistas?" Nahum Goldmann respondía: "Evidentemente, dado que cientos de miles de supervivientes se han instalado en Israel, una parte muy importante de los pagos individuales revierten indirectamente a favor del Estado: hay miles de israelíes cuya base existencial está constituida por los pagos alemanes." En otro pasaje de su libro, era más preciso aún: "En 1945, había casi seis cientos mil Judíos, supervivientes de los campos de concentración alemanes, que ningún país quería acoger[381]."

---

[380] Simon Wiesenthal, *Los Asesinos entre nosotros*, Editorial Noguer, Barcelona, 1967, (pdf), p. 38

[381] Nahum Goldmann, *Le Paradoxe juif, Conversations en français avec Léon Abramowicz*, Paris, Stock, 1976, p. 156-164, 237

Obviamente, la generosidad de la Alemania democrática despertó las esperanzas de los hijos de estos "supervivientes", que pronto esperaron recibir una renta vitalicia por los crímenes cometidos contra sus padres. Por lo visto muchos de los hijos e hijas de los deportados quedaron a su vez traumatizados tras semejante tragedia, por lo que era justo que Alemania indemnizara a los hijos de las víctimas. Esto llevó a la creación del Fondo Fisher, llamado así por un abogado que estimaba que los "tratamientos psicológicos o incluso psiquiátricos" indispensables para 40 000 supervivientes de la segunda generación "mental y psicológicamente afectados" debían ser objeto de indemnizaciones.

Sin embargo, en mayo del 2007, el gobierno alemán hizo saber que no tenía la intención de pagar esos gastos que no entraban "dentro de los principios de los tratados internacionales sobre las reparaciones[382]." En julio del mismo año, leíamos en la página internet en inglés del diario israelí *Ynetnews* que el abogado Gideon Fisher, el creador del Fondo Fisher, había decidido llevar el caso ante la justicia. La red de información revisionista "Bocage", tradujo una parte del texto redactado en inglés: "La prueba innegable de que el acusado [Alemania] tenía la intención de destruir el pueblo judío, era que incluso había previsto dañar la segunda generación de supervivientes del pueblo judío sabiendo que si la solución final no fuera plenamente exitosa, el daño emocional causado en la segunda generación sería tan grave y sustancial que afectaría irremediablemente la propia raza judía y la destruiría completamente. Esas acciones deliberadas han provocado y siguen provocando en los demandantes graves daños psicológicos y emocionales, por lo que deben ser indemnizados."[383]

El problema es que estos trastornos psicológicos ya se venían observando en los judíos desde mucho antes de la Segunda Guerra Mundial. Esta fue precisamente la razón por la que Sigmund Freud, que procedía de una familia de judíos jasídicos, desarrolló el psicoanálisis a finales del siglo XIX: para tratar de curar a sus congéneres, que constituían casi toda su clientela. Así que ciertamente no fue la Shoah lo que perturbó a estos pobres judíos.

Por otra parte, es perfectamente legítimo preguntarse hasta qué punto estos pacientes con una imaginación desbordante - el fenómeno histérico estudiado por Freud - pueden entregarse a lo morboso y enriquecer

---

[382] El 3 de mayo del 2007, en la página web en inglés del diario alemán *Spiegel Online International*, un artículo señalaba que – según el portavoz del ministerio de Finanzas alemán – el gobierno alemán ya había abonado cerca de 64 000 millones de euros a los supervivientes del Holocausto.

[383] Anne Kling también escribió un libro sobre las astronómicas reparaciones percibidas por las víctimas judías: *Shoah, la saga des réparations*, Editions Mithra, 2015. (NdT).

mentalmente una shoah imaginaria a partir de una historia ya de por sí suficientemente dolorosa.

Humillar y mancillar el adversario

Los judíos tienen una clara tendencia a querer humillar el enemigo después de derrotarlo[384]. He aquí, por ejemplo, lo que escribía Joseph Wechsberg sobre Simon Wiesenthal: "Pronto después de la guerra, cuando Wiesenthal trabajaba para varias agencias estadounidenses, acompañaba a oficiales estadounidenses en sus recorridos y en diversas ocasiones tuvo que arrestar personalmente a SS acusados de crímenes. Veía en sus ojos la misma expresión que tantas veces había visto en los ojos de los judíos arrestados por la SS. Pero Wiesenthal percibió una notable diferencia: algunos de los superhombres de la Gestapo y la SS se ponían de rodillas y pedían clemencia, cosa que los judíos nunca hicieron. Wiesenthal había visto ir a la muerte a muchos judíos. En su mayoría tenían miedo, en algunos hacía presa el terror de modo que los demás tenían que sostenerles. Unos rezaban y otros lloraban. Pero nunca suplicaron por sus vidas[385]." Probablemente ocurriera lo contrario.

El propio Simon Wiesenthal relató este testimonio, altamente sospechoso. En 1945, tras la liberación del campo de Mauthausen, los SS habían perdido todo su orgullo: "Ahora parecían asustados de pasar por mi lado. Un SS pidió un cigarrillo a un soldado estadounidense. El soldado arrojó al suelo el cigarrillo que se estaba fumando. El SS se agachó, pero otro SS fue más rápido que él y cogió la colilla. Los dos SS entablaron pelea hasta que el soldado les ordenó que se marcharan."

Simon Wiesenthal pronto tuvo la ocasión de arrestar a su primer nazi. Era un guardia de las SS llamado Schmidt. Wiesenthal iba acompañado en ese momento por un oficial estadounidense, el capitán Tarracusio. Esto escribía

---

[384] En este año 2024, el mundo atónito ve cómo el Estado de Israel practica una guerra inhumana y genocida contra la población civil palestina de Gaza. Ante las manifestaciones de apoyo y solidaridad con el pueblo palestino, los judíos claman contra el antisemitismo y las protestas a favor de los palestinos son hasta reprimidas legalmente en Occidente. También hemos visto cómo los soldados de Tsahal (el ejército israelí) vejan, maltratan y humillan a los palestinos en los videos que publican en sus redes sociales. Algunos medios de comunicación se han hecho eco de estas humillaciones perpetradas:https://www.eldiario.es/internacional/destruccion-humillacion-profanacion-tumbas-videos-muestran-abusos-ejercito-israeli-gaza_1_10856145.html;https://www.eldiario.es/desalambre/videos-odio-soldados-israelies-graban-comparten-redes-abusos-detenidos-palestinos_1_10694952.html. (NdT).

[385] Simon Wiesenthal, *Los Asesinos entre nosotros*, Editorial Noguer, Barcelona, 1967, (pdf), p. 17

sobre el guardia SS: Era un "hombrecillo insignificante, de aspecto tan anónimo como su nombre. Subí al segundo piso, lo encontré allí y lo arresté. Ni siquiera intentó resistir. Temblaba. También yo, pero por diferente razón. Me sentía muy débil después de haber subido las escaleras y por la excitación. Tuve que sentarme un rato... [Schmidt] se sentó en el jeep, entre el capitán Tarracusio y yo, y pidió clemencia. Lloraba. Decía que no había sido más que "un pez chico". ¿Por qué hacérselo pagar a él? Él no había hecho nada malo. Se había limitado estrictamente a cumplir órdenes. Juraba que había prestado ayuda a muchos prisioneros. Le dije a Schmidt: -Sí, ayudaste a los prisioneros. Te vi muchas veces. Les ayudabas a ir al crematorio. Entonces ya no dijo nada más. Se quedó quieto, allí sentado, hundido en el asiento de atrás, retorciéndose los temblorosos dedos hasta que llegamos al campo[386]."

A los novelistas judíos les gusta ver a los goyim de rodillas, temblando de miedo ante ellos. La novela *Tikoun* de Arnold Mendel ofrece un buen ejemplo de ello. El escenario se sitúa en París en los años treinta. Una noche, en la calle de los Francs-Bourgeois, unos militantes de la ACA (Alianza Contra el Antisemitismo) atraparon in fraganti a un tipo pegando un innoble cartel en una pared que decía: "¡Francia para los franceses! ¡Blum al paredón! ¡Abajo los judíos![387]" Arnold Mandel desembuchaba: "Los miembros de la ACA eran chavales del barrio, hijos de sastres y gorreros, llenos de energía y en absoluto enclenques, gallardos y el corazón lleno de odio hacia los fascistas. El militante de Acción Francesa[388], con su cubo y su pincel, estaba solo." Sentía, escribía Mandel, "un miedo de lo más cómico hacia cualquiera que no fuera él mismo. Se le veían las nalgas flacas temblando bajo la franela de sus pantalones de estudiante y la frente inundada de sudor. Los chicos judíos le rodeaban. Le habían ordenado que terminara su tarea, para divertirse un poco, antes de noquearle." Lo molieron a golpes, pero afortunadamente fue salvado a tiempo. Aquí el héroe-narrador se alzaba para defender a la "rata-goy" en un largo alegato, en nombre de la equidad y de los principios morales bien conocidos del

---

[386] Simon Wiesenthal, *Los Asesinos entre nosotros*, Editorial Noguer, Barcelona, 1967, (pdf), p. 35, 36-37
[387] Leon Blum (1872-1950) fue un político socialista, uno de los líderes de la Sección Francesa de la Internacional Obrera (SFIO) y presidente del Consejo, ejerciendo de jefe de gobierno del Frente Popular. (NdT).
[388] Acción francesa (AF, *Action Française*) es un movimiento político nacionalista y realista francés de "extrema derecha". Fue fundada en 1899, en pleno caso Dreyfus, con el objetivo de llevar a cabo una reforma intelectual del nacionalismo. Originalmente estructurado como un nacionalismo republicano, se convirtió rápidamente en monárquico bajo la influencia de Charles Maurras y su doctrina del nacionalismo integral, que criticaba el legado de la Revolución Francesa desde posturas antidemocráticas, antisemitas y opuestas al laicismo y al secularismo. (wikipedia, NdT).

Talmud: "Murmuraron, luego se rieron, y gané mi caso, quizás también porque cayó un chaparrón y tenían prisa por resguardarse[389]."

El famoso testigo del Holocausto, Martin Gray, también tenía esa inclinación en su relato *En nombre de todos los míos*. En Leipzig (Alemania), al final de la guerra, practicaba su ansiada venganza y "ojeaba la caza mayor": los SS, todos viles y "serviles", que "mendigaban pequeñas ventajas[390]." Al igual que Wladyslaw Szpilman, en su relato *El Pianista*, cuando escribía: ""Bastantes personas escaparon vivas durante la guerra por la cobardía de los alemanes, a los que sólo les gustaba mostrar valor cuando se sabían muy superiores en número a sus enemigos[391]."

En realidad, estos testimonios corresponden perfectamente al espíritu judaico en general. En el capítulo XLII de su *Essai sur les moeurs et l'esprit des nations (1756) (Ensayo sobre las costumbres y el espíritu de las naciones)*, Voltaire ya lo había escrito: "La nación judía...rampante en la desgracia e insolente en la prosperidad."

Es también por los insultos y calumnias que profiere por lo que se puede reconocer casi infaliblemente a un intelectual judío, cualquiera que sea su nombre. Veamos, por ejemplo, cómo el conocido historiador William Shirer presentaba mordazmente a los dignatarios nacionalsocialistas en su libro mundialmente famoso *Auge y Caída del Tercer Reich*, publicado en 1960. Anton Drexler, uno de los fundadores del partido nazi: "Hombre demacrado, con gafas, que carecía de una formación adecuada, con una manera de pensar independiente, pero de convicciones estrechas y confusas, pobre escritor y peor orador." Dietrich Eckart, uno de los padres espirituales del nacionalsocialismo, "periodista agudo, mediocre poeta y dramaturgo... había llevado durante cierto tiempo, como Hitler en Viena, la vagabunda vida de bohemio se convirtió en un borracho, se dio a la morfina y terminó confinado en una institución para enfermedades mentales." Julius Streicher, uno de los compañeros favoritos de Hitler, Gauleiter de Franconia: "Este depravado sádico...fue uno de los hombres de peor reputación alrededor de Hitler...Su célebre revista semanal, *Der Stuermer*, se alimentaba de cuentos lascivos sobre crímenes sexuales judíos y asesinatos rituales judíos; su obscenidad producía náuseas...Era también un conocido propagandista de la pornografía." Herman Goering, el famoso as de la aviación, "había pasado en Suecia la mayor parte de su exilio desde el *putsh* de 1923, se curó de su adicción a los narcóticos en el asilo Langbro"

---

[389] Arnol Mandel, *Tikoun*, Mazarine, 1980, p. 43, 44
[390] Martin Gray, *En nombre de todos los míos*, Plaza & Janés, Barcelona, 1973, p. 296-297. ["Juraban por sus hijos, por su madre. Tenían miedo y hambre. Eran serviles.», p. 297. (NdT).]
[391] Wladyslaw Szpilman, *El pianista del gueto de Varsovia*, Turpial Amaranto, Madrid, 2003, p. 176

pero "su epiléptica esposa, a quien él amaba profundamente, había contraído la tuberculosis y se había quedado invalida." Goebbels, el "atezado y joven renano, con un pie inútil, una viva inteligencia y una complicada y neurótica personalidad...era ya un vehemente y fanático orador nacionalista". "Este pequeño cojo fanático hervía en ideas que le eran útiles al Führer." Alfred Rosenberg, "el importante y poco ingenioso pseudofilósofo que fue uno de los primeros mentores de Hitler y que...había lanzado un verdadero torrente de libros y folletos de contenido y estilo confuso que culminó en una obra de setecientas páginas titulada *El mito del siglo XX,* un ridículo batiburrillo de sus ideas acerca de la supremacía nórdica...Hitler siempre tuvo un abrigado sitio en su corazón para este aburrido, estúpido y chapucero aficionado a la filosofía." También mencionaba "el homosexual Roehm..." Así como Martin Bormann, "un individuo siniestro y servil...una especie de topo que prefería amadrigarse en los sombríos retiros de la vida del partido para fraguar sus intrigas." Sin olvidar Heinrich Himmler, "el avicultor [criador de gallinas, ndt] que, con sus lentes, podría ser tomado por un pacífico y mediocre maestro de escuela[392]", y Rudolf Hess: "El hombre de frente simiesca, el álter ego del Führer en la dirección del partido nazi, tenía una fe ciega en la astrología... nada ambicioso personalmente y fiel como un perro al líder...mente confusa, aunque menos embrutecido que Rosenberg, voló hasta Inglaterra con la esperanza ilusoria de negociar allí la paz[393]." También estaban "el doctor Robert Ley, químico de profesión y bebedor habitual"; "Wilhelm Frick, la única personalidad gris. Era el típico funcionario civil alemán"; "El maniático de la economía Feder". Y todos ellos liderados por "el antiguo vagabundo Adolf Hitler..."

"Tal fue el estrambótico conjunto de desequilibrados que fundó el nacionalsocialismo...el conglomerado de hombres en torno al jefe de los nacionalsocialistas.

"En una sociedad normal, seguramente habrían sido apartados como una grotesca colección de personas que no encajaban. Sin embargo, en los últimos días de la República de Weimar comenzaron a aparecer ante millones de confundidos alemanes como auténticos salvadores[394]." Los

---

[392] William L. Shirer, *Auge y Caída del Tercer Reich, volumen I,* Booket, Planeta, Barcelona, 2013, p. 67, 70-71, 86, 214-215, 184, 217, 218, 72, 218, 217
[393] William L. Shirer, *Auge y Caída del Tercer Reich, volumen II,* Booket, Planeta, Barcelona, 2013, p. 284, 282, 280
[394] William L. Shirer, *Auge y Caída del Tercer Reich, volumen I,* Booket, Planeta, Barcelona, 2013, p. 217, 72, 71, 218-219. [Tenemos que reproducir a continuación un párrafo de William Shirer en el que demuestra su gran conocimiento de la historia bíblica judía: "Tales eran las ideas de Adolf Hitler, expuestas en toda su aterradora crudeza mientras se hallaba en la prisión de Landsberg...Miraba al otro lado de los Alpes majestuosos hacia su Austria nativa, dictando un torrente de palabras a su fiel Rudolf

nacionalsocialistas tenían pues "cerebros anormales", mientras que los judíos, como es bien sabido, están perfectamente cuerdos.

Desde el final de la guerra, la propaganda cosmopolita también ha impuesto la idea de que los franceses se comportaron masivamente como unos cabrones que denunciaron a los judíos ante las autoridades alemanas. Sin embargo, si se examina el asunto más de cerca, nos damos cuenta de que esa malvada disposición correspondía sobre todo a ciertos judíos, que denunciaban a sus enemigos ante la vindicta pública, como Pierre Dac, por ejemplo, que difundía por la radio inglesa listas de franceses que debían ser liquidados.

El Informe Jan Karski confirmaba esta funesta tendencia. En febrero de 1940, Jan Karski había escrito un informe para el gobierno polaco en el exilio, en el que mencionaba los sentimientos polacos hacia los judíos, que colaboraban activamente con los ocupantes soviéticos en el Este del país: "Ciertamente, es verdad que los comunistas judíos adoptaron una postura entusiasta hacia los bolcheviques, independientemente de la clase social de la que procedieran", escribía. Saul Friedländer, que relataba este testimonio, añadía: "Karski, sin embargo, aventuraba la explicación de que la satisfacción reinante, notable entre los judíos de clase trabajadora, se debía a la persecución que habían sufrido a manos de los polacos. Lo que encontraba asombroso era la falta de lealtad de muchos judíos, su disposición a denunciar a los polacos a la policía soviética y cosas por el estilo[395]."

Creemos reconocer de nuevo otra proyección acusatoria en el testimonio de Martin Gray. Después de la guerra, se marchó a América. En Nueva York se reunió con su familia, que no había sido exterminada. Al principio trabajó en una carnicería: "Trabajé en casa de un carnicero de la calle 110: aprendí a cortar carne, a apretar un pedal que falseaba el peso cuando se ponía el paquete en la balanza. El carnicero pagaba bien, para evitar las denuncias." Pero Gray tenía demasiados escrúpulos y sólo se quedó con el carnicero unos días: "Entonces, con frecuencia, daba el peso justo. Un día, en el momento de salir, fui a ver el patrón: - Págueme -dije- no volveré. Juró en alemán, maldijo al que me había recomendado." Martin Gray no

---

Hess y soñando con el Tercer Reich que iba a construir…y que gobernaría con mano de hierro. Que algún día lo construiría y lo ganaría era algo de lo que no dudaba lo más mínimo, pues estaba poseído de ese ardiente sentimiento mesiánico común a tantos genios que han surgido de la nada a lo largo de la historia. Unificaría a un pueblo elegido que nunca había sido antes políticamente un conjunto unitario. Purificaría su raza. Lo haría fuerte. Haría que sus hijos fueran los señores de la tierra.» *Auge y Caída del Tercer Reich, volumen I*, p. 140. (NdT).]

[395]Saul Friedländer, *El Tercer Reich y los judíos (1939-1945), Los años del exterminio*, Galaxia Gutenberg, Barcelona, 2009, p. 90

podía ocultar su disgusto: "Allí, en el corazón de Nueva York, vivía también aquella raza de verdugos que conocía perfectamente. Aquella raza estaba en todas partes: en Varsovia, en Zambrow, en Zaremby; adoptaba la máscara de un SS, de un alcalde de pueblo polaco, de un coronel soviético o de aquel carnicero ladrón. Era preciso no pactar nunca con ellos, a ningún precio, y saber renunciar a sobrevivir, a construir la propia fortaleza, antes que ser cómplice. Con ellos, cualesquiera que sean, hemos de estar siempre en guerra[396]."

En nuestra humilde opinión, probablemente se tratase de un carnicero judío que falseaba los pesos. Ya hemos leído anécdotas similares en la literatura yiddish. Y, en cualquier caso, es difícil imaginar a un judío como este Martin Gray manipulando carne de cerdo en una carnicería goy (no kasher).

Las orejas de Hamán

Como hemos visto, los judíos siempre intentan por todos los medios evitar el servicio militar, especialmente cuando el país en el que viven se resiste a su influencia. Pero pueden ser fieros y luchadores cuando se trata de asegurar el triunfo del judaísmo, en particular cuando está en juego promover el establecimiento de regímenes democráticos abiertos y tolerantes en los países derrotados. Muchos de ellos, por ejemplo, se unieron a las Brigadas Internacionales en España, a la Resistencia francesa o al Ejército Rojo[397]. Por tanto, no sería de extrañar que, en el siglo XVI, tras la expulsión de España, formaran "grupos de venganza" para luchar junto a los Turcos en el mediterráneo y Este de Europa.

No olvidemos que los Otomanos habían llegado dos veces a las puertas de Viena, en 1529 y 1683. El castillo de Cerveny Kamen, al noreste de Bratislava, se encuentra a unas decenas de kilómetros al este de la capital austriaca, en Eslovaquia. Esta fortaleza medieval, construida en la segunda mitad del siglo XIII, se transformó más tarde en una confortable casa señorial. En una de las salas del castillo se pueden admirar diversas armas utilizadas en las batallas contra los turcos. Detrás de una vitrina hay un curioso machete arrebatado a los turcos, que se utilizaba para cortar las orejas a los cristianos. El arma de metal, que mide unos cuarenta centímetros, es plana y redondeada, pero sobre todo tiene un agujero en el

---

[396]Martin Gray, *En nombre de todos los míos*, Plaza & Janés, Barcelona, 1973, p. 321
[397]Léase en *El Fanatismo judío*. [En España, casi un tercio de los brigadistas eran judíos. Otro tercio eran franceses. En cuanto a la resistencia "francesa", ésta era en realidad antifascista y no necesariamente francesa, pues era compuesta principalmente por judíos y comunistas de todas las nacionalidades. (NdT).]

centro con forma de gota de agua, ligeramente más grande que una oreja. Junto a él se han practicado otros tres agujeros, en forma de tres estrellas de David, lo que probablemente no sea una coincidencia.

Los judíos tienen una larga tradición de cortar las orejas a sus enemigos, a juzgar por las celebraciones de la fiesta religiosa de Purim, cuando los judíos de todo el mundo comen pasteles llamados "orejas de Hamán". He aquí el relato de este episodio muy famoso de la historia judía:

La historia se desarrolla en Susa, capital de Persia, en tiempos del rey Asuero. Un día, Asuero ofreció a los nobles de su reino un espléndido banquete que duró varios días. Al séptimo día, el rey ordenó que la reina Vasti, engalanada con sus ropas más hermosas, se presentara ante él para que todos pudieran admirarla, pues era muy bella. Pero la reina se negó a obedecer, y el rey se irritó tanto que la repudió. Entonces trajeron a las muchachas más bellas de todo el reino para que el rey Asuero eligiera una nueva reina.

Un israelita llamado Mardoqueo, que estaba criando a su sobrina Ester, la presentó como su hija. Ester, que era muy hermosa, fue elegida por el rey, pero, por consejo de Mardoqueo, ocultó cuidadosamente sus orígenes judíos. De tal forma que hubo una criptojudía en el lecho del rey. Mardoqueo, habiendo oído que dos de los guardias de palacio querían matar a Asuero, informó a Ester, quien se lo contó al rey Asuero. Los dos guardias fueron ahorcados, y el hecho quedó registrado en los anales del reino.

Sin embargo, Asuero había elegido favorito a un amalequita llamado Hamán, que era entonces primer ministro. El rey ordenó a todos que se prosternaran ante él, pero Mardoqueo no lo hizo. Hamán se llenó de ira y juró que destruiría no sólo a Mardoqueo, sino también a todo el pueblo judío. Se dirigió al rey y le dijo: "Hay un pueblo que vive disperso por todo tu reino cuyas leyes son diferentes de las de tus otros súbditos. Si ese es tu deseo, ordena que esta nación sea exterminada." Asuero se quitó el anillo del dedo y se lo entregó a Hamán, diciendo: "Haz lo que quieras con los judíos." Y Hamán envió cartas selladas a todas las provincias del reino, ordenando la masacre de la nación judía el día 13 del mes de Adar.

Cuando Mardoqueo se enteró de la desgracia que amenazaba a los israelitas, rasgó sus vestidos, se cubrió de un cilicio, esparció ceniza sobre su cabeza y salió a la ciudad, llorando y llorando amargamente, y todos los israelitas cayeron en la angustia. Le contó a Ester el edicto de Asuero y la instó a que fuera a ver al rey y le pidiera clemencia para su pueblo. Ester contestó: "¿No sabes que está prohibido que nadie, ni siquiera yo, comparezca ante el rey sin ser llamado, so pena de muerte? - ¡Qué! replicó Mardoqueo, ¿Ester teme a la muerte cuando se trata de salvar a su pueblo? Dios la hizo reina; ¿quién sabe si no fue para que fuera la libertadora de Israel? Ester respondió: "Durante tres días y tres noches, que todos los judíos de Susa ayunen y recen por mí, para que Dios me muestre su favor a los ojos del rey, y si tengo que morir, moriré."

Al cabo de esos tres días, Ester, ataviada con sus mejores joyas, se presentó ante el rey. Estaba sentado en su trono. En cuanto la vio, le entregó el cetro de oro que tenía en la mano. Ella se acercó al rey y se arrodilló. "¿Qué tienes, reina Ester -le dijo-, y qué pides? Si fuera la mitad de mi reino, te lo daría...

- Rey -dijo Ester-, si has hallado gracia en mí, te ruego que me concedas mi vida y la de mi pueblo, pues tenemos un enemigo que quiere arrebatárnosla.

- ¿Quién y dónde está ese hombre?, gritó el rey indignado.

- Es ese cruel Hamán, aquí presente; Hamán quiere exterminar a los Judíos, y ese pueblo es mi pueblo. Hamán se quedó confuso. Uno de sus servidores le dijo entonces a Asuero que Hamán había colocado una horca de cincuenta codos de altura en su patio para colgar a Mardoqueo. "Que lo cuelguen a él allí mismo", dijo el rey. Y esta orden fue ejecutada de inmediato.

Asuero promulgó entonces un nuevo edicto para anular el primero, y los Israelitas pasaron del luto a la alegría y celebraron fiestas. En memoria de esta liberación, Ester y Mardoqueo instituyeron una fiesta anual el día 14 de Adar: la fiesta de Purim[398].

En el Antiguo Testamento, el libro de Ester da más detalles sobre la actitud de los judíos. "Escribieron en nombre del rey Asuero y lo sellaron con el anillo del rey. Se enviaron las cartas por medio de correos, jinetes en caballos de las caballerizas reales. En las cartas concedía el rey que los judíos de todas las ciudades pudieran reunirse para defender sus vidas, para exterminar, matar y aniquilar a las gentes de todo pueblo o provincia que los atacaran con las armas, junto con sus hijos y sus mujeres, y para saquear sus bienes, y esto en un mismo día, en todas las provincias del rey Asuero, el trece del mes doce, que es el mes de Adar...(Ester VIII: 10-12, Biblia de Jerusalén[399]) Los judíos pasaron a filo de espada a todos sus enemigos; fue

---

[398]Según *Histoire Sainte*, de M. Fresco, ediciones Librairie Fresco, París.

[399]Traducciones en www.Bibliatodo.com. En la traducción Biblia Kadosh Israelita Mesiánica, Ester VIII: 12, 13, se reproduce una supuesta carta del rey Asuero:

" (...) *Porque Hamán, un Macedonio [Amaleki], hijo de Hamdata, siendo ciertamente extraño a la sangre Persa, y muy distante de nuestra bondad, y como extranjero nos recibió, había hasta ahora obtenido el favor que nosotros mostramos hacia todas las naciones, y que él fue llamado nuestro padre y fue continuamente honrado por todas las personas cerca del rey. Pero él, sin mostrar su gran dignidad, se dedicó a privarnos de nuestro reino y vida; habiendo por múltiples y maliciosos engaños, buscado para nosotros la destrucción, como de Mordejai [Mardoqueo] que salvó nuestras vidas, y continuamente procuró nuestro bien, como también la intachable Ester, partícipe de nuestro reino, con toda su nación. Porque por este medio él buscó, encontrándonos*

un degüello, un exterminio: hicieron lo que quisieron con sus adversarios...Los judíos de las restantes provincias del rey se reunieron para defender, contra sus enemigos, sus vidas y su seguridad; mataron de entre sus adversarios a 75.000, pero no saquearon sus bienes. Ocurrió esto el día trece del mes de Adar y el día catorce descansaron, convirtiéndolo en un día de alegres festines. (Ester IX: 5, 16-17, Biblia de Jerusalén).

Esta es la historia de la fiesta de Purim, que los judíos de todo el mundo celebran cada año en febrero-marzo de nuestro calendario: un poco como si los ucranianos celebraran cada año un sangriento pogromo, pero qué más da...

Purin significa "azar" en hebreo. La fecha del exterminio de los judíos, el 13 de Adar, se decidió con la ayuda de los dados. Para esta fiesta, todos los judíos se disfrazan, porque se dice que Dios actuó con la máscara de Ester. La costumbre de disfrazarse de personajes bíblicos está muy extendida entre los judíos. En Israel se celebra un gran desfile de disfraces por las calles de Tel Aviv. Los niños se disfrazan de pequeños Mardoqueo o Ester y agitan sus sonajas. En las escuelas, los profesores se despojan de su dignidad y van a sentarse en los pupitres de los alumnos, mientras éstos ocupan sus lugares. Estas alegres celebraciones van precedidas de un día de ayuno, "el ayuno de Ester", porque Ester había pedido a su pueblo que

---

desposeídos de amigos, haber traducido el reino de los Persas a los Macedonios. Pero nosotros encontramos a los Yahudim [Judíos], quienes este perverso desgraciado había entregado para su total destrucción, no malhechores, sino que viven por las más justas leyes; y que ellos son hijos del Altísimo y Todopoderoso, Elohim viviente, quien ha ordenado el reino ambos a nosotros y a nuestros progenitores en la forma más excelente. Por lo tanto, harían bien no poner en ejecución las cartas enviadas a ustedes por Hamán el hijo de Hamdata. Porque él que fue el obrador de estas cosas, está colgado a las puertas de Shushan con toda su familia. Elohim quien reina sobre todas las cosas, rápidamente dictando venganza sobre él de acuerdo a su merecido. Por lo tanto, ustedes publicarán la copia de esta carta en todos los lugares, que los Yahudim pueden vivir libremente de acuerdo a sus propias leyes. Y que ustedes los ayudarán, que aun el mismo día, siendo el decimotercero día del mes doce Adar, que ellos puedan ser vengados sobre aquellos que en tiempo de su aflicción pondrá sobre ellos. Porque el Todopoderoso Elohim ha vuelto en alegría el día donde el pueblo escogido debió haber perecido. Ustedes, por lo tanto, entre sus fiestas solemnes guárdenlo en un alto día con todo festejo; que ahora y de aquí en adelante pueda haber seguridad para nosotros y los afectados Persas; pero para aquellos que conspiran contra nosotros, un memorial de destrucción. Por lo tanto, toda ciudad o país cualesquiera que fueren que no hagan de acuerdo a estas cosas, serán destruidos sin misericordia con fuego y espada, y serán vueltas no sólo intransitables para los hombres, sino también las más odiadas por las bestias salvajes y aves para siempre». "*Una copia del edicto tenía que ser promulgada como decreto en todo el reino y proclamado a todos los pueblos, y los Yahudim tenían que estar listos en ese día para tomar venganza contra sus enemigos.*» (NdT).

ayunara y rezara con ella antes de aventurarse a interceder por ellos ante el rey Asuero.

En la sinagoga, la fiesta de Ester se celebra con la lectura del Rollo de Ester, uno de los cinco rollos que componen las Hagiografías. En ese día, está permitido expresar una gran alegría, incluso dentro de los muros de la sinagoga. Fuertes silbidos, percusiones y el repiqueteo de las sonajas puntúan la lectura al mencionar el nombre de Hamán o de sus hijos.

El Talmud también recomienda beber y embriagarse durante Purim, hasta que ya no se pueda distinguir entre decir "maldito sea Hamán" y "bendito sea Mordejai" (el idioma hebreo permite este juego de palabras). No se trata de revolcarse bajo la mesa, sino de alcanzar un nivel en el que los conceptos se entiendan más allá de su mera enunciación.

Los parientes y amigos también se hacen regalos y en esta ocasión comen unas pastas llamadas "orejas de Hamán". Estas rosquillas de forma triangular hacen referencia a la costumbre de cortar las orejas a los "criminales".

Tras esto, veamos ahora el caso de John Demjanjuk, conocido como "Iván el Terrible", el nazi de origen ucraniano que sembró el terror en el campo de Treblinka (Polonia). El hombre fue detenido muchos años después del final de la guerra, en violación de todos los principios del Estado de Derecho. Ciudadano estadounidense de origen ucraniano, fue entregado por las autoridades estadounidenses a Israel, que lo llevó ante la justicia presentándolo como el "monstruo de Treblinka." Legiones de testigos habían descrito bajo juramento los estragos causados por "Iván el Terrible" en Treblinka.

El historiador suizo Jürgen Graf informaba de lo que habían dicho estos "testigos": "Había asesinado con sus propias manos a 800.000 judíos con los gases de escape de un tanque ruso destartalado. Cortó las orejas de judíos para devolvérselas luego en la cámara de gas. Con la bayoneta les cortó pedazos de carne del cuerpo. Con un sable hendió los abdómenes de mujeres encintas antes de que fuesen gaseadas. Con su espada cortó los pechos de mujeres judías en camino a las cámaras de gas. Mató a tiros y a golpes, apuñaló, estranguló, azotó a los judíos hasta la muerte o los dejó morir de hambre lentamente."

Demjanjuk fue condenado a muerte. Entre tanto, las autoridades judiciales israelíes reconocieron que el ucraniano probablemente nunca había estado en Treblinka. Consideraron luego acusarlo de asesinatos en masa en el campo de Sobibor (la única prueba contra Demjanjuk era una tarjeta de identidad válida para Sobibor, falsificada por el KGB; el papel de este documento contenía, según un análisis llevado a cabo en los EE. UU., un componente de fotoquímica que sólo se usaba desde la década de los sesenta). Pero el problema es que Demjanjuk fue identificado por una cohorte de testigos bajo juramento como el "monstruo de Treblinka", siendo así su caso una prueba impresionante del valor que tienen las declaraciones de testigos en juicios de este tipo[400]."

Así que este "Demjanjuk" probablemente nunca le había cortado las orejas a nadie. En cuanto a las mujeres destripadas y los bebés cuyas cabezas habían sido aplastadas contra las paredes, se podría apostar que una vez más se trataba de un caso de inversión acusatoria. "El agresor grita que lo degüellan. El truco es tan antiguo como Moisés", escribía Louis Ferdinand Céline en *Bagatelles pour un masacre (Bagatelas para una masacre)*.

Una voluntad de poder patológica

Conocemos la imaginación fértil de los hijos de Israel, abismados en sí mismos desde hace siglos. También conocemos su sed de poder. De hecho, el sufrimiento judío también encuentra un desahogo en la búsqueda de poder, sin duda para protegerse de la supuesta hostilidad de los "otros". Si bien hay judíos que viven en la pobreza, también hay judíos ricos, muy ricos, inmensamente ricos, y su número entre los multimillonarios (en miles de millones) del mundo es completamente desproporcionado.

El papel desempeñado por los judíos en la creación de Hollywood es bastante obvio, si se tiene en cuenta que los judíos, el "pueblo-sacerdote" por excelencia, tienen un mensaje que transmitir a toda la humanidad. Así pues, no es casualidad que los estudios cinematográficos de Hollywood hayan sido todos fundados por empresarios judíos.

Hollywood, nos decía Jacques Attali en *Los judíos, el mundo y el dinero*, es un feudo judío: "Las firmas esenciales de hoy sí lo son: Universal, Fox, Paramount, Warner Bros, MGM, RCA y CBS son todas creaciones de inmigrantes judíos de Europa del Este". "Adolf Zukor llega de Hungría en 1890 (…) en 1917 funda la Paramount Pictures, que pone al servicio de la propaganda de guerra." Carl Laemmle, originario de Laupheim, en Württemberg, es aprendiz de sastre, crea en 1912 Universal Studios. Los tres hermanos Warner, nacidos en Polonia, fundan en 1923 la Warner Bros. Louis B. Mayer, nacido en Minsk, funda la Metro. En 1916, Samuel Goldfish crea la Goldwyn, la cual fusiona en 1924 con la Metro. La firma se convierte en la Metro Goldwyn Mayer, "luego la MGM, lo que muchos

---

[400] Jürgen Graf, *El Holocausto bajo la lupa*, Editorial Revisión, Buenos Aires, 1997, p. 71, 72. (Fuente: Rullmann, *Der Fall Demjanjuk* ["El caso Demjanjuk»]). He aquí otro ejemplo: el 1 de agosto de 2003, el Tribunal Civil de Roma (Italia) condenó por difamación a una tal Rosina Stame, hija de Ugo Stame, por afirmar repetidamente que su padre había sido torturado y que su torturador no era otro que Erich Priebke, un oficial de las SS; las acusaciones resultaron ser totalmente infundadas (*Tabou*, volumen 7, Ed. Akribeia, 2004, p. 60).

traducen en yiddish - lengua hablada corrientemente en Hollywood en esa época - por Mayer Ganze Mishpoje (toda la familia Mayer)[401]". Si bien Dysney no fue fundado por un judío, su presidente actual lleva el mismo apellido que el famoso líder bolchevique: Eisner.

Estas informaciones eran confirmadas por el escritor de supermercado Paul-Loup Sulitzer en su libro de 1986 titulado *L'Impératrice*: En 1915, escribía, "Hollywood se convirtió en la Meca de la industria cinematográfica...La Universal de Carl Laemmle, la Paramount de Zukor y Lasky, y la Fox de William Fox (un judío húngaro que empezó como payaso de suburbio con un compinche bajo el nombre de Schmaltz Brothers) ...[402]"

En 1988, un estadounidense llamado Neal Gabler publicó un libro sobre el tema: *Un imperio propio*, subtitulado: *Cómo los judíos inventaron Hollywood*[403]. Neal Gabler nos adentraba en ese mundo de "granujas, corsarios y fanfarrones en la temprana industria del cine[404]." Nos dejó algunos interesantes retratos de estos *"tycoons"* de Hollywood, que moldearon tanto el imaginario de los occidentales durante varias generaciones.

A principios de los años 30, la MGM de Louis Mayer había destronado a la Paramount de Zukor. Louis B. Mayer "fue siempre un extremista...Todo lo que hacía tenía que ser más grande, una aflicción bastante común entre los judíos."

Louis Mayer era un *"showman"* y, obviamente, presentaba todos los síntomas de una personalidad histérica [405]. Neal Gabler relataba las impresiones que había dejado el personaje en algunos directivos y directores: "Un egocéntrico grandilocuente"; "otros vieron su extremismo como un tipo de voracidad"; "ver a Mayer me hacía pensar en una mantis religiosa - dijo un director – Es un depredador... se alimenta de otros y juega con ellos."; "otros, incluso, pensaban que su sentimentalismo era calculador y manipulador, expresado solo para causar impresión." Y también: ""Ir a ver a Louis B. Mayer – mencionó un director – era siempre una experiencia. Era histriónico. Podía tumbarse en el suelo, rezar, cantar

---

[401] Jacques Attali, *Los judíos, el mundo y el dinero*, Fondo de cultura económica, 2005, Buenos Aires, p. 416

[402] Paul-Loup Sulitzer, *L'Impératrice*, Stock, Le Livre de Poche, 1986, p. 293

[403] Neal Gabler, *Le Royaume de leur rêve, la saga des juifs qui ont fondé Hollywood*, 1988, Calmann-Lévy, 2005. Titulo original: *An Empire of their own, How the jews invented Hollywood*, Crown Publishers Inc, New York, 1988, traducido del inglés al francés por Joahan-Frederik Hel Guedj. Neal Gabler, *Un Imperio propio, cómo los judíos inventaron Hollywood*, Confluencias, 2015.

[404] Neal Gabler, *Un Imperio propio, cómo los judíos inventaron Hollywood*, Confluencias, 2015, p. 198

[405] Léase *Psicoanálisis del judaísmo*.

e ilustrar el tipo de películas que quisiera hacerte ver, películas sensibleras que nadie se atrevería a hacer, y podía tener enfados monstruosos" ... Las lágrimas le salían con facilidad. Era famoso por escoger estrellas reacias de la MGM y derramar dulces palabras de elogio y afecto hasta que Mayer rompía a llorar bajo el peso de su propia actuación. Pero no todo era mero espectáculo. Mayer era hombre que entonaba su vida en la clave emocional más alta, y también podía estar igual de crispado y ser igual de sentimental en su vida privada. "Al ser un hombre en contacto con sus emociones, era capaz de emocionarse en muchas situaciones, recordaba su nieto. Lloraba con las películas". La amplitud de sus emociones no se reducía a los sentimientos. Cada emoción era enorme. Aunque le costaba enfadarse, tenía un carácter terrorífico...A veces incluso recurría a la fuerza."

He aquí algunas explicaciones que nuestros lectores podrán descifrar a medida que profundicen en este libro: Su padre, Jacob, que había emigrado de Rusia, era un buhonero. "Jacob fue un fracaso en los negocios y con su familia. Su refugio fue la religión...Jacob Mayer estaba entre los honrados que colocaban la Torá... y era claramente uno de los pilares de la comunidad judía."

Era "descrito como "tacaño y tiránico", y ciertamente no había amor entre padre e hijo". "La familia era terriblemente pobre... Su padre lo explotaba sin ninguna vergüenza...mientras su madre lloraba, temiendo por su seguridad. En casa era víctima de los abusos y humillaciones de su padre[406]". Las relaciones con su madre eran muy distintas: "Durante sus años de formación, su único referente había sido su madre. Hablaba de ella con tal idealismo que incluso su nieto más tarde se preguntó si Mayer estaba intentando compensar algún tipo de carencia o abandono. Su hija escribió que "él sentía que todo lo bueno que había en él lo había heredado de su madre" ...Mientras vivió, el retrato de su madre colgó sobre la cama de Mayer[407]."

Harry Cohn siguió la estela de Louis B. Mayer para levantar la Columbia Pictures que dirigía con mano de hierro. Cohn era hijo de un tallador, judío alemán, y de una madre judía rusa. Tenía un poco los mismos defectos que sus congéneres:

"Según un escritor que trabajó duro allí, Cohn llevaba la Columbia como su propio Estado policial. Era duro, aterrador, despiadado y valiente, insoportablemente grosero, soez, extravagante, una máquina de poder con cabeza de chorlito que tenía el control total financiero y físico de su imperio hecho por sí mismo...Se decía que tenía dispositivos de escucha en todos

---

[406] Neal Gabler, *Un Imperio propio, cómo los judíos inventaron Hollywood*, Confluencias, 2015, p. 164-168
[407] Neal Gabler, *Un Imperio propio, cómo los judíos inventaron Hollywood*, Confluencias, 2015, p. 173

los estudios de sonido y que podía sintonizar cualquier conversación del equipo, y gritar por un altavoz si escuchaba algo que no le gustaba."

"Entre las indómitas fuerzas de Hollywood, Cohn, intimidador y desdeñoso, probablemente fuera la más temible... Cohn era plenamente consciente de este efecto; era una eminencia en Columbia Pictures, y se arrojaba el poder de la misma manera que un monarca se arroga el poder divino." "Había nueve metros desde la puerta de la oficina de Cohn hasta su mesa, una caminata que los visitantes llamaban la última milla. "¿Por qué tienes la mesa aquí, a esta distancia? - le preguntó una vez su amigo, el directivo de la Columbia, Jonie Taps – Él dijo: "Para cuando llegan a la mesa, ya están derrotados". ¿Has oído hablar de la psicología? Él sabía el efecto que causaba. Para cuando llegaban se habían cagado en los pantalones[408]"."

Harry Cohn representaba "el magnate profano, vulgar, cruel, avaricioso y mujeriego." También era "astuto y manipulador" y, "como en otros judíos de Hollywood, la clase, la falta de educación y la religión conspiraron para hacerle mucho daño". "A Cohn le consumía su pose de chico duro...Su evidente desprecio y su cinismo eran las armas de la ira" y "" creía instintivamente que solo a base de hostilidad, conflictos y asperezas se podía hacer un trabajo superior"". "Lo patético era que él era un hombre dividido...entre dos personalidades diferentes que tenía la sensación de que debía mantener. Por una parte, él quería ser el directivo más duro y despiadado de Hollywood, al que todos temieran. Por otro lado, quería que lo consideraran un hombre de buen gusto y juicio, al que todos envidiaran."

Su extrema agresividad se debía sin duda a problemas en su infancia. Esto era lo que Neal Gabler escribía al respecto: "Cohn creyó necesario alejar su pasado, como hizo Louis B. Mayer, porque lo veía como una posible grieta en su fachada de invencibilidad. Nunca les dijo, ni a sus más íntimos amigos, cuáles eran los demonios que lo acecharon en su infancia, ni los abusos que pudiera haber sufrido[409]."

Naturalmente, algunos explicarán su carácter por el sufrimiento causado por el antisemitismo que tuvo que soportar de niño. Pero nuestros lectores sabrán muy pronto qué pensar de los traumas sufridos por los niños judíos.

A propósito de los dos hermanos Warner, Jack y Harry, Neal Gabler aportaba el testimonio de Betty, la hija de Jesse Lasky, ejecutivo de Universal: "Fuimos a la piscina, y recuerdo que dos de los hermanos Warners estaban allí...Recuerdo haber quedado atemorizada por

---

[408] Neal Gabler, *Un Imperio propio, cómo los judíos inventaron Hollywood*, Confluencias, 2015, p. 308, 248-249
[409] Neal Gabler, *Un Imperio propio, cómo los judíos inventaron Hollywood*, Confluencias, 2015, p. 250, 251, 280

ellos...Eran dos tíos brutales. No estaba acostumbrada a tipos como ellos... a los del gueto. Eso parecían. Eran muy feos [monstruosos], pero de un feo [una monstruosidad] diferente, de gueto...Era como cuando un niño va al circo y ve un espectáculo de ciencia ficción[410] [y observa un monstruo[411]]."

También eran predadores sexuales: "Jack Warner alardeaba de sus conquistas como si fueran trofeos." Pero "el depredador sexual más notorio e insaciable era Harry Cohn." Neal Gabler relataba aquí esta anécdota: "Corinne Calvet, una joven estrella francesa, guapa y de proporciones generosas, recibió orden de Cohn de que fuera a su yate para hablar sobre un contrato. Aquella noche Cohn, en pijama, fue como un toro hacia su habitación y la atacó. Calvet, que lo encontraba físicamente repugnante, consiguió evitar que fuera a más y esconderse hasta que su novio, el actor Rory Calhoun, pudo llegar más tarde aquella noche para sacarla del barco y ponerla a salvo[412]."

Con relación a una época más reciente, el libro de Peter Biskind *Sexo, mentiras y Hollywood*, publicado en 2004, también presentaba testimonios bastante edificantes del comportamiento de personalidades como Bob y Harvey Weinstein[413], los fundadores de la sociedad de producción Miramax, que emergió en los años 1990: "La *finesse* nunca formó parte del arsenal de Harvey. Véase su historial: arrancaba los teléfonos de las paredes y los tiraba al suelo; cerraba siempre de un portazo y volcaba las mesas; todo lo que se encontraba a su alcance podía convertirse en un arma

---

[410] Neal Gabler, *Un Imperio propio, cómo los judíos inventaron Hollywood*, Confluencias, 2015, p. 355

[411] Neal Gabler, *Le Royaume de leur rêve, la saga des juifs qui ont fondé Hollywood*, 1988, Calmann-Lévy, 2005, p. 282. (Las traducciones difieren. En general, la traducción francesa nos ha parecido más cruda. NdT.)

[412] Neal Gabler, *Un Imperio propio, cómo los judíos inventaron Hollywood*, Confluencias, 2015, p. 363, 364. Esto nos recuerda lo que Louis-Ferdinand Celine escribía en 1937 en *Bagatelles pour un masacre (Bagatelas para una masacre)*, su famoso panfleto: "¿Quieres una carrera? ... ¿Bonita? ¡Quieres ser adulada! Dime... ¡Quieres ser la reina del universo judío! ... ¿Quieres ser soberana, zorrita? ... ¿Mundialmente favorita? ¡Muy bien! ...»

[413] En octubre de 2017, *The New York Times* y *The New Yorker*, publicaron decenas de acusaciones de abuso sexual contra Harvey Weinstein por acoso, abuso sexual e incluso de violaciones. Como consecuencia, fue expulsado de su compañía y de la Academia de Artes y Ciencias Cinematográficas y su esposa solicitó el divorcio. Weinstein fue arrestado y acusado de violación en Nueva York el 25 de mayo de 2018...A partir de las acusaciones de Rose McGowan y Ashley Judd, se sumaron más de 80 mujeres, alegando la repetida e inapropiada conducta sexual de Harvey Weinstein, quien se aprovechaba de su poder e influencia para abusar de ellas. Este escándalo trajo consigo la aparición del llamado Movimiento "*Me Too*", un movimiento global bajo el cual miles de mujeres denunciaron las situaciones de abuso y acoso sexual. (wikipedia). (NdT.)

arrojadiza: ceniceros, libros, cintas, las fotografías familiares enmarcadas que tenía en el escritorio y que Harvey lanzaba a la cabeza de algún desafortunado ejecutivo para contemplar luego cómo se estrellaban contra la pared, se hacían añicos y despedían metralla de cristal, porque, en realidad, rara vez, por no decir nunca, daban en el blanco." Harvey Weinstein era incontrolable: "Cuando perdía el control, era capaz de cualquier cosa..." parecía como si se hinchara, como si la presión barométrica hubiese cambiado; creías que iba a explotar. Y a veces explotaba. Se le ponía la cara roja, literalmente, y como de piedra. No era que fuese a tirar sillas, más bien pensabas que iba a por ti, a estrangularte." Los empleados de Miramax soportaban muchas humillaciones: "Los Weinstein aprovechaban su inestabilidad, la convertían en el numerito del poli malo y el poli bueno que utilizaban para mantener a sus subordinados atemorizados y temblando. "Volvían locos a todos", dice Lipsky. "Desde que los conocí, su *modus operandi* consistía en pisotearte; luego te ayudaban a levantarte. Primero pasaban de ti y después se disculpaban" ...Había personas sencillamente demasiado buenas para trabajar allí y los Weinstein las torturaban[414]."

Los Warner, como todos los demás, a pesar de sus excentricidades, eran naturalmente buenos judíos: "Jack Warner exigió a sus empleados judíos donar un porcentaje de su salario al United Jewsih Welfare Found. Durante una campaña de recolección de fondos, los citó en la cafetería del estudio ..."Warner entró y, para nuestro asombro, recordaba Alvah Bessie, blandía una porra de goma, que debía ser del atrezo de una de las películas antinazis que estábamos haciendo...: "Todo el mundo a duplicar su contribución aquí y ahora, ¿o ateneos a las consecuencias!"...Bastaba con que dijera – admitía su hijo Jack junior - : "No volveréis a y ¡trabajar aquí sí no dais para el United Jewish Appeal[415]."

Neal Gabler mencionaba el papel de Edgar Magnin, "el rabino de las estrellas" dentro del mundillo Hollywoodiense: "Llamar a alguien antisemita era la forma más segura de manchar su reputación entre los ejecutivos de Hollywood[416]. Cuando el director de producción de RKO, George Schaefer, rechazó la oferta de Louis B. Mayer de comprar el negativo de la obra maestra de Orson Welles, *Citizen Kane* (Mayer hizo la oferta para destruir la película porque estaba basada de manera libre y poco halagüeña en la vida de su amigo William Randolph Hearst), de repente

---

[414] Peter Biskind *Sexo, mentiras y Hollywood, Miramax, Sundance y el cine independiente,* Anagrama, Barcelona, 2013, p. 92-96
[415] Neal Gabler, *Un Imperio propio, cómo los judíos inventaron Hollywood*, Confluencias, 2015, p. 421. [La versión francesa en el texto apunta a todos sus empleados y no solo a sus empleados judíos. NdT.]
[416] Pregunten a Mel Gibson. (NdT).

Schaefer se convirtió en la víctima de una campaña de rumores que lo acusaban de antisemitismo. Schaefer, decidido a encontrar el origen, siguió la pista de los rumores hasta un colega cercano de Mayer. Por supuesto, nada de esto evitó que los judíos de Hollywood practicaran una discriminación inversa - "¡Esos *goyim*!", solía gritar Harry Warner mofándose, o "Es un buen chico para ser un *goy*", podía decir un judío -, pero solo en su sanctasanctórum, cuando estaban a salvo entre compañeros judíos, y solo de forma oral. De lo contrario, los gentiles eran agasajados y tratados con deferencia[417]."

El actor estadounidense Kirk Douglas también tuvo que adaptarse al ambiente de Hollywood para hacer la carrera que conocemos. En su biografía, rica en anécdotas sobre aquel mundo, escribía: "La gente cambia al llegar a Hollywood...Es la ciudad donde Cliff Robertson descubrió a David Begelman como falsificador y ladrón, con el resultado de que le ovacionaron en un restaurante de Hollywood, mientras dejaron a Robertson en la lista negra durante cuatro años[418]."

El intelectual judeo-estadunidense Walter Lippman llegaba a esta conclusión evidente: "Los judíos ricos, vulgares y pretenciosos de nuestras grandes ciudades norteamericanas son, quizá, la mayor desgracia que haya acontecido al pueblo judío. Son la fuente del antisemitismo. Cuando corren por ahí en sus coches, con sus joyas y sus pieles, maquillados y tan afeitados, cuando construyen sus *châteaux* franceses y sus *palazzi* italianos, estimulan el odio latente contra pura riqueza en manos de gente superficial; y ese odio se difunde solo[419]."

---

[417] Neal Gabler, *Un Imperio propio, cómo los judíos inventaron Hollywood*, Confluencias, 2015, p. 410. ["Al buscar un judaísmo norteamericanizado, Magnin no solo estaba hablando como un judío de San Francisco totalmente asimilado. También estaba adaptando y sancionando las opiniones de su congregación. Lo que querían los judíos alemanes, lo que querían los judíos de Hollywood, era una manera de mantener su judaísmo (no podían evitarlo) sin resultar demasiado agresivos al respecto ni provocar a los gentiles...Mayer afirmaba que Edgar encajaría en cualquier grupo. Magnin se definía a sí mismo como "una persona democrática". Vivía en Beverly Hills entre los magnates del cine en una hacienda española que él mismo diseñó porque creía que el periodo español era la edad de oro del judaísmo...Todo eso hacía muy atractivo a Magnin para los judíos de Hollywood, que habían renunciado al judaísmo ortodoxo dogmático de sus padres. Carl Laemmle, Harry y Jack Warner, Louis B. Mayer, Irving Thalberg, William Fox, y multitud de directivos de cine, directores y actores se convirtieron en miembros de B'nai B'rith, pero Magnin admitió que no era la oportunidad de la práctica religiosa lo que les atraía; en todo caso, era la oportunidad de secularizar la religión.» Neal Gabler, *Un Imperio propio*, p. 410-412. (NdT).]
[418] Kirk Douglas, *El hijo del trapero* (1988), Cult Books, 2021, p. 129
[419] Neal Gabler, *Un Imperio propio, cómo los judíos inventaron Hollywood*, Confluencias, 2015, p. 353

Los amos de Hollywood eran sin duda caricaturas de cierta forma de dominación judía. Martin Gray, superviviente del Holocausto, también tenía algo que demostrar al mundo. Después de la guerra, se fue a Estados Unidos, a Nueva York, donde se reunió con su familia, que, milagrosamente, no había sido exterminada. "Multipliqué mis actividades, los juegos, las ventas, el servicio los espectáculos. Acumulaba dólares. Por la noche me derrumbaba en la cama, agotado." Luego se introdujo en el comercio de antigüedades, particularmente de porcelanas, comprando febrilmente todo lo que encontraba. Viajó a Europa, el continente acababa de salir de la guerra destrozado: "Compraba sin regatear; la prisa era mi fuerza. *Time is money.* El lunes salía para Frankfurt y Berlín. Pronto añadí Londres a mi periplo. Compraba, telefoneaba, saltaba de un taxi a un avión, dormía." Una mujer le dijo un día: "Has de tomarte tiempo para vivir, Mendle. No corras siempre. Aprende a ser feliz, Mendle. No huyas siempre." Pero Mendle explicaba: "Prefería el trabajo a la paz que ella me ofrecía. Quizá, más adelante, podría una mujer frenar algo mi carrera; acaso un día encontraría, por fin, el gusto del reposo." (página 347). "En Berlín, el mercado se hacía difícil...Todos los anticuarios de América habían caído sobre Berlín, vaciando la ciudad y Alemania entera de sus porcelanas...- Compra Tolek, compra todo, le decía a su socio...Y los dólares se acumulaban, y cada millar de dólares era un muro de mi fortaleza que se elevaba...Yo amontonaba los dólares, invertía, colocaba...Ya era rico, ciudadano americano, importador, fabricante, con una sucursal en el Canadá y otra en La Habana. Era propietario de inmuebles, colocaba mi dinero en le Bolsa. Iba de capital en capital, mis suburbios se llamaban París y Berlín..." Y otra vez: "Actuaba, eficaz; no perdía los aviones ni las ventas...Ingresaba en caja, invertía, compraba, cobraba[420]." Y así fue como Alemania, un país derrotado, fue saqueada de arriba abajo.

En sus libros, la escritora Irène Némirovsky, que procedía de una familia de banqueros, también nos dejó algunos retratos de personajes poderosos, tal y como ella los había visto en su Ucrania natal. En su novela *David Golder*, publicada en 1929, narraba la historia de un banquero que, como su padre, había emigrado a París: "En Londres, en París, en Nueva York, cuando se nombraba a David Golder, la gente pensaba en un viejo y duro judío que había sido odiado y temido toda su vida, que había aplastado a todos los que se habían cruzado en su camino[421]."

Golder frecuentaba algunos congéneres, banqueros y hombres de negocio de éxito. Como ese Fischl: "Golder lo contempló casi con odio, como a una caricatura cruel: un judío rechoncho, pelirrojo y sonrosado de

---

[420] Martin Gray, *En nombre de todos los míos*, Plaza & Janés, Barcelona, 1973, p. 332, 347, 348, 349, 351, 352, 357. Léase además en *La Mafia judía*.
[421] Irène Némirovssky, *David Golder*, Salamandra, Barcelona, 2006, p. 125

aspecto cómico, innoble y un tanto siniestro..." Este le explicaba sus fatigas: "Sí, pasé por los juzgados...Pero, como puedes ver, no me fue peor que otras veces – Fischl enumeró con los dedos –. Austria, Rusia, Francia. He estado en la cárcel en tres países. Espero que se haya acabado y me dejen en paz. Que se vayan al infierno. No quiero ganar más dinero, ya soy viejo..."

David Golder también había tenido negocios con otro judío llamado Soifer: "Salieron juntos, cada uno apoyado en su bastón. Golder caminaba en silencio mientras su compañero le hablaba de un asunto de azúcares que había terminado en quiebra fraudulenta. Al citar las cifras y los nombres de los accionistas implicados, Soifer se frotaba con deleite las temblorosas manos[422]."

He aquí qué clase de hombre era aquel Soifer: "Soiler, un viejo judío alemán, antiguo conocido de Silesia al que había perdido de vista...acudía a jugar con él a las cartas. Soifer, arruinado en su día por la inflación, se había resarcido de todas sus pérdidas especulando con el franco. No obstante, de aquello le había quedado una desconfianza permanente, que crecía de año en año, hacia un dinero que las revoluciones y las guerras podían transformar de la noche a la mañana en papeles sin valor. Poco a poco, fue convirtiendo su fortuna en joyas. En una caja de seguridad de Londres guardaba diamantes, perlas magníficas, esmeralda tan hermosas que ni gloria en sus mejores tiempos habría soñado poseer...Sin embargo, era de una tacañería rayana en la obsesión. Vivía de alquiler en un sórdido piso amueblado, en una tenebrosa calle del barrio de Passy. No se subía a un taxi, aunque se lo pagaran. "No quiero acostumbrarme a lo que no puedo permitirme", solía decir. En invierno, esperaba el autobús bajo la lluvia las horas que hiciera falta y, si en segunda no quedaba sitio, seguía esperando hasta que lo hubiera. Toda la vida había andado de puntillas para no gastar suelas... Años después, Soifer moriría solo, como un perro, sin amigos, sin una corona de flores sobre la tumba, enterrado en el cementerio más barato de París por una familia que lo odiaba y a la que había odiado, pero a la que sin embargo dejó una fortuna de más de treinta millones, cumpliendo de ese modo el incomprensible destino de todo buen judío sobre esta tierra[423]."

A principios de siglo XXI, la voluntad de poder de los judíos también puede observarse en un tal Sam Zell, multimillonario estadounidense; aunque hay muchísimos más. El semanal de izquierda *Marianne* del 7 de abril de 2007 publicaba este breve artículo: "Sam Zell ha hecho una fortuna comprando edificios con alquileres de renta antigua; logra subrogar los

---

[422] Irène Némirovssky, *David Golder*, Salamandra, Barcelona, 2006, p. 46-47, 144
[423] Irène Némirovssky, *David Golder*, Salamandra, Barcelona, 2006, p. 140-141

contratos gracias a sus conexiones políticas y luego aumenta los alquileres y desahucia a los inquilinos, sobre todo a los ancianos. Acaba de comprar el periódico *Los Angeles Times*, uno de los diarios más prestigiosos de Estados Unidos." Y *Marianne* comentaba brevemente, en modo irónico, pero sin señalar los verdaderos protagonistas: "¡Viva el modelo americano!" ¡Qué cabrones esos "americanos"!, ¿verdad?

En su libro titulado *La paradoja judía*, publicado en 1976, Nahum Goldmann había escrito: "La vida judía se compone de dos elementos: amasar dinero y protestar[424]." Pero Roger Cukierman, antiguo Presidente del Consejo Representativo de las Instituciones Judías de Francia, se indignaba ante estos prejuicios y negaba lo evidente: """¡Los judíos tienen dinero!" De nuevo estos terribles prejuicios antisemitas, tan banalizados que acaban siempre provocando las peores consecuencias[425]."

Finalmente, a su manera, Nahum Goldmann también negaba lo evidente. En la página 39 de su libro, relataba una anécdota extraordinaria, una entrevista con el Ministro de Asuntos Exteriores soviético: """Señor Litvinov, hace dos meses me reuní con el Secretario de Estado del Vaticano, el cardenal Pacelli (el futuro papa Pío XII), y monseñor Pacelli me habló del "poder mundial del judaísmo". No le culpé: es católico, ¿qué sabe él de la vida judía? Pero que usted, señor Litvinov, con su inteligencia judía, me diga cosas tan absurdas me enfada de verdad." Nunca olvidaré su reacción, escribía Goldmann. Permaneció en silencio durante treinta segundos, luego se levantó, rodeó la gran mesa que había entre nosotros y me tendió la mano: "Démonos la mano, señor Goldmann; he dicho algo absurdo. Discúlpeme"[426]."

Estafadores y traficantes

En nuestro anterior libro, *La Mafia judía* (2008), resumíamos las grandes estafas que habían marcado la historia de la República Francesa. Por lo que respecta a la Tercera República, podemos citar además los siguientes casos: el caso Sacazan, que englobaba a 23 casos por valor de 50 a 60 millones, y que había implicado a Isaac Azan y a los hermanos Levy. También hubo el caso Lévy-Goldenberg, que se elevaba a mil millones de francos de la época. El caso Lloy de France-Vie, que reveló la malversación de fondos del Sr. Haas, estimada entonces en 7 millones de francos. El caso Crédit français: cuatro millones malversados por un tal Blumenfeld. El crac de la Gaumont Franco-Films Aubert: un déficit de 400 millones de francos

---

[424] Nahum Goldmann, *Le Paradoxe juif*, Stock, Paris, 1976, p. 67
[425] Roger Cukierman, *Ni fiers, ni dominateurs*, Edition du Moment, 2008, p. 97
[426] Nahum Goldmann, *Le Paradoxe juif*, Stock, Paris, 1976, p. 39

causado por la malversación de Heim y Goudchaux. El crac del Banco de las Cooperativas: 10 millones de déficit (director: Gaston Lévy). El caso Crédito Franco-Belga (Sylvestre Blumenfeld); el caso Banco Luxemburgués Wulf (Abraham Adler); el asunto del Fénix austriaco (Wilhelm Berliner); el caso Union continental carbonera (Célestin, Ernest y Abraham Lévy). El caso Pathé-Nathan, un escándalo que hizo correr mucha tinta a partir de 1934 y que supuso 600 millones de pérdidas. Unos meses antes, otro productor, el judío tunecino Jacques Haïk, había quebrado, dejando un déficit de 103 millones[427].

He aquí otro escándalo famoso: Louis Louis-Dreyfus, el rey del trigo antes de la guerra. En 1932, cuando la cosecha fue excedentaria y los precios se hundían, compró a 75 francos el quintal y almacenó enormes cantidades. Con la complicidad del ministro Queuille -futuro resistente durante la ocupación alemana - hizo votar el precio oficial a 115 francos el quintal, lo que le permitió abastecer los molinos de París, Pantin y Estrasburgo, que pertenecían a sus correligionarios Baumann, Bloch y Lévy, con un beneficio de 40 francos. Louis Louis-Dreyfus también comerciaba con trigo rumano, que había naturalizado como "marroquí", comprado a 25 francos el quintal en Rumanía y vendido a 115 francos en Francia.

Durante la Segunda Guerra Mundial, algunos judíos también ganaron mucho dinero comerciando con los alemanes. En *La Mafia judía* mencionamos a los dos principales traficantes, "Monsieur Michel" y "Monsieur Joseph". Pero hubo muchos otros que fueron noticia en su momento por su implicación en el mercado negro. El documento de abril de 1944 titulado "¡*Je vous hais!*" (*¡Os odio!*), del famoso grito de Léon Blum a la Cámara de Diputados, citaba a algunos de ellos: Abraham y Lesel traficaban con kilómetros de tela, quintales de harina y miles de latas de conserva (22 de enero de 1943). La Señora Salomouchitch almacenaba una gran cantidad de telas (25 de abril de 1942). El Sr. Raphael Worms escondió suficiente carbón en su sótano para abastecer a un hospital en invierno (27 de febrero de 1942). El líder de la banda, Simin Abelansky, fue detenido el 13 de junio de 1942. Elie Taïeb vendió miles de tarjetas de pan (8 de marzo de 1942). Joseph Hadjadj almacenó cientos de kilos de alimentos para el mercado negro (20 de mayo de 1942). El traficante Rozenstern fue detenido con 300.000 francos en billetes. Una banda había vendido 15.000 toneladas de col podrida conocida como "chucrut húngaro" (8 de junio de 1942). Zahn y Grunberg fueron detenidos por tráfico de tarjetas alimentarias (27 de noviembre de 1941). Marcel Weill había vendido 4.000 kilos de lana a 434 francos el kilo (1 de diciembre de 1941). Kroll y Kolcon fueron

---

[427] Recensión de Henry Coston, abril de 1944, en *¡Je vous hais!*, p. 82, 83

detenidos por tráfico de tejidos y aves de corral (1 de diciembre de 1941). Goldberg, Feder y Moszek vendieron cuero robado por valor de varios cientos de miles de francos (19 de febrero de 1942). Lévy y Meyr traficaron con pimienta (26 de junio de 1942). En casa de un tal Baumgarten se incautaron 700 paquetes de tela, 15 paquetes de lino y 2700 tabletas de chocolate. Steinmuller vendía tarjetas de alimentos falsificadas. La policía confiscó a Jacob Pinto telas por valor de 220.000 francos. Samuel Choima y Abraham Elefant tenían 269 pares de zapatos. Haïl y Lévy (detenidos el 23 de abril de 1941) habían vendido 700 kilómetros de tela. En resumidas cuentas, más de 4.000 judíos fueron detenidos en la zona no ocupada por tráficos en el mercado negro. Bastaba con abrir un periódico[428].

Esto fue sin duda lo que inspiró el cineasta Kurt Hoffmann para rodar su película de culto en Alemania, *Wir Wunderkinder* (*Los niños prodigio*, 1958): En los primeros días del nazismo, las circunstancias separan a tres jóvenes que estudiaron juntos. El primero, Stein, se ve obligado a huir por ser judío. El segundo, Hans Boeckel, pierde su trabajo de periodista porque se niega a afiliarse al partido nazi. El tercero, Bruno Tiches, un arribista, se afilia al partido. Los tres se reencuentran después de la guerra: Stein vuelve vistiendo un uniforme estadounidense, Boeckel es periodista y el nazi Tiches se ha hecho inmensamente rico gracias al mercado negro. Como es bien sabido, fueron los nazis quienes más se beneficiaron del mercado negro[429].

Las estafas siguen produciéndose regularmente en todos los países democráticos de Occidente. En Francia, en diciembre de 2008, supimos que se habían presentado centenares de denuncias durante el último año en relación con una estafa montada por una red franco-israelí. La investigación comenzó tras la presentación de dos denuncias en Dax (Landas) en diciembre del 2007. Las investigaciones condujeron a la detención en el mes de abril de cuatro personas y luego de una treintena en Israel a principios de diciembre, donde también se incautaron 700 000 euros, valiosas joyas y vehículos de lujo. Los estafadores proponían por fax o teléfono a artesanos, comerciantes y asociaciones anuncios publicitarios en falsos servicios electrónicos de directorio. Tras un periodo inicial gratuito, las víctimas, que habían firmado un contrato difícil de leer por culpa de su envío por fax, recibían facturas desorbitadas. Para rescindir el contrato, tenían que enviar un "cheque de depósito" por un importe

---

[428] Abril 1944, en ¡*Je vous hais!*, p. 89, 90

[429] Recordemos que todos los judíos no habían podido salir de Alemania: "Himmler ordenó el cese de toda emigración judía desde el Reich. La orden, emitida el 18 de octubre 1941, fue transmitida a todas las comisarías de la Gestapo el día 23.» Saul Friedländer, *El Tercer Reich y los judíos (1939-1945), Los años del exterminio*, Galaxia Gutenberg, Barcelona, 2009 p. 387

variable que cobraba esta red de estafadores. Respecto a los 422 denunciantes del año pasado, las pérdidas oscilaban entre 3.000 y 47.000 euros por víctima.

Pero estos delincuentes son en realidad de muy poca monta comparados con Bernard Madoff. Este financiero neoyorquino había sido apodado "el bono del Tesoro judío" por los miembros de la comunidad judía estadounidense debido a la impresión de seguridad que infundía el hombre y sus productos financieros. En realidad, los intereses que distribuía a sus clientes no eran fruto de sus inversiones: se limitaba a recaudar fondos de nuevos inversores y distribuirlos entre los antiguos (estafa piramidal). En diciembre del 2008, su empresa quebró, arruinando a decenas de miles de ahorradores. Pero más tarde nos enteraríamos de que los grandes tiburones de la inversión no habían sido los perdedores en esta historia. Desaparecieron 50 000 millones de dólares. Fue la mayor estafa de la historia de la humanidad[430].

El enigma del antisemitismo

La amnesia selectiva es uno de los síntomas de la patología histérica. Sigmund Freud, que había estudiado el fenómeno tras asistir a las clases del profesor Martin Charcot en la Salpêtrière, escribió en 1916 sobre la histeria: "Esta última neurosis se singulariza la mayoría de las veces por vastísimas amnesias...Por lo común, del cuadro íntegro de un recuerdo reciente de esa clase desaparecen detalles importantes o son sustituidos por falseamientos del recuerdo...Tales deterioros de la capacidad de recordar son, como dijimos, característicos de la histeria; en esta se presentan en calidad de síntomas, estados (los ataques histéricos) que no suelen dejar en el recuerdo huella alguna[431]."

En *Las Esperanzas planetarianas* (2005), señalábamos que la mayoría de los intelectuales judíos negaban el papel protagonista desempeñado por sus congéneres en la tragedia comunista, prefiriendo a menudo, no sin cierta desfachatez - la famosa *chutzpah* -, hacerse pasar por las víctimas. Las numerosas evidencias e incontables testimonios no impiden a ciertos judíos proferir unas falsedades monumentales. El cazador de nazis Simon Wiesenthal, por ejemplo, incluso intentaba hacernos creer que, en el

---

[430] Léase al respecto en Hervé Ryssen, *Los Millardos de Israel*, OmniaVeritas, 2014: Fraude de la Tasa Carbono, Fraude del IVA, Estafas piramidales tipo Madoff, *Junk Bonds* y quiebra de las Cajas de Ahorro en los años 80, Crisis inmobiliaria del año 2008 (política de la FED, *Subprimes*, CDO, CDS), etc, etc. (NdT)

[431] Sigmund Freud, *Obras Completas, volumen 16 (1916-17), Conferencias de Introducción al psicoanálisis (parte III)*, Amorortu Editores, Buenos Aires, 1991, p. 259, 260

momento de la invasión de Polonia en 1940, los Soviéticos habían llevado a cabo una política antisemita. Esto escribía Wiesenthal: "Pero los últimos "libertadores" se habían traído consigo la NKVD, su policía de seguridad, que se dedicó a arrestar a los judíos "burgueses", comerciantes y propietarios de fábricas, así como a la "intelectualidad": médicos, abogados y profesores...A muchos "burgueses" judíos les dieron pasaportes de los llamados "Párrafo 11" que los convertía en ciudadanos de segunda clase, exentos de privilegios, prohibiéndoles residir en las grandes ciudades o a menos de cien kilómetros de una frontera. Perdieron los buenos empleos y sus cuentas bancarias fueron confiscadas."

Al final de su libro, Simon Wiesenthal retomaba su engañoso lamento: "Durante la ocupación soviética, desde septiembre de 1939 hasta junio de 1941, muchos fueron arrestados acusados de "burgueses" o de ser miembros de la inteligencia, o sionistas, o de poseer bienes...Pocos meses después, todos los judíos en posesión de pasaportes "Párrafo 11" fueron deportados a Siberia, donde muchos de ellos murieron." Sin embargo, nos enterábamos de que Wiesenthal había sobornado a un comisario de la NKVD, probablemente judío, y había conseguido así obtener pasaportes reglamentarios para su esposa, su madre y él mismo. Y, al final del libro, reconocía de boquilla: "Desgraciadamente, entre los oficiales soviéticos había algunos comisarios judíos[432]."

En realidad, como sabemos, los judíos fueron enviados al otro lado de los Urales para su protección, y muchos pasaron la guerra en la soleada Tashkent, en Uzbekistán, una ciudad de veraneo conocida por su calidad de vida[433].

Wiesenthal también nos contaba el calvario de los judíos inocentes de Ucrania cuando llegaron las tropas alemanas en 1941, sin explicar en ningún momento que los propios judíos, muy sobrerrepresentados en el régimen comunista y sus servicios de represión de la época, habían cometido masacres contra los nacionalistas ucranianos: "Conozco a judíos que habían estado en las prisiones soviéticas, que habían conseguido escapar de ellas y que luego fueron asesinados a manos de ucranios "porque asesinaron a los nuestros". Fuera cual fuere el bando en que estuvieran los judíos, siempre resultaba ser el de los que perdían[434]." Los judíos, debemos creerlo, son siempre inocentes.

---

[432] Simon Wiesenthal, *Los Asesinos entre nosotros*, Editorial Noguer, Barcelona, 1967, (pdf), p. 21, 173
[433] Vimos los testimonios de Samuel Pisar y Marek Halter en *Las Esperanzas planetarianas* y *Psicoanálisis del judaísmo*.
[434] Simon Wiesenthal, *Los Asesinos entre nosotros*, Editorial Noguer, Barcelona, 1967, (pdf), p. 173

En su *Psicoanálisis del antisemitismo*, publicado en 1952, Rudolph Loewenstein mostraba las mismas deficiencias y arremetía contra los "prejuicios": "La adhesión al comunismo, escribía, seguía siendo un fenómeno marginal entre el público judío, contrariamente a la tenaz leyenda del judeo-bolchevismo mantenida hasta hoy por la escuela de Ernst Nolte y sus discípulos alemanes y franceses[435]."

Saul Friedlander, uno de los grandes historiadores del Holocausto, reconocía sin embargo el papel de sus congéneres en las más altas esferas del régimen soviético: "No cabe duda de que el porcentaje de judíos entre las élites sociales y culturales de la Union Soviética era muchas veces superior a su cuota en la población del país. Ese predominio no resultaba menos sorprendente en las zonas más sensibles del aparato estatal. Según el historiador Yuri Slezkine, "hacia 1934, cuando la OGPU se transformó en la NKVD, los judíos "de nacionalidad" constituían el grupo más numeroso entre los "mandos dirigentes" de la policía Secreta soviética (37 judío, 30 rusos, 7 letones, 5 ucranianos, 4 polacos, 3 georgianos, 3 bielorrusos, 2 alemanes, y 5 más de otros grupos)[436]. El elevado número de líderes bolcheviques de origen judío -sobre todo en la primera generación – constituía un hecho obvio que, por supuesto, alimentaba la propaganda antisemita, no sólo en el Reich, sino en todo Occidente. Hasta Lenin – y eso, siguiendo las órdenes de Stalin, se mantenía como secreto de Estado – tenía un abuelo judío[437]."

Sin embargo, Saul Friedlander tenía una interesante interpretación de los hechos: "El punto crucial que olvidaban los antisemitas, sin embargo, era el simple hecho de que los judíos soviéticos, en todos los niveles del sistema, eran antes que nada ciudadanos soviéticos, consagrados a las ideas y objetivos de la Unión Soviética e inconscientes de sus propios orígenes."

Hablando en claro, los torturadores bolcheviques judíos ya no eran judíos, puesto que eran bolcheviques ateos. Ya hemos señalado estas mismas argucias de otros autores en nuestros trabajos anteriores. Se trata del famoso judío "barbapapá", que se transforma según las circunstancias y nunca es un criminal[438]. "El 22 de junio de 1941, continuaba Friedlander,

---

[435] Rudolph Loewenstein, *Psychanalyse de l'antisémitisme*, 1952, Presses Universitaires de France, 2001, p. 30
[436] Yuri Slezkine, *The Jewish Century*, Princeton, 2004, p. 221
[437] Saul Friedländer, *El Tercer Reich y los judíos (1939-1945), Los años del exterminio*, Galaxia Gutenberg, Barcelona, 2009, p. 342. (Yuri Slezkine, *The Jewish Century*, Princeton, 2004, p. 245.) Sobre los orígenes de Lenin léase además en *El Fanatismo judío*.
[438] Barbapapá es el nombre del personaje principal, el nombre de su especie y el de una serie de libros para niños escritos originalmente en francés en la década de 1970. Barbapapá (Barbapapa en francés) es un personaje de color rosa que nació de la tierra en un jardín; puede adoptar cualquier forma, aunque casi siempre tiene forma de pera,

transformó a muchos de esos "judíos no judíos" – según la famosa expresión de Isaac Deutscher – en judíos soviéticos súbitamente conscientes de sus orígenes y orgullosos de ser judíos[439]... En todos los sectores de la sociedad soviética los judíos se movilizaron al máximo para participar en la lucha antinazi[440]." Y aquí también, nótese bien, ya no eran verdugos o represores, sino liberadores que trabajaban para regenerar a la humanidad.

Con todo, Saul Friedlander presentaba un texto que permitía entrever una interpretación ligeramente diferente de las causas del antisemitismo. Citaba una carta pastoral del cardenal August Hlond, máxima autoridad de la Iglesia católica en Polonia, fechada el 29 de febrero de 1936. El cardenal Hlond intentaba frenar la creciente ola de violencias antijudías: "Es un hecho que los judíos están declarando la guerra contra la Iglesia Católica, que están sumidos en el librepensamiento y constituyen la vanguardia del ateísmo, el movimiento bolchevique y la actividad revolucionaria. Es un hecho que los judíos tienen una influencia corruptora en la moral, y que sus empresas editoriales están difundiendo pornografía. Es cierto que los judíos están perpetrando fraudes, practicando la usura y tratando con la prostitución..." Aun así, el cardenal se mantenía firme en los principios tradicionales de la Iglesia: "Pero seamos justos. A uno le puede gustar más o menos una nación, pero no debemos odiar a ninguna. Ni siquiera a los judíos...Uno puede apartarse de la dañina influencia moral de los judíos, mantenerse alejado de su cultura anticristiana y, especialmente, boicotear la prensa judía y las amorales publicaciones judías. Pero está prohibido atacar, pegar, mutilar o matar judíos[441]."

Al menos, tenemos aquí algunas líneas de investigación que nos permitirían a comprender los resortes del antisemitismo. Pero entre los intelectuales judíos, todo esto está evacuado del campo de su conciencia y,

---

y tropieza en el mundo de los humanos a pesar de intentar encajar en él. El nombre de Barbapapá proviene del francés, y significa algodón de azúcar. (wikipedia, NdT).

[439]"Yo crecí en una ciudad rusa -proclamaba el escritor y periodista Elya Ehrenburg en un discurso en agosto de 1941-. Mi lengua nativa es el ruso. Soy un escritor ruso. Ahora, como todos los rusos, defiendo mi tierra natal. Pero los nazis me han recordado algo más: el nombre de mi madre era Hannah. Soy judío. Y lo digo con orgullo. Hitler nos odia más que a ninguna otra cosa. Y eso es un honor para nosotros.» (citado en *The Jewish Century*, p. 288). (NdT).

[440]Saul Friedländer, *El Tercer Reich y los judíos (1939-1945), Los años del exterminio*, Galaxia Gutenberg, Barcelona, 2009 p. 343

[441]En Brian Porter, *Making a Space for Antisemitism: The Catholic Hierarchy and the Jews in the early Twentieth Century*, p. 420, citado Saul Friedländer, *El Tercer Reich y los judíos (1939-1945), Los años del exterminio*, Galaxia Gutenberg, Barcelona, 2009 p. 64. [Sobre la política tradicional de la Iglesia católica respecto a los judíos, léase Hervé Ryssen, *Historia del antisemitismo* (2010). (NdT).]

para utilizar la fraseología psicoanalítica, "reprimido" en las oscuras regiones de su subconsciente.

De modo que es sencillamente imposible explicar el antisemitismo. Martin Gray, en *En nombre de todos los míos*, se preguntaba por este odio incomprensible: "¿Por qué ellos son tan fuertes? ¿Por qué son los amos y nosotros los esclavos? ... ¿Por qué aquel odio contra nosotros? ¿Por qué la muerte en todas partes, amenazadora?" Los pobres judíos estaban "en medio de bestias rabiosas y locas[442]..."

Tomen por ejemplo Adolf Eichmann, un alto dirigente nazi. ¿Por qué sintió la necesidad de luchar contra el judaísmo? Esta era la explicación de Simon Wiesenthal: "Cometí un error tratando de hallar un motivo en su infancia: no había motivo ni odio. No se trataba más que de un producto perfecto del nazismo." Por lo visto, el antisemitismo es simplemente una locura, lo que llevaba Wiesenthal a denunciar la paranoia delirante de los dignatarios del Tercer Reich: "Hitler y sus secuaces estaban convencidos del universal y omnisciente poder del *Wettjudentum* (mundo judío)[443]." Saul Friedlander también denunciaba "las elucubraciones de Hitler sobre los judíos".

En un libro publicado en 2008, titulado de forma original *El Judaísmo para tontos* (*Judaism for Dummies*), David Blatner, Josy Eisenberg y el rabino Ted Falcon también nos explicaban doctamente que el antisemitismo es inexplicable. Escuchen esto: "Ningún otro grupo humano ha sufrido tanto a lo largo de la historia (sin desaparecer) como el pueblo judío. Todos esos siglos de opresión y exilio parecen un sinsentido, frutos de una ignorancia, una suspición y un miedo increíbles. Como escribió una vez Harry Cohen: "Admitámoslo, no se puede explicar el antisemitismo: sólo se puede contar"[444]."

Se debe entender sobre todo que el antisemitismo es una enfermedad. De hecho, el capítulo 16 se titulaba *Curarse del antisemitismo*. Los autores reconocían que, en la Antigüedad, en tiempos del paganismo, ya se "acusaba" a los pobres judíos de separatismo: observaban estrictas normas alimentarias, se casaban sólo entre ellos, tenían un solo Dios, etc., etc. Más

---

[442]Martin Gray, *En nombre de todos los míos*, Plaza & Janés, Barcelona, 1973, p. 39, 126. ["Él era un cobarde, despreciable; que pertenecía al mundo de las fieras rabiosas, a las que se mata porque son dañinas, y que yo y los míos éramos – no importaba lo que hubiésemos hecho...-, yo y los míos éramos hombres con rostro de hombres. Y las fieras rabiosas no podían vencernos, aunque nos matasen. No tenía más que un pesar: el de no poder participar en el grito de caza cuando, al fin, los acorraláramos.» Martin Gray, *En nombre de todos los míos*, Plaza & Janés, Barcelona, 1973, p. 115. (NdT).]

[443] Simon Wiesenthal, *Los Asesinos entre nosotros*, Editorial Noguer, Barcelona, 1967, (pdf), p. 83, 82

[444] Rabino Ted Falcon, David Blatner, Josy Eisenberg, *Le Judaïsme pour les nuls*, First Editions, 2008, p. 208

tarde, las acusaciones se elevaron al nivel del "delirio": los cristianos les acusaban de haber matado a Dios, de envenenar pozos, de practicar crímenes rituales, etc.

Y he aquí la luminosa explicación de nuestros tres rabinos: "De hecho, sus vecinos tendían a proyectar sobre ellos lo que más temían. Así, a veces se acusaba a los judíos de ser el germen de la revolución y los promotores del comunismo, a veces de ser unos horribles capitalistas; a veces de ser unos arribistas prepotentes e insinuarse en todas partes, a veces de vivir recluidos; a veces de ser tacaños, a veces de gastar sin complejos... Como pueden ver, concluían los rabinos, la existencia judía ha dado lugar a toda una serie de fantasías y mitos[445]."

En su *Psicoanálisis del antisemitismo* de 1952, Rudolph Loewenstein también señalaba las contradicciones de la propaganda antisemita: "Los judíos, escribía, eran representados a la vez como capitalistas atiborrados con la sangre de los "Arios" y como revolucionarios comunistas. Al perseguirlos, las clases ricas y medias esperaban exorcizar el espectro de la revolución amenazadora y deshacerse al mismo tiempo de sus competidores. Los obreros creían liberarse del yugo de sus explotadores." Y lo repetía 150 páginas más adelante: "A los ojos de unos los judíos están vinculados con los capitalistas, a los ojos de otros con los comunistas[446]."

En su *Retrato de un judío*, publicado en 1962, Albert Memmi también fingía no entender: "Los doctrinarios alemanes afirmaban, a menudo en una misma página, la existencia de un judeo-capitalismo y de un judeo-bolchevismo. ¿Cómo pueden ir los dos juntos? ...La creencia de que los judíos son los amos del dinero y la creencia de que fomentan las revoluciones coexisten en muchas mentes sin interferir lo más mínimo." Albert Memmi continuaba su ataque: "Los famosos Protocolos de los Sabios de Sion, como sabemos, son el producto de un delirio odioso, que requiere respuestas distintas a las del razonamiento."

En su libro *Los verdugos voluntarios de Hitler*, publicado en 1996, el famoso académico Daniel Goldhagen también intentaba explicar a sus lectores la locura del antisemitismo. El Holocausto fue, según él, "el acontecimiento más espantoso del siglo XX y el más difícil de comprender en toda la historia alemana...El Holocausto y el cambio de las sensibilidades que supuso escapa a toda explicación...Explicar cómo se produjo el Holocausto es una tarea que intimida en el aspecto empírico y todavía más en el teórico hasta tal punto que algunos han argumentado que es inexplicable", escribía en la introducción de su estudio. "Las vicisitudes

---

[445] Rabino Ted Falcon, David Blatner, Josy Eisenberg, *Le Judaïsme pour les nuls*, First Editions, 2008, p. 210
[446] Rudolph Loewenstein, *Psychanalyse de l'antisémitisme*, 1952, Presses Universitaires de France, 2001, p. 103, 251

del antisemitismo en la Alemania del siglo XIX fueron complejas en grado sumo[447]."

Remontando en la historia, uno puede darse cuenta de que los alemanes estaban profundamente afectados: "El corpus de la literatura antisemita alemana en los siglos XIX y XX (con sus consideraciones disparatadas e imaginarias sobre la naturaleza de los judíos, el poder prácticamente ilimitado de éstos y la responsabilidad que tenían de casi todos los males que había sufrido el mundo) está tan alejado de la realidad que cualquier lector se sentirá apremiado a concluir que sólo puede ser el producto de autores internos en un manicomio[448]."

"Las creencias, como sucede con frecuencia, contienen elementos alucinantes...creencias extravagantes", escribía Goldhagen (página72). Las acusaciones de crímenes rituales, en particular, persistieron hasta los tiempos modernos. Entre 1867 y 1914, todavía se celebraron doce juicios por crímenes rituales en Alemania y el Imperio Austrohúngaro. En 1933, en Alemania, "los judíos se hallaban abandonados y solos...Y, como expresara Max Warburg, el destacado banquero judío, Alemania "se había descalificado para figurar en las filas de los pueblos civilizados [*kulturvólker*] y había ocupado su lugar entre las filas de los países donde se realizaban pogromos [*pogrommländer*]." (página 120).

El antisemitismo es tanto más inexplicable cuanto que Daniel Goldhagen no intenta explicarlo. Por ejemplo, sólo aparecía una frase en su texto sobre el papel de los judíos en el bolchevismo, en la página 193: "Como Hitler creía que los judíos eran todopoderosos en la Unión Soviética, que sería más apropiado llamar al bolchevismo "judeobolchevismo" porque, según él, el bolchevismo era un "producto monstruoso de los judíos"." En estas condiciones, escribía Goldhagen, era normal considerar que "la brutalidad de los alemanes sigue siendo un tanto insondable."

Así pues, los alemanes son malos y crueles por naturaleza: "El antisemitismo ayuda a explicar su inmensa crueldad hacia los judíos que casi siempre era voluntaria, iniciada por cada individuo[449]." En cambio, los judíos eran perfectamente inocentes: "Ni que decir tiene, los judíos de Alemania no querían más que ser buenos alemanes, mientras que los judíos de Europa oriental no habían experimentado previamente enemistad hacia los alemanes, sino más bien lo contrario, puesto que amplios sectores de los judíos europeos orientales eran germanófilos." En realidad, todo fue

---

[447] Daniel Jonah Goldhagen, *Los verdugos voluntarios de Hitler, Los Alemanes corrientes y el Holocausto*, Taurus, 2019, p. 22, 23, 83

[448] Daniel Jonah Goldhagen, *Los verdugos voluntarios de Hitler, Los Alemanes corrientes y el Holocausto*, Taurus, 2019, p. 52

[449] Daniel Jonah Goldhagen, *Los verdugos voluntarios de Hitler, Los Alemanes corrientes y el Holocausto*, Taurus, 2019, p. 491

culpa de los alemanes y de sus creencias delirantes, de "sus mortíferas fantasías raciales". "La caracterización que los alemanes hacían de los judíos y sus creencias acerca de ellos eran absolutamente fantásticas, la clase de creencias que de ordinario solo los locos tienen de otras personas[450]."

Jean Michel Salanskis, un universitario francés, también partió en busca de la verdad. Cualquiera que realmente quiera comprender las raíces del mal antisemita debe leer el impactante trabajo de este Jean-Michel Salanskis, matemático y profesor de filosofía de la ciencia en la Universidad de Nanterre (Francia). Su libro, *Exterminación, Ley, Israel*, fue publicado en 2003 por las Éditions des Belles Lettres. Para sumergirse plenamente en el pensamiento del autor, es absolutamente imprescindible leer muy despacio y con atención el siguiente extracto. Muy despacio,

---

[450] Daniel Jonah Goldhagen, *Los verdugos voluntarios de Hitler, Los Alemanes corrientes y el Holocausto*, Taurus, 2019, p. 508-509, 551. Las mentiras que los intelectuales judíos difunden en sus escritos son tales que a veces uno se pregunta si escriben más para impresionar a sus propios congéneres que para engañar a los goyim. [El libro del Goldhagen causó gran polémica y controversia, y fue duramente descalificado por muchos autores e historiadores: "El libro se convirtió en un "fenómeno editorial" y alcanzó fama tanto en Estados Unidos como en Alemania, a pesar de su recepción mordaz entre los historiadores, quienes lo condenaron como ahistórico y, según palabras del historiador del Holocausto Raul Hilberg,"totalmente errado sobre todo" y "sin valor".» (wikipedia). El lector puede consultar este artículo de la revista *Slate* del 8 de abril de 1998 que resume la polémica de aquella época: https://slate.com/news-and-politics/1998/04/goldhagen-s-willing-executioners.html.(*"El ataque a una superestrella académica y cómo contraataca"*). El libro de Goldhagen pretendía ser un estudio universitario, con ínfulas de ciencia social. De hecho, lo empezó como una tesis doctoral de Harvard. Por nuestra parte, hemos leído por encima el libro y nos ha parecido pedantesco y fatuo. Reproducimos un pasaje bastante significativo de la mistificación de Goldhagen: "En estas páginas presentamos una sociología del conocimiento, un marco analítico para estudiar el antisemitismo (concretando sus tres dimensiones de *origen, carácter pernicioso y manifestación*) y algunas nociones fundamentales sobre el carácter del antisemitismo, porque estos elementos, *tanto si se expresan como si no,* dan forma a las conclusiones de todo estudio de este fenómeno. La importancia de exponer el enfoque empleado en el estudio del antisemitismo es todavía mayor porque los datos que aportan la base de las conclusiones *no son precisamente ideales* en una serie de aspectos. En consecuencia, hay que defender las conclusiones *no sólo sobre la base de los datos y el uso que se hace de ellos, sino también sobre la base del enfoque general adoptado* para comprender las creencias y cogniciones, y el antisemitismo. Es preciso recalcar que el análisis realizado aquí *no puede ser definitivo, porque los datos apropiados sencillamente no existen*. La *deficiencia de los datos* es tanto más evidente cuanto que nuestro propósito no es investigar el carácter del antisemitismo tan sólo entre las élites políticas y culturales, sino calibrar su naturaleza y alcance entre todas las capas de la sociedad alemana.» Daniel Jonah Goldhagen, *Los verdugos voluntarios de Hitler, Los Alemanes corrientes y el Holocausto*, Taurus, 2019, p. 75. (NdT).]

incluso palabra por palabra (¡atentos a las comas!, ndt), pues de lo contrario se corre el riesgo de no entender nada. ¿Listos?... Vamos allá:

"El nazismo declaró insoportable como tal a un subgrupo que, por un lado, era de la misma clase, por la definición jurídica abstracta a la que se refería, que el gran grupo democrático nacional, y que, por otro lado, por su forma de habitar lo democráticamente posible, se había distribuido en todas las opciones de individuación según posibles subgrupos contingentes y que, por tanto, había alcanzado el estatus óptimo de indistinguibilidad y proximidad con todos los demás componentes del pueblo alemán. De modo que el ostracismo metafísico de los judíos constituyó un gravísimo precedente: aquel que habitualmente no tiene otro significado para el sujeto social que el que un otro co-social puede de repente, de la noche a la mañana, ser declarado abyecto. Hasta cierto punto, pues, el antijudaísmo se expresa por su rechazo de un cierto nivel éticamente exigible y absoluto de aceptación y acogida del otro hombre, tal como lo ha dicho Levinas. La aceptación del otro ser humano co-social no puede en absoluto consistir simplemente, como se ve y se siente, en el principio meramente racional de la igual consideración a priori de los sujetos: requiere una cierta apertura concreta y sentimental, porque lo que permite su facilidad de vivir a los que han sido admitidos es precisamente una cierta benevolencia casi carnal, que se disipa en cuanto se cae en la exclusión[451]." Ha quedado claro, ¿verdad?

El gran Jean-Michel Salanskis escribía, además: "Quisiera, por tanto, contrastar una unidad perpleja del hecho judío con una unidad imaginaria-presupuesta de odio. Mi convicción es que la unidad perpleja es la verdad, y la unidad odiosa-imaginaria-presupuesta es el modo ordinario de ocultar esa verdad. La unidad perpleja puede lograrse, o más bien experimentarse, mediante una reconstitución fenomenológica o más bien "etanalítica" del hecho judío. La condición para la revelación del fenómeno según sus dimensiones, en este caso particular, no es otra que la suspensión del trabajo del odio, de la proyección imaginaria-presupuesta odiosa de la nocividad judía[452]."

Los lectores deben saber que Jean-Michel Salanskis ha logrado la proeza de no bajar de ritmo en ningún momento a lo largo de su libro. Con toda modestia, no es el menor de nuestros méritos haber conseguido saborear cada una de sus 350 páginas[453].

---

[451] Jean-Michel Salanskis, *Extermination, loi, Israël. Ethanalyse du fait juif*, Les Belles Lettres, 2003, p. 86, 87
[452] Jean-Michel Salanskis, *Extermination, loi, Israël. Ethanalyse du fait juif*, Les Belles Lettres, 2003, p. 42
[453] Afortunadamente la obra de Jean-Michel Salanskis no ha sido traducida al español. A priori, su pensamiento - mezcla de judaísmo y ciencia- parece aterrador. (NdT).

Para Rudolph Loewenstein, el antisemitismo no es "ni paranoico ni fóbico", sino "simplemente una cuestión de criminología." Y proseguía su explicación, en una línea más clásica: "Los judíos han sido víctimas del sadismo y la ambición política, y se ha permitido que fueran perseguidos, saqueados y asesinados impunemente. A menudo han sido odiados por su vulnerabilidad. El hombre se siente muy atraído por la posibilidad de satisfacer sus instintos de crueldad en víctimas indefensas...Los judíos, una débil minoría a la que se atribuía un "poder tenebroso y formidable", ofrecieron a los jefes nazis la cabeza de turco que buscaban[454]."

Además: "En los siglos XIX y XX, explicaba Rudolph Loewenstein, fueron principalmente razones políticas y económicas las que llevaron a la persecución de los judíos. El gobierno zarista los culpaba del descontento general e instigaba pogromos destinados a desviar hacia ellos la hostilidad que estaba a punto de estallar contra el orden establecido, contra un régimen responsable de una estructura social y económica tambaleante[455]."

El historiador François Fejtö era un marrano, es decir, un judío que se había convertido falsamente al catolicismo y que se declaraba "ciudadano del mundo". También él se quejaba amargamente: "Las multitudes, siempre engañadas por promesas imposibles de cumplir, piden a gritos chivos expiatorios. El Judío ha desempeñado este papel con demasiada frecuencia en el pasado." Especialmente porque los judíos son inocentes: "¿Por qué Dios se ensaña con los inocentes?... Somos inocentes, nadie puede prohibirnos por derecho tocar los frutos del árbol de la vida[456]."

Simon Wiesenthal ya nos había dicho que si los judíos habían sido perseguidos durante siglos sólo podía haber sido por culpa de la locura de los hombres: "¿No hemos venido sufriendo acaso, nosotros los judíos, durante miles de años porque se decía que éramos "colectivamente culpables"? Todos nosotros, incluidos los niños por nacer. ¿Culpables de la crucifixión, de las epidemias de la Edad Media, comunismo, capitalismo, guerras adversas y adversos tratados de paz? Todos los males de la humanidad, desde la peste a la bomba atómica, fueron "culpa de los judíos". Nosotros somos los eternos *chivos expiatorios*[457]."

---

[454] Rudolph Loewenstein, *Psychanalyse de l'antisémitisme*, 1952, Presses Universitaires de France, 2001, p. 65, 103
[455] Rudolph Loewenstein, *Psychanalyse de l'antisémitisme*, 1952, Presses Universitaires de France, 2001, p. 234
[456] François Fejtö, *Dieu et son juif*, Ed. Pierre Horay, 1997, p. 67, 36, 49, 110. El árbol de la vida es uno de los símbolos cabalísticos más importantes del judaísmo.
[457] Simon Wiesenthal, *Los Asesinos entre nosotros*, Editorial Noguer, Barcelona, 1967, (pdf), p. 12. [Hemos sustituido "cabezas de turco" de la traducción española por "chivos expiatorios" para seguir la traducción francesa y el sentido del texto de Hervé Ryssen. (NdT).]

Hay que señalar aquí, sin embargo, que el "chivo expiatorio" es una imagen que se encuentra muy a menudo en la Torá, siendo una figura muy apreciada por los judíos. El "chivo expiatorio" era esa bestia cargada con todos los pecados de Israel que los judíos expulsaban enviándola a morir al desierto[458]. Un poco más y podríamos pensar que los intelectuales judíos "proyectan" aquí su culpabilidad sobre los "antisemitas".

La inversión acusatoria

El mecanismo de proyección acusatoria es bien conocido por los intelectuales judíos. En su libro *Psicoanálisis del antisemitismo*, publicado en 1952, Rudolph Loewenstein escribía: "Un mecanismo defensivo contra las pulsiones instintivas desempeña un papel fundamental en los problemas que nos ocupan: es la "proyección". Este fenómeno, extremadamente frecuente tanto en el psiquismo normal como en el patológico, se observa con mayor claridad en la paranoia y en ciertos estados patológicos afines. Estos enfermos imaginan, por ejemplo, que alguien les ha incitado a cometer algunas fechorías sexuales. En realidad, se trata de acciones que estos enfermos han cometido realmente o han querido cometer, y están convencidos de su propia inocencia. Atribuyen a otros el papel de tentadores o instigadores[459]."

Según él, los "antisemitas" presentan las siguientes características: "Son inaccesibles a la valoración, a la prueba de la realidad, a la evidencia de los hechos cuando éstos no concuerdan con sus prejuicios e ideas preconcebidas. Las pasiones, los motivos y los mecanismos inconscientes en juego en el antisemitismo, su odio y su miedo, son demasiado poderosos para ceder al razonamiento o a los hechos de la experiencia[460]."

Rudolph Loewenstein fue director de la Asociación Psicoanalítica Americana. También fue presidente de la Sociedad Psicoanalítica de Nueva York de 1959 a 1961, y vicepresidente de la Asociación Psicoanalítica Internacional de 1965 a 1967. Así que Loewenstein sabía de lo que hablaba. Para él, el antisemitismo era claramente una enfermedad: "Las creencias delirantes sobre los judíos" no tienen ningún fundamento. "La acusación de sentir un placer diabólico al violar a las mujeres arias", por ejemplo, formaba "parte de estas creencias delirantes". Y lo repetía: "Las creencias delirantes de los antisemitas reflejan el miedo y las tendencias de odio que sienten contra los judíos". Por lo tanto, se debe hacer todo lo posible para

---

[458] ¿O sobre una cruz? (NdT).
[459] Rudolph Loewenstein, *Psychanalyse de l'antisémitisme*, 1952, Presses Universitaires de France, 2001, p. 79
[460] Rudolph Loewenstein, *Psychanalyse de l'antisémitisme*, 1952, Presses Universitaires de France, 2001, p. 64

prevenir otros "brotes de antisemitismo delirante", como el que acababa de "golpear al mundo".

El problema radica, pues, en que los antisemitas son unos enfermos peligrosos: "La tenacidad delirante con la que mantienen sus ideas más aberrantes sobre los judíos, a pesar y en contra de todas las evidencias", es realmente "un enigma", como diría a su vez el ensayista André Glucksmann. "La enfermedad antisemita" sigue todavía muy viva. Hitler, escribía Loewenstein, era evidentemente un "hombre enfermo". "Hitler odiaba y temía el sentido crítico[461]."

En su libro sobre el lobby proisraelí, publicado en 2007, John Mearsheimer y Stepehn Walt citaban a Mortimer B. Zuckerman, Presidente de la Conferencia de Presidentes, quien, tras referirse a una "vergonzosa epidemia de antisemitismo" en el *US News and World Report* en octubre del 2002, advertía: "Europa vuelve a estar enferma."

En marzo del 2004, Jeff Jacoby, columnista del *Boston Globe*, había "dedicado un artículo al resurgimiento del "cáncer del antisemitismo en Europa" [462]". Estos personajes confirmaban que el antisemitismo es esencialmente una enfermedad, al menos en la mente de los judíos.

Rudolph Loewenstein, después de otros muchos, quería dejar esto bien claro: "Los Protocolos de los Sabios de Sion son un mito", un complot "absurdo". Los nazis "disfrazaron y ocultaron sus propios planes de dominación universal proyectándolos sobre los "Sabios de Sion" ... El Judío se convirtió en el chivo expiatorio de todo el mundo y fue considerado responsable de todos los males[463]". "La xenofobia, o el odio y el miedo a los extranjeros, es un fenómeno, sino generalizado, al menos muy frecuente", afirmaba Loewenstein. Y quizá aún más entre los judíos...

Al final de su libro, retomaba la idea de la necesaria lucha contra el antisemitismo: "La búsqueda de la verdad es parte integrante de esta lucha. La presente obra intenta contribuir a ello[464]." Con estas palabras concluía su libro.

En su *Retrato de un judío* de 1962, Albert Memmi ponía en evidencia las mismas carencias del pensamiento antisemita - o del intelectual judío, si lo prefiere: "Cuanto más oprime el no judío al judío, más lo acusa; cuanto más lo acusa, más culpable se siente hacia él; cuanto más culpable se siente,

---

[461] Rudolph Loewenstein, *Psychanalyse de l'antisémitisme*, 1952, Presses Universitaires de France, 2001, p. 71-98, 102

[462] John J. Mearsheimer / Stephen Walt, *Le Lobby pro-israélien et la politique étrangère américaine*, La Découverte, 2007, p. 205

[463] Rudolph Loewenstein, *Psychanalyse de l'antisémitisme*, 1952, Presses Universitaires de France, 2001, p. 235

[464] Rudolph Loewenstein, *Psychanalyse de l'antisémitisme*, 1952, Presses Universitaires de France, 2001, p. 107, 109, 113, 253

más tiene que declararlo malvado, más tiene que aplastarlo...Estamos dando vueltas en círculos."

Más adelante en su texto, leíamos: "El antisemitismo acusa al judío de muchas maquinaciones y le atribuye rasgos horribles. Pero un examen metódico de estos rasgos demuestra que no son específicos, contradictorios o excesivamente magnificados. Este retrato-acusación no es más que una acusación: sólo existe en la mente del antisemita. Lejos de ilustrarnos sobre el Judío, nos permite inferir la psicología del antisemita[465]."

Daniell Goldhagen escribía brillantemente: "El antisemitismo no nos dice nada sobre los judíos, pero mucho sobre los antisemitas y la cultura que los engendra"; "El antisemitismo recurre básicamente a fuentes culturales que son independientes de la naturaleza y las acciones de los judíos, y que entonces se define a estos por las nociones extraídas de la cultura que los antisemitas proyectan sobre ellos"; "El antisemitismo surge del seno de la cultura de los antisemitas y no del carácter de las acciones realizadas por los judíos..."; el "mecanismo subyacente de antisemitismo se observa en los prejuicios en general, aunque las impresionantes alturas imaginativas a las que se han remontado repetida y rutinariamente los antisemitas son infrecuentes en los vastos anales del prejuicio."; "Los estudiosos del antisemitismo deberían evitar la tentación de fijarse en el puñado de ensalmos de una letanía antisemítica prevaleciente que parecen tener una realidad resonante, aunque solo sea débilmente, y ver en las acciones de los judíos alguna causa del antisemitismo, pues hacer eso es confundir el síntoma con la causa." Así, pues, "las acusaciones alucinantes[466]" de los antisemitas no son nada más que el espejo del antisemitismo.

---

[465] Albert Memmi, *Portrait d'un juif*, Gallimard, 1962, p. 166, 242

[466] Daniel Jonah Goldhagen, *Los verdugos voluntarios de Hitler, Los Alemanes corrientes y el Holocausto*, Taurus, 2019, p. 65-67. [Algunas otras reflexiones de Goldhagen merecen ser citadas: "No es posible dar ninguna explicación teórica adecuada de los accesos periódicos de expresión antisemítica causantes de que el antisemitismo aparezca y desaparezca en una sociedad.»; "Los antisemitas alemanes siempre habían sido un tanto autistas en su concepto de los judíos. El autismo iba a peor.»; "(...)La voluntad de una matanza generalizada de los judíos en todos los países, pese a la ausencia de cualquier conflicto objetivo previo con los judíos; esto, debido a las ideas fantásticas que tenían de los judíos, exigía...el exterminio total...»; "Semejante brutalidad era, por regla general, voluntaria, y el único amo para quien se realizaba no era otro que las propias pasiones de un alemán.»; "Aquella crueldad, que en general era gratuita y no tenía ningún objetivo pragmático, instrumental, salvo la satisfacción y el placer de los perpetradores.»; "La única explicación adecuada...sostiene que un antisemitismo demonológico, de la variedad racial virulenta, era la estructura común de las ideas que tenían los perpetradores y la sociedad alemana en general.»; "Las creencias de los alemanes sobre los judíos desataban unas pasiones interiores destructiva y feroces que normalmente la civilización reprime y domina.»; "Los

En el cine, esta inclinación hacia la inversión se suele verificar con bastante frecuencia. No faltan ejemplos[467]:

En la película de Joseph Losey, *Monsieur Klein* (Francia, 1976), Robert Klein, un rico marchante de arte de clase media y oportunista, aprovecha la ocupación alemana para comprar cuadros a bajo precio a judíos con dificultades. Pero un día recibe en su casa un ejemplar del periódico *Informations juives*, aunque él no es judío. Pronto se ve acusado de ser judío y deportado. Para enturbiar aún más las cosas, el director ha elegido protagonista a Alain Delon, un actor de rasgos claramente indoeuropeos.

En el mismo género, *Luna Park* (Rusia, 1991): en Moscú, los neonazis están sembrando el terror. Judíos, homosexuales y marginados son perseguidos sin piedad. Pero una noche, Andrei se entera de que es de origen judío. Consternado, parte en busca de su padre, Nahoum Kheifitz, un viejo artista, y entre ellos surge una fuerte amistad. De este modo, Andrei se va a humanizar. La película es de Pavel Lounguine, cuyo padre no era neonazi.

La cuarta dimensión es una famosa película de Steven Spielberg (EE. UU., 1983): El racista Bill se verá atrapado en la piel de varios personajes perseguidos por racistas...

Para comprender plenamente a los intelectuales judíos, simplemente hay que leerlos con un espejo. Uno se da cuenta entonces que son incapaces de hablar de otra cosa que no sea de ellos mismos.

El 19 de septiembre de 2007, el diario *Le Monde* publicó un artículo de Michel Tubiana, Presidente Honorario de la Liga de los Derechos Humanos. En él, Michel Tubiana criticaba la política de inmigración de Nicolas Sarkozy, que consideraba demasiado pusilánime. Escuchen esto: "Desde la creación del Ministerio de Identidad Nacional, sabemos que los extranjeros ya no son sólo hombres y mujeres, sino individuos peligrosos que ponen en peligro la cohesión social, cultural y económica de nuestro país". Los extranjeros "se han convertido en una especie de producto corrosivo que disuelve la comunidad nacional a través de la poligamia o el enfrentamiento entre el Islam y Occidente." Tubiana retomaba el argumentario clásico del intelectual judío moralizador: "Esta política concentra nuestros miedos y nuestro odio en los extranjeros, los transforma en un peligro y los considera inferiores." Y proseguía: "La xenofobia de Estado se impone y se dirige contra todos los alógenos o supuestos alógenos. El mensaje de Francia pierde entonces su universalidad en

---

alemanes solían matar airadamente a los judíos, se ensañaban cruelmente con ellos, los degradaban, se burlaban y reían como demonios.» *Los verdugos voluntarios de Hitler*, p. 71, 117, 510, 478, 479, 484, 489, 490. (NdT).]

[467] Léase en *La Mafia judía* (2008).

beneficio de una concepción de la identidad que excluye al otro y nos encierra en una Francia inmóvil y replegada en sus angustias."

De nuevo, sólo se puede constatar que los judíos nunca dejan de fomentar la inmigración, aun cuando a principios del siglo XXI, distritos enteros de la capital estén poblados por inmigrantes afro-magrebíes, y estos inmigrantes ya estén imponiendo su ley en muchos de los suburbios de las grandes ciudades francesas.

El texto de Michel Tubiana presentaba también las características muy específicas del intelectual judío que transfiere instintivamente su culpabilidad a los demás. En este caso, "los individuos peligrosos que ponen en peligro la cohesión social" del país no son los inmigrantes, sino los intelectuales y responsables judíos, en primer lugar. Es el judaísmo el "producto corrosivo" que disuelve la comunidad nacional, no el inmigrante. Y son los judíos los que más nos incitan a "un enfrentamiento entre el Islam y Occidente". ¿Y quién "considera inferiores" a los demás? ¿Quién "excluye al otro"? ¿Quién se "encierra" y está "replegado en sus angustias", sus "miedos" y sus "odios"? El judío, por supuesto. Este texto de Michel Tubiana mostraba una vez más la gran homogeneidad del judaísmo intelectual.

En 1978, el escritor Manès Sperber analizaba la cuestión de este modo: "El odio a los judíos, escribía, se me apareció muy pronto como un delirio agresivo de persecución... como un miedo delirante a los demás, una angustia que el que odia trata, sin embargo, de ocultarse a sí mismo. En su hostilidad monomaniaca, se convence a sí mismo de que tiene una superioridad insuperable sobre aquellos a los que odia, que debe despreciarlos, pero también temerlos porque son diabólicamente maliciosos." Y añadía: "Aunque este odio constituye a veces el peor peligro para nosotros, es sin embargo vuestra enfermedad. Es el mal que os aqueja. Sin duda nos ha causado indecibles sufrimientos, pero seguimos venciéndolo sin parar[468]."

En el texto de Sperber, leído con un espejo, debemos ante todo comprender que son efectivamente los propios judíos los que sufren "un delirio de persecución"; son efectivamente los propios judíos los que muestran un "miedo delirante a los demás" y una "hostilidad monomaniaca" hacia el resto del mundo; son los propios judíos quienes se convencen a sí mismos de que gozan de una "superioridad insuperable" y quienes "son diabólicamente maliciosos"; y, por último, son los propios judíos quienes están enfermos, profundamente enfermos. Su gusto por la provocación, su insolencia, su necesidad morbosa de provocar a los goyim, forman parte de

---

[468] Manès Sperber, *Être juif*, Éd. Odile Jacob, 1994, p. 24, 31. Léase en *El Fanatismo judío*.

su enfermedad. Casi podríamos sospechar que desean provocar el castigo que parecen estar esperando y que parece dar sentido a su existencia. Ciertamente, según algunas interpretaciones (*midrashim*) de la escatología judía, el Mesías llegará cuando Israel esté atravesando grandes tribulaciones, grandes sufrimientos. Llegados a este punto, tenemos la clara impresión de que los judíos nos están pidiendo auxilio.

En 1990, Alain Minc publicó un libro titulado *La Venganza de las Naciones*. En *Psicoanálisis del judaísmo* citamos algunos extractos de él, pero - y esto se nos había escapado - nos parece ahora evidente que, en la mente de Alain Minc, el título exacto era *La Venganza de Israel*. Rudolph Loewenstein escribió que el antisemitismo era "una criminología" … En cuanto a ese Jeff Jacoby, como hemos visto, hablaba del "cáncer del antisemitismo" …

También hay que leer con un espejo al director de prensa Jean-Jacques Servan-Schreiber, cuando hablaba de la "estupidez monstruosa del sistema de soberanía nacional" que "trae consigo la guerra y el odio como los nubarrones la tormenta [469]". Se trataba de nuevo de una inversión característica. Pues es el judaísmo el que parece traer la guerra y el odio "como los nubarrones la tormenta".

Por otra parte, también debemos comprender que para los judíos sus derechos sobre todo el planeta son legítimos, ya que son "el pueblo elegido de Dios".

En 1990, un novelista de menor importancia, David Vogel, hacía decir a uno de sus personajes: "Y no olvidéis que nosotros los judíos hemos de luchar, no solo contra un enemigo concreto que hoy nos amenaza, sino sobre todo contra el mal que a mazazos nos ha perseguido y torturado en todas las generaciones y entre todos los pueblos. Ese odio gratuito contra nosotros debe desaparecer de la faz de la Tierra. Quiero confiar en que triunfaremos sobre ese enemigo[470]."

Como escribió una vez Elie Wiesel: ¿No estamos en guerra con el destino, con el mundo entero[471]? Edouard Valdman tenía la misma mentalidad judía característica, que sólo razona según sus propias normas. Las naciones, decía, "proyectan en el judío el miedo que llevan dentro, a su propia incógnita. Debemos destruir, porque tenemos miedo y no podemos comprender. Así es como la humanidad, a través del crimen contra el Judío

---

[469] Jean-Jacques Servan-Schreiber, *Le réveil de la France, mai-juin 1968*, Denoël, 1968, p. 88
[470] David Vogel, *Todos marcharon a la guerra*, Xordica Editorial, Zaragoza, 2017, p. 154
[471] Elie Wiesel, *Célébration hassidique II*, Seuil, 1981, p. 182

desde el origen, nunca deja de destruir dentro de sí la parte del extranjero, la parte del otro, nunca cesa de destruirse a sí misma, sencillamente[472]."

Y aquí también debemos comprender que es sobre todo el judío quien teme al extranjero, y no "las naciones". Y es el judío quien "proyecta sobre las naciones el miedo que lleva dentro de sí", y no al revés.

Ahora bien, si llevamos el análisis del texto de Edouard Valdmann a su conclusión lógica, nos vemos obligados a aclarar su última frase. El judaísmo es efectivamente "un crimen contra la humanidad" y "debe desaparecer de la faz de la tierra". Y la escatología judía puede entenderse claramente así:

El Mesías sólo vendrá después de la apostasía, después de la desaparición del último judío. El drama de la condición judía aparece aquí a plena luz del día, en el reflejo del espejo.

Por tanto, no es sorprendente que los judíos hayan encontrado cierta resistencia a lo largo de la historia. El historiador judío Saul Freidlander había citado el discurso de Hitler a los veteranos del partido el 8 de noviembre de 1941: "He llegado a conocer a esos judíos como incendiarios del mundo (*Ich habe diese Juden als die Weltbrandstifter kennengelernt*)[473]." Friedlander también citaba de paso las palabras de Goebbels, escritas por él en sus cuadernos con fecha del 7 de octubre 1940, durante la ofensiva en Polonia: "Estos judíos ya no son seres humanos. Son depredadores provistos de un frío intelecto, a los que hay que inutilizar[474]".

El novelista Louis-Ferdinand Céline también estaba especialmente indignado, y quería acabar definitivamente con la serpiente: "Es muy sencillo. ¡Racismo fanático total o la muerte! ¡Y qué muerte! ¡Nos están esperando! ¡Que el espíritu de la mangosta nos anime, nos inflame[475]!"

En realidad, la mayoría de las grandes mentes europeas se alistó en un momento dado en las filas de la resistencia "antisemita" o contrajudía, desde Tácito y Cicerón hasta Shakespeare, Voltaire, Dostoyevski y Solzhenitsyn. Y muchos más se han pronunciado en contra de la locura del judaísmo. Incluso Miguel de Cervantes hacía decir a su buen Sancho Panza: "Bien es verdad que soy algo malicioso, y que tengo mis ciertos asomos de bellaco; pero todo lo cubre y tapa la gran capa de la simpleza mía, siempre

---

[472] Édouard Valdman, *Les Juifs et l'argent*, Editions Galilée, 1994, p. 68

[473] Saul Friedländer, *El Tercer Reich y los judíos (1939-1945), Los años del exterminio*, Galaxia Gutenberg, Barcelona, 2009 p. 374, Alocución anual a Los "Viejos Luchadores" del partido el 8 de noviembre de 1941.

[474] Saul Friedländer, *El Tercer Reich y los judíos (1939-1945), Los años del exterminio*, Galaxia Gutenberg, Barcelona, 2009 p. 53

[475] *Je Suis Partout*, 22 décembre 1941, en *Ecrits de guerre*, Nouvelles Editions, Paris, 1990, p. 26

natural y nunca artificiosa; y cuando otra cosa no estuviese sino el creer, como siempre creo, firme y verdaderamente en Dios y en todo aquello que tiene y cree la santa Iglesia Católica Romana, y el ser enemigo mortal, como lo soy, de los judíos, debían los historiadores tener misericordia de mí y tratarme bien en sus escritos[476]."

Pero el problema no es tanto si tal o cual gran figura de la historia o de la literatura fue "antisemita" como preguntarse si el judaísmo es el "enemigo mortal" del resto de la humanidad. El proyecto de "Paz" y unificación mundial que promueve el judaísmo sólo puede lograrse mediante la ruina de todas las naciones, pueblos y religiones. Sólo los judíos y el "reino de David" permanecerán entonces en la faz de la tierra. Las consignas del judaísmo militante, como la tolerancia, los derechos humanos, la democracia y la igualdad, en apariencia pacíficas, son en realidad armas de guerra terriblemente eficaces para subvertir y destruir las naciones. Pero la "Paz" - esa palabra constantemente en boca de los intelectuales judíos - es indudablemente la que son incapaces de hallar dentro de ellos mismos.

---

[476] *Don Quichotte*, Gallimard, Bibliothèque de la Pléiade, 1934, p. 475, en *L'Anthologie des propos contre les juifs*, de Paul-Éric Blanrue, Ed. Blanche, 2007. (Miguel de Cervantes y Saavedra, *Don Quijote de la Mancha*, Segunda Parte, Capítulo VIII: Donde se cuenta lo que le sucedió a don Quijote yendo a ver su señora Dulcinea del Toboso.)

TERCERA PARTE

PSICOANÁLISIS DEL JUDAÍSMO

1. Desviaciones sexuales

La ambigüedad de la identidad judía se refleja a menudo en su sexualidad, a juzgar por la producción cultural del judaísmo. Su incansable propaganda a través de los medios de comunicación ha tenido un impacto evidente en las sociedades occidentales, hasta el punto de que cada año, desde la década de 1990, cientos de miles de "gays" y travestis desfilan por las calles de las capitales europeas. La omnipresencia de los intelectuales judíos en la televisión, el cine, las librerías, las exposiciones y las galerías de arte es la única explicación de este fenómeno de aumento de la homosexualidad en todas las sociedades "democráticas". Puede usted darle la vuelta al problema en todos los sentidos: no hay otra explicación.

La homosexualidad militante

En su libro de 1992, *La Identidad masculina*, Elisabeth Badinter recurría a Freud para convencernos de que las tendencias homosexuales existen normalmente en la mayoría de los seres humanos. Freud, escribía Badinter, "afirma que no sólo somos todos capaces de una elección homosexual, sino que todos, "en un momento dado, la hemos practicado, aunque, después, unos la hayan relegado al inconsciente y otros se defiendan manteniendo una enérgica actitud contraria a ella[477]." Una vez más, vemos que se trata de proyectar un problema particular en un plano universal. Elisabeth Badinter también afirmaba: "Sabemos, gracias a Freud, que la amistad

---

[477] Sigmundo Freud, *Un Recuerdo infantil de Leonardo da Vinci* (1910), Idées / Gallimard, 1977, p. 92, en Elisabeth Badinter, *La Identidad masculina*, Alianza Editorial, Madrid, 1993, p. 132

masculina tiene como origen la sublimación del deseo homosexual[478]."
Pero no tenemos por qué creerlo.

Efectivamente, el doctor Freud desempeñó un papel pionero en la normalización de la homosexualidad. En 1930, firmó la petición de revisión del Código Penal y abolición del delito de homosexualidad consentida entre adultos[479].

La psicoanalista Elisabeth Roudinesco lo confirmaba: "Mientras la homosexualidad se consideró una degeneración, escribía, no se planteó seriamente la cuestión de su integración en la norma. Pero desde el momento en que Freud se negó a clasificarla como tara para convertirla en una disposición sexual derivada de la bisexualidad, se abrió el camino a todas las cuestiones que se plantean hoy en día[480]." Al dejar de considerarse la homosexualidad como una perversión sexual, se abrió la puerta a todas las demás "anormalidades".

Naturalmente, fueron los judíos quienes se situaron a la vanguardia del movimiento gay. Los antisemitas "clásicos" les acusan con razón de contribuir a disolver la sociedad tradicional. Pero lo cierto es que esta homosexualidad militante, tan presente en el judaísmo, es ante todo una manifestación de una faceta de la identidad judía.

En septiembre del 2006, Ted Pike, un nacionalista estadounidense, citaba los nombres de los dirigentes de las principales asociaciones "gays" de Estados Unidos: The Human Rights Campaign (Solomonese, Berman, Lieberman, Linsky, Perlman, Weiner, Schwartz); Human Rights Campaign Foundation Board (Oppenheimer, Rosen, Sharrin, Beesemyer, Bockelman, Ebert, Epstein, Fink, Freddman, Suber, Lappin, Zellner, Levin); Gay and Lesbian Alliance Against Defamation (Weinberger, Glukstern); etc. Otro nacionalista estadounidense, David Duke, también citaba a toda una lista de dirigentes en su largo artículo del 5 de agosto de 2007 titulado *From the Abyss*. He aquí sólo tres de ellas: Larry Kramer, cofundador de Act Up, una organización activista gay; Alan Klein, cofundador de Queer Nation, y portavoz de la Gay & Lesbian Alliance Defamation (GLAA); Israel Fishman, fundador de Gay Liberation en 1970, que más tarde se transformó en la Gay, Lesbian, Bisexual, and Transgendered Round Table, y que fue la primera organización gay del mundo.

Veamos, por ejemplo, la biografía del gran poeta estadounidense Allen Ginsberg. En Estados Unidos se le conoce sobre todo por *Howl and Other Poems*, publicado en 1956. Es un largo poema en prosa que relata sus

---

[478] S. Freud, "Sobre ciertos mecanismos neuróticos en los celos, la paranoia y la homosexualidad», 1922, en *Névrose, psychose et perversion*, PUF, 1973, p. 281, en Elisabeth Badinter, *La Identidad masculina*, Alianza Editorial, Madrid, 1993, p. 147

[479] Elisabeth Badinter, *La Identidad masculina*, Alianza Editorial, Madrid, 1993, p. 133

[480] Elisabeth Roudinesco, *Pourquoi la psychanalyse*, Fayard, 1999, p. 168, 169

experiencias, así como una historia de la Beat Generation, de la que fue miembro fundador. La obra provocó un escándalo por su lenguaje crudo y explícito, y fue retirada temporalmente de la venta por obscenidad. En ella, Allen Ginsberg iba a la guerra "contra los valores materialistas destructivos y contra la política estadounidense", según fuentes consultadas en Internet. En 1961, Ginsberg publicó otro libro importante, *Kaddish for Naomi Ginsberg*, que había empezado en 1957 en un café de París, y en el que relataba "la enfermedad paranoica de su madre y su angustiosa relación". No tardarán en darse cuenta de lo que significan esas palabras.

En los años sesenta, Ginsberg viajó a la India en busca de un guía espiritual, periodo que relató en *Indian Journals* (1970), y el budismo tibetano siguió siendo una importante fuente de inspiración para él. Naturalmente, Ginsberg fue galardonado con las más altas distinciones literarias en Estados Unidos: en 1972, su obra *The Fall of America* recibió el National Book Award for Poetry. Luego, su *Cosmopolitan Greetings: Poems 1986-1992* fue finalista del Premio Pulitzer. "La poesía de Allen Ginsberg, espontánea y libre, es una mezcla de modernismo, sus orígenes judíos y su fe budista."

El autor de esta reseña olvidaba señalar que Ginsberg fue también un pionero del movimiento gay, y miembro activo de la North American Man Boy Alliance (Nambla) - en español, Asociación Norteamericana para el Amor entre Hombres y Niños-, una organización de defensa de la pedofilia que estaba de moda en los círculos izquierdistas de la época. En 1994, la Asociación Internacional de Lesbianas y Gays decidió expulsar a la Nambla. Ginsberg explicó entonces que "la histeria antipederastia le recordaba la histeria antihomosexual que había tenido que soportar en su juventud", y que "optaba por defender el derecho a la libre expresión de la asociación."

La apología de la homosexualidad parece manar de forma natural del espíritu judío. El actor estadounidense Kirk Douglas, que no era en absoluto homosexual, relató en sus memorias los comienzos de su carrera como actor. Cuando estudiaba en la universidad, actuó en algunas obras de teatro. Una de ellas se titulaba *Trío, el torbellino de la vida*. "una obra acerca de una maestra lesbiana que intenta seducir a una de sus jóvenes alumnas." Kirk Douglas reconocía, sin embargo: "Lamentablemente, el tema era demasiado audaz para la época y nos obligaron a cerrar por motivos morales[481]."

El industrial Henry Ford - constructor de automóviles - también se había preocupado por estos constantes ataques a la sociedad tradicional y fundó un periódico, el *Deadborn Independent*, para denunciar el papel de los

---

[481] Kirk Douglas, *El hijo del trapero* (1988), Cult Books, *2021*, p. 108-109

israelitas en la apología de las desviaciones sexuales: "Las películas están controladas por los judíos, no solo en parte, no en un cincuenta por ciento, sino por completo; con la natural consecuencia de que ahora el mundo está en armas contra la influencia trivializadora y desmoralizadora de esta forma de entretenimiento...Es el don de esta raza crear problemas de naturaleza moral en cualquier negocio en el que alcancen la mayoría[482]."

Esto fue hace casi 100 años, en la década de 1920. Cincuenta años después, todos los diques de contención saltaron por los aires y desde entonces los productores, directores y guionistas judíos se lo pasan en grande inundando nuestras pantallas de televisión y los quioscos de prensa con homosexualidad y pornografía.

Hay innumerables programas de televisión y ficciones que fomentan la homosexualidad, y esta propaganda está obviamente coordinada por no se sabe qué director de orquesta.

El 26 de septiembre de 2007, por ejemplo, la cadena francoalemana Arte presentó una velada sobre el tema del *"ménage à trois"*: A las 22.30 horas, el documental de Caterina Klusemann *"L'Amour à trois"* fue seguido de otro documental *"Jamais deux sans trois" - Une famille postmoderne*. El programa de televisión resumía así la intriga: "En Nueva York, dos hombres que viven juntos mantienen una relación amorosa con una mujer que les va a dar dos hijos..." Y esto era lo que escribía el periodista: "Un documental pertinente sobre la evolución de las costumbres..." La directora de este ataque al modelo de familia tradicional era una tal Susan Kaplan.

El mismo día, a la misma hora, Direct 8 proyectaba *Coup de chance*, una película de Pierre Aknine (Francia, 1991): "François Kaplan, director de una compañía de seguros, muere en una caída accidental tras enterarse de que su esposa le ha abandonado para irse a vivir con una mujer..."

Ese mismo día, la cadena pública France 2 emitía un nuevo programa producido y presentado por Karine Le Marchand: *Tabous*. Y este primer programa estaba dedicado a la homosexualidad. Un psiquiatra, Serge Hefez, explicaba que todo esto es perfectamente normal y que deberíamos estar encantados de vivir en una sociedad tan "abierta". Ni que decir tiene que Serge Hefez era miembro de la comunidad.

En diciembre del 2008, Arte emitió *Clara Sheller*, una teleserie de Alain Berliner (Francia, 2004). En el capítulo *Une Femme peut en cacher une autre*, Clara se hace preguntas sobre Gilles, de quien sospecha que sale con otra mujer. Su amigo JP le cuenta que mantiene una relación secreta con Pascal, un chico que vive con su pareja. *Chrysantèmes para Bernard* continúa esta historia de bujarrones. En *La porte de la tour bancale*, Gilles

---

[482] Neal Gabler, *Un imperio propio, Cómo los judíos inventaron Hollywood*, Confluencias, 2015, p. 407

y JP son incapaces de comprometerse en una relación real. JP está ahora seguro de que Gilles es la persona a la que ama y no quiere esperar más para ser feliz. Gracias a Alain Berliner, las familias francesas ya pueden ver a dos hombres en la cama en el *prime time* de la noche.

Completemos a continuación la lista de películas que banalizan la homosexualidad, y que ya presentamos en 2007 en *El fanatismo judío*.

Les yeux brouillés, de Rémi Lange (Francia, 2000): Los actores se interpretan a sí mismos. Rémi lleva tres años viviendo con Antoine y decide tomar otro amante. Y he aquí el comentario de Bouniq-Mercier: "La película adquiere un halo de autenticidad que permite considerar la homosexualidad como una relación normal."

Faites comme si je n'étais pas là (Francia, 2000): Eric, de diecisiete años, no soporta a su padrastro. Desde su habitación, espía a sus vecinos con sus prismáticos. Estos vecinos tienen una moral muy libre, ya que Fabienne comparte su piso con Tom, un homosexual. La película es de Olivier Dahan.

Drôle de Félix, de Olivier Ducastel (Francia, 1999): Félix, gay y seropositivo, vive en Dieppe con su amante Daniel, un profe. En la película aparecen algunos malvados racistas de extrema derecha.

Les Corps ouverts, de Sébastien Lifshitz (Francia, 1997): Rémi tiene dieciocho años. Para aliviar su aburrimiento, acude a una audición. Marc, el director, queda seducido por su encanto y lo convierte en su amante. Desconcertado por esta experiencia homosexual, Rémi ofrece su cuerpo en diversos encuentros, perdiéndose así para quizás reencontrándose. Una película "oscura", pero también "entrañable y ciertamente sincera", escribía Claude Bouniq-Mercier.

Pédale douce (Francia, 1996) es una película sobre el mundo de los clubes de gays y travestis, así como las intrigas y los malentendidos que se generan. Fue dirigida por Gabriel Aghion.

Mauvais genre, de Laurent Bénégui (Francia, 1996): Martial acaba de escribir su primera novela. Está interesado en Camille, pero Camille prefiere a las mujeres.

Gazon maudit, de Josiane Balasko (Francia, 1994), es otra película muy conocida del público francés. Cuenta la historia de una lesbiana que se inmiscuye en la vida de una pareja, y el marido acaba plegándose, aceptando este *ménage à trois*. "Una provocativa comedia costumbrista que cuestiona muchas ideas preconcebidas sobre el amor y la sexualidad", escribía Bouniq.

Muriel fait le désespoir de ses parents, de Philippe Faucon (Francia, 1994): Muriel, de 17 años, toma conciencia de su homosexualidad cuando conoce a la luminosa Nora. El guion es de Catherine Klein.

Le Journal de Lady M, de Alain Tanner (Francia-Bélgica, 1993): Lady M, cantante de rock, conoce a Diego. Ella descubre que él vive con Noria, una bella negra, con la que tiene una hija. Los tres empiezan a vivir juntos, pero pronto Lady M se enamora de Noria y Diego abandona a las jóvenes mujeres a sus amores.

Two boys, a girl, three possibilities, de Andrew Flemming (EE. UU., 1993): En un campus estadounidense, Eddy, un chico reservado, comparte habitación con Stuart, un ligón impenitente. Alex, una chica ligeramente andrógina, es su vecina. A Stuart le gusta Alex, a quien le gusta Eddy, a quien le gusta Stuart. Alex lleva a los dos chicos a aceptar una sexualidad que no está tan determinada como ellos creen. El guion es de Alexandre Gruszynski.

Philadelphia (EE. UU., 1993): Un joven abogado es despedido por su jefe, oficialmente por incompetente. En realidad, es porque tiene SIDA. Con la ayuda de su colega, Joe Miller, lucharan para defenderse. "Un diluvio de buenos sentimientos", escribía Jean Tulard sobre la aclamada película de Jonathan Demne.

Veamos también *Mensonge,* de François Margolin (Francia, 1992): Emma está casada con Charles. Pronto descubre la ambivalencia sexual de su marido, que le ha contagiado el sida. Esto no mola. Un guion de Denis Saada.

Henry et June (EE. UU., 1990): En el París de 1931, Anaïs Nin está aburrida de su marido. Cuando conoce al aún desconocido escritor Henry Miller, descubre un París desconocido de artistas y prostitutas. Mantien una aventura sáfica con June, la mujer de Henry Miller. Se trata de una película de Philip Kaufmann.

Prick up yours ears (Reino Unido, 1987): En 1951, dos estudiantes de un curso de arte dramático asumen su homosexualidad. "Se llevan perfectamente", pero uno acaba asesinando al otro. "Una obra descarada, provocadora y llena de humor", nos decía Claude Bouniq-Mercier. La película es de Stephen Frears, un director de la más histérica especie.

Le Chant des sirènes, de Patricia Rozema (Canadá, 1987): Polly es contratada como secretaria por la fascinante Gabrielle, directora de una galería de arte, y queda cautivada por su desenvoltura. La llegada de Mary, una de las relaciones homosexuales de Gabrielle, inquieta a Polly por un momento. "Una película refrescante, poética, humorística e irresistiblemente encantadora", escribía Bouniq, cuyas elogiosas críticas confirmaban el judaísmo de la directora.

Cent franc l'amour, de Jacques Richard (Francia, 1985): fotógrafo pobretón, Jéremy consigue que Maurice, un anticuario homosexual, le mantenga. Pero lo único que le ofrece es amistad, y por la noche deambula de sex shop en *peep show.*

Another country, de Marek Kanievska (Reino Unido, 1983): un periodista en Moscú consigue una entrevista con Guy Bennett, un espía que ha abandonado Inglaterra. En los años treinta, fue pensionista en un colegio de clase alta, pero fue humillado públicamente tras mantener una relación abiertamente homosexual. Decidió vengarse uniéndose a su amigo Judd, que profesaba ideas marxistas. "Un documento sobre los colegios ingleses y la hipocresía que reina en las prácticas que los rigen", rezaba la *Guía de las películas*.

Pepi, Luci, Bom y otras chicas del montón (España, 1980) es la primera película de Pedro Almodóvar: Pepi cultiva marihuana en su balcón. Luci, la ejemplar esposa de un policía, descubre fumandola los placeres homosexuales y perversos con Bom, una cantante de punk, mientras. Por una vez, Claude Bouniq-Mercier se muestra crítico: "La imagen es sucia, la dirección chapucera... Una película de provocativa que, hoy en día, carece de todo interés."

En 1975, el cineasta "francés" Claude Miller rodó una película titulada *La meilleure façon de marcher*. Es una historia sobre monitores de colonias de vacaciones para niños. Uno de ellos es tímido, taciturno y retraído, y tiene que soportar las burlas de sus compañeros. Un día, uno de ellos (Patrick Dewaere) entra en su habitación sin llamar y le descubre vestido de mujer. El secreto se guarda hasta la fiesta de fin de vacaciones. Todo el mundo se disfraza para la ocasión y el homosexual reprimido se arma de valor y se disfraza de mujer. En una entrevista filmada, Claude Miller explicaba abiertamente que filmó su caso personal.

En *Cruising* (patrullar y tener encuentros sexuales en la jerga gay, ndt) (EE. UU., 1980,), varios homosexuales sadomasoquistas son asesinados. Un joven novato, Steve Burns, es encargado de investigar en los ambientes gays de Greenwich Village. La película es de William Friedkin.

Algo casi perfecto (EE. UU., 2000): Abbie (Madonna) nunca ha tenido suerte en el amor, pero he aquí que se queda embarazada de un homosexual tras una noche de copas. Una película de John Sclesinger.

Zig-Zig es una película de Laszlo Szabo (Francia, 1974): Marie y Pauline, dos cantantes de cabaré se prostituyen para comprar un chalé en la montaña. Descubrirán que se aman.

Bloody Mama (*Mamá sangrienta*, EE. UU., 1970) narra las fechorías de la pandilla formada por Ma Baker y sus cuatro hijos: Herman el sádico, Lloyd, que se droga, Arthur el cobarde y Fred, homosexual. Crímenes, violaciones y sobredosis. Finalmente son acorralados por la policía y luchan hasta el amargo final. Una película de Roger Corman.

Dime que me quieres, Junie Moon, de Otto Preminger (EE. UU., 1969): Junie, una joven desfigurada por un amante sádico, Arthur, un epiléptico atormentado, y Warren, un homosexual paralizado de ambas piernas, deciden abandonar el hospital donde están siendo tratados para irse a vivir juntos a una casa de campo. "Una pequeña joya de verdadera emoción... a veces inquietante. Otto Preminger -nos dice Guy Bellinger en el *Guide des Films* - confiere a su personaje homosexual una gran dignidad."

Escenas de cacería en Baviera (RFA, 1968): Varios aldeanos marginales son objeto de persecución: un simplón, un tullido, una prostituta y, sobre todo, Abram, que ha vuelto a casa tras ser condenado por homosexualidad. Los cabrones de campesinos lo matarán tras darle caza como a un animal salvaje. La película es de Peter Fleischmann, a quien no le gustan mucho los campesinos.

En *El Baile de los Vampiros* (Reino Unido, 1967), el director Roman Planski muestra a un vampiro homosexual y rubio: la pequeña venganza de un morenito bajito y enclenque.

En los años cincuenta, había que tener un poco más de cuidado, pues los goyim eran todavía bastante reactivos y nerviosos en aquella época. Vean sino *La condesa descalza*, del famoso Joseph Mankiewicz (EE. UU., 1954): María Vargas recuerda su vida: Era bailarina de cabaré en Madrid cuando un productor de Hollywood la descubrió y la convirtió en estrella. Conoció al conde Toralto-Favrini, que se casó con ella, pero cuya impotencia descubrió. Ansiosa por darle una posteridad, se buscó un amante. Mankiewicz declaró: "Al final, el Príncipe Azul debería haber resultado ser homosexual, pero yo no podía ir tan lejos."

La casa de bambú, de Samuel Fuller (EE. UU., 1955): Sandy Dawson, homosexual, ha creado una asociación criminal de antiguos soldados en Tokio.

Michael, de Carl Dreyer (Alemania, 1924): París, 1900, un pintor de moda. "Una obra que trata con sutileza y discreción una aventura homosexual."

Existe una fuerte tendencia entre los intelectuales judíos a proyectar su neurosis en un plano universal. La novela de un tal Jean-Paul Tapie titulada *Le Garçon qui voulait être juif (El chico que quería ser judío)* es un buen ejemplo. El libro fue publicado en 2004 por la editorial "H et O": "Arthur no dormía desde hacía mucho tiempo. O muy poco. No entendía por qué no dormía. Tampoco sabía por qué quería ser judío. ¿Tal vez tenía algo que ver con el hecho de que su padre odiara a los judíos y a los homosexuales? Sin embargo, Arthur sentía una gran admiración por su padre, que había hecho de él un niño sano y deportivo. Entonces, ¿por qué ir a Israel? ¿Por qué ir a los kibbutz? En cualquier caso, si alguien profiriese insultos contra los judíos, Arthur sabía que haría frente con orgullo, que se defendería, y que mucha gente de su entorno, si no su padre, lo aprobarían."

Ya lo habéis entendido: Jean-Paul Tapie era evidentemente un escritor judío homosexual que transfería su caso personal en un goy. Una "genialidad".

En *Les Bienveillantes* (Prix Goncourt 2006), Jonathan Littel también pintaba un cuadro del gran sufrimiento judío, a través de un personaje bastante inusual: un oficial de las SS durante la Segunda Guerra Mundial que es homosexual, pedófilo y que mantiene relaciones sexuales con su hermana gemela: un guion típicamente judío, tal como lo vamos a ver.

Los asesores políticos de los príncipes de la República, en los medios de comunicación, saben revestir hábilmente el discurso homosexual militante para hacerlo aceptable a la masa de los goyim, siempre un poco reacios a aceptar las neurosis del pueblo elegido. En el semanal *L'Express* del 18 de octubre de 2004, el ineludible Jacques Attali arremetía contra las declaraciones de ciertas personalidades políticas. Efectivamente, un político italiano, Rocco Buttiglione, había declarado ante el Parlamento Europeo que la homosexualidad era "un pecado" y que la finalidad del matrimonio era "permitir a las mujeres tener hijos y ser protegidas por un hombre." Esto era demasiado para Attali, que se indignaba proyectando el problema sobre los europeos: "Todo se está poniendo en marcha, escribía Attali, para que la homofobia vuelva a ser una opinión respetable...La tragedia de los años 40 nos demostró que la intolerancia hacia las minorías, sean cuales sean, es el caldo de cultivo de las dictaduras...Si Occidente quiere salvar sus valores de los enemigos exteriores, primero tendrá que librarse de sus propios demonios." Pero a estas alturas del estudio, el lector habrá comprendido que lo que está en juego aquí son ante todo los demonios del judaísmo.

El origen del feminismo

Las feministas luchan por la igualdad entre los sexos, igual que los marxistas nos aseguraron en su día la abolición de las clases sociales y que los demócratas nos prometen ahora un mundo sin fronteras que reunirá a una humanidad mestiza y pacífica. El objetivo es siempre disolver las identidades, ya sean sexuales, sociales o nacionales, y coagular las partículas atomizadas para unificar el mundo y trabajar por el advenimiento de una "Paz" definitiva en la Tierra.

En su discurso de Moscú del 5 de agosto de 2007, titulado *From the Abyss* (*Desde el Abismo*), el nacionalista estadounidense David Duke recordaba el papel de las mujeres judías en los orígenes del feminismo en Estados Unidos: "Las cuatro líderes más importantes del feminismo radical desde la Segunda Guerra Mundial han sido Betty Friedan, Bella Abzug, Gloria Steinem y Gloria Allred." Y David Duke citaba algunos ejemplos de feministas judías militantes desde los años sesenta: Heather Booth (derecho al aborto y lucha contra la discriminación), Susan Brownmiller (autora de *Against our will*, un libro sobre las violaciones); Blu Greenberg, Phyllis Chesler (Miembro de *Hashomer Hatzair*[483] y pionera de la psicología femenina), Judy Chicago (artista feminista), Sonia Pressman Fuentes (abogada feminista y fundadora del movimiento *Now*), Nancy Miriam

---

[483] Movimiento juvenil sionista socialista. (NdT).

Hawley (escritora feminista sobre salud y sexualidad), Alix Kates Shulman (escritora feminista), etc[484].

En Francia, las mujeres judías también estuvieron a la vanguardia del movimiento. Elisabeth Badinter fue una de sus principales representantes en la segunda mitad del siglo XX. Elogiaba "el discurso clarividente de la feminista vienesa Rosa Mayreder, que defiende una síntesis de masculino y femenino para aquellos individuos que se hayan liberado de sus características sexuales."

Elisabeth Badinter pretendía hacer borrón y cuenta nueva destruyendo la base familiar de la civilización europea: "Repensar la masculinidad es una urgencia que los norteamericanos han intuido antes que los demás." Fingía ignorar los orígenes de "un feminismo mucho más radical y potente del que un día deberían buscarse las causas históricas y psicológicas[485]."

Pero pasemos ahora al interesante testimonio de Gisèle Halimi, que fue también una de las figuras más destacadas del feminismo militante en Francia. Gisèle Halimi nació en 1927 en Túnez, y originalmente se llamaba Zeiza Gisèle Elise Taïeb. Se casó por primera vez con Paul Halimi, se divorció de él y se volvió a casar con Claude Faux, antiguo secretario de Jean-Paul Sartre, de quien era amiga y abogada.

Al principio de su biografía, *Le Lait de l'oranger* (*La leche del naranjo*), publicada en 1988, Gisèle Halimi relataba su infancia en Túnez y cómo se había rebelado contra la posición de la mujer en la religión judía: "Para ganarse el favor divino, los chicos tenían que rezar, escribía. Las chicas - no iniciadas en el hebreo y meras auxiliares, casi domésticas de la religión- no debían pecar... Muy pronto, a los diez años quizás, cuando empecé la enseñanza secundaria en el instituto Armand-Fallières, este trueque me pareció sospechoso. Probablemente fue al mismo tiempo cuando mi abuelo materno me explicó que las mujeres, al ser impuras, no podían envolverse

---

[484] Ya hemos abordado esta cuestión en *Psicoanálisis del judaísmo* y en *El Fanatismo judío*. [Se puede completar esta lista: Ernestine Rose (primera feminista judía, hija de rabino y pionera de la primera ola en los años 1830-1870), Rebeka Bettelheim Kohut (una de las primeras feministas, presidenta del Congreso Mundial de mujeres judías en 1923), Andrea Dworkin (escritora radical, crítica de la pornografía, denunció la supremacía machista que se manifiesta en la violencia sexual y la prostitución), Shulamith Firestone (feminista radical de la secunda ola, autora de la *Dialéctica del sexo*), Ellen Willis (escritora y activista, co-fundadora con Firestone del grupo radical *Redstockings* en 1969), Ruth Bader Ginsburg (jueza del tribunal supremo de EE.UU, abogada defensora del feminismo durante toda su carrera), Judith Butler (filósofa y teórica de género, muy influyente en la tercera ola feminista y queer), Naomi Wolf (preeminente y exitosa escritora feminista). (NdT).]

[485] Elisabeth Badinter, *La Identidad masculina*, Alianza Editorial, Madrid, 1993, p. 34, 21

los tefilines[486] alrededor del brazo durante la oración de la mañana. Además, su función no era rezar, sino servir al hombre para que rezara."

"Bendito sea el Señor que no me hizo mujer." Así es como todo judío fiel comienza su oración y su día. Gisèle Halimi preguntó a su abuelo: "¿Y qué dicen las mujeres? Ante esta pregunta, mi abuelo asintió con la cabeza en dirección a la cocina donde había desaparecido mi abuela: "Una mujer santa, pero no tiene que rezar". En realidad, si quisiera hacerlo, se limitaría a responder "Bendito sea el Señor que me ha hecho como ha querido"."

"Este papel que Dios nos asignaba me parecía muy anodino, proseguía Gisèle Halimi. Y entonces, ¿por qué nacer mujer había de ser la mala fortuna de la existencia, una especie de falta que hay que pagar, que hay que redimir? Por mucho que mi madre exagerara la importancia de la mujer que, en el hogar, dispone los objetos de culto, trae al hombre el agua para la ablución ritual nada más despertarse y vela por prevenir los pecados de sus hijos, yo persistía en pensar que Dios nos trataba con indiferencia...En la sinagoga, cuando acompañaba a los hombres de la familia, me veía obligada, como todas las mujeres, a subir al balcón. Desde allí, como mudas espectadoras, admirábamos el patio donde, en torno al oro bizantino de las tablas de la Ley, los varones, hombres y niños, gozaban del privilegio de dirigirse directamente a Dios...Esta segregación me pesaba y alimentaba mi rencor hacia el Señor. Cuando me iba a clase, besaba la mezuzá[487] con creciente reticencia[488]."

Es un hecho que, en el pueblo judío, las mujeres siempre han sido consideradas seres inferiores, y probablemente no es casualidad que la mayoría de las arpías feministas sean judías de origen, y esto desde principios del siglo XX. Al igual que sus maridos, también ellas tienen una fuerte tendencia a proyectar su neurosis obsesiva en un plano universal, en lugar de considerar el origen endógeno comunitario de su desgracia.

---

[486] Los tefilines son unas envolturas o cajitas de cuero que contienen pasajes de la Torá que los judíos piadosos se atan a la frente y el brazo izquierdo con correas de cuero durante los rezos.

[487] Mezuzá (del hebreo מְזוּזָה, "jamba de la puerta») es un pergamino que tiene escrito dos versículos de la Torá; por lo general, se encuentra albergado en una caja o receptáculo que está adherido a la jamba derecha de los pórticos de las casas y ciudades judías. (NdT).

[488] Gisèle Halimi, *Le Lait de l'oranger*, Gallimard, 1988, Pocket, 2001, p. 28. Kirk Douglas tenía seis hermanas. Un día tuvo que irse de casa para ir a la universidad. El día de despedida "a Ma se le llenaron los ojos de lágrimas...Me dio un beso de despedida y en voz baja dijo en yiddish algo que me sobresaltó: "Un chico es un chico, pero una chica es una drek (mierda)"». "Pobre mamá, se quedaba sola con seis chicas.» Kirk Douglas, *El hijo del trapero* (1988), Cult Books, 2021, p.47 y Kirk Douglas, *Le Fils du chiffonier*, 1988, Poche, 1989, p. 62.

Gisèle Halimi tuvo que enfrentarse al antisemitismo a una edad muy temprana. A los ocho años, su profesora solía aterrorizarla, sólo por diversión: "Yo era su blanco de abusos favorito. Me infligía toda una serie de vejaciones y a veces incluso me pegaba. ¿Por qué lo hacía? Yo no lo entendía. Todavía no... Cuando sonaba el timbre para el recreo, temblaba de ansiedad. La arpía me hacía acercarme al borde de la tarima: "Quédate ahí", siseaba entre dientes. Sin mediar palabra, sus finos labios dejaban escapar ruiditos nerviosos que parecían eructos, y sus ojos verdosos observaban el patio donde jugaban mis camaradas de clase. Con las lágrimas en los ojos, me unía después a ellos, libre al fin. Ninguno de ellos decía una palabra. Todos lo sabían, pero ninguno entendía las razones de aquel ensañamiento. A medida que pasaban los días, las bofetadas dejaban en mí marcas cada vez más visibles, pero yo seguía callando. Una noche, cuando la profesora neuropática había sido más violenta de lo habitual, llegué a casa con marcas rojas por toda la cara. ¿Quién te abofeteó? ¿Quién te pegó? exigió saber mi padre. Acabé contándoselo todo: "Cuando me envía al patio, ella me dice, "sucia judía" o "sucia mora", sois el Diablo, todos vosotros, queréis acabar con nosotros...

Sollozaba con mi propio relato, como liberada: "¡Es muy mala!" Seguía sin entender nada. Mi madre me refrescó la cara con una toalla húmeda. "¿Te lo puedes creer? ¡Una maestra de escuela! ¡Está loca! ¡Deberían encerrarla en la Manouba![489]""

Se nos permitirá dudar de este testimonio. Conocemos bien la propensión de los intelectuales judíos a recurrir a su imaginación de todas las maneras posibles, sobre todo cuando se trata de relatar el acoso o la persecución que hayan podido sufrir en el pasado. Además, nos parece muy sospechoso que un funcionario de la República Francesa haya podido acosar de esta manera a una alumna sin incurrir en las sanciones más graves. Sabemos que los judíos son una población especialmente mimada en la República, como se puede comprobar cada vez que un judío es víctima de la más mínima ofensa: el ministro nunca duda en desplazarse a ver la supuesta víctima. Ya en 1866, los judíos de Francia parecían estar en condiciones de acallar cualquier manifestación de antisemitismo por parte de los pequeños funcionarios. En 1869, Roger Gougenot des Mousseaux señalaba la especial preocupación del régimen por los hijos de Israel y citaba esta noticia de los *Archives Israélites*: "Un jovencito de sangre judía fue ofendido en un colegio "por uno de sus compañeros, que no dejaba de tratarlo de Judío en cualquier ocasión. El padre fue a quejarse al ministro de educación pública y pidió protección. El ministro en persona se dirigió inmediatamente al citado

---

[489] Gisèle Halimi, *Le Lait de l'oranger*, Gallimard, 1988, Pocket, 2001, p. 62, 63. La Manouba: asilo psiquiátrico situado a las afueras de Túñez, en la Manouba.

colegio; realizó una sanción disciplinaria al profesor de la clase, que no había querido intervenir, y el profesor debió escribir una carta de disculpas al padre de familia, herido en su religión[490]."

Gisèle Halimi llegó a París en 1945, con dieciocho años, maravillada por la ciudad. Se fue a vivir a Clichy, con los padres de uno de los amigos de su hermano - unos goyim. André G. era secretario de una célula comunista de Clichy. Con su pata de palo, arrastraba a Gisèle Halimi a las reuniones políticas: "Los militantes se apartaban respetuosamente", escribía. André no era más que ternura para "su hija adoptiva", hasta que Gisèle le reclamó el dinero que le había confiado para poder matricularse en la universidad. Gisèle se enfrentó de nuevo al odio y vio, detrás del comunista, el rostro enrojecido del goy alcohólico y antisemita:

"De repente, se volcó en su silla, usando sólo la pierna y las manos, apartó el plato con el codo. "¡Estoy harto, harto de ti y de tu dinero... caray... quién te crees que eres... siempre pidiendo más... Ya está bien... Si no estás contenta, puedes lárgate, ¡lárgate y ya está…!" De pie, con los ojos enrojecidos, el bigote gris cubierto de saliva me amenaza con su bastón: "Todos igual, los judíos... sólo piensan en eso, en el dinero... asquerosa judía, tú y tus hermanos, sanguijuelas, eso es, sois nuestras sanguijuelas. "Grita como un loco, babeando por la comisura de los labios. Le miro, petrificada. ¿El hombre de todos esos discursos generosos sobre la igualdad, el colonialismo y el racismo? Sólo queda un lunático lleno de odio empujándome hacia la salida. Pero tengo que registrarme, no me malinterpretes. Él no entiende, yo no entiendo nada, yo me obstino. "Lárgate de aquí – grita -, lárgate ahora mismo, ni un minuto más bajo mi techo, judía…fuera...no quiero volver a verte..." Y me echa, con su bastón, hacia la puerta."

La pobre Gisèle apenas tuvo tiempo de recoger sus cosas. Como no conocía a nadie en París, pensó inmediatamente en la panadera, con la que había simpatizado. La panadera le presentó a una anciana, Mme Darmour, que la alojó con mucho gusto. Gisèle se matriculó entonces en la Facultad de Derecho. Una o dos veces por semana, Madame Darmour recibía la visita de Madame Delrue, una viuda. Gisèle tuvo muy mala suerte, pues resultó que Madame Delrue era también una horrible arpía antisemita. Sin saber que Gisèle era judía, ésta se desahogaba de buena gana: "Madame Delrue exhibía números de *Je suis partout*, donde figuraban, enmarcadas en lápiz rojo, caricaturas antisemitas. "Mire esas narices y esos dedos ganchudos... para apoderarse del país... dominan a los verdaderos franceses,

---

[490] Gougenot des Mousseaux. *El Judío, el judaísmo y la judaización de los pueblos cristianos,* Versión pdf. Traducido al español por la profesora Noemí Coronel y la inestimable colaboración del equipo de Nacionalismo Católico Argentina, 2013 p. 238, (*Archives israelites*, XXII, pag. 991; 1866).

con su diabólica malignidad y su dinero..." A veces se dejaba llevar y decía: "Unas alimañas que hay que aplastar[491].""

Gisèle Halimi se convirtió en una destacada abogada. Comenzó como comunista, hizo campaña por la independencia de Argelia y denunció incansablemente el ejército francés, el colonialismo y a los malvados Blancos. En 1971 fundó el movimiento feminista con Simone de Beauvoir y luchó con Simone Veil por el derecho al aborto de las mujeres francesas. También fue una de las fundadoras del movimiento mundialista Attac. En 2006, como la mayoría de los activistas judíos, fue nombrada Oficial de la Legión de Honor.

Su libro se terminaba como había empezado: en la sinagoga. Su padre había muerto para entonces. En la sinagoga de Niza, ella y su hermana Gaby decidieron colocarse con los hombres, no en el balcón reservado a las mujeres. Hubo un pequeño incidente cuando les pidieron que permanecieran en su sitio: "Gaby y yo nos negamos. Somos iguales ante este Dios que se lleva a nuestro padre. El rabino argumenta, pero no nos movemos. El rabino cede. La ceremonia sigue adelante como estaba previsto, salvo por esta excepción[492]." En resumen, si bien hay que destruir el mundo de los goyim, "reinventar la sociedad" como suelen decir los judíos, ellos, en cambio, seguirán su propio camino hasta el final.

La destrucción del patriarcado

La destrucción de la unidad familiar, base de la sociedad europea tradicional, parece ser otra obsesión de los intelectuales judíos. En su libro *La identidad masculina*, Elisabeth Badinter lo dejaba bien claro: "La puesta en cuestión de certezas íntimas siempre es larga y dolorosa...Pero esa tarea de deconstrucción no surge nunca al azar. Sólo es posible cuando el modelo dominante ha demostrado sus límites. Tal es el caso del modelo masculino tradicional, desfasado en relación con la evolución de las mujeres y fuente de una verdadera mutilación de la que los hombres empiezan a tomar consciencia. El hombre viejo se está muriendo para dejar el puesto a otro, distinto, que nace bajo nuestra mirada y del que todavía no vemos los límites[493]." En 1917, los bolcheviques decían exactamente lo mismo.

Elisabeth Badinter citaba el caso de Otto Gross, uno de sus congéneres, que sentía un odio inconmensurable hacia la sociedad europea: "Otto Gross reclama el advenimiento de un matriarcado y la abolición de la ley del padre...El genial Otto Gross eran tan frágil como Weininger. Su vida es un

---

[491]Gisèle Halimi, *Le Lait de l'oranger*, Gallimard, 1988, Pocket, 2001, p. 82-88
[492]Gisèle Halimi, *Le Lait de l'oranger*, Gallimard, 1988, Pocket, 2001, p. 438
[493]Elisabeth Badinter, *La Identidad masculina*, Alianza Editorial, Madrid, 1993, p. 14

repetido ajuste de cuentas con su padre y una constante manifestación de odio hacia la virilidad y su obra es esencialmente una crítica al patriarcado y a los valores masculinos tradicionales[494]."

En la Unión Soviética, por ejemplo, la activista feminista Aleksandra Kolontái, que antes de la Segunda Guerra mundial fue la única mujer en ocupar un alto cargo en el Partido Comunista, hacía decir a la heroína de una de sus novelas, *L'Amour libre-Trois générations* (*El Amor libre - Tres generaciones*): "Para mí, la actividad sexual es simplemente una necesidad física. Cambio de amantes según mi estado de ánimo. En este momento, estoy embarazada, pero no sé quién es el padre de mi futuro hijo; me es indiferente."

Esta obsesión también se encuentra, en Jacques Attali. En noviembre del 2007, Jacques Attali y su grupo de redactores publicaban un enésimo libro, *Amours, Histoires des relations entre les hommes et les femmes*. La presentación del mismo rezaba así: "De sociedad en sociedad, se han ensayado todas las formas posibles de relación entre hombres y mujeres: la puesta en común de mujeres, hombres o niños; la poliandria, la poligamia, el amor cortés, el matrimonio duradero, el matrimonio fugaz, el celibato, las relaciones múltiples. Se han impuesto todo tipo de prohibiciones, desde el incesto y la zoofilia hasta la pedofilia y la homosexualidad, por citar sólo algunas. Por el contrario, ninguna de estas prohibiciones ha dejado de ser fuertemente recomendada por otras sociedades, glorificando el matrimonio entre hermano y hermana, padre e hija, entre niños. Las tecnologías actuales, con su potencial para el amor virtual, la clonación y los úteros artificiales, abren nuevas y vertiginosas posibilidades...Este libro, ilustrado con numerosas fotos poco comunes, es un viaje a través de la historia."

Vemos en este texto la clara voluntad del intelectual judío de destruir el sistema familiar patriarcal europeo, ofreciéndonos como modelo alternativo todas las taras engendradas en los márgenes de otras civilizaciones. Y una vez más vemos cómo Jacques Attali está literalmente obsesionado con el incesto, ya que habla de él en al menos otros cuatro libros de forma muy ambigua[495].

---

[494]Elisabeth Badinter, *La Identidad masculina*, Alianza Editorial, Madrid, 1993, p. 153
[495]Ya que Jacques Attali es tan malintencionado con nosotros, seamos francos y no nos cortemos ni un pelo: un amigo nuestro, que hace unos años había trabajado en la "atención sanitaria" del Ritz, en el sótano de este gran hotel parisino, había visto desnudas a varias bellezas de Hollywood. También nos contó que un día había visto a Jacques Attali desnudo como una lombriz. Acababa de quitarse la bata, a punto de meterse en la bañera, y su p..., dijo, ¡era microscópico! Evidentemente, esta historia provocó muchas risas en nuestro grupo. En cualquier caso, aquellos que hayan leído *El Fanatismo judío* verán que lo que escribía el doctor Valensin suele verificarse, al menos en ciertos casos.

En el cine, los directores cosmopolitas llevan mucho tiempo preparando la liberación de la mujer de los grilletes de la familia patriarcal. He aquí algunas de las películas que han "liberado" a la mujer europea:

Une femme d'extérieur, de Christian Blanc (Francia, 2000): Françoise, una enfermera de treinta y cinco años, descubre que su marido Jacques le es infiel. Le echa y se queda sola con sus tres hijos. Pronto, todo le resulta indiferente. Descuida su trabajo, su casa y a sus hijos, vive de noche y se entrega a encuentros fortuitos. El guion es de Roger Bohbot.

Striptease, de Andrew Bergman (EE. UU., 1995): Erin ha perdido su trabajo en el FBI por culpa de su marido drogadicto y tiene que bailar en un club de striptease para ganarse la vida.

Le Rocher d'Acapulco (Francia, 1995): Sandrine, dependienta de las tiendas Tati, vive en un hotel. Gérald, antiguo novio de su hermano, la acoge y se marcha a Acapulco. Éste la anima a trabajar a través del Minitel rosa y, más tarde, a prostituirse. Reticente al principio, finalmente acepta. La película es de Laurent Tuel.

En *La Séparation* (Francia, 1994), Pierre y Anne forman una pareja que él cree unida hasta el día en que siente abrirse una grieta. Su separación es inevitable y Pierre se queda solo. La película es de Dan Franck.

Consentement mutuel es una película de Bernard Stora (Francia, 1994): Una pareja se divorcia de mutuo acuerdo. Jeanne consigue la custodia de la niña. El padre hace todo lo posible por desestabilizar a Jeanne. "Un panfleto feminista", escribía Bouniq-Mercier en el *Guide des films*.

¡Átame!, de Pedro Almodóvar (España, 1989): A su salida de un centro psiquiátrico, Ricki sueña con llevar una vida normal con Marina Osorio, una actriz de cine erótico con la que anteriormente tuvo un romance.

Mentiras piadosas (México, 1987): Israel regenta una pequeña tienda en Ciudad de México. Con su amiga Matilde, homosexual, ha construido una maqueta de Tenochtitlan, de la que espera sacar un buen precio. Entonces conoce a Clara. Israel y Clara dejan a sus respectivos maridos para vivir juntas... "La familia tradicional ha estallado, aniquilada, prisionera de su propia miseria existencial", escribía Bouniq-Mercier. Una película de Arturo Ripstein.

Rendez-vous (Francia, 1985) es una película de André Téchiné, basada en un guion de Olivier Assayas: Nina, una chica de provincia, llega a París con la intención de hacer teatro. Conoce a Paulo, que se enamora de ella, pero ésta se siente atraída por Quentin, que se exhibe en un *life-show* pornográfico.

Femmes de personnes (Francia, 1984): Tres mujeres trabajan en la misma consulta de radiología. Isabelle está cansada de su marido y busca consuelo en Julie, la recepcionista. Cécile colecciona amores fugitivos. Adeline, la secretaria, vuelve a ver a su primer amor e intenta suicidarse. Una película de Christopher Frank.

En *L'Amour en douce* (Francia, 1984), Marc, un joven abogado, abandona a su mujer para dedicarse a conquistas fáciles. Ella tiene un amante aficionado al culturismo, mientras que Marc es seducido por una call-girl. La película es de Edouard Molinaro.

¿Qué he hecho yo para merecer esto? (España, 1984): Gloria vive con una suegra excéntrica, un marido machista y sus dos hijos: Toni, traficante de poca monta, y Miguel, prostituto ocasional. Sólo sobrevive a base de antidepresivos. La película es de Pedro Almodóvar.

Coup de foudre, de Diane Kurys (Francia, 1982): En 1952, en Lyon, Lena está aburrida de su marido Michel. Conoce a Madeleine y abandona a su marido. "Una película particularmente interesante", según Claude Bouniq-Mercier.

Elle voit des nains partout, de Jean-Claude Sussfeld (Francia, 1981), es una parodia de Blancanieves. Blancanieves está obsesionada con el sexo. "Una película totalmente alocada e iconoclasta que mezcla alegremente los mitos de nuestra infancia en un cóctel picante y delirante", escribía Bouniq.

Je vous aime (Francia, 1980): Alice acaba de romper con Claude. Recuerda aquella Nochebuena en la que reunió a los hombres que había amado. "Claude Berri logra el bello retrato de una mujer libre e independiente."

Violette Nozière, de Claude Chabrol (Francia, 1978): La historia transcurre en los años treinta. Para escapar de la mediocridad de su vida familiar, Violette Nozière se relaciona con estudiantes, se prostituye y contrae la sífilis. Por el amor de un gigoló, roba a sus padres y luego los envenena. El guion es de Odile Barski, Hervé Bromberger y Frédéric Grendel.

En *Une Histoire Simple* (1978), de Claude Sautet, Marie, a punto de cumplir los cuarenta, se ha divorciado de Georges y tiene un hijo de dieciséis años. Es la amante de Serge y está embarazada de él. Pero decide abortar y dejarlo. El guion es de Jean-Loup Dabadie.

Le regard (Francia, 1976): en un museo, la cámara analiza minuciosamente la obra de Brueghel. Al mismo tiempo, en una habitación de hotel, la cámara filma a una pareja haciendo el amor largamente. Pornografía y arte. "Marcel Hanoun, como artista y poeta, nos enseña a mirar para comprender mejor lo que se muestra, para alcanzar la verdad."

Une chante, l'autre pas, de Agnès Varda (Francia, 1976): En el París de 1962, Pauline sueña con ser cantante. Suzanne está embarazada por tercera vez y se encuentra desamparada cuando su padre se suicida. Pauline ayuda a Suzanne a abortar. Diez años después, Suzanne se dedica a la planificación familiar, mientras que Pauline se aburre con Darius, el hombre iraní al que ama. Es la época de las manifestaciones feministas. La sociedad francesa no tardará en derrumbarse.

Histoire d'un péché (Francia, 1975): Eva, una joven piadosa y reservada, ha vivido mucho tiempo con sus padres ricos y se ha enamorado de un joven ya casado. Va a matar al hijo que tuvo con él. Una película de Walerian Borowczyk que transgrede todas las leyes morales.

Attention les yeux, de Gérard Pirés (1975). El Sr. Rotberger es un productor de cine cuyas películas no funcionan. Para llegar a fin de mes, decidió producir una película erótica con pretensiones intelectuales, pero el filme resultó ser una vulgar película porno.

Secretos de un matrimonio (Suecia, 1973): Marianne y Johann llevan diez años casados y su relación parece sólida. Pero Johann se enamora de la joven Paula y se divorcian.

Histoires d'A. (Francia, 1973): Una pareja preocupada acude a la consulta de un médico porque la joven quiere abortar. Aspiran el feto y ya está. La joven sale sonriente y tranquila. La película es de Charles Belmont.

Sex Shop de Claude Berri (Francia, 1972): Un librero sin dinero convierte su negocio en un sex shop. En una escena, un cliente le (nos) explica los beneficios de todas las perversiones: zoofilia, homosexualidad, sadomasoquismo, necrofilia. El diálogo anima explícitamente a mantener relaciones sexuales con niñas a partir de 12 años. También glorifica el intercambio de parejas, el adulterio, la homosexualidad y el feminismo. Claude Langmann, también conocido como Claude Berri, que interpreta al librero, es en la película un hombre que se ha vuelto impotente. Tampoco pudo resistirse a mostrarnos una pareja mixta: una rubia y un negro. La destrucción de los goyim a través del mestizaje es en ellos una verdadera obsesión.

Such goods friends es una película de Otto Preminger (EE. UU, 1971): Tras una operación, Richard Messinger, editor de una revista neoyorquina, se encuentra en coma. Su esposa Julie, que tiene dos hijos, descubre la vida disoluta de su marido y sus numerosas aventuras amorosas, sobre todo con sus amigas. Una obra maestra. "Una comedia satírica que castiga duramente a la intelectualidad neoyorquina, sus manías sexuales y sus valores artificiales", escribía Guy Bellinger.

Panic in Needle Park (EE. UU, 1971): Helen aborta y se va con Bobby, un drogadicto. Helen, a su vez, se droga y trabaja como prostituta callejera para ganar algo de dinero. Bobby ayuda a veces a su hermano mayor Hank, un ladrón, y acaba en la cárcel. Cuando es liberado, encuentra a Helen en la cama de Hank. Bobby se convierte en traficante de drogas. La película es de Jerry Schatzberg.

Taking off (EE. UU, 1970): Jeannie, de quince años y medio, se da a la fuga. Sus padres se unen a la Asociación de Padres de Niños Fugados. Para ayudarles a comprender el comportamiento de sus hijos, les introducen en las drogas y el sexo. Una película de Milos Forman.

The happy Ending (EE. UU, 1969): Nary Wilson lleva dieciséis años casada y lo tiene todo para ser feliz. Pero un día se derrumba, deja a su marido y decide empezar su vida de nuevo. ¡Eso sí que es feminismo! Una película de Richard Brooks: ¡eso sí que es judaísmo!

Les Amants, de Louis Malle (Francia, 1958): En Dijon, Jeanne se aburre con Henry y el estilo de vida de la alta burguesía de la ciudad. Por casualidad, conoce a Bernard, un joven inconformista. En una cálida noche de verano, experimenta con él la plenitud del amor. Esta película, que incita al adulterio, "sigue siendo un hito en la liberación de las costumbres", escribía Bouniq. La película ganó el Premio Especial del Jurado en el Festival de Venecia.

Un verano con Mónica es una película de Ingmar Bergman (Suecia, 1952): Mónica está embarazada y se casa con Harry, pero sigue soñando con otros lares. Reanuda su vida independiente, dejando a Harry con el niño. Un ejemplo que seguir para todas las jóvenes verdaderamente libres.

Detective Story (Estados Unidos, 1951) es una película que condena el puritanismo. William Wyler, el director, deja claro que es partidario del aborto. Los intelectuales judíos siempre han estado a la vanguardia en este campo.

Veamos también *New York-Miami*, de Frank Capra (EE. UU, 1934): Una joven heredera huye de su entorno familiar para unirse a un aviador con el que quiere casarse en contra del consejo de su padre. Sin embargo, le abandona durante la ceremonia nupcial para encontrarse con el reportero que acaba de conocer en el camino. El guionista es un tal R. Riskin: como les encanta interrumpir las ceremonias religiosas...

Puede que el escritor austriaco Josef Winkler no sea judío, pero su caso es bastante emblemático: nacido en 1953 en Kamering, un pueblo de Carintia, Winkler se enfrentó a la hostilidad del mundo rural que le rodeaba. El artículo de un tal Joel Vincent en Internet era muy revelador de ese poder de desintegración de origen patológico: "En su relato, *Le Serf (El Siervo)*, pone de manifiesto la brutalidad y el atraso mental de los campesinos, su odio hacia los judíos, los homosexuales y todo lo que no se ajuste a los rituales orquestados por la Iglesia católica. La homosexualidad de Winkler es vista como una gran provocación, una forma de transgredir el orden falocrático establecido, que él ve como el símbolo mismo de su padre y de las autoridades religiosas."

Como muchos judíos, Josef Winkler también tenía una imaginación enfermiza: "Winkler nos regala imágenes de desesperación y pesadillas, algunas de ellas surrealistas: ranas en uniforme esperando a ser devoradas por oficiales, topos cargando ataúdes, palomas anidando en barriles de cañón, él mismo viéndose como un perro ardiendo en la hoguera. Incluso los muertos, deseosos de vengarse de la Iglesia, prefieren pudrirse en el cementerio antes que desfilar."

En *Le Cimetière des oranges amères* (*El cementerio de las naranjas amargas*), Winkler, de viaje en Italia, volvía a sus visiones mórbidas: "Una monja con un niño Jesús de plástico insertado en el útero; peces disfrazados de presidiarios; una rata con mitra de obispo siguiendo un coche fúnebre vacío; una corona de crucifixión tejida por dos monjas con ocho patas de gallo; o su padre afilando su guadaña con la costilla de un judío asesinado."

El escritor denunciaba la Iglesia y las tradiciones ancestrales "impregnadas de devoción y superstición": "El libro se abre con una larga letanía, dedicada a Jesús, que recuerda las torturas infligidas a tantos inocentes, y termina con el deseo de Winkler de ver repatriadas al cementerio de las naranjas amargas a todas las víctimas del poder de la Iglesia: los dos suicidas de su pueblo, Jacob y Robert, dos jóvenes homosexuales conducidos a la muerte por los aldeanos... y muchas otras víctimas anónimas de las peores torturas. Winkler también imagina su propia muerte, "llevado por travestis y homosexuales, desnudo, en una sábana manchada de sangre de cordero", y enterrado en Nápoles bajo un limonero."

El 16 de noviembre de 2000, *Le Figaro* publicó un elogioso artículo de Claude-Michel Cluny sobre la publicación de la tercera novela de Josef Winkler, *Concert pour le temps dernier* (*Concierto para los últimos tiempos*), "brillantemente traducida por Bernard Banoun". "Una novela tan bella y oscura como una tormenta de montaña", escribía Claude-Michel "Cluny, que sitúa a su autor en "la primera fila de la nueva literatura en lengua alemana" (los lectores saben ahora lo que significa este elogio). Hay que recordar que *Le Figaro* es un periódico "conservador", aunque es cierto que su propietario en aquella época era el fabricante de armas Serge Dassault, nacido Bloch.

En el periódico católico *La Croix*, del 9 de noviembre de 2000, Jean-Maurice de Montremy señalaba por cierto el ascenso de la "extrema derecha" en Carintia, la región natal de Josef Winkler, "geográficamente cerrada sobre sí misma". Y explicaba con mucha complacencia: "En *Le Serf*, Winkler ya había pintado el pueblo de Carintia que volvemos a ver en este nuevo libro: un pueblo en forma de cruz. Aquí, bajo la dirección de sacerdotes espantosos, unos campesinos obstinados, despiadados y silenciosos exigen (y obtienen) el mantenimiento de un orden religioso surgido de la noche de los tiempos... De los bautizos a los funerales, de misas en procesiones, la aldea en forma de cruz se encuentra bajo el sol de un Satán que usurpa el nombre de Jesús." Esta nueva novela cuenta la historia del escritor Maximilien, que regresa al pueblo. Al igual que Josef Winkler, es homosexual y tiene un padre duro y dominante.

En Internet, Joël Vincent continuaba su crónica: "Muchos otros en Austria ya han denunciado la moralidad alienante de la Iglesia. Thomas Bernhard, Elfriede Jelinek y Werner Scwab son los contemporáneos más virulentos.

Otros, como Lilian Faschinger y Evelyn Schlag, atacaron a las instituciones religiosas planteando el problema de la identidad femenina: a través del erotismo, el ímpetu vital y la sensualidad de las jóvenes mujeres libres arrojan dudas y confusión en los sacerdotes."

Aunque los tres primeros autores mencionados son ciertamente judíos, los dos últimos podrían no serlo. En cualquier caso, podemos ver aquí claramente las convergencias entre la militancia homosexual, el feminismo y las obsesiones del judaísmo.

Travestis y transexuales

Durante siglos, todos los observadores del judaísmo han señalado la afición de los judíos a todo tipo de desviaciones sexuales. Es importante comprender que no se trata sólo de un deseo de pervertir a las naciones cristianas, como nos quiere hacer creer cierta vulgata antisemita un poco simplista, sino también de la expresión de una neurosis característica.

En *El Fanatismo judío*, hemos enumerado algunas de las películas en las que el director se complace en mostrar homosexuales, transexuales y travestis, y nos hemos visto obligados a reconocer que la mayoría de ellas fueron realizadas por directores judíos.

El 26 de septiembre de 2007, el canal Arte emitió la película *Wild Side*, de Sébastien Lifshitz (Francia, 2003): La película cuenta la historia de Stéphanie, que en realidad es un travesti: "Ella" vive en París, trabaja como prostituta en el bosque de Boulogne y pasa el resto del tiempo con Djamel, un gigoló, y Mikhail, un ruso con cara de checheno que apenas habla francés y trabaja como lavaplatos en un restaurante. Los jóvenes mantienen una relación amorosa a tres bandas. Todo en esta película es sórdido. Las escenas de homosexualidad están filmadas con gran complacencia, y les ahorraremos los detalles.

Pero he aquí la crítica de la página web del canal Arte: "Nuestro veredicto: Sébastien Lifshitz filma la búsqueda de la felicidad de un grupo de marginados con gracia y ternura." Y he aquí el nuestro: "Homosexualidad, mezcla de razas y travestis: se trata evidentemente de una película judía, dirigida por un judío".

El periódico *Direct Soir* del 2 de octubre de 2007 publicaba esta breve noticia en la página 19: "José Dayan, que dirigió *Les Rois maudits* para *France 2* y *Marie Octobre* para *France 3*, acaba de comprar un documental para *France Télévisions* sobre el tema de los transexuales. Su emisión está prevista para el año 2008."

En *Les Poupées russes* (*Las muñecas rusas*, Francia, 2005), Cédric Klapish nos ofrece una continuación de *L'Auberge espagnole* (*Una casa de locos*). Sigue presentando la homosexualidad femenina (entre mujeres blancas), pero esta vez Klapish añade el mestizaje (hombre blanco y mujer negra), el consumo de cocaína y una escena de travestismo.

Fantasy es una película israelí de Avi Hershkovitz y Sharon Hammou. Cuenta la historia de dos travestis: uno es judío y el otro es un árabe de Jaffa. Ambos son marginados de la sociedad, rechazados por sus familias y marginales en el mundo tan viril de Oriente Medio...

A Raiz do Coraçao (*La raíz del corazón*, Portugal, 2000): En Lisboa, durante las fiestas de San Antonio, los travestis se unen al júbilo popular y unas milicias se organizan para darles caza, lo que provoca la muerte de uno de ellos. La película es de Paulo Rocha.

Ma vie en rose (Francia, 1997): Los Fabres, una pareja dinámica y unida y sus cuatro hijos se instalan en una zona residencial. Ludovic, el más joven, aparece en una fiesta vestido de chica. La insistencia de Ludovic en que es una chica metida en un cuerpo de chico, y su certeza de que se casará con su novio Jerôme, acaban escandalizando a los vecinos y rompiendo la concordia familiar. Presas del pánico, los padres deciden llevar a su hijo a un psicólogo... En realidad, como se habrán dado cuenta, era al director, Alain Berliner, quien debería haber ido a consulta.

Ed Wood, de Tim Burton (EE. UU., 1994): La vida del peor cineasta de la historia del cine: Edward Davis Wood Jr, un hombre al que le encanta travestirse de mujer y vestirse con jerseys de angora.

La comedia "americana" *Junior* (1994) trata el tema de los hombres embarazados: las autoridades interrumpen la financiación de la investigación del Doctor Hesse sobre el embarazo seguro. Su socio, el ginecólogo Larry Arbogast, le sugiere que compruebe en sí mismo los beneficios de su tratamiento. Alex accede a colocarse un óvulo fecundado, al que ya han bautizado con el nombre de Junior, en el abdomen. "Embarazado", Alex se va a vivir con Larry, cuya mujer, Angela, también espera un hijo[496].

Miss Doubtfire, de Chris Columbus (EE. UU., 1993): Los Hillard se divorcian, pero el marido, que quiere volver a ver a sus hijos, se disfraza de gobernanta y es contratado por su exmujer.

La Travestie, de Yves Boisset (1987), es la historia de una joven abogada de provincia, despechada y mal amada. Se va a París y se travesti de hombre. Conoce sucesivamente a una prostituta (que se convierte en su confidente), a una mujer de clase media (a la que seduce) y a un profesor de escuela machista. De derivas en asesinato, acaba totalmente alienada. Yves Boisset fue también el director de *Dupont Lajoie*, una película muy virulentamente antirracista, lo que equivale a decir sobre todo muy antifrancesa.

---

[496] Sobre el tema del hombre embarazado léase *El Fanatismo judío*.

Levy et Goliath es una película de Gérard Oury (Francia, 1986): Moisés Levy es un judío tradicionalista de Amberes que ha roto con su hermano Albert. Llega a París y, sin saberlo, se ve envuelto en un asunto de drogas que le granjea la hostilidad del jefe de una banda, Goliat. Es salvado por un falso travesti, pero detective de verdad.

En *La ley del deseo* (España, 1986), de Pedro Almodóvar, Tina, la hermana de Pablo, es "una transexual pervertida por su padre."

El lugar sin límites es una película mexicana de 1977. El burdel es la única casa de un remoto pueblo que no pertenece al viejo diputado Don Alejo. La perdió en una apuesta con la arrendataria, la cual tuvo un romance con Manuela, un travesti. "Un guion subversivo que cuestiona las bases tradicionales de una sociedad machista y patriarcal", escribía Bouniq. El director mexicano en cuestión es Arturo Ripstein, quien, como hemos visto, también dirigió una película que normalizaba la homosexualidad y denigraba la unidad familiar.

La escalera, de Stanley Donen (EE. UU., 1969): Charlie y Harry, dos homosexuales, viven en pareja. Charlie está de mal humor porque tiene que ir a juicio por travestismo e incitación a la depravación.

El mayor y la menor, de Billy Wilder (EE. UU., 1942): Una comedia en la que aparecen hombres vestidos de mujer y policías como lores. No es la única película de Wilder en la que aparecen travestis, aunque hay que reconocer que sus películas son mucho más divertidas que agresivas.

El magacín televisado *Capital*, del canal M6, hizo una vez un reportaje sobre los placeres de la vida nocturna en Estambul, la capital turca. Los periodistas se detuvieron en un club nocturno de travestis, donde la gerente hablaba francés, con un acento parecido al de Roger Hanin, el cuñado del Presidente Mitterrand...

El 2 de abril de 2007, nos enterábamos de que el Estado de Israel había retirado a su embajador en El Salvador, Tzuriel Refael, que había sido encontrado borracho y desnudo en el patio de su residencia oficial. En Jerusalén, el Ministerio de Asuntos Exteriores confirmaba que había sido retirado, sin dar más detalles, pero la policía salvadoreña dijo que había encontrado al embajador desnudo, borracho, atado y amordazado, con una bola de goma en la boca y accesorios sexuales tirados a su lado.

También podríamos preguntarnos legítimamente si los famosos "travestis brasileños" no son simplemente judíos brasileños, los cuales son efectivamente muy numerosos en ese país.

Antes de la Segunda Guerra Mundial, el precursor de los estudios sobre homosexuales y travestis fue un sexólogo llamado Magnus Hirschfeld (1868-1935). Fue él quien fundó el primer movimiento político "gay" en 1897. Tras estudiar medicina, se embarcó en una carrera de investigador científico y, en 1920, fundó un instituto de sexología en Berlín que alcanzó renombre internacional. Se le llamaba en aquella época el "Einstein del sexo". Homosexual, judío y socialista, Magnus Hirschfeld tuvo que huir de Alemania en los años treinta. Murió en Niza en 1935, tras intentar en vano impedir la destrucción de su instituto de sexología por el régimen de Hitler. En una película dedicada a él, Rosa von Prunheim revelaba la personalidad de Magnus Hirschfeld, así como la presencia de su amigo y ángel de la guarda, el travesti Dorchen[497].

Terminemos este capítulo con Steven Cohen, un personaje verdaderamente pintoresco. Steven Cohen es un artista "sudafricano" que reside en Francia, es homosexual y activista contra el apartheid. Gérard Mayen lo describía brevemente en Internet: "Artista travestido, creador de un "Arte vivo" que toma prestado por igual de la escultura, la danza contemporánea y la *performance,* Steven Cohen reflexiona sobre su condición testimonial de homosexual, judío y sudafricano. Con crudeza y violencia, explora su compleja identidad y expone su intimidad. Con un sentido excepcional de la imaginería y una sensibilidad poco común, nos habla de las marcas indelebles de la Historia en el cuerpo. Perturbador, excesivo, hipersexual y, al mismo tiempo, altamente político, Steven Cohen aborda el judaísmo, el Holocausto y el duelo. ¡Un solo profundamente conmovedor!"

En un largo artículo titulado *El arte de Steven Cohen,* que resumimos aquí y ponemos en orden, descubrimos la verdadera naturaleza de este artista "sudafricano". Y, efectivamente, vamos a comprobar aquí que este Steven Cohen es profundamente "conmovedor"; atención, vamos a ir in crescendo:

Nos enteramos de que las *"performances"* de Steven Cohen "expresan cuestiones de identidad relacionadas con la judeidad, la homosexualidad y la raza. Cohen, que se describe a sí mismo como un "monstruo judío maricón", se hizo conocer en Sudáfrica y en otros lugares con obras a menudo controvertidas". Sus creaciones solían encontrarse en galerías de arte, pero también en espacios públicos como paradas de taxis, hipódromos

---

[497]Magnus Hirschfeld tendría una gran posteridad. En el siglo XXI el movimiento LGTB experimentó un asombroso crecimiento exponencial, erigiéndose además en el nuevo baluarte de los valores democráticos occidentales. Al respecto, se puede mencionar algunos congéneres contemporáneos de Hirschfeld como: Mara Keisling (activista estadounidense por los derechos de las personas transgénero y directora ejecutiva fundadora del *National Center for Transgender Equality*), Eliza Byard (directora ejecutiva de *Gay, Lesbian & Straight Education Network* hasta marzo de 2021), Eli Erlick (activista, escritora, académica y mujer trans fundadora de la organización *Trans Student Educational Resources*), Dean Spade (abogado estadounidense, escritor, activista trans y profesor asociado de Derecho y fundador de *Sylvia Rivera Law Project*), y Michael Silvermann y Jillian Weiss (fundador y directores ejecutivos de *Transgender Legal Defense & Education Fund* de 2003 a 2018). (NdT).

y ayuntamientos. En 1997 y 1998, Cohen y su compañero Elu, coreógrafo y bailarín, produjeron una serie de obras de "arte vivo" que presentaron en una serie de actos improvisados en espacios públicos.

En una de sus *"performances"*, "se besaron en un podio frente a un palacio de justicia donde se debatía una ley anti-homosexual". Las provocaciones de Cohen eran múltiples: En 1998, por ejemplo, "fue a recoger su cheque de finalista del FNB Vita Award enjaezado con billetes manchados de sangre y con las manos atadas a la espalda - un comentario irónico sobre la relación del artista con sus mecenas".

Todavía más fuerte: Cohen hizo una visita improvisada a una exposición de vestidos de novia, "la puesta en escena sentimental por excelencia de la heterosexualidad." Iba disfrazado de travesti, con un consolador en el ano: "el personal de seguridad se lo quitó rápidamente, participando así en la performance, antes de escoltarle hasta la puerta."

En sus espectáculos, Cohen mezclaba danza y movimiento, vestido con trajes recargados. Llevaba la estrella de David en la cara, la cabeza o el pecho manchada de sangre, sugiriendo que le había sido impuesta por la violencia, "como el ganado al que se marca". Se la aplicaba en la nariz y en la verga, "parte esencial del cuerpo en el judaísmo. El *brit milah*, el pacto de alianza con el dios del Génesis mediante la circuncisión es la marca que distingue al judío del gentil."

Su exposición de 1997, *Campo de concentración*, incluía una fotografía de Cohen a los seis años, en bikini de niña, maquillado y con coleta: "Este acto de travestismo de un niño, futuro artista, posando orgulloso para el fotógrafo, es el punto de partida de un viaje que conduce directamente de la infancia a su trabajo como *performer*, utilizando la tradición gay del drag para subvertirla."

En *Tradición* (1998), interpretada al son de la comedia musical yiddish *El violinista en el tejado*, "Cohen está suspendido del techo como si bailara en el aire y rocía un líquido oscuro que emana de su ano a su pareja, Elu, que baila debajo de él. En *Taste* (1999), utiliza el famoso himno a la vida *Lechaïm*. Su rostro está cubierto, privado de su identidad, por una máscara de látex, y lleva en la cabeza una gran estrella de David de poliestireno, que arroja al público en un ademán de *stripteaser*. Al mismo tiempo, Cohen recibe un mensaje anónimo que le ordena que no se burle de la estrella de David. A continuación, Cohen se quita la peluca y se saca unas perlas anales del esfínter. Continúa con una emisión rectal de líquido negro en un recipiente antiguo de cristal; parte del líquido se vierte en un vaso, que Cohen levanta a la salud de su público horrorizado antes de bebérselo.¡*Lechaïm*! [¡Salud!]" Demuestra así, explica el artista, que "la aceptación del maricón por él mismo es un gusto adquirido."

"En la mayoría de sus actuaciones en solitario, Cohen se introduce consoladores u otros objetos sexuales en el recto, donde los mantiene durante toda la actuación, que a menudo requiere un gran esfuerzo físico, y al final de la cual son retirados ceremoniosamente por su ayudante, Elu, en la mayoría de los casos. Cohen glorifica el ano tanto por su abyección como por ser fuente de placer."

Desde sus primeras *performances*, Cohen lleva tacones cada vez más altos, que le dificultan cada vez más caminar. "En 1999, con *Crawling...Flying*, los tacones alcanzaron el tamaño de cuernos de oryx, de un metro de largo, lo que hacía completamente imposible caminar. Steven Cohen se vio obligado a arrastrarse, por lo que dio espectáculo en lugares públicos, como delante de los colegios electorales donde los votantes esperaban en fila india para depositar sus papeletas en la urna durante las elecciones de 1999: un comentario jocoso sobre esas interminables colas y la larga marcha de Sudáfrica arrastrándose lentamente hacia la democracia. En el año 2000, presentó una de sus obras de reptación en la Gay and Lesbian Pride... Cohen, con sus tacones de oryx, parece trascender los límites del cuerpo y desafiar las leyes de la gravedad."

Cohen también había ido a provocar a los Negros. El espectáculo *Limping into the African renaissance* había empezado a las 11 de la noche del 31 de diciembre de 1999. "La obra hace referencia al concepto de "renacimiento africano" de Thabo Mbeki...El octogenario negro Dhlamini, con un globo terráqueo en la cabeza, camina delante de un Cohen cojeando hacia el futuro de África. Cohen hizo esta *performance* en una choza en ruinas. Fue aclamado como mago por el público local, pero también insultado y llamado *stabane* (hermafrodita). Poco sorprendente pues iba vestido de "drag eurocéntrico", con la cara cubierta por una máscara de bondage y un pene negro erecto en lugar de la boca; de hecho, un consolador que sobresalía de su boca, contrapunto a su propio pene blanco enjaezado. Una prótesis sujeta a uno de sus pies alargaba la pierna del bailarín, dificultando sus movimientos. "Interpretar esta pieza es un triunfo de ejecución y esfuerzo físico, una lucha similar a la de insertar el cuerpo blanco del homosexual judío en las tradiciones patriarcales y homófobas de África."

"El cuerpo judío, como señalaba el profesor Sander Gilman, es el lugar de múltiples desviaciones del imaginario de la cultura occidental. El judío es el otro esencial, portador de enfermedades, incestuoso, bestial y caníbal. El cuerpo judío lleva signos inmutables de su identidad: se suponía que la nariz denotaba al judío, pero también se pensaba que el pie del judío sufría una deformidad congénita. Las aparentes "deformidades" que se autoinflige Cohen (nariz maquillada, tacones altos) remiten a estos prejuicios."

Sander Gilman subrayaba la evidente correlación entre judaísmo y homosexualidad, pero su diagnóstico no explicaba las causas: "La identidad judía, escribía, plantea un problema porque se expresa tanto en un discurso de auto-odio como en una obstinada autodefensa, explotada por Cohen para subvertir toda política identitaria... A diferencia del otro, colonizado u oriental, para quien el color de la piel es un marcador racial evidente, el judío no es tan fácil de identificar. En el mundo de los blancos, el judío representa el otro yo - cuya amenaza está precisamente ligada al hecho de que pasa fácilmente desapercibido en la sociedad. Del mismo modo, el homosexual se ha presentado a menudo como una presencia secreta y subversiva que amenaza la estabilidad social desde dentro. En este sentido, las figuras del judío y el homosexual aparecen en la obra de Cohen no sólo como metáfora del otro en el cuerpo social, sino también como la alteridad interior, el yo híbrido."

Violadores y desequilibrados

En *El Fanatismo judío* (2007) ya hemos visto numerosos casos de médicos y psiquiatras estadounidenses que violaron a sus pacientes. En Francia se dio el caso de Gilbert Tordjman, un reputado sexólogo que fue el fundador y "Papa" de la sexología francesa. Gilbert Tordjamn fue procesado en marzo del 2002, y cuarenta y cuatro antiguas pacientes acudieron a declarar ante el juez, afirmando haber sufrido abusos por parte de este "especialista". También hemos recordado, entre otros, el caso de Thierry Chichportich, el "masajista de las estrellas", apodado "el hombre de los dedos de oro" por la élite del cine mundial. El 20 de mayo de 2006, *Le Parisie*n informaba de que había sido condenado a 18 años de cárcel por el Tribunal penal de Niza por las violaciones de trece jóvenes a las que previamente había dormido. Desde entonces se han producido otros muchos casos[498].

---

[498] Cabe señalar aquí el caso llamativo de Gérard Miller, célebre psicoanalista y profesor de universidad, omnipresente tertuliano e icono televisivo, "figura mediática de la izquierda", apodado irónicamente el "diván marqués» por *Libération* (el *"divin marquis»,* "divino marqués", era el marqués de Sade, ndt) y el "loquero rojo de lentejuelas» por *L'Express*. Miller participó políticamente en la extrema izquierda entre los años 60 y 70, para luego alejarse de ella y acercarse a la izquierda clásica. Durante años campó a sus anchas, con sus labios fruncidos, en los platós de televisión, sermoneando perentoriamente los invitados y predicando la ortodoxia izquierdista. "En 2024, más de sesenta mujeres le acusaron de comportamiento inapropiado, agresión sexual y violación, sobre todo bajo hipnosis. La revista *Elle* publicó los relatos de 41 mujeres, algunas de ellas menores en el momento de los hechos, que dieron testimonio de comportamientos problemáticos de Gérard Miller entre 1993 y 2020. Tres de ellas denunciaron violaciones y quince agresiones sexuales. Las otras veintitrés mencionaron tentativas de agresión. Todas describieron el mismo modus operandi: agresiones cometidas la mayoría de las veces después de sesiones de hipnosis. El día 19, cuatro mujeres denunciaron ante los tribunales que Gérard Miller se había comportado de manera inapropiada con ellas. Al día siguiente, una mujer de 39 años presentó una

El 7 de febrero de 2008, un ginecólogo marsellés, Patrick Azoulay, de 48 años, fue condenado por el tribunal de Marsella a tres años de prisión, y en adelante se le prohibió ejercer cualquier profesión médica. El ginecólogo fue acusado de agresión sexual con agravantes por cinco de sus pacientes. Sus víctimas se quejaban de dudosos masajes en la espalda, escenas de onanismo, roces incongruentes, tratamientos que no eran médicos y que a menudo se convertían en humillaciones. Durante mucho tiempo, ellas no se atrevieron a decir nada. El fiscal pidió una pena de siete años de cárcel, sobre todo teniendo en cuenta que el Dr. Azoulay ya había sido condenado en octubre de 2002 a dos años de cárcel, de los cuales uno incondicional - pena que nunca llegó a ejecutarse. Patrick Azoulay no acudió al tribunal. Se había dictado una orden de detención contra él en septiembre de 2003, y seguía en paradero desconocido. Según el diario regional *La Provence*, que citaba a una fuente judicial, el médico llevaba varios años huido en Israel.

También tenemos el caso de Roger Chemoul, de 61 años. El 26 de noviembre de 2007, fue condenado a 5 años de cárcel por el Tribunal de Primera Instancia del Ródano. Roger Chemoul fue procesado por violar en 2003 a una enfermera que trabajaba en la misma residencia de ancianos que él, en Tarare. Su defensa no convenció a los miembros del jurado. Roger Chemoul afirmaba ser víctima de un complot: "De hecho, fue el Doctor Champin, director de la residencia de ancianos de Montvenoux, quien quiso vengarse de mí porque había facilitado a *Lyon Mag* información para su reportaje sobre el escándalo de la residencia de ancianos". Tras rechazar durante mucho tiempo las insinuaciones de Roger Chempoul, la enfermera acabó por doblegarse porque era su superior y la amenazó con hacerle perder su empleo. Chemoul abusó entonces de ella en dos ocasiones: una primera vez sobre una mesa de motricidad y una segunda vez de pie en el cuarto de baño de una habitación ocupada por un enfermo. Pero en la audiencia, Roger Chemoul, seguro de sí mismo, negó los hechos, explicando que su pene era demasiado pequeño para permitir mantener relaciones sexuales de pie con la víctima. Esta línea de defensa fue retomada por su abogado, Alain Jakubowicz, pero sin resultado. El fiscal requirió 7 años de cárcel.

El 3 de noviembre de 2007, el semanal *Marianne* informaba sobre el caso de André Hazout, un famoso ginecólogo parisino que también era una eminencia internacional en el campo de la fecundación in vitro. Por lo visto,

---

denuncia ante la fiscalía de París por una violación cometida cuando ella tenía 17 años; según su abogado, el delito no había prescrito. El 23 de febrero, la fiscalía de París anunció que había abierto una investigación preliminar sobre la base de seis denuncias. El 29, France 2 emitió el testimonio de tres mujeres en su programa *Envoyé spécial* que acusaban a Miller.» (fuente wikipedia). (NdT).

el ginecólogo realizaba exámenes ginecológicos bastante exhaustivos. Una paciente denunció que, durante la consulta, el ginecólogo se había bajado los pantalones y la había penetrado hasta que sonó el teléfono: "Se retiró para contestar al teléfono, me quedé atónita", declaró a los investigadores de la Policía Judicial. Unas seis pacientes que acudieron a su consulta con problemas de infertilidad presentaron denuncias a partir de julio de 2005, y muchas otras no pudieron hacerlo por culpa de la prescripción de los hechos. Las primeras denuncias ante el Consejo Médico se remontaban al año 1991. "Estas mujeres eran estériles, y él era su última esperanza. Confiaban plenamente en el médico", afirmaba uno de los abogados de las víctimas. "Hubo solidaridad por parte del cuerpo médico en detrimento del cuerpo de las pacientes", decía indignado otro abogado. A finales de octubre de 2007, el especialista en fecundación in vitro fue puesto bajo control judicial y se le prohibió ejercer la medicina.

El 16 de junio de 2003, el diario *France Soir* informaba del caso de un rabino de Perpiñán. Fue acusado de violación por una mujer de 60 años que afirmaba haber sido víctima del rabino durante varios meses. Según el diario *Le Midi libre*, el caso comenzó en marzo del 2000, cuando la víctima, que intentaba montar un negocio comercial, conoció al rabino. Éste la obligó rápidamente a mantener relaciones sexuales no consentidas, amenazándola con hacer fracasar su proyecto profesional. Según la sexagenaria, este acoso duró hasta junio del 2001. En diciembre de ese mismo año, decidió denunciar a su agresor por acoso sexual y moral. Luego, en marzo de 2002 se presentó una segunda denuncia, esta vez por violación. La mujer había procurado conservar las sábanas manchadas con el semen del rabino. Mientras se encontraba bajo custodia policial, el rabino negó cualquier relación sexual con la mujer de 60 años, antes de retractarse en presencia del juez de instrucción. La posibilidad de realizar un análisis de ADN del esperma de las sábanas le ayudó a recuperar la memoria.

Una vez más, podemos ver que las perversiones sexuales parecen ser una especialidad de los cineastas judíos. He aquí *Swoon*, de Tom Kalin (EE. UU., 1992): en 1924, Richard Loeb y Nathan Leopold, vástagos de familias muy acomodadas de Chicago, son dos brillantes intelectuales judíos de dieciocho años, unidos por una relación homosexual. Secuestran a un niño de catorce años, Bobby Franks, lo golpean hasta la muerte y lo violan. La película estaba basada en una historia real que atrajo la atención internacional en su momento. Los dos adolescentes fueron condenados a cadena perpetua. Richard fue asesinado y Nathan salió en libertad treinta y tres años después.

También hay muchas prostitutas en el cine cosmopolita: *La Vie devant soi* es una película de Moshé Mizrahi (Francia, 1977): En el barrio de Belleville, Madame Rosa es una anciana judía enferma, antigua prostituta que acoge a hijos de prostitutas de la calle. Está especialmente encariñada con Momo, un chico árabe de catorce años al que ha educado en la religión hebrea. El guion está basado en una novela del célebre Romain Gary (Roman Kacew).

Secret Ceremony, de Joesph Losey (Reino Unido, 1969): Leonora, una prostituta, visita la tumba de su hija. La sigue una extraña joven, ninfómana, que se entrega a juegos perversos.

Repulsion (Reino Unido, 1965) es la historia de una chica neurótica que cae en una locura asesina. Carole tiene fobias. Todas las noches sueña que un hombre la viola. Roman Polanski debió de inspirarse en varios casos familiares.

En *Belle de jour* (1966), del mexicano Luis Buñuel: una mujer de clase media pasa las tardes en una casa de reuniones. Hay un ginecólogo masoquista y un duque necrófilo. El guion es de Joseph Kessel.

Está claro que la necrofilia no deja indiferente algunos directores. *El horrible secreto del doctor Hichcock* es una película de Riccardo Freda (Italia -Reino Unido, 1962): En el Londres de 1885, el doctor Hichcock regresa a su casa solariega con Cynthia, su segunda esposa. Cynthia no soporta la atmósfera opresiva de la casa. Una noche de tormentas, descubre el ataúd de la primera esposa de su marido. Resulta ser un necrófilo. Utiliza los cadáveres del hospital donde trabaja para satisfacer su sórdido vicio.

La sombra de la noche es una película de Ole Bornedal (EE. UU., 1998): un viejo vigilante nocturno revela a su sustituto en el instituto forense que un antiguo guardia necrófilo violaba los cadáveres de las mujeres del instituto. Al mismo tiempo, un asesino en serie apuñala y arranca la cabellera a prostitutas. Pronto ocurren cosas extrañas en la morgue. El guion es de Steven Soderbergh.

Santa Sangre (México, 1989) presenta de nuevo a un asesino en serie de prostitutas. Orgo dirige un circo. Concha, su mística esposa, le quema el pene cuando descubre su infidelidad. Orgo le amputa ambos brazos antes de suicidarse. Su hijo Fénix, perturbado por estas atrocidades, es internado en una clínica psiquiátrica. Escapa a los veinte años y cae bajo el control de una madre posesiva que utiliza la hipnosis para obligarle a matar a cualquier mujer que se le acerque. La película fue dirigida por un auténtico mexicano: Alejandro Jodorowski. "Se trata de una obra de gran riqueza visual, inquietante, atroz y sublime, digna del mejor cine surrealista. Puede chocar, pero nunca dejará indiferente", escribía Bouniq que concedía cuatro estrellas a la película.

La Vie, l'amour, la mort es una película de Claude Lelouch (1968): François Toledo, obrero de una fábrica de automóviles, lleva una vida tranquila con su esposa Janine. Se enamora de Caroline, con la que se cita en un hotel. Un día es detenido. Ha sido denunciado por su suegra, que lo reconoció como asesino de prostitutas. Durante ataques de impotencia, las estrangulaba para resarcirse de su humillación como varón. Aunque su estado era más propio de la psiquiatría que de la justicia, fue condenado a muerte y guillotinado[499].

La noche de los generales (Francia-GB, 1966): En la Varsovia de 1942, una mujer es víctima de un crimen sádico. Según un testigo, se trata de un crimen cometido por un general alemán. La película es de Anatole Litvak.

Tira a mamá del tren es una comedia de Danny de Vito (EE. UU., 1987): Donner, escritor y profesor, odia a su exmujer, que se ha hecho famosa al firmar una novela escrita por él. Uno de sus alumnos sueña con matar a su madre, a la que considera abusiva. ¿Por qué no intercambiar sus crímenes?

En *Rampage* (EE. UU., 1987), un psicópata mata seis veces de forma horrible, cada vez extrayendo órganos de los cuerpos de sus víctimas. Una película de William Friedkin.

La Classe de neige (Francia, 1998): Nicolas, un niño tímido y frágil, es llevado por su padre a una escuela de nieve. Pronto desaparece un niño de la localidad y se descubre que unos hombres trafican con órganos. La película es de Claude Miller. Sobre el tema del tráfico de órganos, los lectores pueden consultar nuestro anterior libro sobre *La Mafia judía* (2008).

En *Viridiana* (España, 1961), Luis Buñuel revela sus fantasías sexuales (fetichismo, condena de la castidad) y reafirma su odio anticatólico (el crucifijo-cuchillo). También vemos una orgía de mendigos parodiando la Última Cena. La película fue premiada en el Festival de Cannes.

Du Sang pour Dracula, de Paul Morissey (Francia-Italia, 1974): Escasez de sangre de vírgenes para Drácula: una especie cada vez más rara debido a la relajación de la moral. Se ve a Drácula lamiendo la sangre de menstruaciones.

En *Ciudad del crimen* (EE. UU., 1984), Abell Ferrara filma el sadismo, las drogas, el exhibicionismo y el voyerismo. *Maniac* (EE. UU., 1980), de William Lustig, es la historia de un maníaco que arranca la cabellera a sus víctimas.

---

[499] Jack el Destripador, que aterrorizó Londres en 1888, también era un asesino de prostitutas. El 14 de julio de 2006, el muy serio periódico inglés *Times*, en su edición digital, informó sobre este caso, utilizando las notas manuscritas del policía de Scotland Yard que dirigió la investigación. El oficial retirado, Donald Swanson, dio el nombre del hombre que creía que era Jack el Destripador: Aaron Kosminski, un peluquero judío de Polonia que vivía en Whitechappel, al este de Londres. La policía lo había identificado, habiéndose incluso producido un careo con un testigo que dio positivo. Pero este testigo se retractó al enterarse de que el culpable también era judío. Kosminski había sido detenido tras amenazar a su hermana con un cuchillo. Juzgado demasiado enfermo mental para ser interrogado, fue entregado al cuidado de su hermano en una casa de Scotland Yard en Brighton. Tiempo después fue internado en un manicomio, donde murió poco después. Léase también sobre el caso en *La Mafia judía*.

La Noche de halloween, es una película de John Carpenter (EE. UU., 1978): Una noche de Halloween, un joven es presa de un frenesí asesino.

The Mad Bomber, de Bert Gordon (EE. UU., 1972): Un hombre cuya hija ha muerto de sobredosis castiga a la sociedad poniendo bombas en lugares públicos. Violaciones, asesinatos a sangre fría, extorsión de confesiones, voyerismo, exhibicionismo y mucho más.

Les Heroïnes du mal (Francia, 1979): A Marceline le encanta hacer el amor con su conejo blanco. Sus padres se lo hacen comer en civet. Ella se venga entregándose carnalmente a un carnicero que se acaba ahorcando delante de ella. Después ésta degüella a sus padres con un cuchillo. Esta obra es Walerian Borowczyk. Claude Bouniq-Mercier escribía al respecto: "Boro va un paso más allá en la transgresión de los tabúes y la búsqueda del placer, lejos de toda moral represiva. Además, realiza una bella película con una estética delicada y rebuscada".

Mister Frost es una película de Philippe Setbon (Francia, 1990): El inspector Detweiller detiene a Mister Frost, un asesino de origen desconocido que permanece misteriosamente en silencio. Dos años más tarde, el señor Frost accede finalmente a hablar con una joven psiquiatra, la doctora Sarah Day. Él afirma ser el diablo. Sarah sucumbe a sus malvados encantos, su razón flaquea y llega a cometer lo irreparable: asesina a su paciente. Esta película parece un sumidero para los deseos suicidas de algunos.

Pedomaniacos

La pedomanía en la comunidad judía está mucho más extendida de lo que parece. Los medios de comunicación franceses e internacionales guardan casi absoluto silencio sobre este fenómeno y proyectan el mal sobre los sacerdotes católicos. En realidad, el fenómeno está mucho más extendido dentro de la secta judía, y en particular entre los judíos ortodoxos. Desde la publicación de *Psicoanálisis del judaísmo* en el año 2006, el número de testimonios y casos judiciales que hemos documentado sobre este tema es ya tan grande que hemos decidido no publicarlos todos.

En Estados Unidos, se ha creado un sitio web – *the awareness center* - para registrar estos casos bochornosos. Las víctimas se han agrupado en la Coalición Judía contra las Agresiones y los Abusos Sexuales (JCASA). Desde hace unos diez años, esta asociación lucha contra la pederastia en los círculos religiosos judíos de Israel, Estados Unidos y el resto del mundo. A raíz de las investigaciones realizadas, se publicó en Internet una primera lista de 104 rabinos israelíes y estadounidenses, la mayoría de los cuales habían sido procesados por agredir sexualmente a niños. Una segunda lista de 267 nombres se refería a profesores y responsables de asociaciones juveniles judías. A ésta siguió otra lista de 93 casos de pederastia, la mayoría cometidos por rabinos en Israel. Pero cada semana, la prensa estadounidense e israelí informan de nuevos casos, hasta el punto de que ya ni siquiera podemos seguir publicando la información en nuestro sitio web.

El caso de Eugène Abrams, de Long Island (Nueva York), ilustra muy bien el fenómeno: en 1974 fue condenado a diez años de cárcel por 77 violaciones, actos de sodomía e incesto con niños y obscenidades con cinco niñas, incluida la suya. También fue condenado por dirigir una red nacional de pornografía infantil desde Long Island y Florida. Tras diez años en prisión [solamente, ndt], fue condenado de nuevo por agredir sexualmente a una niña de 4 años y medio.

Un artículo de Elana Schor en el diario británico *The Guardian* el 2 de julio de 2008 señalaba a uno de los hombres más ricos de Estados Unidos, Jeffrey Epstein. Éste pasaba regularmente sus vacaciones con el príncipe Andrew y alquilaba su avión privado a Bill Clinton, el ex presidente de los Estados Unidos. Pero había aceptado una condena de 18 meses de cárcel en Florida tras declararse culpable de realizar insinuaciones sexuales a niñas de 14 años. Jeffrey Epstein, de 55 años, debía someterse a pruebas de VIH y comunicar su diagnóstico a las familias de sus víctimas. A mediados de los 80, Epstein, propietario de una entidad bancaria, había comprado una isla caribeña y era muy conocido en el mundo financiero por su discreción con respecto a sus clientes. Las autoridades de Florida empezaron a seguirle la pista en el año 2005 a raíz de la denuncia de una joven reclutada por el multimillonario[500].

---

[500] El caso Jeffrey Epstein se convirtió en uno de los mayores escándalos de la década en EE. UU. El estadounidense Dylan Howard es autor de un libro de investigación: *L'affaire Epstein: Espionnage, caméras vidéos, prostitution de mineures et chantage*, Le Jardin des Livres, 2020. Reproducimos a continuación la nota de introducción del libro de la página Amazon: "Por primera vez, presentamos la vertiginosa vida del multimillonario Jeffrey Epstein, confidente de Bill Clinton, que durante 20 años, por cuenta de los servicios israelíes, engañó a miles de diputados, senadores, hombres de negocios, periodistas, estrellas de cine, científicos de renombre, rectores y decanos de universidad, primeros ministros, príncipes y princesas (incluido el príncipe Andrew), e incluso presidentes con su red de jovencitas prostitutas. Desde su ascenso como profesor de matemáticas hasta su fracasada carrera en Wall Street, le seguimos hasta su fama y caída, incluido su trascendental encuentro con Ghilaine Maxwell, la hija de otro gran espía del Mossad, Robert Maxwell, que compró los medios de comunicación británicos en nombre de Israel. Aunque decía ser millonario gracias a Wall Street, en realidad Epstein se había convertido en un proxeneta especializado en los ultrarricos y todopoderosos, que sólo exigen una cosa: total discreción. Invitaba a todos los famosos a sus diversas propiedades de lujo, tanto privadas como en París, donde todas las habitaciones estaban equipadas con sistemas de sonido y cámaras muy discretas. Al suministrarles regularmente jovencitas, Epstein había creado la mayor red internacional de pedófilos, hasta el punto de que su avión fue apodado "Lolita Express" por los

Goel Pinto, periodista gay que había crecido en la comunidad judía ortodoxa de Jerusalén, se exilió en Tel Aviv y renunció a la religión judía. Más tarde declaró haber sido violado de niño por un judío ortodoxo en un *mikve*, el baño ritual que purifica a los jóvenes. Según la ley judía -la *Halajá*-, los judíos que denuncian estas agresiones sexuales tienen el estatus de *"moiser"* (delator) y pueden ser agredidos o asesinados tras una excomunión formal, el *herem*. El rabino Nochum Rosenberg, que formaba parte de la comunidad jasídica de Brooklyn, en Nueva York, era conocido por su enérgica acción en todo el mundo. También emprendió una cruzada contra las violaciones de niños en las comunidades judías ortodoxas. En julio del 2008, durante una visita a la comunidad de Londres, fue violentamente agredido por un grupo de judíos jasídicos. En Estados Unidos, la secta Jabad-Lubavitch, una de las principales ramas del movimiento jasídico[501], estaba representada y protegida por Michael Chertoff, Secretario de Seguridad Nacional de Estados Unidos y estrecho colaborador del presidente estadounidense George Bush.

Cabe señalar aquí que los homosexuales son estadísticamente más propensos a la pedofilia que los heterosexuales. Así lo demostró una encuesta realizada en Los Ángeles en 1983 entre 3.132 adultos. La encuesta reveló que el 3,8% de los hombres y el 6,8% de las mujeres habían sufrido abusos sexuales en la infancia. El 93% de los agresores eran hombres, y el 35% de ellos eran homosexuales. Otro estudio de los doctores Freund y Heasman, del Instituto Clarke de Psiquiatría, realizado sobre 457 pedomaniacos, concluyó que el 34% de ellos eran homosexuales.

En Francia, el control de los medios de comunicación sobre este tema es ejemplar. El caso Leonid Kameneff causó cierto revuelo por su magnitud, pero nunca se reveló el judaísmo del principal protagonista. En los años 80

---

controladores aéreos, un avión en el que volaban regularmente Bill Gates y Bill Clinton. Luego vendía los vídeos a los servicios de inteligencia. Detenido por segunda vez por la policía estadounidense por "tráfico de menores", fue hallado muerto en circunstancias espectaculares en agosto de 2019 en su celda del Metropolitan Correctional Center de Nueva York. Un suicidio que alegró a todas las celebridades cuyos nombres aparecían en su famoso "Libreta Negra". Esta investigación, dirigida por el gran reportero Dylan Howard y asistido por otros dos periodistas estadounidenses, saca a la luz increíbles revelaciones sobre las actividades de Epstein, su "Madame" Ghislaine Maxwell y la forma en que esclavizaron a estas jóvenes para los ultraricos, así como los abusos que sufrieron. Este libro no está censurado y contiene documentos nunca antes publicados obtenidos por el autor, que ha seguido el asunto Epstein desde su primera estancia en prisión en Florida. Esto no impidió que Bill Gates, el hombre que quiere vacunar a todos los habitantes del planeta, volver a volar con él en el "Lolita Express" al menos 4 veces, ¡mucho después de salir de la cárcel!». (NdT).

[501] Sobre el jasidismo y los Jabad-Lubavitch léase *Psicoanálisis del judaísmo* y varios casos en *La Mafia judía*. (NdT).

y 90, Léonid Kameneff dirigió la asociación *"L'école en bateau"*(*La Escuela en barco*). El antiguo capitán de barco acogía en su embarcación a adolescentes para estancias en el mar destinadas a ayudar al "desarrollo intelectual, psicológico y social de los niños". En cada sesión, una decena de niños de entre 9 y 16 años se embarcaban en un crucero educativo bajo la autoridad del capitán Kameneff y sus segundos de a bordo. En los últimos veinte años, trescientos alumnos habían recibido clases a bordo.

En 1994, Kameneff fue detenido por primera vez en Martinica, pero un vicio de forma hizo que se anulara el procedimiento y el depredador quedó en libertad tras dos meses de prisión. El hombre fue acusado de haber violado a menores de 15 años con abuso de autoridad entre agosto de 1979 y 1992. Varios de sus antiguos alumnos, menores de edad en aquel momento, se habían quejado de abusos sexuales. Una treintena de jóvenes que habían navegado en el barco escuela habían denunciado, entre otras cosas, sesiones de masaje o de masturbación colectiva, y catorce de ellos habían presentado demandas civiles, ya que los hechos denunciados por las demás víctimas habían prescrito.

En 2002, el caso se reabrió cuando un hombre de 26 años presentó una denuncia, declarando a la policía que había sufrido abusos sexuales cuando era niño. Posteriormente se tomaron otras declaraciones. En enero de 2006, la prensa informó de que "profesores y alumnos realizaban sesiones de masajes desnudos, seguidas de caricias y, a veces, actos sexuales entre adultos y adolescentes en las literas". El asunto dio lugar a varios reportajes televisivos. El caso se trasladó entonces de Martinica a la metrópoli. De las 27 víctimas identificadas, doce decidieron presentar una denuncia contra Léonid Kameneff.

El 25 de mayo de 2007, la justicia francesa emitió una orden de detención internacional contra él, y en enero de 2008, a la edad de 72 años, Léonid Kameneff fue detenido en Venezuela y extraditado a Francia, donde fue encarcelado inmediatamente.

El 16 de abril de 2008, el semanal *Minute* publicaba un largo artículo sobre el tema, recordando otro caso, el del Coral. En octubre de 1982, un escándalo saltó a los titulares cuando varias personalidades públicas fueron acusadas de abusar de jóvenes niños inadaptados en el Coral, un centro creado en 1975 por Claude Sigala cerca de Nimes. Pero el caso no reveló todos sus secretos.

En febrero de 1997, el juez Jean-Paul Vallat, que investigaba el escándalo de las escuchas telefónicas de la llamada célula antiterrorista del Elíseo, en tiempos del presidente François Mitterrand, descubrió los archivos ocultos de Christian Prouteau, antiguo jefe de la unidad creada en 1981. Allí encontró el expediente Coral, prueba de que el caso era seguido de cerca en las altas esferas. En abril de 1997, el capitán Barril, que había trabajado a las órdenes de Christian Prouteau en 1982, confirmó esta hipótesis:

"Recuerdo que nos alertaron para que detuviéramos la investigación sobre la red de pedofilia del Coral debido a las personalidades implicadas."

En el origen de toda la historia del Coral, escribía el periodista de *Minute*, estaba un tal Jean-Claude Krief. En octubre de 1982, éste había escrito una confesión: "Me llamo Jean-Claude Kreif, nací el 1 de junio de 1961 en Argenteuil; hijo de padres enfermos, estuve internado en una institución de la DDASS durante trece años, tras los cuales decidí emigrar a Israel para ocuparme de los niños."

De vuelta a Francia, Jean-Claude Krief fue introducido en el Coral a través de unos amigos a finales de 1981: "Pasé las fiestas en el Coral y descubrí que allí todo el mundo era pedófilo y que follar con niños no era ningún tabú. Lo que descubrí también es que numerosos personajes famosos iban regularmente a dar rienda suelta a sus instintos sexuales, por supuesto con niños pequeños que no tenían familia ni voz." Y proporcionaba una lista de visitantes del Coral. En ella figuraban un ministro en ejercicio en aquel momento, el hijo de un exministro, un alto magistrado, dos escritores famosos, dos psiquiatras, un periodista, un músico, dos fotógrafos y... Léonid Kameneff, creador de la Escuela en barco. Las acusaciones de Krief nunca fueron confirmadas y, es más, el hombre se retractó de ellas dos meses después, afirmando haber sido manipulado por la policía como agitador de extrema izquierda. Krief desapareció entonces de la vista de todos. Para algunos, estaba muerto. Para otros, estaba en Israel.

Se llego a rodar una película sobre el Coral: *Visiblement, je vous aime* (Francia, 1995): Psicóticos y delincuentes juveniles viven aquí "en total libertad y confianza, para reintegrarse mejor en el entorno social", escribía Bouniq-Mercier en *Le Guide des films*. Y concluía: "Una obra generosa y fascinante sobre la libertad y el derecho a ser diferente". La película es de Jean-Michel Carré, con guion de Claude Sigala, que se interpreta a sí mismo.

Twinky es una película del muy cosmopolita Richard Donner (Estados Unidos, 1991): un estadounidense de unos cuarenta años, autor de novelas eróticas, vive en Londres. Conoce a una colegiala de dieciséis años y quiere casarse con ella. Será un fracaso. Un fracaso previsible, como el de la película.

Algunos cineastas indios también compartían las mismas obsesiones. He aquí *Split wide open* (India, 1999): Kepi es un zascandil de Bombay. Un día recibe una paliza de los secuaces de unos poderosos mafiosos. Está enamorado de Didi, una niña de diez años, pero un día ella desaparece, secuestrada por proxenetas para ser entregada al placer de ricos pedófilos. La película es de Dev Benagal, un auténtico indio por lo visto. Pero éste no nos decía nada sobre la verdadera naturaleza de estos mafiosos, secuestradores y ricos pedófilos.

Betty Fisher et autres histoires es una película de Claude Miller (Francia, 2001): Betty Fisher es una escritora de éxito. Lo tiene todo para ser feliz, hasta la muerte accidental de su hijo pequeño. Su madre Margot, aquejada de ataques de demencia, se propone secuestrar a un niño para sustituir al desaparecido.

Los Creyentes (Estados Unidos, 1987). Esta era de esperar: en Nueva York, niños pequeños son secuestrados y asesinados ritualmente. El psicólogo Jamison descubre la existencia de una secta, la Santería, que practica una variante cubana del vudú. La película está dirigida por John Schleisinger, que no pertenece a ninguna secta vudú, obviamente.

En la misma línea, tenemos también *El hombre de Kiev* (EE. UU., 1969): En Kiev, en 1911, tiene lugar un horrible pogromo, y no sabemos por qué (como de costumbre). Tras haber logrado escapar a la masacre, un artesano judío acude en ayuda de un rico burgués ruso, que lo toma a su servicio. Pero cuando el artesano rechaza las insinuaciones de la hija de su jefe, ésta le acusa de violación. Pronto, el judío es acusado también del asesinato ritual de un niño por un sacerdote cristiano fanático. Es horriblemente torturado en la cárcel y condenado a muerte. Las democracias occidentales intervienen y el mundo está al borde de la guerra, una vez más, para salvar a un hijo de Israel. Afortunadamente, el pobre judío será absuelto de tan horrible crimen. Los judíos son aquí exonerados colectivamente de los crímenes rituales de los que se les acusa en casi todos los países de Europa y Oriente Medio. Una película del director John Frankenheimer.

El Coleccionista es una película de William Wyler (EE. UU, 1965): Un coleccionista de mariposas secuestra a una niña y la retiene en su casa. Cuando ella muere, elige a otra.

La inversión acusatoria también es evidente en la película de Peter Webber *Hannibal Lecter, los orígenes del mal* (2007), que revela la infancia del famoso Hannibal Lecter, el asesino psicópata caníbal de *El silencio de los corderos*: de pequeño, durante la guerra en Lituania, vio cómo su hermana pequeña era devorada ante sus ojos por soldados rusos hambrientos. Ya adolescente, Hannibal busca venganza y persigue a los criminales, uno por uno, para comerse sus cerebros. Uno de ellos se ha convertido en restaurador en una región francesa, y Hannibal saborea el destino que le tiene reservado. Se sienta a una mesa y observa a su futura víctima. Nos enteramos entonces de que el dueño del restaurante, este asesino de niños es también un buen cristiano que quiere que sus hijos vayan a la iglesia[502].

---

[502] Sobre el asesinato de niños cristianos, léase el libro del profesor Areil Toaff, publicado en febrero del 2007 y titulado *Pasque di sangue* (*Pascua de sangre, los Judíos de Europa del Este y las acusaciones de crimen ritual*). El profesor Toaff es docente en la universidad Bar-Ilan de Jerusalén. Léase en *El Fanatismo judío*.

Otro ejemplo bastante típico de inversión acusatoria es la obra del dramaturgo estadounidense David Mamet, *Romance*, representada en París en el año 2006. Un artículo de Pierre Karch, publicado en *L'Express* (versión digital) el 30 de mayo, presentaba la obra de teatro David Mamet: "Su última obra, *Romance*, denuncia la hipocresía de lo políticamente correcto. Pero lo hace a través de la risa... En esta obra de 75 minutos, representada sin entreacto, no hay respeto por nada ni por nadie. Los judíos se burlan de los cristianos, cuyos sacerdotes sodomizan a los monaguillos, y los cristianos bendicen al cielo por no haber nacido judíos". La verdad es que son sobre todo los judíos los que manifiestamente tienen la costumbre de sodomizar a sus hijos, como veremos más adelante, y siguen siendo los judíos los que bendicen diariamente a Yahvé por no haber nacido goyim ni mujeres. Naturalmente, el autor de esta obra también hacía apología de la homosexualidad, como podemos leer en la reseña de Pierre Karch: "El fiscal tiene un amante, Bernard, al que llama Bunny...El juez pasó una semana en la isla española de Ibiza con el ujier..." El juicio se alarga porque cada uno pone sobre la mesa sus propios problemas personales. "En uno de sus raros momentos de lucidez, el juez, pedófilo e incestuoso, declara que todos somos culpables, pues esa es la posición cristiana, la del "mea culpa" y la del justo que peca al menos siete veces al día." Pierre Karch concluía que la obra era "un golpe maestro".

La obra *Blackbird* (2008), de David Harrower, es más bien sospechosa. Esto era lo que se podía leer sobre ella en Internet: "¿Puede existir el amor entre una niña de doce años y un hombre de cuarenta? Uma tenía doce años en el momento de esta relación con un vecino de cuarenta. Interrogada por la policía, se resistió a denunciar al que consideraba su enamorado." La puesta en escena es de Claudia Stavisky, con un guion en francés de Zabou Breitman y Léa Drucker: "La actriz Léa Drucker intentará suceder a su prima Marie Drucker por el título de "*Femme en or*" 2008."

Todas estas desviaciones sexuales están expresadas en el Talmud, el libro sagrado del judaísmo, que contiene las enseñanzas de los rabinos y que los judíos consideran incluso más importante que la Torá. Ya hemos estudiado esta cuestión en nuestros anteriores libros[503].

---

[503] Léase en *Psicoanálisis del judaísmo*. Gérard Haddad escribía en su ensayo *Las Fuentes talmúdicas del psicoanálisis*: "Sin embargo, lo cierto es que el interés del pensamiento hebraico por la sexualidad ocupa un lugar central, en absoluto embrionario. Es, junto con el arte midráshico [el comentario y la interpolación oral del texto de la Torá, ndt], el punto en el que los dos sistemas de pensamiento - judaísmo y psicoanálisis- revelan esta afinidad, que proviene de la finalidad misma de los dos discursos. El psicoanálisis es sin duda el que se esfuerza por acercarse lo más posible a la economía del goce, cuestión que precisamente ocupa un lugar primordial en el judaísmo, esforzándose incluso, según Lacan, por dar "el modo de empleo". Basta para convencerse de ello con releer el Libro del Eclesiastés, - y todo el Talmud desarrolla

A continuación, resumimos lo esencial: Sanedrín 54b-55a explica cómo los adultos pueden abusar de los niños pequeños. Mientras no hayan alcanzado la madurez sexual, no son fisiológicamente capaces de mantener relaciones sexuales, y no se les considera personas y, por tanto, las leyes sobre la sodomía no les concierne. Se dedican muchas páginas a la supervisión de la pedomanía y la "cohabitación" con niños pequeños. El Sanedrín 55a establece claramente que un niño se considera sexualmente maduro a la edad de 9 años y un día, y una niña a la edad de tres años y un día.

Ted Pike fue director del National Prayer Network, una asociación cristiana de Estados Unidos. En un artículo titulado *Pedofilia, el sucio secreto del Talmud*, publicado en octubre de 2006, citaba a Shimon Bar Yojai, un famoso rabino del siglo I d.C., uno de los principales contribuyentes a la redacción de la *Mishná* y, según la Tradición, el autor del libro del Zohar, la "biblia" de la Cábala: "A una prosélita de menos de tres años y un día se le permite casarse con un sacerdote sin ser considerada una prostituta (Yebamot 60b). Para una niña pequeña, la enseñanza de Bar Yojai es clara: las relaciones sexuales están permitidas antes de los tres años, y el matrimonio con un rabino a partir de los tres años y un día (Sanedrín 55b, pero también Yebamot 57b, Sanedrín 69a, 69b, Yebamot 60b).

El nombre de Shimon Bar Yojai sigue siendo venerado por tales arbitrajes por muchas congregaciones judías ultraortodoxas. La nota del Sanedrín 60b rechaza explícitamente el derecho de cualquier rabino a impugnar su versión. En la ciudad israelí de Meron, donde nació Bar Yojai, tiene lugar cada año una gran peregrinación en la que cientos de miles de judíos cantan y bailan durante varios días y noches seguidos para celebrar la memoria del bendito rabino. Shimon bar Yojai sigue siendo reconocido como uno de los mayores sabios talmúdicos y uno de los rabinos más influyentes de la historia. En la traducción inglesa del Talmud de 1936 - la llamada versión Soncino - se menciona simplemente al final de la página que "los matrimonios, por supuesto, tenían lugar mucho antes que hoy". (Sanedrín 76a). Es cierto que los judíos solían casar a sus hijos muy pronto. En su novela de 1967, *La casa de Jampol*, Isaac Bashevis Singer lo confirmaba: "En otros tiempos, las niñas de ocho años ya eran entregadas en matrimonio[504]".

Freud, como sabemos, había estudiado el *Malleus Maleficarum*, el "Martillo de las Brujas", publicado en 1486. Ernst Jones escribía en su

---

indudablemente esta vía.» En Gérard Haddad, *Les Sources talmudiques de la psychanalyse* (1981), Desclée de Brouwer, Poche, 1990, p. 244-245.

[504] Isaac Bashevis Singer, *La casa de Jampol*, Ed. digital German25, p. 60. Véanse otros ejemplos en *Psicoanálisis del judaísmo*.

biografía del maestro: "Freud se sintió especialmente impresionado por el hecho de que las perversiones sexuales que el diablo practicaba con sus adictos eran iguales a los relatos que los pacientes hacían acerca de su infancia, y de allí se le ocurrió sugerir que tales perversiones eran reliquia de una herencia proveniente de un antiguo culto sexual semirreligioso de los semitas (24 de enero de 1897)[505]."

2. La secta incestuosa

Los judíos han estado obsesionados con el incesto desde el principio de los tiempos. Los testimonios directos son bastante raros, ya que los afectados se mantienen muy discretos al respecto, y muy pocas víctimas de incesto presentan denuncias contra sus propios padres. Pero si leemos los judíos con un espejo, uno se da cuenta de que este problema sigue siendo lancinante en la producción cultural del judaísmo[506].

Entre un padre y su hija

Barbara fue una conocida cantante francesa en los años 60 y 70. Tras su muerte, en noviembre de 1997, se reveló que esta judía de origen húngaro había sido violada por su padre. El secreto se había mantenido oculto durante mucho tiempo, pero se dijo que ella "lo desvelaba en el escenario a quienes sabían oírlo". En una de sus canciones, *Au coeur de la nuit*, aludía a este hecho. "El trabajo analítico que se negaba a hacer en un diván, lo hacía en el escenario", escribía el semanal *Marianne* del 1 de noviembre de 2007: "Barbara volvería muy elípticamente sobre este trauma en su autobiografía, *Il était une fois un piano noir*: "Una tarde, me escapé para huir de mi padre. No podía más. Caminé, caminé". Se lo contó todo a la policía, que le aconsejó que volviera a casa, ya que era menor de edad. Pero si bien la confesión es breve, la herida supura en sus más bellas canciones: *De Nantes* (1963) a *Aigle noir* (1970), la muerte de su padre en 1959 acelera la transformación de la artista... Había que exorcizar este drama." Y el periodista de *Marianne* proseguía: "Casi olvidamos que esta mujer utilizó esta herida íntima para revolucionar otros tabúes. En un giro totalmente

---

[505] Ernst Jones, *Freud (I)*, Salvat Editores, Barcelona, 1985, p. 259
[506] Hemos evocado esta cuestión crucial en *Psicoanálisis del judaísmo* y *El Fanatismo judío*.

asumido, casi provocativo, Barbara canta a los amores considerados incestuosos por la sociedad. *Marie Chevenance* cuenta la historia de una relación amorosa entre una chica muy joven y un hombre de edad madura. "Siempre he pensado que los amores más hermosos eran los amores incestuosos"."

Sophie Jabès es una novelista "francesa" nacida en Milán en 1958. Tras una infancia y adolescencia en Roma, se trasladó a los Estados Unidos y estudió en Boston. Allí se apasionó por el cine y se convirtió en productora de televisión. Publicó su primera novela en 2003: *Alice la Saucisse*. Veamos el resumen de su otra novela, *Caroline assassine*, publicada en 2004: Cuando su madre le prohíbe leer, Caroline decide vengarse. Sólo tiene siete años, y ya tiene por delante "una pura obra que cumplir": matar a su madre y escapar de una familia infernal. Mientras espera ofrecerle la mejor muerte posible, sueña con su padre ausente, al que no conoce pero que seguro que vendrá a sacarla de esta casa de locos. Un día, regresa. Pero es peor que los demás. Alcohólico e incestuoso.

Y he aquí el comentario de Karine Henry en Internet: "Lo que podría no ser más que una tragedia es, créanme, divertido, barroco y burlesco. Una verdadera joya en el mestizaje de tonos, un cuento romántico moderno sin parangón en la literatura francesa. La segunda parte de una trilogía sobre nuestros tabúes."

He aquí un extracto del maravilloso libro de Sophie Jabès, *Caroline assassine*: "La bibliotecaria dudó. Temía por Caroline. Temía que entendiera demasiado y demasiado rápido. Temía estas lecturas para una niña de siete años. La niña insistió. ¿De verdad lo crees? Sí. Realmente lo creo. Caroline descubrió el mal. Le fascinaba. Intentó mirarlo a la cara. Tratando así de domar su terror. Su compasión era inmensa... La escritura la llevó hacia las infinitas posibilidades. A través de los sufrimientos de estos seres literarios, se desarrolló un imperioso deseo de justicia. Claro. Límpido. Caroline sintió que tenía una misión que cumplir, una que sólo ella tendría la fuerza y el valor de llevar hasta el final." Con esto será suficiente. No se les habrá escapado la belleza del estilo: "una verdadera joya."

En octubre de 2008, tuvo lugar un sórdido suceso en Israel: Rose, una niña francesa de cuatro años, apareció muerta en un río. El padre, Benjamin, era un israelí que había conocido a Marie en Francia. Tras el nacimiento de Rose, decidieron casarse y vivir en Israel, pero Benjamin abusó de la pequeña y la pareja se peleó por la custodia de la niña. El padre regresó a Francia y Marie se quedó en Israel, donde se enamoró de Roni, el padre de Benjamin. Con él tuvo otras dos hijas, de uno y dos años en el momento de los hechos. Marie tenía entonces 23 años y Roni 45. Nos enterábamos de que había sido el abuelo quien mató a Rose y arrojó su cuerpo al río.

También habría que leer con atención la novela de Fabrice Pliskin *El Judío y la mestiza* (*Le Juif et la métisse*, Flammarion, 2008): David Lévy, universitario de izquierdas especializado en genocidios, lleva una vida familiar tranquila, impregnada de multiculturalismo virtuoso y fantasías exóticas. Hasta el día en que su vecino de rellano le hace una extraña proposición: aterrorizado ante la idea de conocer a su hija, de cuya existencia acaba de enterarse, convence a David para que acuda a la cita en su lugar. Su hija es Bintu, una mestiza picarda de veintidós años, con trenzas postizas, piernas interminables y una vitalidad casi diabólica. Es todo lo que David no es: ex campeona de triple salto, ambiciosa jugadora de baloncesto y concejala de derechas, estudiante becada tan experta en defraudar las ayudas sociales como en liar porros..."

Arthur Schnitzler fue un conocido escritor judío austriaco que vivió en Viena a principios del siglo XX. En una de sus novelas más famosas, *La señorita Else*, retrata a "una joven claramente neurótica y probablemente histérica que, para salvar a su padre de la deshonra, se somete al deseo del anciano presentándose desnuda ante él. Pero después de hacerlo, se suicida". Como sabemos, en 1928, la única hija de Arthur Schnitzler se suicidó con un revólver en Venecia.

En la página web de la Sociedad Psicoanalítica de París, por ejemplo, leíamos un artículo de una tal Jacqueline Schaeffer: "La ambigüedad del tabú de la menstruación puede servir de campo inocente para la transgresión incestuosa de un padre, escribía. Una paciente judía cuenta cómo su padre compartía su cama durante el periodo de impureza de las reglas de su madre. Otra paciente: su padre divorciado la tomaba en su cama, cuando aparecían sus dolores menstruales, y le ponía la mano sobre el vientre: "Eso es lo que le hacía a tu madre cuando le dolía"".

De nuevo, podemos observar en el cine este fenómeno: *Cuatro minutos* (*Vier Minuten*) es una película alemana de un tal Chris Kraus (2006): Desde hace 60 años, Traude Krüger enseña piano a los presos de la cárcel de Luckau, en la antigua Alemania del Este. Cuando conoce a Jenny von Loeben, encarcelada por asesinato, no tarda en darse cuenta de que se trata de una joven prodigio de la música. Fascinada por este talento olvidado, la solterona quiere prepararla para el examen de acceso al Conservatorio. Pero Jenny, violenta y suicida, se resiste a la más mínima disciplina. La película ha sido aclamada por la crítica como la mejor película alemana del año, y "este virtuoso melodrama sobre la música, la cárcel, pesadas herencias y secretos inconfesables ahonda en lo más profundo del alma germánica". Y de nuevo: "Aunque sean viejos arquetipos, el enfrentamiento entre la Dama de Hierro y la joven rebelde (Hannah Herzsprung, una revelación) es fascinante. En cuanto a una clara tendencia a la sobrecarga dramática (¿era realmente necesario incluir falsas confesiones, incesto, lesbianismo y el pasado nazi en esta historia?), afortunadamente es compensada por una puesta en escena realmente brillante". Efectivamente, la película revela que el odio y la violencia de la joven tienen su origen en el hecho de haber sido víctima de un incesto. Poco a poco, se desarrolla una relación sáfica entre la joven y su profesora...

En *Comme t'y es belle* (Francia, 2006), la directora Lisa Azuelos nos muestra la vida cotidiana de unos amigos sefardíes pijos y acaudalados de París. Durante una comida familiar, una niña habla inocentemente de un padre judío que habría violado a sus hijos, lo que provoca inmediatamente el malestar en la mesa.

La película *Arsène Lupin* (Francia, 2004) narra las aventuras del famoso "ladrón caballero". El director Jean-Paul Salomé añadió algunos detalles: Arsène Lupin y su prima se sienten muy atraídos el uno por el otro. Tienen relaciones sexuales desde el primer día que se conocen y ella se queda embarazada. Mientras tanto, Arsène sale con una mujer mucho mayor que él... que se acostaba con su padre (como nos enteramos al final de la película) y que también se acostaría con el hijo de su prima. La película es anti-monárquica y anticatólica: los patriotas franceses de la *belle époque* son retratados aquí como unos pervertidos y miembros de una organización conspirativa. Jean-Paul Salomé también dirigió *Femmes de l'ombre,* una película sobre la Resistencia francesa contra los nazis.

Fiona (EE. UU., 1998): Fiona fue abandonada de bebé por su madre, una prostituta, y violada por su padre adoptivo. Su única salida es la prostitución, donde también entrará en contacto con el mundo de las drogas. Una película de Amos Kollek.

Solo contra todos (*Seul contre tous*, Francia, 1998), de Gaspar Noé: Un carnicero cincuentón, en paro y recién salido de la cárcel, llega a París tras pegar a su mujer embarazada. Lo único que tiene es a su hija, ingresada en una institución pública. Este monstruo con tendencias fascistas, homófobas y racistas ama incestuosamente a su hija. Todo en esta película es sucio: calles vacías, paredes de fábricas, etc. Gaspar Noé también dirigió *Carne,* en 1991: un carnicero, abandonado por su mujer, cría él solo a su hija, a la que dedica un amor exclusivo. Cuando cree que la han violado, reacciona brutalmente hiriendo salvajemente a un árabe inocente. Gracias Gaspar Noé.

L'ombre du doute, de Aline Isserman (Francia, 1992): Alexandrine, de doce años, sufre abusos sexuales por parte de su padre. Su madre se niega a creerla. Alexandrine lo confiesa todo a la policía, desencadenando un drama familiar. Claude Bouniq-Mercier escribía: "El padre no es más que un ser desgraciado y herido, tan víctima como culpable."

Las Amigas del corazón (*Le Amiche del cuore,* Italia, 1992): Claudia, Morena y Sabrina son tres amigas de infancia de los suburbios de Roma. Claudia quiere ser modelo. Morena estudia enfermería y aprovecha la oportunidad para proveer las drogas a su madre. Sabrina encuentra el amor con Lucio, pero él la deja cuando se entera de su relación incestuosa con su padre. Una película de Michele Placido, con guion de Angelo Pasquini.

Roma, Roméo (Francia, 1991): Esto es lo que escribía Bouniq-Mercier en *Le Guide des films*: "Veinte años después, David Waldberg regresa a Roma para una cita amorosa con la condesa Orsini. Ella ha muerto. A través de Quentin, David conoce a una artista francesa desilusionada, Clara Orsini, hija de la Condesa. Siente por ella la misma pasión, revive el mismo amor y visita con ella los mismos lugares. Se entera de que Clara es probablemente su propia hija". La película es de Alain Fleischer.

En 1978, Alain Fleischer dirigió *Zoo Zéro* (Francia, 1978): "Eva, una antigua cantante, canta en un cabaré donde todos los clientes son miembros de la misma familia. Abandonan el cabaré para recorrer una ciudad en ruinas asolada por las epidemias. La familia pronto queda diezmada, excepto Eva. Ella llega al zoo que dirige su padre, llamado Yavé. Mientras una grabadora reproduce una vieja grabación de la *Flauta Mágica*, Eva y su padre liberan a los animales. Se unen en un último abrazo antes de ser alcanzados por un rayo. Los animales ocupan el territorio de los humanos". Claude Bouniq-Mercier añadía: "La calidad del sonido y de las imágenes se añade a la belleza formal de esta obra difícil y esotérica, que describe una especie de apocalipsis para nuestra civilización."

Twin Peaks, la famosa serie de treinta episodios de David Lynch (EE. UU., 1990). En Twin Peaks, una pequeña ciudad estadounidense, se ha cometido un terrible asesinato. La joven Laura Palmer ha aparecido muerta y desnuda en la orilla de un lago. Y he aquí la solución al enigma: fue el padre quien violó a su propia hija.

Veamos un breve resumen de un capítulo de la serie médica *House* (episodio 13, temporada 2, *Skin deep*), que presenta un caso de hermafroditismo: La paciente es una adolescente de 15 años, modelo y heroinómana, que sufre diversos trastornos y acaba en la sala de consulta del doctor House. Éste descubre que ha sido víctima de un incesto por parte de su padre, que también es su representante. Más tarde descubrimos que fue la propia hija la que fomentó el incesto y que, para tener éxito, se acostó con todo el mundo. Tras unos cuantos giros de guion, House descubre finalmente que la modelo es en realidad... un hombre, ya que tiene los testículos ocultos para dentro. Debemos esta obra maestra a un tal David Shore. Hallamos información en internet sobre el susodicho: David Shore es el único de su familia que trabaja para la televisión. Sus hermanos gemelos, Philip y Robert, son rabinos.

La fille de 15 ans es una película de Jacques Doillon (Francia, 1988): Juliette, de quince años, está enamorada de Thomas, un chico de su edad. Willy, el padre de Thomas, los lleva a Ibiza y se enamora de Juliette, y ésta se entrega a él.

Jacques Doillon también dirigió *La Fille prodigue* en 1981: Anne, sumida en una depresión, abandona a su recién marido y se reúne con sus padres en su casa de Deauville. Se aísla con su padre ahuyentando a su mujer y a su amante. La relación entre padre e hija es ambigua. A veces, Anne se comporta como una auténtica niña, caprichosa y mimosa por momentos; otras, manipula a su padre con maquiavelismo. Se crea una extraña tensión entre padre e hija. Una noche, tras otra discusión, ella pierde la virginidad en los brazos de su padre. Jacques Doillon es también un antirracista profesional. Al igual que su hija, que se dedica al cine... como su papá[507].

Charlotte for ever, de Serge Gainsbourg (Francia, 1986): Stan, un guionista alcohólico, tiene graves problemas con su hija Charlotte, que le culpa de la muerte de su madre en un accidente de tráfico. Una película sobre el amor desenfrenado de un padre por su hija, con escenas incestuosas. Serge Gainsbourg también escribió la canción *Lemon Incest*.

El color púrpura es una película de Steven Spielberg (EE. UU., 1986): La historia se desarrolla en el seno de una familia negra del Sur profundo de Estados Unidos. La miseria, la ignorancia y el embrutecimiento bestial han sustituido a la esclavitud. La heroína es una joven negra sometida por su padre, que la viola y tiene dos hijos con ella. Es vendida a un marido que la convierte en su esclava, pero ella encuentra la fuerza para levantar la cabeza contra quienes la explotan. Este guion de Alice Walker, una mujer negra, inspiró evidentemente a Steven Spielberg.

Hotel New Hampshire (EE UU, 1984): Win y Mary restauran un edificio escolar y lo convierten en un hotel. Tienen varios hijos: uno de los chicos resulta ser homosexual; la chica es violada, e incluso hay un incesto de por medio. La película es de Tony Richardson.

Un moment d'égarement (Francia, 1977): dos padres llevan a sus hijas veinteañeras a San-Tropez. Uno de ellos es seducido por la hija del otro. Una película de Claude Berri (Langmann).

Il faut vivre dangereusement, de Claude Makovski (Francia, 1975): Murdoc, un hombre de negocios, pide a un detective privado que siga a Lorraine, una joven de la que dice estar celoso. El detective descubre que ella frecuenta un burdel, donde se relaciona con un rico industrial llamado Badinget. Ahora bien, Badinget y Murdoc son dos hermanos que se odian,

---

[507] En febrero de 2024, varias actrices acusaron Jacques Doilon de violación, agresión y acoso sexuales, ocurridos presuntamente entre 1980 y 2010. El 6 de febrero de 2024, la actriz Judith Godrèche presentó una denuncia contra él por violación de menor de 15 años por persona con autoridad. El cineasta está acusado de haberla violado al margen y durante el rodaje de *La Fille de 15 ans*. Pocos días después de la declaración de Judith Godrèche, las actrices Isild Le Besco y Anna Mouglalis acusaron a su vez a Doillon de agresión sexual y acoso en una investigación del diario *Le Monde*, por hechos ocurridos en los años 2000 y 2011 respectivamente. (wikipedia, NdT).

y Lorraine es hija de Murdoc. La chica se acuesta aquí con su padre, y también con su tío. El guion es de Nelly Kaplan, directora de la película muy "cosmopolita" titulada *La novia del Pirata*.

Contes immoraux (Francia, 1974) es una sucesión de relatos eróticos. Uno de ellos se titula *Lucrezia Borgia*. En 1498, mientras Savonarola denunciaba la moral disoluta de los círculos pontificios, Lucrecia Borgia mantenía relaciones sexuales con su padre, el papa Alejandro VI, y su hermano, el cardenal César Borgia. Bounique-Mercier concede cuatro estrellas a esta película dirigida por Walerian Borowczyk. Falsas o verdaderas, estas supuestas relaciones incestuosas suscitaron en su momento sospechas de que la familia Borgia era de origen marrano.

The Pleasure of His Company es una película de George Seaton (EE. UU., 1961): Jessica idolatra a su padre, el voluble y cínico Pogo, que siempre está fuera de casa. Cuando reaparece, ella se propone seducirlo. El guion es de Samuel Taylor.

Mendigos de la vida, de William Wellman (EE. UU., 1928): En un momento de pánico, Nancy mata a su padre, un individuo de mala reputación que está a punto de violarla. Huye con un joven vagabundo, se disfraza de hombre y acaba en un campamento de ferroviarios. Basada en un guion de Benjamin Glazer.

Reproducimos a continuación el testimonio de una mujer judía de 56 años encontrado en Internet y publicado el 1 de agosto de 2007. Lo hemos traducido del inglés y resumido. Esta mujer afirmaba haber sido víctima de incesto en su familia judía y haber sido tratada por un psicólogo durante toda su vida. Cuando era adolescente, pensaba que era judía, pero más tarde descubrió que su madre no lo era cuando ella nació. Tuvo por lo tanto que completar su conversión y purificarse en un baño ritual para ser oficialmente judía. Estuvo casada dos veces y tuvo un hijo en segundas nupcias. Pero antes de este segundo matrimonio, estuvo sola durante diez largos años: "Pasé años diciéndome a mí misma que todo iba bien, cuando la verdad era que mi mente era un caos total. Vivía en una especie de confusión entre la verdad y un mundo imaginario. Tenía pesadillas, como si cayera en la oscuridad, y me despertaba antes de estrellarme contra el suelo..."

Cuando era pequeña, en Yom Kippur, solía ir a la sinagoga con Zada, su "maravilloso abuelo": "He preguntado a varias de mis amigas, pero ninguna tenía ni idea de lo que se decía dentro. En la sinagoga, me ponía al lado de Zada y jugaba con los flecos de su talit. Me gustaban los cantos, la tranquilidad de los fieles...No sabía lo que Zada había hecho con su hija. No sabía que el incesto podía transmitirse de generación en generación. Sólo sabía que lo que pasaba en casa no debía repetírselo a nadie. Tenía quince años cuando murió Zada. La vida dio un vuelco."

En su funeral, descubrió que Zeda era un Cohen. Los Cohen son un modelo para el pueblo judío. Ser un Cohen es ser descendiente directo de Aarón, el hermano de Moisés, que fue el primer sumo sacerdote del Templo. Desde la destrucción del Templo por los ejércitos romanos de Tito en el año 68 d.C., los Kohanim han mantenido la pureza del linaje. Esto significa que un Cohen no puede casarse con una mujer divorciada o convertida, porque su vida antes de la conversión era impura. "También descubrí que nunca había estado casado con Bess porque ella ya se había divorciado, lo que no impidió que vivieran juntos durante veinte años." Los Kohanim también deben evitar todo contacto con los cadáveres para mantener un alto grado de pureza.

El estatuto de Cohen se transmite a través de los varones de la familia. "Por lo tanto, mi padre era un Cohen. Yo soy una "Bat Cohen", una hija de Cohen, explicaba. Pero según la ley judía, no transmitiré la condición de Cohen a mi hijo."

Y aquí relataba su tragedia: "Durante los años siguientes a la muerte de su esposa, la madre de sus cuatro hijos, Zada se había acostado con su hija mayor como si hubiera sido su esposa. Mi padre también abusó de sus dos hijas durante años. La vergüenza del incesto me ha acompañado dentro de mí toda mi vida. Desde los siete años hasta los dieciséis, fui violada continuamente por mi padre. Nunca se lo conté a nadie. Yo adoraba a mi padre. Él decía que eso es lo que hacía la gente cuando se quiere, pero yo no debía decírselo a nadie. Hoy, me siento avergonzada de venir de una familia de Kohanim. Mi hermana dijo que nuestro padre había abusado de nosotras, pero nadie la creyó."

Estas cosas hay que mantenerlas en secreto: "El día que trajo a casa a un novio católico, mi padre montó en cólera. Se arrancó la camisa y la declaró muerta, según el rito de la *shivah*. Nos ordenó a mi madre y a mí que no volviéramos a dirigirle la palabra. Cuando otra tía me preguntó si mi padre había abusado de nosotras, mentí para protegerle. Más tarde, mi hermana se convirtió al catolicismo a los 12 años. Yo pasaba ahora más tiempo con mis primos. Iba a la *shul* [sinagoga, ndlr] con ellos. Ahora quiero llevar mi apellido de soltera y no avergonzarme por ello."

Y añadía: "El incesto existe en las familias judías. Los efectos a largo plazo del incesto infantil son el miedo, la ansiedad, la depresión, la ira, las desviaciones sexuales, la baja autoestima, la tendencia a tomar drogas y relaciones difíciles con el entorno. Desde el Talmud, ha habido abusos incestuosos en la comunidad judía. No es nada nuevo[508]. Necesitamos abrir

---

[508] Rachel Lev, *Shine the Light, Sexual Abuse and healing in the Jewish Community*, Northeastern University Press, 2002, p. 23. [Nota de introducción del libro de Amazon: "Este es un viaje a las historias, los corazones y las mentes de supervivientes judíos adultos de abusos sexuales e incesto. Rachel Lev, terapeuta y superviviente de incesto,

nuestras mentes y corazones en la comunidad judía para empezar a comprender a los "supervivientes del incesto", como los supervivientes del Holocausto. Sé que no estoy sola[509]."

En una novela corta titulada *El Diario de Yael Koppman*, publicada en 2007, una tal Marianne Rubinstein confirmaba los efectos nocivos del incesto en las niñas que pueden verse inclinadas a entregarse a toda clase de experiencias posibles e imaginables para intentar olvidar el trauma. La portada del libro decía lo siguiente: "La vida de una treintañera ociosa, cultivando una relación conflictiva con su madre, viviendo y compartiendo piso con su mejor amigo, coleccionando hombres... Discutimos a menudo, él, plantado en su planeta herméticamente cerrado, y yo en el mío, locura y atávica ansiedad judía todos apretados en un manojo[510]."

Este análisis también era corroborado por Isaac Bashevis Singer. El novelista se había trasladado a Estados Unidos en 1935. En *La Muerte de Matusalén*, una colección de relatos escritos entre 1971 y 1988, un cuento titulado *El Empresario* contaba la historia de Manya, una judía polaca: "A los 19 años, escribía Singer, ya había tenido una retahíla de al menos veinte amantes, incluido su propio padre, ojalá arda en la Gehena. También había tenido algunas experiencias lésbicas y, al final, lo había probado todo: sadismo, masoquismo, exhibicionismo, todo tipo de perversiones posibles[511]."

Aliza Schvarts también es, obviamente, una hija de Israel. Esta estudiante de arte de la Universidad de Yale se dio a conocer en abril del 2008 tras, entre otras cosas, crear un cuadro utilizando la sangre de su menstruación

---

mezcla sus propias experiencias con las de otros supervivientes y reflexiona sobre sus relaciones personales con la comunidad judía, una comunidad que puede fomentar la negación o ser un lugar de curación. "Shine the Light» hace hincapié en la curación, que Lev cree que puede llegar a través de la autoexpresión, la creatividad y, sobre todo, sintiéndose conectado y no aislado. El texto incluye relatos de primera mano, poesía y obras de arte evocadoras. Los 22 autores y artistas que contribuyen se identifican a lo largo del espectro que va desde "simplemente judío" a "jasídico" y representan una amplia gama de profesiones y orígenes étnicos. Los abusos sexuales se producen en todos los grupos religiosos y culturales, pero Lev explica las especiales dificultades de la comunidad judía para reconocer el problema, dada su larga historia de victimización y su necesidad de tener una imagen positiva de sí misma. La autora revela que el judaísmo es rico en recursos para la curación a medida que explora la ley, la tradición y los rituales judíos que incluyen las reflexiones de rabinos, líderes laicos y supervivientes.» (NdT).]

[509] http://jewishincesthealing.blogspot.com/ La autora proporciona un enlace al sitio web del Awareness Center, que presenta efectivamente cientos de casos de rabinos pedófilos e incestuosos. TheAwarnessCenter.org/experience-god.html

[510] Marianne Rubinstein, *Le Journal de Yaël Koppman*, Wespieser, 2007, p. 83

[511] Isaac Bashevis Singer, *La Mort de Mathusalem*, Nouvelles, Stock, 1989, p. 153

o aborto, una obra de fin de curso que tituló *Untitled [Senior Thesis]*. Obviamente, Aliza Schvarts tiene una mente perturbada.

He aquí una interesante anécdota encontrada en septiembre de 2008 en el sitio web *Les Intransigeants*: El narrador escribía que, unos días antes, había tomado una copa con unos amigos y había charlado con una chica que no conocía. Ella le habló de una antigua amiga, una mujer judía que, al parecer, no estaba muy equilibrada mentalmente: "Déjame adivinar... ¿Era lesbiana? - No, pero sin embargo me decía que estaba abierta a todas las experiencias sexuales, sólo para probarlas"...No pude resistirme a formular la pregunta definitiva sobre el gran secreto que comparten los judíos:" ¿Y por casualidad no habría mantenido relaciones sexuales con miembros de su familia?

- ¿Cómo lo adivinaste? ¡Es increíble!, ¡eres la primera persona que me lo dice! Nunca se lo había contado a nadie. Pero ¿cómo lo has adivinado?... ¡De hecho, recibió tocamientos por parte de su padre! Un día se derrumbó en mis brazos y me dijo que se acordaba de todo eso. Todo había ocurrido cuando tenía unos seis años. Ya no sabía si había tenido relaciones sexuales o si sólo habían sido tocamientos... Había borrado de su memoria estos tristes sucesos y sólo los recordaba desde hacía unos años."

Y el autor de estas líneas añadía: "Por supuesto, algunos lectores me reprocharán de que no publique ninguna prueba de esta conversación. Pero juro que mi testimonio es verídico. Si tuviera que demostrarlo o presentar una prueba, simplemente diría esto: mi religión me prohíbe mentir."

La Torá (el Antiguo Testamento) también presenta un ejemplo de incesto entre un padre y sus hijas. La historia de las hijas de Lot, sobrino de Abraham, es bien conocida. Estas habían emborrachado a su padre para copular con él (Génesis, 19: 30-38). El incesto es excusable cuando se trata de procrear. "Se supone que la tribu israelita de Judá desciende en dos tercios de este tipo de incesto - cf. Génesis, 38; Números, 26: 19", escribía Maxime Rodinson, un intelectual comunitario[512].

Evidentemente Freud se había inspirado en las costumbres de la comunidad judía para elaborar su teoría de la "horda primitiva". Pues sólo en la comunidad judía el padre posee a todas las mujeres, incluidas sus propias hijas, y en ningún otro lugar[513].

Elie Wiesel también dejó algunos comentarios ambiguos sobre el tema del incesto. En su libro titulado *Celebración jasídica II*, publicado en 1981, hablaba del "Besht", el fundador del movimiento jasídico en Polonia en el siglo XVIII, expresándose una vez más de forma elíptica: "Existía una

---

[512] Maxime Rodinson, *Peuple juif ou problème juif?*, La Découverte, 1981, Poche, 1997, p. 254
[513] Léase en *Psicoanálisis del judaísmo*.

verdadera amistad entre padre e hija, escribía Elie Wiesel, una especie de complicidad. Uno tiene la sensación de que el Besht estaba más unido a su hija que a propia su esposa[514]."

Entre un padre y su hijo

Eve Ensler es una dramaturga estadounidense autora de una obra feminista de gran éxito, bellamente titulada *Los monólogos de la vagina* (1996). En 2004 visitó Israel con su pareja Ariel Jordan. Un artículo del diario israelí *Haaretz*, del 2 de febrero del 2004, informaba de que tanto Eve Ensler como Ariel Jordan habían sido violados por sus padres cuando eran niños. Esto era lo que se decía sobre Jordan, quien había viajado a Israel para volver a ver a su madre y sus hermanos tras 15 años de ausencia: "Jordan, psicoterapeuta y cineasta, nació en Kfar Blum... Cuando era israelí, se llamaba Ilan Tiano. "Llevar el nombre de mi padre, que me violó de los tres a los catorce años, era superior a mis fuerzas"". Jordan animaba a Eve Ensler a reunirse con su madre, a la que hacía años que no veía. "Diez años antes, Eve ya había perdonado a su madre por haber hecho la vista gorda ante los repetidos abusos incestuosos de su padre contra ella. "Decidí dejar de ser una víctima'"", repetía la activista. Ahí tienen el verdadero origen del feminismo.

Un artículo del periódico *Haaretz*, del 13 de diciembre de 2006, recogía algunas estadísticas interesantes. Se informaba de que, en Israel, a lo largo del año, la Association of Rape Crisis Centers había recibido casi 2.000 denuncias relativas a adolescentes de entre 13 y 18 años. El 90% de las víctimas habían sido agredidas por algún conocido, y el 60% de los casos que implicaban menores de 12 años eran relaciones incestuosas. A medida que aumentaba la edad de las víctimas, disminuía el porcentaje de casos de incesto, mientras que aumentaba el de violaciones. Entre los jóvenes adolescentes, el 17% de las agresiones tuvieron lugar en centros educativos, y de éstas, el 11% en centros religiosos. El diario *Haaretz* del 29 de octubre de 2007 citaba al Consejo Nacional para la Infancia de Israel según el cual las denuncias por actos de pederastia iban en gran aumento. El 30% de ellas se referían a comunidades ultraortodoxas, y más de la mitad de los 9.000 casos tratados en 2006 afectaban a menores. Hay que recordar que, en la inmensa mayoría de los casos, las víctimas de incesto nunca presentan una denuncia.

El documental estadounidense *Capturing the Friedmans*, de Andrew Jrecki (EE. UU., 2003) cuenta una historia que causó cierto revuelo en

---

[514] Elie Wiesel, *Célébrations hassidique II*, Seuil, 1981, p. 76. Sobre el movimiento jasídico (místico-cabalista) léase *Psicoanálisis del judaísmo* y *El Fanatismo judío*.

Estados Unidos. En 1987, Arnold Friedman fue acusado en Long Island, en las afueras de Nueva York, de violar a decenas de chicos muy jóvenes que acudían a su casa para recibir clases de informática. Uno de sus hijos, Jesse, de 18 años, fue acusado junto con él, mientras que sus otros dos hijos y su esposa ignoraban lo que ocurría en la casa. En su casa se encontraron numerosas revistas pedófilas. El abogado de los Frideman admitió más tarde que el padre le había confesado todo: Durante años, había violado a su hijo Jesse, antes de violar a chicos menores de edad. Hasta el minuto 51 de la película no quedaba claro que se trataba de una familia judía. Pero la imagen final mostraba la estrella de David en la tumba del criminal.

War Zone (Reino Unido, 1999) es una película de Tim Roth. Tom descubre una relación incestuosa entre su padre y su hermana. Y eso es sólo el principio. El horror termina cuando Tom y su hermana apuñalan a su padre. Tim Roth denuncia el silencio que rodea a esta violencia, máxime cuando él mismo reconoce haber sufrido abusos sexuales por parte de su padre. En *Little Odessa*, una película que hay que ver, Tim Roth interpreta a un asesino a sueldo de Brooklyn. La relación con su padre es extremadamente violenta. Tim Roth también aparece en *Reservoir Dogs*, de Quentin Tarentino, interpretando al hombre herido que resulta finalmente ser el topo infiltrado.

Festen es una película de Thomas Vinterberg (Dinamarca, 1998): Con motivo de su sexagésimo cumpleaños, un padre reúne a todos sus parientes en su casa solariega. Allí están sus tres hijos: Mickael, el menor, un alcohólico fracasado; Hélène, la loca, que ha venido con su pareja, un hombre negro; y Christian, el mayor, que aún sufre por el suicidio de su hermana gemela Linda. Mientras brindan por su padre, Christian revela un terrible secreto: los actos incestuosos que su padre cometió con uno de sus hijos.

En la película de culto *Están vivos* (*They live*, EE. UU., 1988), el héroe, John Nada, descubre gracias a unas gafas especiales que una pequeña parte de la población está formada por alienígenas de aspecto perfectamente normal. Forman una élite que gobierna el mundo mediante la mentira. Nada ha sido víctima de un padre maltratador. La película es de John Carpenter.

Alejandro Jodorowsky es un autor "chileno". En 1996 publicó una novela titulada *L'Arbre du dieu pendu*. Es la historia fantaseada de la familia del autor, que abandona los guetos rusos a principios de siglo XX para desembarcar en Valparaíso. Huyendo de los pogromos, la familia Levi, rebautizada entretanto con el nombre polaco más goy de Jodorowsky, abandonó por falta de dinero Ucrania para desembarcar al azar en Valparaíso, y convertirse en chilena. El 16 de marzo de 1996, el diario "de referencia" *Le Monde* elogiaba esta obra maestra "jasídica-talmúdica" y presentaba a los personajes: "Teresa Groismann, la terrible abuela, maldice al dios de los judíos que le arrebató a su hijo y decide convertirse en una goy adiestradora de pulgas. Su marido Alejandro, el zapatero, está habitado por un rabino caucásico que predica la caridad dispendiosa". También están "Abraham, el apicultor incestuoso; Salvador Arcavi, el domador que aprende a leer las cartas del tarot en los ojos de sus leones... todos ellos nos llevan en un torbellino de aventuras extraordinarias que les condujo desde los guetos rusos hasta el Chile de la Gran Depresión". Y el periodista concluía dando lo mejor de sí mismo: "Una escritura maliciosa e irónica. Una gran novela barroca que hará las delicias de cualquiera a quien le guste que le cuenten historias". Sólo faltaba saber cómo terminaba la historia: ¿Con quién tuvo relaciones incestuosas este "Abraham"? ¿Con su hija, con su hijo o con su hermana? En efecto, en el judaísmo se cultivan las relaciones "transgénero". Algún día también tendremos que saber qué ocurrió realmente entre Franz Kafka y su padre.

Entre una madre y su hijo

En noviembre del año 2007, el Teatro Nacional de Bretaña, en las ciudades de Rennes y Quimper, acogió el XI° festival *Mettre en Scène*, encuentro internacional de directores de escena y coreógrafos. La crítica literaria Mari-Mai Corbel escribía en su presentación del evento: "Dos autores han elegido textos explícitos sobre el significado del vínculo incestuoso para expresar las locuras de nuestro tiempo". Primero fue *Incendies*, una obra de Wajdi Mouawad (un "libanés"), dirigida por Stanislas Nordey. Era según la crítica una "reactualización contemporánea de la tragedia edípica". "Además del mito de Edipo, escribía Mari-Mai Corbel en Internet, también podemos reconocer, en el fondo, *La pluie d'été* de Marguerite Duras", detrás de los dos protagonistas que son los gemelos Jeanne y Simon. Al principio, Jeanne y Simon sólo conocen a su padre por la leyenda que les cuenta su madre: la de un hombre apasionadamente amado pero perdido, un héroe muerto en combate. "Laurent Sauvage, fiel compañero en las producciones de Stanislas Nordey, interpreta esta encarnación desolada del añorado ausente, condensando las figuras de amante, hijo y padre, convertido en padre y hermano de sus hijos". Los padres son también hermanos. Hablando en plata: el hijo mayor se acostó con su propia madre. Ya hemos visto algo parecido en la obra de Elie Wiesel[515].

Escuchen esto: "El incesto también está presente en Duras, pero entre los hijos...El nombre de pila "Simón" evoca también un judaísmo profundo y antiguo, que es el argumento del que surgen las palabras de Marguerite Duras... Con esta reminiscencia de Duras, Wajdi Mouawad reaviva el clima

---

[515] Léase en *El Fanatismo judío*.

de angustia y amenaza que pesa sobre el judaísmo". A continuación, el discurso subyacente es aquí típicamente judío: "Jeanne y Simon son presentados como inconscientemente amenazados, del mismo modo que procede el antisemitismo, desde la Inquisición hasta el nazismo: una obsesión fantasmática por la pureza étnica original. De ahí la odiosa represión del origen judío por el cristianismo y el islam, y por consiguiente de la bastardización de todos los pueblos."

La otra obra era *Le Sang des rêves* (*La sangre de los sueños*), dirigida por Patricia Allio, basada en la novela de Kathy Acker *Sang et stupeur au lycée* (*Sangre y estupor en el instituto*): "Patricia Allio optó por dar una mirada diferente, casi sádica, al incesto. La figura de la madre queda eliminada, como suele ocurrir con Sade. El personaje de Janey sabe que está enamorada de su padre, cuando éste no ignora lo que hace al tomarla por esposa".

Como hemos visto, la cantante Barbara había sido maltratada por su padre. Pero también cantó sobre el incesto entre una madre y su hijo. En *Si la photo est bonne*, un joven es condenado por abusar de su madre. En realidad, sería más bien la madre judía la que abusó de su hijo. Esto también se sugiere claramente, por ejemplo, en la película *Prendre femme*, de Roni Elkabetz (Francia, 2005).

Jacques Attali habla de forma ambigua del incesto en al menos cuatro de sus libros. En su segunda novela, *Le premier Jour après moi* (*El primer día después de mí*), publicada en 1990, Attali relata la visión de un hombre que acaba de morir e imagina que sigue vivo. Extrañamente pone mayúsculas cada vez que habla de "Ella". Nunca se sabe si se trata de su madre o de su amante. En la página 10, por ejemplo, dice: "Dejar a Sarah, decirle que nunca más vendré aquí; marchar, volver a Europa, volver a ver(La), Ella". En la página 14: "Ella entenderá que todo ha terminado entre Sarah y yo". En la página siguiente: "Ella se echará a reír, me echará los brazos al cuello y me dirá: "te amo"." Y en la página 171: "Mucho más tarde, después de muchas comprobaciones, comprendí que ella era mi madre... Y de que aquella noche había trastornado la vida de mi padre... Hasta la víspera de su marcha a las Celebes, unos meses después de Su llegada al mundo[516]." En resumen, una vez más vemos que Jacques Attali está obsesionado con la cuestión del incesto.

En *El Imperio jázaro y su herencia* (1976), el ex judío Arthur Koestler afirmaba que los judíos de Europa del Este descendían de la tribu de los Jázaros, provenientes del norte del Cáucaso y establecidos en la actual Ucrania, cuyos reyes se convirtieron al judaísmo en el siglo VIII. En la

---

[516] Jacques Attali, *Le premier Jour après moi*, Fayard, 1990, p. 171. ("La voir": ver(La). NdT.)

Jewish Encyclopedia, se puede leer que Heinrich Gratez, gran historiador y teólogo del judaísmo del siglo XIX, afirmaba en la página 141 de su *Historia de los Judíos*, que "los Jázaros profesaban una religión [inmoral y] grosera, que se combinaba con la sensualidad y la lascivia[517]."

Aldo Naouri es pediatra y autor del libro *Adultères* (Odile Jacob, 2006). Alice Granger escribió una breve reseña de esta obra en Internet y que resumimos a continuación. Sus comentarios ilustran bastante bien la ingenua necedad de muchos goyim, que no comprenden que los intelectuales judíos sólo hablan de sí mismos y que proyectan sistemáticamente su neurosis en un plano universal. Alice Granger no ha comprendido que para ellos el incesto no es algo teórico y que la "madre" a la que se refiere Aldo Naouri es sobre todo la madre judía.

Escuchen las elucubraciones de esta Alice Granger: "Aldo Naouri escruta, en las historias que tanto le gusta recopilar, detalle tras detalle, la violación de la Ley que prohíbe el incesto. Constata el abuso casi sistemático de esta ley, y se pregunta por qué es tan frágil. Su respuesta es: "Es la relación entre toda madre y su hijo. Una relación que se presta a la deriva incestuosa."

Alice Granger proseguía: "En este libro sobre el adulterio, el lugar de la madre es central. La madre incestuosa. La madre que quiere que no le falte nada a su hijo. Aldo Naouri escribe: "Ninguna madre puede frenar espontáneamente su propensión incestuosa" ..."

Ahora, si no les importa, vamos a sumergirnos en las aguas turbias y nauseabundas del psicoanálisis: ¿Listos? Vamos allá:

"Habría como una instancia que, más fuerte que ella misma, la impeliere a no poder hacer otra cosa que tejer un útero virtual alrededor de su hijo, que no pensaría en otra cosa, con pasión, haciendo que su hijo tuviera mucho miedo, miedo de su poder de quitárselo todo puesto que ella tiene el poder de dárselo todo, esto tanto para el niño como para la niña. Luego, el niño emprenderá entonces la seducción de su madre para asegurarse de que ella lo conservará, él será su falo, así le tendrá menos miedo, de que ella ya no lo ame, y la niña acabará, en su estrategia, volviéndose hacia el padre, lo seducirá, pero al hacerlo volverá a tener miedo de su madre a la que intenta arrebatarle a su hombre. El chico que seduce a su madre tendrá miedo de ser castrado por su padre. La chica que seduce a su padre tendrá miedo de que su madre deje de quererla porque se ha erigido en rival ante el padre. Un periodo de latencia, seguido de una violenta agitación en la adolescencia, cuando el chico espera conocer a una chica que se parezca a su madre: así que, en este caso, la madre, como "primera", permanece intacta, ¡la chica será "segunda"! La chica, identificada con su madre,

---

[517] Heinrich Graetz, *History of the Jews IV*, Philadelphia, The Jewish Publication Society of America, 1894, p. 141. [H. Graetz, *Histoire des Juifs III*, A. Dularcher, Paris, 1888, p. 325. NdT.]

esperará conocer a un chico que se parezca a su padre, y así podrá encajar con la madre como las muñecas rusas, de generación en generación. En este encadenamiento lógico, como nos recuerda Aldo Naouri, ¡la instancia materna sigue siendo realmente central!"

Y la pobre Alice Granger concluía: "Así que insisto en lo que dijo Aldo Naouri: Ninguna madre puede frenar espontáneamente sus tendencias incestuosas."

La serie de televisión estadounidense *Queer as folk* duró cinco temporadas. Sigue las aventuras de una docena de personajes de la comunidad gay: hombres, mujeres y sus amigos. "Es súper descarnada", nos escribía Julien por correo electrónico. "Se les ve desnudos todo el tiempo... Sorprende que sólo esté prohibida a los menores de 12 años, mientras que las películas eróticas en Francia, prohibidas a los menores de 16 años, son mucho menos atrevidas que esto...En pocas palabras, la serie defiende la adopción por parejas homosexuales, las orgías y la libertad sexual. Ser gay está muy de moda. Los gays son todos simpáticos, divertidos, tolerantes, modernos, guapos, deportistas (los mejores, claro), artistas...También hay propaganda multirracial (una pareja de padres negro y blanco). Y, por supuesto, los cristianos son retratados como unos horribles retrasados que rechazan el progreso...También hay un episodio en el que una de las heroínas (lesbiana y judía), cuyos abuelos alemanes fueron deportados, explica a su amigo gay, que quiere casarse con un hombre, que debe buscarse un judío, pues éstos intentan olvidar "la relación incestuosa que tuvieron con su madre" (temporada 5, episodio 9, alrededor del minuto 5). De hecho, el marica acaba encontrando a un judío, pero, obviamente, éste descubre que no está circuncidado y le explica que no puede acostarse con un goy...Esta serie se emitió en Francia en los canales *Paris Première* y *Pink TV* ..." Julien, nuestro corresponsal, estaba familiarizado con todo el asunto y explicaba: "Los guionistas y productores son Ron Cowen y Daniel Lipman."

La serie *Nip/Tuck* (EE. UU., 2005) también presentaba un caso de incesto entre un hijo y su madre, en el episodio número 13 (segunda temporada). La relación incestuosa se proyecta sobre los escoceses. El episodio 14 es aún más explícito: "Del lado de los McNamara: Adrian va a ver a Julia y le confiesa que se ha acostado con su madre en numerosas ocasiones..." La serie fue dirigida por Michael Robin, con un guion de Sean Jablonski y Jennifer Salt.

Otro corresponsal en Internet nos envió una reseña de la película ¡¡¡*RRRrrr*!!! del año 2004, de Alain Chabat, que nos demostraba una vez más que a los judíos están realmente preocupados por estas historias de incesto: Hace 37.000 años, en la prehistoria, dos tribus vecinas vivían en paz... más o menos, a un pelo de diferencia. Mientras la tribu del pelo limpio vivía sus días en paz, guardándose para sí el secreto de la fórmula del champú, la tribu del pelo sucio se lamentaba. Así que el jefe del pelo sucio decidió enviar un espía para robar la receta. Esto es lo que vio nuestro corresponsal: "En la tribu del pelo limpio son morenos, inteligentes, simpáticos, guays y...rizados, mientras que la tribu del pelo sucio - los rubios- está formada por gente estúpida. Sin embargo, uno de los del pelo limpio era un poco diferente: tenía el pelo rubio, ¡probablemente era un "self hating moreno"! Después de muchas vueltas y peripecias, nos enteramos de que a este falso moreno le gustaría acostarse con su madre morena "cuando papá muera"."

Captivity de Roland Joffé (EE. UU., 2007) es la historia de dos hermanos que capturan a mujeres famosas para torturarlas y matarlas. Más tarde descubrimos que su madre les obligó a mantener relaciones incestuosas cuando eran jóvenes. El guionista es Larry Cohen.

Du Poil sous les roses es una película de Agnès Obadia (Francia, 2000): Roudoudou, de catorce años, sueña con tener grandes pechos y perder la virginidad con un apuesto desconocido que conoció en un tren. Romain, de quince años, y su amigo Francis creen que sus madres se han vuelto lesbianas. Se proponen seducirlas, con la esperanza de perder la virginidad con ellas. "Los diálogos son crudos, rozando lo obsceno, pero nunca vulgares...Una película estimulante no apta para los mojigatos", escribía Claude Bouniq-Mercier en *Le Guide des films* de Jean Tulard.

Los timadores, de Stephen Frears (Reino Unido, 1989): Lilly, cuarentona, trabaja para un corredor de apuestas al que estafa ocasionalmente. Roy, su hijo, es un delincuente de poca monta que se gana la vida con timos muy cutres. Cuando se enamora de Myra, surge una rivalidad entre las dos mujeres, porque Lillly es una madre posesiva enamorada de su hijo.

La Féline, película semierótica de Paul Schrader (1982), es una disparatada historia de panteras negras que se convierten en hombres: Irena se reencuentra con su hermano Paul en Nueva Orleans. En los días siguientes, una misteriosa pantera mata a una prostituta (de nuevo, es una obsesión). El animal resulta tener un extraño vínculo con Paul e Irena. Se habla del secreto de la raza. "Por culpa de la maldición, somos una raza incestuosa, de lo contrario nos metamorfoseamos... Necesitamos sangre para vivir". El guion es de Alain Ormsby.

La Luna, de Bernardo Bertolucci (Italia, 1979): En Parma, un adolescente abandonado a su suerte intenta que su madre, una diva, se interese por él. "El tema del incesto es por lo tanto el tema principal de esta película".

Un recopilatorio de cuentos de Isaac Bashevis Singer de 1973, titulado *Una corona de plumas*, incluía un cuento titulado *El baile*, en el que el autor volvía a hablar del incesto: En Varsovia, hacia 1920, Matilda Bloch es una antigua bailarina que vive en la pobreza. Procede de una familia de judíos jasídicos, y hace tiempo que se divorció de un marido que la golpeaba. Este se marchó a París y acabó suicidándose. Matilda vive desde entonces sola con su hijo, que no hace nada con su vida. Un día le ofrece al narrador, también indigente, un lugar donde quedarse a dormir. Esto es lo que se puede leer: "Mathilda me dio su habitación y dijo que dormiría en el sofá del salón". El narrador se despertó en mitad de la noche y se quedó de piedra con lo que vio: "La puerta del salón estaba entreabierta. A la luz de un velador rojo, madre e hijo bailaban, ambos descalzos, él en calzoncillos y ella en camisón. Podía distinguir el huesudo cuello de Izzy, su prominente nuez de Adán, su espalda encorvada. Me pareció que tanto la madre como el hijo tenían los ojos cerrados. Ninguno de los dos hacía ruido, como si bailaran dormidos. Me quedé allí al menos diez minutos, quizá mucho más. Sabía que no tenía derecho a espiar así a mis anfitriones, pero me quedé clavado allí. Lo más probable era que estuvieran bailando el vals, aunque me costaba identificar su danza. Sin música, en completo silencio. Contuve la respiración y no me moví, atónito. ¿Tenían la madre y el hijo una relación incestuosa? ¿Habían los dos perdido la razón[518]?"

Elisabeth Badinter nos explicaba por su parte que todo esto era perfectamente natural: "El lazo erótico existente entre la madre y el bebé no se limita a las satisfacciones orales. Con sus cuidados, ella se encarga de despertar en él toda la sensibilidad, iniciándole en el placer y enseñándole a amar su cuerpo. Una buena madre es naturalmente incestuosa y pedófila. Nadie se atreverá a poner eso en duda, pero todos –incluidos la propia madre y el hijo– quieren olvidarlo[519]."

En sus *Lecciones Introductorias al psicoanálisis*, en 1916, Sigmund Freud también razonaba exclusivamente en función de las costumbres de su comunidad: "Se olvida que si la tentación incestuosa hallase realmente en la naturaleza obstáculos infranqueables, no hubiera nunca habido necesidad de prohibirla, tanto por leyes implacables como por las costumbres. La verdad es totalmente opuesta. El primer objeto sobre el que se concentra el deseo sexual del hombre es siempre de naturaleza incestuosa —la madre o la hermana—, y solamente a fuerza de severísimas prohibiciones es como se consigue reprimir esta inclinación infantil[520]."

En el Antiguo Testamento, las leyes que prohíben el incesto son efectivamente muy explícitas (Levítico XVIII)[521]. Sin embargo, se narra que Rubén, el hijo mayor de Jacob, habría cometido el incesto con Bilha, la concubina de su padre (Génesis, XXXV, 22).

---

[518] Isaac Bashevis Singer, *La Couronne de plumes*, 1973, Stock, 1976, p. 303
[519] Elisabeth Badinter, *La Identidad masculina*, Alianza Editorial, Madrid, 1993, p. 67
[520] Sigmund Freud, *Lecciones introductorias al psicoanálisis (1915-1917), Lección XXI: Desarrollo de la libido y organizaciones sexuales*, Obras Completas, EpubLibre, Trad. Luis López Ballesteros y de Torres, 2001, p. 3140
[521] Léase en *Psicoanálisis del judaísmo* y en *El Fanatismo judío*.

En un libro titulado *The Israeli women*, Lesley Hazleton, una judía que había vivido en Jerusalén y Nueva York, establecía un interesante paralelismo entre el incesto en los judíos y la *aliyah*, el regreso y asentamiento de los judíos de la diáspora en Israel. El regreso a Sion, explicaba, es como "el regreso de un hijo a su madre en una unión sexual...El resultado de esta unión entre los hijos y su madre sería el renacimiento del hijo, que también daría una nueva vida a su madre al salvarla de las injusticias y el sufrimiento experimentados en la Diáspora, y le devolvería la inocencia y la luz como madre y dadora de vida". Lesley Hazleton continuaba explicando a continuación que a los pioneros del sionismo les excitaba, en sentido sexual, la idea de regresar a la cuna de su historia para fecundar a su madre mística, Sion.

Daniel Sibony es un pequeño "intelectual francés" de los que abundan en la Francia de finales de siglo XX. En un libro titulado *El Racismo o el odio identitario*, publicado en 1997, escribía subrepticiamente entre dos párrafos: "El racista tropieza con la prohibición del incesto[522]". Daniel Sibony fue también autor de otro libro titulado *Le Peuple psy (El Pueblo psicólogo)*. No hemos tenido el gusto de leer ese libro. ¿Tal vez quería contarnos algo sobre una comunidad de psicópatas?

Entre hermanos y hermanas

En la novela de Jonathan Littell *Les Bienveillantes*, que ganó el Premio Goncourt en el año 2006, el héroe es un oficial gay de las SS que quiere convertirse en mujer y está locamente enamorado de su hermana gemela Una. Escuchen esto: "Ella tomó un falo de enebro esculpido y me tomó como un hombre, frente a su gran espejo que reflejaba impasiblemente nuestros cuerpos entrelazados... Me utilizó como a una mujer, hasta que se borró toda distinción y le dije: "Yo soy tu hermana y tú eres mi hermano" y ella: "Tú eres mi hermana y yo soy tu hermano"" (página 814).

Evidentemente, se trataba de una proyección, típica del intelectual judío. He aquí un extracto de una entrevista con el autor, publicada en el diario *Le Figaro* el 29 de diciembre de 2006:

"- ¿Qué diría hoy de su narrador? ¿Qué sentimientos le inspiraría?

- Jonathan Littell: Es difícil decir algo bueno de un tipo tan despreciable...

- Sí, pero usted convivió con él durante mucho tiempo.

- Jonathan Litell: Podría decir que soy yo."

---

[522] Daniel Sibony, *Le Racisme ou la haine identitaire*, Christian Bourgeois éditeur, 1997, p. 84

En *Les Malveillantes - Enquête sur le cas Jonathan Littell* (Scali, 2006), el ensayista Paul-Eric Blanrue escribía con razón: "Aue es un espejo. En primer lugar, del autor, que se refleja en él escribiendo en primera persona y legándole algunas de sus peculiaridades. Como Littell, Aue nació un 10 de octubre; como Littell, ha pasado parte de su vida en el sur de Francia y en el extranjero y ha vivido la separación de sus padres..."

Colette Mainguy, periodista en *Le Nouvel Observateur*, publicó en el 2001 una novela titulada *La Juive (La Judía)*. He aquí una reseña que encontramos en Internet: "Novena de una familia de diez hermanos, luchando con hermanos incestuosos, una hermana mayor a la que admira pero que la manipula, una hermana menor anoréxica que la hace sentirse culpable, un padre maltratador o ambiguo y una madre castradora, la autora relata el indecible sufrimiento de una niña maltratada. En el verano de su duodécimo cumpleaños, su hermana mayor Beth, su torturadora, encuentra en ella un "perfil judío"". Naturalmente, esta situación fue el punto de partida de una grave neurosis: "A partir de entonces, Colette se convenció de que era una extranjera, una "Anne Franck" aislada en una familia aria. Toda su adolescencia se convirtió en una lucha y un tormento, entre el deseo de despojarse de todo vínculo con esta familia y la imposibilidad de arrancarse del clan. Este libro es un relato violento y a menudo inquietante de lo que puede ser la peor clase de tiranía: la familia."

Una vez más, el autor proyectaba su neurosis sobre los nazis. En la contraportada del libro se podía leer: "En el verano de mi duodécimo cumpleaños, nací judía de madre aria y hermana kapo en un campo de concentración. Prisionera número 9. Era la novena hija de una familia de diez. Cinco chicas, cinco chicos. He redescubierto mi judeidad después de cinco años de psicoanálisis. Hacía tanto tiempo que tenía sueños germánicos recurrentes. Los alemanes me persiguen. Me ametrallan y después muero tirada debajo de una lona en un camión que cruza el Vercors. Me detienen en las redadas de judíos; le reprochó a mi madre haberme abandonado en un campo; soy periodista y cuento cómo es la vida de un gueto antes de que me encierren en él; hago felaciones a unos nazis, la Gestapo golpea mi puerta. Siempre huyo. Mis escondites son siempre sótanos oscuros, armarios sórdidos o aterradores laberintos; Una noche, me encaro con mi hermana Beth. Ella es la jefa de la Gestapo en un campo de concentración."

El número de marzo de 2008 de la revista *Lire* estuvo dedicado a la literatura judía. En la página 26, un artículo presenta al escritor Henry Roth. En un libro autobiográfico titulado *Un trampolin de piedra sobre el Hudson* (1995), el protagonista, Ira Stigman, presentaba al propio Henry Roth. Esto era lo que decía la revista: "Ira confiesa lo inconfesable y se inmola literalmente confesando su relación incestuosa con su hermana Mimmie". Naturalmente, Henry Roth estaba muy traumatizado por su dura vida:

"Tuvo que enfrentarse de nuevo al antisemitismo, a las vejaciones y a las ofensas maliciosas..."

Hermann Ungar fue un escritor checo nacido en el seno de una familia de industriales judíos. Vivió en Berlín, donde frecuentó sus congéneres Joseph Roth y Franz Werfel. En una de sus novelas, *Los mutilados* (*Die Verstümmelten*, 1923), Hermann Ungar narraba la historia de Franz Polzer, un oficinista miserable y paranoico que cae bajo el dominio de su autoritaria casera, Clara Porges, quien acaba obligándole a convertirse en su amante. Al igual que fue golpeado por su padre cuando era más joven, es incapaz de librarse de esta relación perversa y se mortifica con actitudes de autoflagelación. Lo que se puede leer en Internet es bastante explícito: "Esta disposición masoquista parece remontarse al traumatismo de una escena original, en la que, al descubrir los vínculos incestuosos entre su padre y su tía, retiene la temible visión de su raya "entre los cabellos negros de la derecha y de la izquierda". Desde entonces, el sexo femenino, este tipo particular de "raya", provoca en él no solamente una "repulsión amarga" ("el pensamiento de este cuerpo desnudo que no estaba cerrado, de su horrible cavidad abierta como carne abierta", le atormenta), sino también la idea fija de que está repitiendo el incesto de su padre. A esta obsesión... se añade una homosexualidad latente, en particular hacia su amigo de la infancia, el judío acaudalado Carl Fanta."

Aquí, el odio judío a sí mismo es llevado al máximo: "Carl, un tullido sin piernas al que pronto le amputarán un brazo, está decidido a presumir de sus atrofias y a acosar a Dora, su mujer, cuya "santa" abnegación le repugna. Lo que queda de él en su putrefacción es una determinación desesperada por "seguir vivo, aunque sólo sea por maldad" ... "Estoy aquí tirado como un tanque de estiércol y apesto. Pero no me muero", se burla Carl..." Además, ¿qué se ha hecho con los miembros amputados de Carl? se pregunta Franz, horrorizado... Tal es el pavor que rezuma esta sangrienta novela: acabar como las vísceras malolientes de los animales sacrificados que los carniceros arrojan a una fosa. Desechados." Hermann Ungar murió de apendicitis aguda a los 36 años.

También en el cine hay muchas referencias al incesto si se presta la suficiente atención. La película *Teeth* (2008), de Michel Lichtenstein, se basa en un guion muy original: Dawn, una colegiala sin problemas hace todo lo posible por reprimir todo deseo sexual. Es miembro activo de un grupo que aboga por la castidad hasta el matrimonio. Pero esta abstinencia es puesta duramente a prueba. Primero por el apuesto Tobey, del que se enamora. Después, por las repetidas provocaciones de Brad, su hermanastro sexualmente extrovertido. La vida de Dawn va a dar un vuelco brutal el día que descubre con horror que, en caso de ataque, su vagina puede convertirse en un arma de defensa gracias a los numerosos ¡dientes afilados que la recubren por dentro! Hay algunas escenas *gores* en la película, por ejemplo una en la que el hermano incestuoso de la bella carnívora es emasculado (con trozos de pene esparcidos por el suelo). *Teeth* es, al parecer, "una deliciosa venganza del género femenino contra la imperante grosería masculina".

Désengagement es una película del director israelí Amos Gitaï (2007): un franco-israelí y una holandesa-palestina se encuentran en un pasillo de tren. Charlan y comparten un cigarrillo. "Los dos personajes se abrazan y, al hacerlo, suprimen las fronteras", escribía Yasmina Guerda en Internet. A continuación, el público se traslada a Aviñón. Esto dice la reseña: "Un padre ha muerto. Su hija Ana está casi exultante y habla de dejar a su marido a su hermanastro Uli, que ha venido de Israel para el funeral. Desde el principio, la atmósfera es pesada. Es sofocante. Sentimos el malestar de Ana mientras canta, alborota, ríe como una niña y roza el incesto con su hermano."

Stèphane Kurc es el director de *Terre de lumières* (Francia, 20008), un pesado telefilme en cuatro episodios. Sólo hemos visto el cuarto episodio, titulado *La Terre des secrets*, que se emitió por televisión en septiembre del 2008. La historia se desarrolla en una ciudad marroquí durante la Ocupación. La caracterización de los personajes permite desvelar la impronta cosmopolita: Están, por supuesto, los judíos perseguidos sin motivo alguno; la pobre judía es interpretada por una bella rubia de rasgos nórdicos, sólo para despistar los incautos. Los árabes, en cambio, son orgullosos y dignos, mientras que los franceses se dividen en dos categorías. Una mujer francesa, por ejemplo, está embarazada de un niño árabe y abandona poco a poco a su marido francés al que desprecia. Al final de la película, dará a luz al pequeño Hassan, al que criará sola, puesto que el padre árabe preferirá luchar contra los malos por la independencia de su país.

Otra mujer francesa tiene dos hijos de un antiguo soldado -el héroe de la película- herido y desaparecido desde hace diez años. Recogido por los beduinos, se convirtió al islam y pasó a luchar contra sus propios compatriotas. Como tal, fue encarcelado y condenado a muerte por traición por las autoridades de Vichy. Su hija, que lo reconoció, consigue liberarlo gracias a su hermano, el jefe de policía, un colaboracionista moderado comparado con los demás cabrones de la policía francesa - aparte del gaullista de turno, naturalmente.

Mientras tanto, los estadounidenses han desembarcado en Marruecos y liberado el país. El final de la película confirma aún más el judaísmo del director Stéphane Kurc: nos enteramos (nos ahorraremos los detalles) de que fue el jefe de policía, siendo soldado, quien una vez había intentado matar al amante de su hermana durante una misión en el Djebel...porque estaba secretamente enamorado de ella; ¡enamorado de su propia hermana!

Así pues, una vez más, se trataba de una historia de incesto que un director judío había proyectado y endosado sobre sus personajes goyim.

En cualquier caso, está claro que a Stéphane Kurc no le agradan mucho los franceses, pues de lo contrario no se habría empeñado en poner a sus esposas en brazos de árabes, en convertir en héroe a un francés convertido al islam, en desgarrar a sus familias y en hacerles sentirse sistemáticamente culpables. También aparecía otra pareja de franceses durante la liberación de Marruecos: la esposa se entera de que su marido ha colaborado. Le desprecia hasta el punto de apuntarle con una pistola cargada, antes de expresar todo su asco hacia él, aunque en realidad no se trataba más que de la repugnancia de Stéphane Kurc por los franceses nativos. La interminable banda sonora lastimera hace que este bodrio infumable sea además francamente insoportable. Pero lo vimos hasta el final... bueno, casi hasta el final.

En *El pacto de los lobos* (Francia, 2001), Christophe Gans nos muestra la violación de una hermana por su hermano. La película es también muy antirracista: ¡un indio propina paliza tras paliza a los campesinos franceses en pleno siglo XVIII!

También está *Select Hôtel* (Francia, 1996): en el barrio de Pigalle, el Select es un burdel. Nathalie, de 20 años, sobrevive como puede: drogadicta y prostituta, se apoya en el amor protector de su hermano, Tof, un joven delincuente. Bouniq-Mercier escribía: "Una obra poderosa e inquietante, cruda y púdica, atrozmente oscura y sin embargo luminosa." La película es de Laurent Bouhnik.

En *Kika* (España, 1993), una comedia de Pedro Almodóvar, un hombre obsesionado con el sexo tiene la costumbre de acostarse con su propia hermana. Huido de la cárcel, va a visitarla al piso de sus jefes, donde trabaja como criada, y aprovecha la ocasión para violar a la señora de la casa...

The Cement Garden (Reino Unido, 1992): Una modesta familia vive en una lúgubre y aislada vivienda suburbana. Los padres mueren uno tras otro y los cuatro hijos se quedan solos. Jack siente un amor incestuoso por su hermana. La película es de Andrew Birkin.

La mujer del puerto (México, 1991): El Marro, un marinero, conoce a una hermosa prostituta, Perla, en un cabaré del puerto y se enamora de ella. La madre de Perla, Tomasa, lo reconoce como el hijo del que tuvo que separarse en trágicas circunstancias. A partir de ese momento, el amor incestuoso entre Perla y su hermano parece condenado al fracaso. Una película de Arturo Ripstein (¡otra vez él!).

On ne meurt que deux fois (Francia, 1982): Carlos, un joven estudiante de buena familia que vive solo en París con su histérica y posesiva hermana, se propone encontrar a la antigua amante de su padre. En un cabaré de Pigalle, descubre a una adolescente, Clémentine, de la que se enamora. Resulta ser su hermanastra. Una película de Caroline Roboh.

L'invitation au voyage, de Peter del Monte (Francia, 1982): Lucien no puede aceptar la muerte de su hermana gemela, que se electrocutó en la bañera. Esconde su cuerpo en un estuche de contrabajo, lo fija al portaequipajes de su coche y sale a la carretera. Finalmente, quema el cuerpo de su hermana. La historia de un "amor loco e incestuoso".

Chère inconnue (Francia, 1979), basada en un guion de Bérénice Rubens: Gilles es un parapléjico que sólo puede desplazarse en silla de ruedas. Louise, su hermana, se ocupa de él con devoción, pero sufre de su soledad emocional. Viven en una casa aislada en la costa de Bretaña, donde sólo Yvette, la panadera, viene a romper la monotonía. Louise pone un anuncio en un periódico local buscando un alma gemela. Pronto, por los datos que le da su corresponsal, se da cuenta de que es efectivamente su hermano quien le responde. Cuando Gilles quiere conocerla, Louise contrata a una comediante. La película es de un tal Moshe Mizrahi, que desde luego no es bretón.

Calígula, de Tino Brass (Italia-Reino Unido, 1977): Calígula, tras el asesinato de Tiberio, es nombrado emperador de Roma. Aconsejado por su hermana Drusila, con la que mantiene una relación incestuosa, pronto se convierte en un tirano sanguinario. Calígula se cree Dios y poco a poco naufraga en la locura. Cuando muere su hermana, se desespera. El guion es de Gore Vidal.

¡Dios mío, cómo he caído tan bajo!, de Luigi Comencini (Italia, 1974): A finales del siglo XIX, Eugenia, una joven noble siciliana, se casa con Raimondo, un burgués adinerado. Pero la noche de bodas recibe un telegrama que le revela que su marido es su hermano. A título de compensación, se deja violar por su chófer...

La gran burguesía (Italia, 1974) es una película de Mauro Bolignini: A finales del siglo XIX, Tulio, el hermano de Linda, que milita por sus ideas socialistas, ama a su hermana con un amor casi incestuoso.

Au long de la rivière Fango, de Catherine Sigaux (Francia, 1975): Jérémie y Bild, dos jinetes, llegan a una comunidad que vive a orillas del río Fango. Fue fundada por Mathilde, una mujer que dejó a su marido y a su bebé para escapar de la sociedad urbana y comprar estas tierras. Todos viven felices apartados del mundo, sin pensar en el trabajo ni en el dinero. Bild cree ser el hijo abandonado de Mathilde, mientras que Jérémie se siente atraído por su hija Maurine. Cuando Bild muere, Jérémie se entera de que es hijo de Mathilde y de que Maurine es, por tanto, su hermana. La película también presenta varios tópicos contra el capitalismo.

El rapto de Bunny Lake (Reino Unido, 1965): Ann Lake se ha trasladado a Londres con su hija ilegítima, Bunny, y su hermano. Un día, la niña desaparece de su colegio. La policía llega a dudar de la existencia misma de la niña, ya que todas las pruebas han desaparecido. Ann parece sufrir problemas psiquiátricos. "¿Podría Ann estar manteniendo una relación incestuosa con su hermano?" Una película del famoso Otto Preminger.

Sandra (Italia, 1965): Sandra, cuyo padre murió en deportación, se ha casado con un académico estadounidense. Se entera por su hermano de que fue su madre quien delató a su padre. Se desarrolla una especie de incesto entre hermano y hermana. La película es de Luchino Visconti.

Mort d'un tueur, de Robert Hossein (Francia, 1963): Massa, un gánster, ha pasado varios años en la cárcel tras una denuncia. Regresa a Niza para vengarse. Su hermana María, a la que ama de un amor turbio, se ha convertido en la amante de Luciano, el hombre que le traicionó.

Como en un espejo (Suecia, 1961): Karin se ha trasladado a una isla para pasar las vacaciones con su marido Martin, médico, su hermano Frederik y su padre, un escritor viudo siempre de viaje. Sufre problemas mentales y practica el incesto con su hermano menor. La película es del inimitable Ingmar Bergman.

Bodas reales, de Stanley Donen (EE. UU., 1951): Tom y Ellen Bowen son hermanos y forman una pareja de baile de moda. Toman conciencia de la profundidad de sus sentimientos. El guion es de Alan Jay Lerner.

Scarface (EE. UU., 1931) es la historia de un gánster enamorado de su hermana. La película fue dirigida por Howard Hawks, con un guion de Ben Hecht y Seton Miller. En 1983, Brian de Palma dirigió otra versión, basada en un guion de Oliver Stone y protagonizada por Al Pacino.

Freud había leído las obras de Conrad Ferdinand Meyer, el gran escritor suizo, y siempre mantuvo una gran predilección por este autor. A propósito de su libro *La jueza (Die Richterin)*, Marthe Robert explicaba a pie de página en su obra de 1964 sobre *La Revolución psicoanalítica*: "Se trata indudablemente del rechazo romantizado de un recuerdo relativo a las relaciones del escritor con su hermana...Por un lado, esta novela halaga la megalomanía; por otro, constituye una defensa contra el incesto[523]."

Sander Gilman, de la Universidad de Chicago, había investigado el tema por su cuenta. En *Sibling incest, madness, and the jews (Incesto entre hermanos, locura y los judíos)*, describía cómo se solía asociar a los judíos de la Europa del siglo XIX y de la primera mitad del siglo XX con ciertas formas de desviación sexual. Señalaba que "la endogamia dentro de la comunidad judía había fomentado la idea de que el incesto entre hermanos y hermanas era una práctica común en esa comunidad[524]."

El prolífico novelista yiddish Isaac Bashevis Singer, Premio Nobel de Literatura, también proyectaba descaradamente su culpabilidad sobre los cristianos. En su novela *Krochmalna N° 10*, se podía leer: "En Argentina,

---

[523] Marthe Robert, *La Révolution psychanalytique*, Tome I, Payot, 1964, p. 137
[524] Revista *Taxonomy and deviance*, 1998, vol. 65, n°2, p. 401-433, New School University, New York, NY (1934).

Perú, Bolivia, Chile y otros lugares, las hijas son violadas por sus padres, los hermanos se acuestan con sus hermanas y una madre mantiene relaciones con su propio hijo. No siempre se detiene a la gente por esos crímenes. Van al cura, se confiesan y, con un poco de agua bendita, les absuelve [525]". Una vez más, debemos ver aquí una clásica inversión acusatoria.

Tampoco la historia de David en la Biblia es muy moral para nuestros estándares europeos. Su adulterio con Betsabé va seguido del asesinato del marido de ésta, Urías. Su hijo mayor, Ammón, cometió incesto con una de sus hermanas. Ammón fue asesinado por su hermano Absalón, quien, recién recuperado el favor del rey, empezó a conspirar contra su padre, haciéndole la guerra y quedándose con sus concubinas.

En el 2008, un programa del Canal Historia (*Banned from the Bible*) trataba de la Biblia y de la selección de los textos sagrados. Entre los libros que no se habían conservado en la versión canónica figuraba el Libro de los Jubileos, del que se dice que fue escrito en hebreo para completar la historia del Génesis (entorno al año 100 a.C.). En el texto bíblico sólo se mencionaban dos hijos de Adán y Eva: Caín y Abel. Se planteó entonces entre los sabios judíos la cuestión de con quién podría haberse casado Caín, ya que no había mujeres. El Libro de los Jubileos había aclarado la cuestión afirmando que Adán y Eva habían tenido tres hijos y seis hijas. Por tanto, la humanidad se había desarrollado a través de relaciones incestuosas entre hermanos y hermanas. Un rabino explicaba en el documental que los judíos de la época no podían aceptar la idea de que Adán y Eva no fueran los únicos (y, por tanto, quizá no los primeros) y, sobre todo, les tranquilizaba saber que los judíos -el pueblo de Dios- no habían tenido que casarse con extranjeros de sangre impura.

Seguramente debemos también leer con un espejo el texto de un pequeño libro de unas cuarenta páginas, escrito por un tal André Benzimra y publicado en el año 2007: *La prohibición del incesto según la Cábala*. El libro, publicado por una pequeña editorial, estaba reservado a los miembros de la comunidad. André Benzimra explicaba que las Escrituras habían silenciado "los incestos que tuvieron que cometer los primeros hombres para poblar la tierra. Ello se debía a que querían quitar un argumento a quienes no ponen frenos ni barreras a la búsqueda de su placer".

Nos enterábamos de que Rebeca podría haber sido la propia hermana de Isaac: "A propósito de la descendencia de Abraham, hay una leyenda oculta en la Biblia que Bahir 78 revela, no sin recurrir al método de cifrado que consiste en proceder por alusiones de alusiones. Este texto afirma que Abraham tuvo una hija y sugiere que no era otra que Rebeca, la misma que

---

[525] Isaac Bashevis Singer, *Le petit monde de la rue Krochmalna*, Denoël, 1991, p. 54

iba a casarse con su hijo Isaac. La primera afirmación se basa en particular en un pasaje del Talmud. La segunda se basa en cierta incertidumbre sobre el origen de Rebeca: a lo largo del Génesis XXIV se la presenta como hija de Betuel, hijo de Nahor. Sin embargo, en el versículo XXIV, 48, se la da incidentalmente como hija del propio Nahor, hermano de Abraham[526]... Dios necesita una hija, Su *Sejiná*, para transmitir Su influencia y Sus bendiciones, del mismo modo que Abraham necesitó una hija para engendrar su posteridad espiritual...El hecho de que Rebeca fuera hermana y esposa de Isaac es, además, una marca adicional de su parentesco con la *Sejiná* celestial, que sintetiza diversos vínculos familiares con quienes están unidos a ella. Así, la Sabiduría (otro nombre de la *Sejiná*) fue sucesivamente madre, esposa e hija de Salomón, ya que éste lo aprendió todo de ella, vivió en su intimidad y, finalmente, se elevó por encima de ella".

Y André Benzimra continuaba: "Sí, la descendencia de Abraham procede únicamente de la semilla de Abraham. Pero toda esta historia se mantuvo en secreto para evitar dar crédito a la idea de que, tras los amores entre Isaac y Rebeca, el incesto está permitido a todo el mundo. Se mantuvo en secreto para el propio Isaac: por eso Rebeca fue criada lejos de él hasta que llegara la hora de celebrar sus nupcias. Después, probablemente le fuera revelada la verdad y la necesidad de casarse con esta hermana lejana[527]".

Abraham tenía pues una hija, y "no era otra que Rebeca, la futura esposa de su hijo Isaac. Sin la unión de los hijos de Abraham con sus hermanas, la humanidad no habría cumplido el mandato divino de crecer y multiplicarse, y habría muerto nada más llegar a la Tierra."

Antes de Abraham, Adán mismo se vio obligado a dar sus propias hijas a sus hijos: "Los escritos intertestamentarios mencionan hermanas gemelas que se unieron a los hijos de Adán y gracias a las cuales pudieron reproducirse."

El incesto es, pues, un tema crucial en la historia del judaísmo (¡y de la humanidad!). "Según la tradición cabalística, escribía Benzimra, los misterios del incesto son aún más importantes que los relativos a cualquier otra cuestión: "El capítulo relativo al incesto es la quintaesencia de todas las Escrituras, dice el Zohar III, 81a. Efectivamente, como veremos, la cuestión del incesto está estrechamente ligada, por una parte, a la cuestión del Orden reinante en el Cosmos y, por otra, a la doctrina de Dios en Sus aspectos más elevados[528]."

---

[526] En notas, al final del libro, se puede leer: "Betuel y Nahor fueron sin duda los padres de Rebeca.» En otras palabras, Betuel se acostó con su propia madre.
[527] André Benzimra, *L'Interdiction de l'inceste selon la Kabbale*, Archè Edizioni, Milano, 2007, p. 13, 7-9
[528] André Benzimra, *L'Interdiction de l'inceste selon la Kabbale*, Archè Edizioni,

En las notas a pie de página, Benzimra evocaba también "la unión de Dios con la comunidad de Israel (Zohar, III, 7b)", que es aquí su hermana: "Levítico XX, 17: "Si un hombre se casa con su hermana, es una gracia (*khessed*). El Hombre designa a Dios; su hermana designa a la Comunidad de Israel[529]."

Como vemos, el incesto es una verdadera obsesión para los judíos, una cuestión casi central. Madre e hijo, padre e hija, padre e hijo, hermano y hermana, tíos y sobrinas...Es lo que llamamos familias endogámicas, donde todos encajan como tuberías, de generación en generación. No cabe duda de que sería urgente una investigación oficial a gran escala sobre este problema y, por nuestra parte, no estamos lejos de pensar que, en interés de los propios judíos, habría que separar a los niños de sus padres desde la más tierna infancia para protegerlos y romper el proceso de las generaciones incestuosas. Este era quizás el objetivo de los kibbutz en Israel, donde se hacía hincapié en la vida comunitaria.

En todo caso, es evidente que ya no se trata en absoluto de la noción de "pueblo elegido", sino de un diagnóstico médico pertinente. Freud comprendió indudablemente que el origen del judaísmo no era religioso, sino sexual. Pero no tuvo el valor de revelar al mundo entero que el famoso "complejo de Edipo" era en realidad únicamente el "complejo de Israel", y prefirió proyectar la neurosis del judaísmo sobre el resto de la humanidad. Siempre se debe leer a los intelectuales judíos con un espejo. Siempre.

Milano, 2007, p. 25, 12

[529] André Benzimra, *L'Interdiction de l'inceste selon la Kabbale*, Archè Edizioni, Milano, 2007, p. 33. En la Biblia, se puede leer: "El hombre que toma por esposa a su hermana...es una ignominia». Sin embargo, "*Khessed*" (pronunciado *Jessed* en castellano) tiene un doble sentido para los judíos: es "ignominia" y "ternura"; sobre estos aspectos cabalistas y la *Sejiná* (la Comunidad de Israel), léase *Psicoanálisis del judaísmo*.

3. El mito del complejo de Edipo

El padre del psicoanálisis basó sus teorías en el estudio de la patología histérica, lo que obviamente no fue casual. Basándose en su propio caso personal y en el estudio de sus congéneres vieneses, demostró que el incesto era la causa principal de la histeria, antes de invertir repentinamente el problema y "proyectarlo" a un plano universal: había nacido así el misterioso "complejo de Edipo".

El desarrollo del psicoanálisis

El profesor Jean Martin Charcot fue el precursor de los estudios sobre la histeria a finales del siglo XIX. En 1882, abrió en el hospital parisino de la Salpêtrière la que sería la mayor clínica neurológica de Europa. Profesor de renombre, atrajo a estudiantes de todo el mundo. Bajo su influencia se empezaron a analizar sistemáticamente las enfermedades mentales y a distinguir la histeria de otras afecciones de la mente. Charcot seguía convencido de que la causa fundamental de la histeria residía en una degeneración hereditaria del sistema nervioso, y fue el primero en utilizar la hipnosis como medio de tratamiento, con vistas a descubrir una base orgánica de la histeria.

Sigmund Freud asistió a las conferencias del Doctor Charcot de octubre de 1885 a febrero de 1886. En *Vida y obra de Sigmund Freud*, Ernst Jones, que fue el primer gran biógrafo de Freud, explicaba:

"Lo que más impresionó a Freud en las enseñanzas de Charcot fue su revolucionaria concepción del problema de la histeria... La histeria, hasta ese momento, se consideraba o bien cosa de simulación, o en el mejor de los casos, de "imaginación" (que al fin de cuentas sería más o menos lo mismo), que no merecía de ningún modo ocupar el tiempo de un médico respetable, o bien un peculiar trastorno del útero que podía ser tratado —y a menudo era tratado— mediante la extirpación del clítoris. El útero desplazado podía también ser llevado nuevamente a su lugar mediante la administración de valeriana, cuyo aroma le es desagradable. Y he aquí que, gracias a Charcot y casi de la noche a la mañana, la histeria se convirtió en una enfermedad del sistema nervioso, enteramente respetable...Realizó un estudio sistemático y amplio de las manifestaciones de la histeria, estudio que permitió un diagnóstico más preciso de la enfermedad, y demostró al mismo tiempo el carácter histérico de muchas afecciones a las que se atribuía otra índole. Insistió además en que la histeria podía afectar también al sexo masculino, cosa que no debía extrañar ya a nadie desde el momento en que se la incluía entre las enfermedades del sistema nervioso."

El profesor Charcot demostró además "que podía provocar mediante el hipnotismo, en sujetos predispuestos, síntomas histéricos, parálisis, temblores, anestesia, etc., que coincidían, hasta en sus menores detalles, con los síntomas de la histeria espontánea, tal como se presentaban en sus demás pacientes y como habían sido descritos minuciosamente en la Edad Media, época en que se los atribuía a la posesión por el demonio[530]."

Charcot había observado que la histeria afectaba sobre todo a los judíos. En *Psicoanálisis del antisemitismo*, publicado en 1952, Rudolph Loewenstein escribía lo siguiente: "En sus *Lecciones de los martes*, en la Salpêtrière, Charcot había hecho numerosas alusiones a las genealogías patológicas de las familias judías, aplicando a un paciente el diagnóstico de "neurópata viajero", una alusión transparente a la tradición de inestabilidad, vagabundeo y nomadismo atribuida a los Judíos (la tendencia a la histeria se relacionaba con las persecuciones medievales). A Freud, que empezaba a expresar algunas dudas sobre la doctrina de la etiología hereditaria y la teoría de la "familia neuropática", que se había vuelto muy querida por un maestro del que había sido alumno en 1885 y 1886, Charcot le respondió sin rodeos el 30 de junio de 1892: "Pues averígüelo usted, sobre todo en las familias judías, la exploración es fácil[531]."

En la misma época, en 1894, Cesare Lombroso, un judío italiano, publicaba en Turín *L'Antisemitismo e la scienza moderne*, una obra en la que se proponía refutar los argumentos tendentes a establecer que "el judío" estaba dotado de una naturaleza diferente. Sin embargo, Lombroso retomaba la tesis de Charcot según la cual los judíos padecían trastornos mentales específicos (histeria o ataxia locomotriz). Pero buscó la causa en la persecución y la historia, no en una naturaleza desviada.

El Doctor Charcot también presintió que la histeria podía estar causada por traumas de orden sexual. Freud estaba naturalmente muy interesado en estudiar esta patología, por la sencilla razón de que se sentía directamente concernido por ella. En la Salpêtrière, escribía Ernst Jones, "oyó a Charcot afirmar categóricamente a su ayudante Brouardel que ciertos casos de trastornos neuróticos eran siempre atribuibles "a la cosa genital[532]"".

---

[530] Ernst Jones, *Vida y obra de Sigmund Freud, tomo I*, Anagrama, Barcelona, 1981 (Edición abreviada), p. 230-231

[531] Michel Bonduelle, *Charcot, un grand médecin dans son siècle*, Paris, Editions Michalon 1996, p. 269-275, in Rudolph Loewenstein, *Psychanalyse de l'antisémitisme* (1952), Presses Universitaires de France, 2001, p. 18

[532] Ernst Jones, *La Vie et l'oeuvre de Sigmund Freud, tome 1*, 1953, PUF, 1958, p. 274. "La segunda anécdota se refiere a una explicación que Charcot daba a su ayudante

Freud demostró más tarde, basándose en lo que había observado en la comunidad judía, que la patología histérica tenía su origen en la práctica del incesto. Elisabeth Roudinesco, en su libro de 1999 titulado ¿*Por qué el psicoanálisis?*, explicaba que la palabra "psicoanálisis" había aparecido en 1896 en un texto escrito en francés por el propio Sigmund Freud. "Un año antes, con su amigo Josef Breuer, Freud había publicado sus famosos estudios sobre la histeria, en los que relataba el caso de una joven judía vienesa que padecía una extraña enfermedad de origen psicológico, en la que las fantasías sexuales se manifestaban a través de contorsiones del cuerpo. La paciente se llamaba Bertha Pappenheim y su médico, Breuer, que la trataba con el método catártico, le dio el nombre de Anna O." Sometida a hipnosis, la paciente respondía a las preguntas del médico. Breuer observó que sus síntomas desaparecían gradualmente. La cura se basaba en la palabra hablada. El mensaje esencial que quedaba era que la palabra escuchada y compartida conducía a la curación. El hecho de verbalizar el sufrimiento, de encontrar palabras para expresarlo, permitía, si no curar, al menos tomar conciencia de su origen y, por tanto, asumirlo.

Anna O era una joven muy inteligente y atractiva, pero padecía diversos trastornos nerviosos, parálisis, contracturas, problemas de lenguaje y de vista, todos los cuales aparecieron después de la muerte de su padre. En su libro de 1964, *La Revolución psicoanalítica*, Marthe Robert nos contaba lo siguiente: "Breuer la encontró una vez en pleno parto histérico, el resultado lógico de un embarazo imaginario que había pasado desapercibido y que se había producido en respuesta al tratamiento de Breuer. Aunque profundamente angustiado, Breuer la calmó hipnotizándola, y luego, preso de sudores fríos, salió de aquella casa[533]." Elisabeth Roudinesco observaba, sin embargo, que la paciente no se había curado: "Consultando los archivos, los historiadores modernos han demostrado que el célebre caso de Anna O., presentado por Freud y Breuer como el prototipo de la curación catártica, no dio lugar en realidad a la curación de la paciente. En cualquier caso, Freud y Breuer decidieron publicar la historia de esta mujer y presentarla como un caso de princeps para reivindicar mejor, frente al psicólogo francés Pierre Janet, la prioridad del descubrimiento del método catártico. En cuanto a Bertha Pappenheim, aunque no se curó de sus síntomas, se convirtió en otra mujer. Feminista militante, piadosa y rígida, dedicó su vida a los huérfanos y a las víctimas del antisemitismo sin mencionar jamás

---

Brouardel, muy enfáticamente -y que a Freud le fue dado oír-, en el sentido de que en ciertos trastornos nerviosos se trataba siempre de la *chose génitale.*», Ernst Jones, *Vida y obra de Sigmund Freud, tomo I*, Anagrama, Barcelona, 1981 (Edición abreviada), p. 250.

[533] Marthe Robert, *La Révolution psychanalytique, tome I*, Payot, 1964, p. 118

el tratamiento psicológico al que se había sometido en su juventud, y que la había convertido en un mito[534]."

En 1896, Freud abandonó definitivamente el hipnotismo y pasó a adoptar al método de "asociación libre". Ernst Jones escribía que una paciente, la señora Emmy von N., había reprochado una vez a Freud que la interrumpiera preguntándole por sus pensamientos. Según Jones, esto marcó el comienzo del psicoanálisis: "El haber forjado este método constituye una de las dos grandes hazañas en su vida científica. La otra es su autoanálisis, gracias al cual aprendió a explorar la vida sexual temprana del niño, y dentro de ésta, el famoso complejo de Edipo[535]."

En 1896, Freud sostenía categóricamente que la causa específica de la histeria debía ser buscada en un trastorno de la sexualidad. Trece casos analizados le habían permitido llegar a esta conclusión. La histeria, afirmaba, estaba causada por un incidente grave de naturaleza sexual pasiva ocurrido antes de la pubertad. Era en los niños de tres o cuatro años donde este incidente producía los mayores efectos. "La edad predilecta para tal episodio eran los tres o cuatro años, y Freud supone que, ocurriendo el mismo después de los ocho a los diez años, no conducía a una neurosis[536]", escribía Jones.

Y añadía: "Hasta la primavera de 1897 seguía manteniendo firmemente su creencia en la realidad de dichos traumas infantiles, tan poderoso fue el efecto de las enseñanzas de Charcot acerca de las experiencias traumáticas y tanta la seguridad con que las reproducían las asociaciones de los pacientes[537]."

---

[534] Elisabeth Roudinesco, *Pourquoi la psychanalyse*, Fayard, 1999, p. 29, 30
[535] Ernst Jones, *Vida y obra de Sigmund Freud, tomo I*, Anagrama, Barcelona, 1981 (Edición abreviada), p. 242
[536] Ernst Jones, *Vida y obra de Sigmund Freud, tomo I*, Anagrama, Barcelona, 1981 (Edición abreviada), p. 263. Nótese que esa edad corresponde a la fijada por los maestros del Talmud. ["En el fondo de todo caso de histeria se ha de encontrar una o más experiencias sexuales prematuras, que corresponden a los primeros años de la infancia y que pueden ser revividas por la labor analítica aun cuando hayan transcurrido décadas enteras.» *Vida y obra de Sigmund Freud*, p. 263-264. (NdT).]
[537] Ernst Jones, *Vida y obra de Sigmund Freud, tomo I*, Anagrama, Barcelona, 1981 (Edición abreviada), p. 265. ["Si pasamos revista a la evolución de las opiniones de Freud sobre la sexualidad y la infancia hasta la época de su autoanálisis, tomando como base al mismo tiempo sus publicaciones y la correspondencia con Fliess, tendremos que llegar a las siguientes conclusiones. Su comprensión del problema fue mucho más lenta y gradual de lo que a menudo se supone. Algunas cosas que hoy son claras eran bastante oscuras a la sazón. Tuvo que partir necesariamente del convencional punto de vista acerca de la inocencia infantil y al toparse con los chocantes relatos acerca de la seducción de parte de los adultos prefirió también el punto de vista convencional de que esto representaba una estimulación precoz.» *Vida y obra de Sigmund Freud, tomo I*, p. 319-320. (NdT).]

Lo que Ernst Jones escribía a continuación es muy instructivo, una vez que uno comprende que sólo se trataba de la comunidad judía: "Desde mayo de 1893, que fue cuando anunció esto por primera vez a Fliess, hasta septiembre de 1897... sostuvo la opinión de que la causa esencial de la histeria es una seducción sexual de una criatura inocente de parte de una persona adulta, que por lo común sería el padre. La evidencia del material analítico parecía irrefutable. Se mantuvo en esta convicción durante cuatro años; si bien se sentía cada vez más sorprendido de la frecuencia de estos supuestos episodios. Empezaba a parecer que, en una proporción elevada, los padres eran protagonistas de tales ataques incestuosos. Y lo que es peor, habitualmente se trataba de episodios de índole perversa, que tomaban como punto de elección la boca o el ano. De la existencia de ciertos síntomas histéricos en su hermano y en varias de sus hermanas (nótese bien, no él mismo) dedujo que aún su propio padre debería ser acusado de tales hechos[538]."

En la página web dedicada a la psicoanalista Françoise Minkowska, ésta última lo confirmaba: "Sigmund Freud llegó a creer que casi todos los pacientes que trataba u observaba en aquella época habían sufrido de hecho abusos sexuales o malos tratos durante su infancia y que sus trastornos se debían esencialmente a estos traumas. Sus recuerdos y testimonios se superponían con una regularidad desconcertante que conmocionó profundamente al joven médico y teórico. Los mencionaba en sus notas y expresaba su asombro y sus interrogantes, sobre todo en su correspondencia, en parte ocultada por los archivos freudianos y recientemente sacada a la luz por Jeffrey Moussaief Masson[539]."

Sin embargo, en 1897, tras la muerte de su padre a finales de octubre de 1896, Freud abandonó la teoría de la "seducción" y adoptó la de la "fantasía": la mujer histérica ya no había sido objeto de incesto cuando era niña, ¡sino que ahora era ella quien había fantaseado con su padre! El padre quedaba absuelto, libre de toda sospecha. Los padres ya no eran culpables. Ahora se debía asumir que los hijos estaban enamorados de su progenitor del sexo opuesto y deseaban relaciones incestuosas con él. Ernst Jones escribía aquí: "En el mes de febrero que siguió a la muerte de su padre, Freud mencionaba el hecho de haberle acusado de actos de seducción, y tres meses más tarde anunciaba su propio sueño incestuoso, que puso fin, según decía, a sus dudas acerca del asunto de la seducción[540]."

---

[538] Ernst Jones, *Vida y obra de Sigmund Freud, tomo I*, Anagrama, Barcelona, 1981 (Edición abreviada), p. 320-321

[539] Véase Jeffrey M. Masson, *The Assault on Truth: Freud's Suppression of the Seduction Theory - Le réel escamoté: Le renoncement de Freud à la théorie de la séduction*, Editions Aubier, 1984.

[540] Ernst Jones, *Freud (I)*, Salvat Editores, Barcelona, 1985, p. 246

En sus cartas del 3, 5 y 15 de octubre de 1897, Freud relataba los progresos de su autoanálisis y reconocía, al parecer, la inocencia de su padre. Ernst Jones se satisfacía de esta explicación: "Se había dado cuenta ya de que su padre era inocente y de que había proyectado sobre él ideas propias. Habían surgido recuerdos infantiles de deseos sexuales hacia su madre con ocasión de haberla visto desnuda[541]." Jones escribía además, respaldando la tesis freudiana: "Freud había descubierto la verdad del caso: que independientemente de los deseos incestuosos de los progenitores hacia sus hijos e incluso de ocasionales actos de esa índole, de lo que se trataba en realidad era de la existencia, con carácter general, de deseos incestuosos de los niños hacia sus progenitores, y específicamente hacia el del sexo opuesto…Los deseos y fantasías de incesto serían productos ulteriores, que se situaban probablemente entre los 8 y los 12 años y que eran referidos al pasado, encubriéndolos tras la pantalla de la primera infancia[542]."

Ahí lo tienen escrito con todas sus letras, eso fue todo: El nacimiento de la sexualidad infantil y el complejo de Edipo.

Françoise Minkowska confirmaba este análisis: "Poco menos de un año más tarde, en 1897, Freud dejó de creer en su neurótica, es decir, en la hipótesis del trauma original, y en poco tiempo desarrolló el complejo de Edipo, que en adelante sustituiría ventajosamente a la "teoría de la seducción" desarrollada a fuerza de observaciones durante los años precedentes." Pero Françoise Minkowska señalaba con razón que "Freud no era muy generoso a la hora de explicar las razones de semejante cambio de opinión. Pero ¿por qué? Un extracto de una carta que Freud envió a Fliess el 21 de septiembre de 1897 menciona el motivo explícito de ese giro de 180 grados: "La sorpresa de comprobar que en cada caso había que acusar al padre de perversión, sin excluir al mío propio"." En esa misma carta, Freud añadía: "Semejante generalización de los actos cometidos contra los niños parecía poco increíble."

"Poco creíble": ésa era la única razón que Freud invocaba para operar su viraje teórico. Françoise Minkowsak escribía al respecto: "Podemos

---

[541] Ernst Jones, *Freud (I)*, Salvat Editores, Barcelona, 1985, p. 247

[542] Ernst Jones, *Freud (I)*, Salvat Editores, Barcelona, 1985, p. 244-245. ["Lo más que llegaría a admitir era que los niños pequeños, incluso de 6 a 7 meses (!), tenían la capacidad de registrar y captar, aunque de forma imperfecta, el significado de los actos sexuales de los adultos que habían llegado a presenciar o a escuchar (2 de mayo de 1897). Tales experiencias llegarían a tener importancia únicamente en el momento en que su recuerdo era reanimado años más tarde por fantasías, deseos o actos de carácter sexual. No hay duda, por lo tanto, de que durante un periodo aproximado de cinco años Freud consideró que los niños eran objeto inocente de deseos incestuosos, y que sólo de una manera muy lenta - y sin duda a costa de una considerable resistencia interior- llegó a reconocer lo que desde entonces se conoce definitivamente como sexualidad infantil.» *Freud (I)*, Salvat Editores, p. 245. (NdT).]

comprender tal sorpresa, la necesidad de precaución científica y el pavor ante tal conclusión, pero esta reticencia ha bastado por sí sola para invalidar una hipótesis que era el resultado de múltiples observaciones y comprobaciones cruzadas."

Todos los psicoanalistas aceptaron esta idea -o fingieron aceptarla- para explicar la transición de la teoría de la seducción a la teoría de la fantasía. Ernst Jones estaba claramente satisfecho con la explicación de Freud, y hemos buscado en vano los comentarios del biógrafo sobre el cambio de opinión del fundador del psicoanálisis. En 1897, Freud "admitió su error", escribía Jones. "El año 1897 era el año culminante en la vida de Freud[543]."

Marthe Robert, por su parte, tampoco había sospechado nada y se desvanecía de admiración: "La carta del 3 de octubre de 1897 marca una fecha histórica, escribía: Contiene la primera alusión al descubrimiento más sensacional de Freud: el que le dio la clave del drama secreto de toda infancia, un drama hace tiempo olvidado y sin embargo fatal, que él bautizó complejo de Edipo en honor al héroe griego[544]."

Para Melanie Klein, todo estaba muy claro: "Freud estaba convencido de que los recuerdos de las enfermas histéricas, la reproducción de escenas de seducción infantil, no se basaban en experiencias reales sino en fantasías. De hecho, esta observación...marca un punto de inflexión decisivo en la teoría psicoanalítica[545]."

Elisabeth Roudinesco también respaldaba la tesis freudiana, cuidándose muy bien de evitar cualquier referencia a las costumbres tan especiales de la comunidad judía: Freud, escribía, "desarrolló su famosa teoría entre 1895 y 1897 según la cual la neurosis se originaba en un abuso sexual real. Se basaba tanto en la realidad social como en la evidencia clínica. En las familias, y a veces incluso en la calle, los niños suelen ser víctimas de abusos por parte de los adultos. El recuerdo de esta brutalidad es tan doloroso que todos prefieren olvidarlo, ignorarlo o reprimirlo. Escuchando a mujeres histéricas de finales de siglo que le contaban tales historias, Freud se dio por satisfecho con sus discursos y elaboró su primera hipótesis: el de la inhibición y la causalidad sexual de la histeria. Puesto que han sido realmente seducidas, Freud cree que las histéricas padecen trastornos neuróticos. En consecuencia, empieza a dudar de los padres en general, y de Jacob Freud en particular, pero también de sí mismo: ¿no había tenido deseos culpables hacia su hija Mathilde?"

---

[543] Ernst Jones, *Vida y obra de Sigmund Freud, tomo I*, Anagrama, Barcelona, 1981 (Edición abreviada), p. 320, 268
[544] Marthe Robert, *La Révolution psychanalytique, tome I*, Payot, 1964, p. 143
[545] Mélanie Klein, Paula Heimann, *Développements de la psychanalyse*, Presses Universitaires Françaises, 1966, 1991, p. 166

Elisabeth Roudinesco añadía: "Fue a través del contacto con Wilhelm Fliess que Freud abandonó su teoría de la seducción. Sabía que no todos los padres eran violadores, pero al mismo tiempo reconocía que las mujeres histéricas no mentían cuando afirmaban ser víctimas de una seducción. ¿Cómo explicar estas dos verdades contradictorias? Freud se propone hacerlo partiendo de lo evidente. Se da cuenta de dos cosas: en primer lugar, que muy a menudo las mujeres inventan los ataques en cuestión sin mentir ni fingir; y, en segundo lugar, que cuando el suceso tiene lugar, no explica sin embargo el brote de neurosis. Freud sustituyó la teoría de la seducción por la de la fantasía, y en el mismo proceso resolvió el enigma de las causas sexuales: son fantasmáticas, incluso cuando hay un trauma real, porque la realidad de la fantasía no es la misma que la realidad material. El abandono del trauma como única causalidad va de la mano de la adopción de un inconsciente psíquico. Efectivamente, la teoría freudiana de la sexualidad supone la existencia primaria de una actividad sexual pulsional y fantasmática[546]."

En 1895, Freud publicó su primer libro, *Estudios sobre la histeria*. El libro tuvo una tirada de 800 ejemplares y en trece años Freud sólo había logrado vender 626 copias. Después de eso, el bombo publicitario general de los medios de comunicación transformó el personaje en un genio de la humanidad.

Sin duda, Freud había recibido fuertes presiones de su entorno y de destacados miembros de su comunidad para que no revelara las costumbres judías. Según Françoise Minkowska, su primer objetivo era exonerar a sus propios padres, y en particular a su padre: "Por supuesto, no habremos dejado de notar con estupor que Freud incluía a su propio padre entre los que él mismo consideraba "pervertidos". De hecho, la razón emocional más profunda de este repentino cambio es probablemente que las observaciones originales de Freud le llevaban a acusar a su propio padre, recientemente fallecido en octubre de 1896, como muestra también este extracto de una carta enviada a su buen amigo el Doctor Wilhelm Fliess: "Desgraciadamente, mi propio padre era uno de esos pervertidos. Él es la causa de la histeria de mi hermano y de algunas de mis hermanas menores. La frecuencia de ese tipo de relaciones a menudo me da que pensar"."

"La noche siguiente al entierro de su padre, proseguía Françoise Minkowska, Freud tuvo un sueño teñido de culpabilidad en el que leyó un cartel:" Se ruega cerrar los ojos". ¿Se ruega cerrar los ojos sobre qué? Freud puede cerrar los ojos de su difunto padre, por supuesto, pero también puede cerrar los ojos sobre las culpas del padre fallecido, cabe suponer."

---

[546] Elisabeth Roudinesco, *Pourquoi la psychanalyse*, Fayard, 1999, p. 86, 87

En definitiva, escribía de nuevo muy acertadamente la psicoanalista, "el complejo de Edipo formulado por Freud en 1897 eliminó de forma brusca y casi por completo la responsabilidad y la culpabilidad de los adultos en la génesis de los trastornos psicológicos." La culpa recaía de ahora en adelante en el "Edipo", es decir en la fantasía sexual desarrollada por el niño y proyectada sobre el progenitor del sexo opuesto. La causa de los trastornos psicológicos se encontraba ahora desplazada en el complejo de Edipo, un complejo que podía quedar sin resolver por razones bastante misteriosas.

Pero Françoise Minkowska olvidaba la responsabilidad materna. A los cuarenta y dos años, Freud seguía con su autoanálisis. En el libro de Marthe Robert, *La Revolución psicoanalítica*, encontramos un pasaje interesante: "Descubre entonces en su interior...sus sentimientos hostiles hacia su padre, su ternura incestuosa hacia su madre, sus deseos de muerte, su esquivez...Su repugnancia en divulgar el secreto del mundo oscuro en el que acaba de penetrar es tal que, en las cartas al único amigo al que confiesa los resultados de su análisis, relata los recuerdos de su madre escribiendo en latín[547]."

En *La Interpretación de los sueños*, Freud había escrito: "Quizás nos estaba reservado a todos dirigir hacia nuestra madre nuestro primer impulso sexual y hacia nuestro padre el primer sentimiento de odio y el primer deseo destructor. Nuestros sueños testimonian de ello. El rey Edipo, que ha matado a su padre y tomado a su madre en matrimonio, no es sino la realización de nuestros deseos infantiles. Pero más dichosos que él, nos ha sido posible, en épocas posteriores a la infancia, y en tanto en cuanto no hemos contraído una psiconeurosis, desviar de nuestra madre nuestros impulsos sexuales y olvidar los celos que el padre nos inspiró...Como Edipo, vivimos en la ignorancia de aquellos deseos inmorales que la naturaleza nos ha impuesto, y al descubrirlos quisiéramos apartar la vista de las escenas de nuestra infancia[548]."

En realidad, fue el propio Freud quien prefirió "apartar la vista", para no revelar al mundo el oscuro secreto del judaísmo. Evidentemente, se había visto sometido a una fuerte presión por parte de sus congéneres mientras desarrollaba sus teorías sobre los orígenes de la histeria. Al inventar la teoría del complejo de Edipo, ocultaba la realidad del incesto en las familias judías y exculpaba a los padres judíos. Y de paso borraba el rastro, proyectando esta especificidad judía en un plano universal a través de un héroe griego.

---

[547] Marthe Robert, *La Révolution psychoanalytique, Tome I*, Payot, 1964, p. 41
[548] Sigmund Freud, *La Interpretación de los sueños I*, Biblioteca Nueva, Madrid, p. 294-295, y en Marthe Robert, *La Révolution psychoanalytique, Tome I*, Payot, 1964, p. 171

El psicoanálisis en tela de juicio

El psicoanálisis ha ignorado por completo los abusos reales sufridos por los niños, en particular los niños judíos. Los abusos y las actitudes abusivas fueron incluso ampliamente justificados por una serie de especialistas y no especialistas, bajo la apariencia de prácticas y teorías vanguardistas durante la década de 1970, como hizo, por ejemplo, la famosa psicoanalista Françoise Dolto, una mujer criada en una familia católica. En una entrevista concedida a la revista feminista *Choisir la cause des femmes* en 1979, respondía:

"-*Choisir*: Pero hay casos de violación, ¿no?

- Françoise Dolto: No hay ninguna violación. Hay consentimiento.

-*Choisir*: Cuando una chica viene a verle y le cuenta que, de niña, su padre tuvo coito con ella y ella sintió que fue una violación, ¿qué le dice?

-F. Dolto: Ella no sintió que fuera una violación. Simplemente entendió que su padre la quería y que se consolaba con ella, después de que su mujer no quisiera hacer el amor con él…En el incesto padre-hija, la hija adora a su padre y está encantada de poder desafiar a su madre.

- *Choisir*: En su opinión, ¿no existe un padre vicioso o perverso?

-F. Dolto: Basta con que la hija se niegue a acostarse con él, diciendo que eso no se hace, para que él la deje en paz.

-*Choisir*: ¿Pero puede insistir?

-F. Dolto: En absoluto, porque sabe que la niña sabe que está prohibido. Y el padre incestuoso tiene miedo de que su hija hable de ello. En general, la hija no dice nada, al menos de inmediato[549]."

"Cuando se conoce el considerable impacto que una psicoanalista como Françoise Dolto ha tenido en muchos educadores y padres, escribía Françoise Minkowska, uno se estremece al pensar en las consecuencias de tales comentarios. Este impacto es aún mayor para los pacientes que han tenido que renunciar a sus recuerdos y emociones infantiles bajo la presión de un terapeuta reacio a escuchar la verdad. Aquí también es importante darse cuenta de cómo las defensas psíquicas desarrolladas por una víctima de incesto pueden manipularse en parte en el curso de un tratamiento que se ajusta a los dogmas del análisis clásico. De hecho, la mayoría de los recuerdos de escenas traumáticas sólo se manifiestan a las víctimas en forma de síntomas físicos, trastornos sexuales, ansiedades crípticas, fantasías, sueños o regresiones no relacionadas con un trauma que el sujeto haya recordado conscientemente. Por lo tanto, es fácil para un terapeuta

---

[549] *Choisir la cause des femmes*, otoño de 1979. La entrevista a Françoise Dolto formaba parte del reportaje *Les enfants en morceaux (Los niños en pedazos)*, un estudio de Annie Brunet, Béatrice Jade y Christine Pecqueur. Entrevista citada en *Le Viol du Silence (La Violación del Silencio)* de Eva Thomas.

decir a un paciente que estas imágenes y emociones son fantasías edípicas, irreales y sin apoyo histórico en la vida del paciente, en la medida en que estos recuerdos censurados son efectivamente vividos, defensivamente, como irreales por la psique del paciente."

Y Minkowska concluía: "El objetivo definitivo de un análisis ha sido durante mucho tiempo, y con frecuencia sigue siendo, liberar a los padres y a los adultos de toda responsabilidad por el niño, de toda culpa por el daño causado al niño, o perdonarlos inmediatamente para luego culpar al propio analizado, situando la causa última del daño experimentado en un inexplicable "complejo de Edipo mal resuelto". La mayoría de los profesionales se mantienen fieles a los dogmas de la teoría freudiana y no permiten que un paciente evoque sus recuerdos sin poner en duda la realidad de los mismos o darles una acogida negativa (cosa que los pacientes no tienen ningún problema en hacer por sí mismos) ... También es evidente que la gran mayoría de la literatura psicoanalítica especializada a menudo guarda silencio o es críptica sobre el incesto, que no se considera más que como una fantasía infantil. Esta ceguera, la negación o la puesta en duda de los traumas sufridos, sigue siendo desgraciadamente frecuente hoy en día, se practica a diario en terapia y se sigue enseñando a los estudiantes en las facultades de psicología. Así pues, la frecuencia del incesto sigue siendo un tema tabú entre los psicoanalistas: hoy sabemos que sólo se denuncia una fracción infinitesimal de los abusos. Esto se debe a que un niño siempre es incapaz de defenderse y casi nunca es libre de hablar." Françoise Minkowska añadía: "Ahora sabemos que los niños pueden enfermar no sólo por reprimir deseos o impulsos ocultos, sino también simplemente por amor, para proteger a sus verdugos, que a menudo son sus propios familiares o del entorno próximo. Sin embargo, estos discursos siguen siendo confidenciales y poco conocidos por un público que, por lo demás, está bastante familiarizado con la tesis clásica del Edipo". Pero lo que Françoise Minkowska no mencionaba es que los "verdugos", en este caso, suelen ser principalmente judíos[550].

Sin embargo, desde los inicios del movimiento psicoanalítico, algunos terapeutas y teóricos se tomaron en serio las palabras de los pacientes que compartían con ellos sus emociones y recuerdos íntimos: Sándor Ferenczi y Wilhelem Stekel, en particular, se convirtieron en disidentes del movimiento psicoanalítico.

---

[550] Un sitio de internet (theawarnesscenter.org) especializado en las denuncias de rabinos pederastas estimaba que, en Estados Unidos, sobre los 5 millones y medio de judíos, 1,3 millones habrían sufrido abusos sexuales. Esto significaba que un judío sobre cuatro habría sido violado en su infancia; en proporción, esto es como si 75 millones de estadounidenses hubiesen sido violados. Léase en *Psicoanálisis del judaísmo*. (NdT).

Sándor Ferenczi llegó a ser considerado durante un tiempo el heredero espiritual del padre del psicoanálisis. Fue marginado precisamente porque no se decidía a poner en duda la realidad de los traumas que relataban sus pacientes. Algunos de sus textos y discursos, como *La confusion de lenguas entre los adultos y los niños*, describían las consecuencias psicológicas de los abusos sexuales e incestuosos. Ferenczi declaraba: "El complejo de Edipo bien podría ser el resultado de actos reales cometidos por adultos...La objeción de que se trataba de fantasías del propio niño, es decir, de mentiras histéricas, está perdiendo fuerza debido al considerable número de pacientes en análisis que confiesan ellos mismos haber agredido a niños".

Pero estas consideraciones fueron desechadas y olvidadas por el movimiento psicoanalítico, entonces en pleno apogeo. Los analistas que deseaban unirse al movimiento tenían que confirmar las tesis principales, incorporando el complejo de Edipo.

La toma de conciencia llegó más tarde, en la segunda mitad del siglo XX. Françoise Minkowska se felicitaba de ello: "Ahora hay bastantes terapeutas, psicoanalistas o no, que reconocen la realidad del trauma infantil en la génesis de los trastornos psicológicos y le prestan toda su atención. Entre los especialistas más conocidos que se han pronunciado claramente sobre este tema figuran Alice Miller y, más recientemente, Susan Forward."

En *¿Por qué el Psicoanálisis?*, Elisabeth Roudinesco nos ofrecía una panorámica de los cambios que se habían producido en la interpretación del psicoanálisis: "La historiografía revisionista que apareció a partir de 1978 fue inicialmente muy creativa, escribía. Los investigadores que se reclamaban herederos del gran historiador Henri F. Ellenberger produjeron trabajos notables, en particular Frank Sulloway, autor de una obra monumental sobre los orígenes del pensamiento freudiano (*Freud, Biologist of the Mind: Beyond the Psychoanalytic Legend*). Estos historiadores cuestionaron con razón los cánones de la historia oficial, heredados de Ernst Jones y sobre todo de Kurt Eisler, principal organizador tras la Segunda Guerra mundial de los Archivos Sigmund Freud depositados en la Biblioteca del Congreso (Library of Congress) de Washington. Pero tras unos años de implacable combate contra la ortodoxia freudiana, el movimiento revisionista se volvió tan antifreudiano que abandonó los estudios eruditos y se lanzó fanáticamente al debate de ideas[551]."

Elisabeth Roudinesco denunciaba así a Peter Swales, que en 1981 "ya afirmaba - sin la menor prueba, por supuesto - que Freud había mantenido

---

[551] Elisabeth Roudinesco, *Pourquoi la psychanalyse*, Fayard, 1999, p. 118

relaciones sexuales con su cuñada Minna Bernays". Supuestamente la habría dejado embarazada y luego la obligó a abortar.

En Francia, el psicoanálisis fue atacado tanto por los comunistas como por la Iglesia católica. En 1972, Pierre Debray-Ritzen, un psiquiatra infantil y médico de hospital, publicó *La Scolastique freudienne*, que tuvo un éxito considerable. Para Elisabeth Roudinesco, su posición era "tan fanática como la de su homólogo estadounidense", Adolf Grünbaum. En el bando comunista, las hostilidades cesaron entre 1965 y 1970, gracias a Louis Althusser, que revisó las posiciones ortodoxas.

En la década de 1980 se produjo una "deriva cientista": "En 1980, Kurt Eisler, director de los Archivos Sigmund Freud, y Anna Freud decidieron confiar la publicación completa de las cartas de Freud a Wilhelm Fliess a un académico estadounidense debidamente formado por la International Psychoanalytical Associationl (IPA). Jeffrey Moussaief Masson tomó nota de los archivos y, escribía Roudinesco, los interpretó de forma descabellada, con la idea de que contenían una verdad oculta, un secreto vergonzoso. Afirmaba así, sin la menor prueba, que Freud había abandonado la teoría de la seducción por cobardía. Al no atreverse a revelar al mundo las atrocidades cometidas por todos los adultos con todos los niños, Freud habría inventado la noción de fantasía para enmascarar la realidad traumática de los abusos sexuales que están en el origen de las neurosis. Por lo tanto, Freud habría sido simplemente un falsario."

En su libro de 1984 *El Asalto a la verdad*, que fue uno de los *best-sellers* psicoanalíticos estadounidenses de la segunda mitad del siglo, Jeffrey Masson volvía a acusar a Freud y a los ortodoxos de la teoría de la fantasía de ser los aliados de un poder basado en la opresión: la colonización de las mujeres por los hombres y de los niños por los adultos.

Lógicamente, las feministas deberían albergar un odio eterno a Sigmund Freud, que transfirió la culpa de los padres a las hijas, para evitar evocar el gran tabú del judaísmo. La famosa abogada feminista Catharina MacKinnon también adoptaría la idea de la mentira freudiana, y en 1992 Judith Herman publicó un libro en el que revisaba la historia de la histeria en vistas de una revalorización del trauma[552]. A raíz de este escándalo, el movimiento revisionista estadounidense empezó a destruir la doctrina freudiana y la reputación del propio Freud, que "había vuelto a convertirse en un doctor diabólico culpable de relaciones abusivas en el seno de su propia familia."

---

[552] Elisabeth Roudinesco, *Pourquoi la psychanalyse*, Fayard, 1999, p. 114, 115, Catharina MacKinnon, *Feminism unmodified, Discouses on Life and Law*, Harvard Unjversity Press, Cambridge, 1987. Judith Herman, *Trauma and Recovery*, New York, Basic Books, 1992.

Con eso y todo, debemos a Freud haber planteado esta cuestión del incesto, que era el gran secreto oculto de Israel. Sólo quedaba presentar esta "ciencia psicoanalítica" en un espejo para comprender que, en el fondo, *el judaísmo era esa enfermedad que el psicoanálisis había intentado curar.*

4. La inversión acusatoria

Ya hemos comprobado en el curso de este estudio, y en nuestros libros anteriores, la fuerte inclinación de los intelectuales judíos a proyectar su propia culpa en los demás, acusando además a sus oponentes de actuar de esta manera. El fenómeno de la inversión acusatoria es, en efecto, muy clásico en el judaísmo intelectual. Así pues, siempre debemos leer lo que escriben los judíos con un espejo para comprender que todo lo que puedan decir de los demás es en realidad una expresión de lo que hay en lo más profundo de ellos mismos. A partir de ahí, todo se vuelve muy sencillo.

La génesis incestuosa de un genocidio

En su *Psicoanálisis del antisemitismo*, publicado en 1952, Rudolph Loewenstein, al igual que Sigmund Freud, proyectaba las tendencias incestuosas del judaísmo sobre toda la humanidad: "En las sociedades civilizadas actuales, decía, las relaciones sexuales entre hijos y padres y entre hermanos y hermanas están estrictamente prohibidas. Sin embargo, sabemos que estas prohibiciones no impiden la existencia de deseos incestuosos más o menos bien reprimidos. Una gran parte de las neurosis humanas se basan precisamente en los conflictos psíquicos asociados a ellos[553]."

Un tal Roger Zagdoun, psicoanalista de profesión, era mucho más caricaturesco, si es que se puede ser. En 2002, éste publicó un libro de 274 páginas sobre los orígenes del fenómeno Hitleriano. El título de su libro era bastante revelador: *Hitler et Freud, un transfert paranoïaque ou la genèse incestueuse d'un génocide* (*Hitler y Freud, una transferencia paranoica o la génesis incestuosa de un genocidio*, Editions L'Harmattan). He aquí lo que se podía leer en Internet sobre este intelectual judío: "El psiquiatra y psicoanalista Roger Zagdoun arroja una mirada singular sobre

---

[553] G. Kurth, *Le Juif et Adolf Hitler*, Psa. Quart. XVI, 1947, in Rudolph Loewenstein, *Psychanalyse de l'antisémitisme*, 1952, Presses Universitaires de France, 2001, p. 121

el trágico episodio del nazismo y, más concretamente, sobre la Shoah. Siguiendo los trabajos de Freud sobre la psicología de las masas, Roger Zagdoun aplica la teoría psicoanalítica al estudio de las colectividades humanas, desarrollando los conceptos de Sujeto colectivo, Inconsciente colectivo, y Neurosis colectiva. En este trabajo, utiliza estos conceptos para analizar el delirio colectivo nazi."

Escuchen esto: "El Sujeto colectivo alemán experimentó un levantamiento de la represión del deseo inconsciente de incesto, que es un deseo de volver a la nada anterior al nacimiento. Puso en marcha este deseo tras proyectarlo sobre la minoría constituida por los judíos...La tesis de Roger Zagdoun es que la Shoah fue más que un asesinato, fue una aniquilación, que el autor interpreta como el retorno de una fantasía incestuosa colectiva reprimida, la de Alemania. Roger Zagdoun analiza el Holocausto como el acto delirante de un grupo de psicópatas paranoicos, y el nazismo como el producto histórico de una Alemania deprimida tras su derrota en 1918."

La revista judía *Passages* publicó una entrevista con el inmortal autor de *La transferencia paranoica*. En ella, Bertrand Delais entrevistaba al susodicho Roger Zagdoun: (Agárrense).

"-Roger Zagdoun: Lo que me parece importante en el caso de Hitler es que, en un contexto edípico, quisiera matar al padre. Quiere matarlo como padre-antepasado, y el judío es el antepasado del cristiano. Es un asesinato cultural[554].

-Bertrand Delais: Usted llega a describir la Alemania de entreguerras como una personalidad histórica atrapada en un dilema, con un delirio paranoico por un lado y una depresión por otro, que usted contrapone a este funcionamiento paranoico. ¿Qué podemos decir de esta oposición que usted establece entre delirios paranoicos y tendencias depresivas?

-Roger Zagdoun: ... Es la cuestión de la proyección y la interiorización tal y como la describió Freud...Lo que también me parece muy importante es la cuestión de la proyección y la interiorización de la culpabilidad. El paranoico proyecta su culpabilidad hacia el exterior, siempre es culpa de otro, nunca es culpa suya y en ninguna circunstancia. El depresivo, en cambio, la asume. La culpa es suya. De hecho, las posturas paranoica y depresiva se suceden en el desarrollo del niño...De una madre deprimida, resulta un hijo paranoico, un hijo deprimido. Para la madre, su hijo es el complemento de su personalidad, es lo que ella no tiene y lo que ella no es,

---

[554] Esto era lo que decía a su vez Rudolph Loewenstein: "El conflicto entre los judíos y Cristo, que tuvo lugar hace más de diecinueve siglos, refleja en la imaginación más o menos consciente de los cristianos sus propios y antiguos conflictos con su padre, y se convierte en el símbolo inconsciente del complejo de Edipo.» (*Psychanalyse de l'antisémitisme*, 1952, Presses Universitaires de France, 2001, p. 86).

o lo que ella no quiere ser. El niño se identifica con algo del deseo de la madre que es lo que a ella le falta. Se convierte en su opuesto, como el dedo de un guante vuelto del revés. La madre paranoica proyecta su culpabilidad inconsciente en el niño, que se deprime e interioriza esta proyección porque es lo que su madre desea. A la inversa, la madre depresiva interioriza la culpabilidad, de modo que el niño se vuelve paranoico puesto que tiene una madre que se ofrece a su proyección y le permite proyectar su culpabilidad, que luego desplaza hacia los demás para protegerla.

-Bertrand Delais: Usted menciona la idea de una paranoia alemana. Pero, en su opinión, ¿las razones son históricas - el Tratado de Versalles - o culturales, por ejemplo, el romanticismo alemán como expresión de una depresión?

-Roger Zagdoun: Es innegable que el Tratado de Versalles fue demasiado duro para los alemanes. En cuanto a la crisis económica de 1929, fue en realidad la primera gran depresión del mundo occidental. Y Alemania se vio más afectada que el resto de Europa. La sociedad alemana funcionaba como una madre deprimida que abandona a su hijo y lo convierte en un paranoico...Por un lado, hubo una depresión que desencadenó una paranoia reaccionaria, de modo que los alemanes salieron de la depresión posterior a Versalles y del crac de 1929 con un sistema paranoico que adoptó la forma del fascismo. La proyección es un elemento muy importante para que un grupo pueda salir de su depresión. Los deprimidos encuentran un paranoico que los guíe, y los esclavos encuentran unos amos mientras esperan que los verdugos encuentren víctimas. Pero, por otra parte, si una madre deprimida tiene un hijo paranoico, también creo que una sociedad deprimida produce una sociedad paranoica, como una mutación de la personalidad, igual que una madre engendra un hijo con una personalidad opuesta a la suya. Cuando Alemania estaba construyendo su unidad, y si nos remontamos a los reinos anteriores, Baviera estaba gobernada por un rey melancólico y suicida. Todo lo que la melancolía bávara pudo producir fue paranoia y un Hitler para encarnarla. La melancolía bávara produjo un Hitler wagneriano y paranoico.

-Bertrand Delais: Desde los trabajos de Claude Levi-Strauss, sabemos que lo que distingue a las sociedades humanas es ante todo la prohibición del incesto. Además, el nazismo tenía una particularidad que lo diferenciaba de cualquier otro régimen fascista: la preparación metódica y organizada de la Solución Final, la Shoah. Usted también tiene esta singular opinión: la Shoah es el incesto. ¿Qué quiere decir con esto? ¿Es el peso de lo prohibido lo que se significa de este modo?

-Roger Zagdoun: ...Hago la conexión entre la Shoah y el incesto precisamente mirando las cosas desde el ángulo del incesto. El niño no puede querer penetrar la vagina de la que procede. Así que la pulsión de muerte no es biológica, sino que es el retorno de un deseo reprimido de incesto. El niño no puede desear la vagina de la que salió, y es la marginación de este pensamiento sexual lo que crea originariamente el inconsciente. De hecho, Freud demostró perfectamente el funcionamiento y la realidad del inconsciente, pero en ningún momento definió su causa. El pensamiento sexual del niño varón en relación con su progenitora es, de hecho, sinónimo de muerte, ya que ella representa un retorno a la nada, pues significa volver al lugar de donde viene: es, por tanto, lo impensable, ya que la muerte no puede pensarse. Y éste es el principio de la creación de un espacio psíquico para los pensamientos desechados, el lugar de la represión original. Y si aceptamos la idea de que el incesto es ante todo el incesto del niño, el niño, convertido en padre, proyecta su deseo de incesto sobre su hija. Quiere aniquilarse en su hija como quiso hacerlo en su madre."

Es lo que los psiquiatras llaman el fenómeno de las "generaciones incestuosas".

Y este Zagdoun proyectaba una vez más su propia culpabilidad: "Los judíos eran en realidad objeto de un deseo inconsciente de aniquilación por parte de Alemania, como una hija incestuosa que quisiera aniquilar a su padre, de ahí la Shoah, aniquilación en hebreo."

El judío diabólico

Norman Mailer fue un escritor "estadounidense" que se benefició durante su carrera de todos los altavoces que la "Comunidad mediática internacional" pone a disposición de los miembros de la "hiperclase", tal como la suele llamar Jacques Attali. Su última novela, publicada en 2007, se titula *Un Castillo en el bosque*. Es un libro sobre la infancia de Adolf Hitler. Esta era la reseña del periódico *Le Monde* del 11 de agosto del 2007:

"A sus 84 años, el célebre autor estadounidense parece poder demostrar con este libro que no ha perdido nada de su audacia... La novela abarca el periodo 1837-1903, la vida del padre de Hitler. Cuando Alois murió, Adolf tenía 14 años y era un escolar mediocre. Hasta aquí, todo normal. Pero Mailer no se contenta con un relato histórico en tercera persona, sino que narra los antecedentes y la infancia del que posiblemente sea el hombre más malvado que jamás haya pisado la tierra. Ha decidido confiar la narración a un demonio. Un demonio subalterno enviado por Satán: Dieter, un SS que trabajaba a las órdenes de Heinrich Himmler."

Dieter tiene informaciones secretas sobre los orígenes de Adolf Hitler. Relata su infancia y describe a su familia, mostrando cómo el dictador "desarrolló sus obsesiones". En un pasaje Norman Mailer hacía hablar a Alois Schiklgruber, el padre del pequeño Adolf; Alois se encuentra en una taberna de Braunau (Austria) y muestra abiertamente su odio a la Iglesia mientras bebe su cerveza:

"- ¿Sabéis que, en la Edad Media, las prostitutas eran más respetadas que las monjas? Hasta tenían un gremio. ¡Para ellas solas! He leído algo sobre un convento en Franconia tan apestoso que el Papa tuvo que investigar. ¿Por qué? Porque el gremio de prostitutas de Franconia se quejó de la competencia ilegal que les hacían las monjas.
- Venga ya – dijeron al unísono dos bebedores.
- Es cierto. Sí. Absolutamente cierto. Herr Lycidias Koerner puede enseñaros el texto. Hans Lycidias asintió lenta, pensativamente. Estaba un poco borracho para saber con certeza quién debía favorecer su autoridad.
- Sí – dijo Alois -, el Papa dice: "Mandad un monseñor a averiguarlo". Os pregunto: ¿Qué dice el informe del monseñor? Que la mitad de las monjas están encintas. Éste es el hecho escueto. Así que el Papa investiga a fondo en sus monasterios. Orgías. Orgías de homosexuales.
Dijo esto con tal fuerza que tuvo tiempo de dar un largo trago de su jarra.
-Lo cual no debe sorprendernos – dijo Alois, después de haber ingerido también una bocanada de aire fresco-. Hasta el día de hoy, la mitad de los curas están enmadrados. Lo sabemos[555]."

Naturalmente, todo el mundo habrá comprendido que era Norman Mailer quien expresaba su propio odio hacia la Iglesia católica. El novelista también sugería que Hitler había nacido de un matrimonio incestuoso, pues Alois, su padre, también habría sido el tío de su esposa Klara Poelzl. El pequeño Adolf acaba de nacer, y "El Maestro", tal como le llamaba el demonio Dieter, ya había descubierto a una prometedora recluta: "Si bien el Maestro no muchas veces se mostraba comprensivo con el amamantamiento, ya que su ausencia podía estimular feas energías que más adelante utilizaríamos, era más tolerante con los casos de incesto en primer grado. Entonces quería que la madre estuviese cerca del niño. ¡Tanto mejor para nosotros! (Un monstruo es mucho más efectivo cuando puede apelar al amor materno para seducir a nuevas relaciones)."

Mailer proseguía, escatológicamente, a través de la voz de su diabólico personaje: "Los dramas excretorios también ofrecen ventajas. Un trasero sucio de bebé envía una señal: la madre es una cliente potencial nuestra. Lo contrario es asimismo útil. Klara es un excelente ejemplo a este respecto. Siempre tenía la casa limpia. Su alojamiento en la fonda Pommer estaba entonces tan inmaculada como un hogar atendido por varias buenas sirvientas. Los muebles relucían. Así también brillaba el ano diminuto de Adi, que su madre mantenía impoluto como un ópalo, pequeño y resplandeciente, lo cual yo también aprobaba: un hijo incestuoso tiene que

---

[555] Norman Mailer, *El castillo en el bosque*, Editorial Anagrama, 2007, Barcelona, p. 103

ser siempre consciente de la importancia de sus excrementos, aunque eso se reduzca a un agujerito del culo al que siempre se le está sacando brillo[556]."

En el semanal *L'Express* del 4 de octubre de 2007, François Busnel entrevistaba al "gran escritor estadounidense": "No hay explicación humana para el horror de lo que hizo Hitler, explica Norman Mailer...Hitler era débil, como dicen todos los testigos. Era un ser totalmente fracasado, incluso emocionalmente...Fue elegido por el diablo entre varios candidatos. Y el diablo -con toda lógica- designó a un demonio para que le vigilara desde el momento en que fue creado por su padre Alois."

François Busnel continuaba su entrevista con Norman Mailer: "Usted privilegia la teoría del incesto..." A lo que Norman Mailer respondía: "Históricamente, es una posibilidad muy real. El padre de Hitler, Alois, se casó con una mujer que sabemos que era su sobrina y que podemos temer que fuera su hija...Imagino el diablo presente la noche en que Hitler fue concebido... Para mí, la infancia de Hitler es una saga metafísica."

No era la primera vez que Norman Mailer invocaba la presencia del diablo para explicar acontecimientos históricos o contemporáneos. He aquí lo que escribía en 2003 en un libro titulado *Por qué estamos en guerra*: "Por eso me inclino a pensar, escribía Mailer, que la mejor explicación del 11 de septiembre es que el demonio ganó una gran batalla aquel día. Sí, Satán fue el piloto que guió aquellos aviones hacia aquel desenlace atroz[557]." En él, Norman Mailerm también denunciaba la terrible influencia en torno al presidente estadounidense George Bush de todos los cristianos fundamentalistas que habían metido a Estados Unidos en la guerra contra Irak. Pues todo el mundo sabe que son los cristianos los responsables de todas las guerras que ha protagonizado Occidente en los últimos ciento cincuenta años, y desde luego no los judíos, que siempre son inocentes. En todo caso, podemos creer que Satanás estaba cerca de Norman Mailer y seguía muy de cerca su pensamiento. Tal vez incluso lo precedía[558].

Por lo demás, comprobamos una vez más que el intelectual judío no hace más que transferir sus propias taras a los goyim en una clásica inversión acusatoria. Nunca se insistirá lo suficiente: a los intelectuales judíos hay que leerlos siempre con un espejo. Uno comprende entonces por qué muchas de todas esas asociaciones culturales subvencionadas meten

---

[556] Norman Mailer, *El castillo en el bosque*, Editorial Anagrama, 2007, Barcelona, p. 100

[557] Norman Mailer, *¿Por qué estamos en guerra?*, Editorial Anagrama, 2003, Barcelona, p. 121

[558] Joseph Roth, otro "escritor genial", que vivió en Alemania a principios del siglo XX, ya nos había revelado de forma velada la naturaleza "diabólica" de ciertos intelectuales judíos (Los Sabateístas), pero proyectando el mal sobre los antisemitas, que, según él, encarnaban al Anticristo. (Léase en *Psicoanálisis del judaísmo*).

sistemáticamente en el mismo saco "el racismo, el antisemitismo y la pedofilia", como delitos que deberían ser desterrados de la sociedad para siempre.

El 15 de noviembre de 2007, el semanal *Le Point* publicaba un artículo de Emmanuel Carcassonne en homenaje a Norman Mailer, fallecido recientemente el 10 de noviembre de 2007. Norman Mailer, por lo visto, era considerado un faro de la literatura, un genio superpoderoso, una luz judía en las tinieblas de la gentilidad goy. En comparación de su inmensa obra, William Shakespeare y Victor Hugo se habían vuelto minúsculos. "América ha perdido a su rey democrático", escribía Emmanuel Carcassonne.

Pero escuchemos las últimas palabras de Norman Mailer, quien, antes de morir, aún conseguía destilar un poco de su veneno, mientras corregía con su editor un libro de entrevistas sobre la cuestión de Dios: "Para escandalizar a la gente, podría haber hecho amantes a Juan el Bautista y a Jesucristo", declaraba.

"Buscaba un título y nos preguntó a bocajarro: "Todos los curas son unos mentirosos", eso no está mal, ¿no? ¿Qué les parece?" Y Mailer añadía: "Mi editor piensa que atacar el fundamentalismo religioso se venderá mejor que mis novelas". Para cambiar de registro literario, Norman Mailer también podría haber atacado el fanatismo judío. Habría mostrado entonces – por simple y genuina provocación, por supuesto - cómo Moisés, mucho antes que Freud, había sido manoseado por su propia madre, y cómo los rabinos habían magnificado a posteriori la historia de esa familia histérica.

Los enfermos se convierten en médicos

Evidentemente, Freud estaba afectado por el mal que tanto había retenido su atención. Ernst Jones, el primer biógrafo de Freud, había escrito: "Según todas las probabilidades, se evidenciaron en su conducta con relación a todos los que lo rodeaban - con la sola excepción de Fliess - muy pocas manifestaciones neuróticas. Sus sufrimientos, sin embargo, fueron muy intensos a ratos, y durante esos diez años deben haber sido muy pocos y aislados los momentos en que la vida pudiera valer mucho a sus ojos... Fue, sin embargo, en los años que marcan la culminación de su neurosis – 1897 a 1900 - cuando Freud realizó la parte más original de su obra...Freud reconocía, por supuesto, su neurosis, y en la correspondencia emplea ese término varias veces para describir su estado. No parecen haber existido síntomas físicos de "conversión[559]", e indudablemente hubiera considerado

---

[559] Los síntomas de "conversión" son trastornos psicosomáticos. En la película *Hollywood ending* (2002), por ejemplo, Woody Allen interpreta a un director de cine

más tarde ese estado como una histeria de angustia. Consistía esencialmente en extremados cambios de ánimo...Sus estados de ánimo terminan entre periodos de exaltación *(elation)*, excitación, y autoconfianza, por un lado, y por otro, épocas de grave depresión, duda e inhibición[560]."

El propio Freud hablaba de su excesiva impresionabilidad y su inclinación a quejarse: ""Tengo un gran talento para quejarme", dijo una vez, y llegó a declarar que en los últimos catorce meses sólo había conocido tres o cuatro días de felicidad[561]." Por lo visto, Freud era un hombre emocionalmente inestable y ciertamente padeció varias dolencias físicas a lo largo de su vida de las que se quejaba, si bien solía superarlas: "Durante su vida, Freud sufrió frecuentes ataques de jaqueca que le incapacitaban para todo, y que eran enteramente refractarios a cualquier tratamiento. Se ignora aún si tales dolencias son de origen orgánico o funcional...Estas molestas dolencias, sin embargo, le hacían sufrir mucho menos que las de origen psicológico, que le atormentaron durante los veinte primeros años de su vida de adulto[562]". "A pesar de estar dotado de una constitución robusta, no he gozado de buena salud durante los dos años últimos[563]", escribía a su amada esposa.

---

judío neurótico e hipernervioso que de repente se queda ciego durante el rodaje de su película. Su psicoanalista le asegura que se trata de un trastorno temporal.

[560] Ernst Jones, *Freud (I)*, Salvat Editores, Barcelona, 1985, p. 231-232. ["Las únicas formas de localización de su angustia eran sus ocasionales ataques de miedo a morir *(Todesangst)* y de angustia de viajar en ferrocarril *(Reisefieber)*... En los períodos de depresión no podía escribir ni concentrar sus pensamientos (salvo en su trabajo profesional). Dejaba pasar entonces horas de inacción, dominadas por el aburrimiento, pasando de una cosa a otra, entreteniéndose en abrir libros nuevos, contemplar mapas de la antigua Pompeya, hacer solitarios o jugar al ajedrez, pero incapaz de centrarse en nada durante largo rato. En una palabra, una especie de inquieta parálisis. Sufría a veces ataques durante los cuales se producía una acentuada restricción del grado de consciencia, un estado difícil de describir, en el que sentía como un velo que originaba un estado mental casi crepuscular (6 de diciembre de 1897). Se sentía visiblemente inclinado a quejarse a Fliess de sus estados de humor desdichados. Resulta muy sorprendente comprobar este hecho, tan extraño al verdadero Freud. Muchas cosas tuvo que soportar en años posteriores: desdicha, aflicciones y un grave padecimiento físico. Pero sufrió todo esto con el mayor de los estoicismos.» *Freud (I)*, p. 232. (NdT).]

[561] Ernst Jones, *La Vie et l'oeuvre de Sigmund Freud, tome 1*, 1953, PUF, 1958, p. 188

[562] Ernst Jones, *Freud (I)*, Salvat Editores, Barcelona, 1985, p. 144. ["En 1923, supo que tenía cáncer de mandíbula. Se le practicaron treinta y tres operaciones, todas muy penosas, y durante dieciséis años hubo de vivir en medio de dolores, a menudo terriblemente intensos.» *Freud (I)*, p. 25. (NdT).]

[563] Ernst Jones, *Freud (I)*, Salvat Editores, Barcelona, 1985, p. 144. ["Como mi persona ha adquirido mayor importancia, incluso para mí, desde que te he ganado a ti, pienso más que antes en mi salud y no quiero desgastarme. Prefiero dejar a un lado mi ambición, hacer menos ruido en el mundo y tener menos éxito, antes que dañar mi

Su madre le escribía en una carta del 27 de junio de 1886: "Recupere primeramente cierto grado de calma y tranquilidad, de las que en este momento carece en un grado tan deplorable. Usted no tiene ninguna razón para ese mal humor y esa desesperación, que rayan en lo patológico. Deje a un lado todos esos cálculos, y vuelva a ser, ante todo, un hombre sensato[564]."

Respecto al misterioso señor "Y", mencionado en un breve artículo titulado *Ueber Deckerinnerungen (1899)* (*Acerca de los recuerdos de pantalla*[565]) insertado en *La interpretación de los sueños*, Ernst Jones escribía: "Las precauciones que tomó no impidieron que algunos de nosotros comprendiéramos que el paciente del que hablaba no era otro que él mismo". Jones citaba otra carta del 14 de noviembre: "Te dije que mi paciente más importante era yo mismo. Fue después de mi viaje cuando comenzó mi autoanálisis[566]." Y también: "En una carta del 2 de marzo de 1899 nos enteramos de que el análisis le había hecho mucho bien y que se encontraba evidentemente mucho más normal de lo que había sido cuatro o cinco años antes[567]."

Al principio de su carrera, Freud había alabado los beneficios de la cocaína, que le ayudaba a sobrellevar su malestar: "La depresión, como toda otra manifestación neurótica, disminuye la sensación de energía y virilidad: la cocaína la restaura...para gozar de virilidad y disfrutar de la bendición de verse unido a su amada...Dos años más tarde, habría de verse desdeñado por haber introducido, gracias a su indiscriminada propaganda en favor de una droga "inofensiva" y maravillosa, lo que sus detractores dieron en llamar "el tercer flagelo de la humanidad[568]"."

Mikkel Borch-Jacobsen, codirector del *Libro negro del psicoanálisis*, había llevado a cabo una amplia investigación biográfica sobre Freud utilizando los archivos a los que había tenido acceso. Algunos de estos archivos permanecieron curiosamente protegidos de la mirada de los

---

sistema nervioso. El tiempo que deba seguir en el hospital viviré como los *goyim* [no judíos, ndt], modestamente, aprendiendo las cosas corrientes y sin empeñarme en descubrimientos ni en profundizar en las cosas.» *Freud (I)*, p. 145. (NdT).]

[564] Ernst Jones, *Freud (I)*, Salvat Editores, Barcelona, 1985, p. 129

[565] "El artículo de Freud sobre los recuerdos de pantalla (*Ueber Deckerinnerungen*, 1899), contiene un delicioso y notable diálogo entre Freud y "un hombre de treinta y ocho años, con formación académica," que había superado "una ligera fobia a través del psicoanálisis."»
En https://web.archive.org/web/20210922055220/http:/www.lacanianworks.net/?p=7604 (NdT).

[566] Ernst Jones, *La Vie et l'oeuvre de Sigmund Freud, tome 1*, 1953, PUF, 1958, p. 28

[567] Ernst Jones, *Freud (I)*, Salvat Editores, Barcelona, 1985, p. 247

[568] Ernst Jones, *Freud (I)*, Salvat Editores, Barcelona, 1985, p. 88

historiadores que cuestionaban las cualidades científicas de la obra de Freud. De hecho, Freud tenía una clara tendencia a construir teorías basándose en sus propios problemas. Borch-Jacobsen se refería a Mitchell para demostrar que la teoría edípica era el producto de la represión de Freud de su propia histeria[569]. Era lo que escribía el antropólogo Illel Kieser El Baz en su libro de 2007 titulado *Incesto y pedocriminalidad, crímenes contra la humanidad*[570]:

"Manipulaba las confesiones de sus pacientes y divulgaba ampliamente unas curaciones que, de hecho, eran a menudo imaginarias. Interpretaba así sus resultados (o la falta de ellos) y persuadía a sus pacientes. Fue especialmente hábil en disfrazar los fracasos terapéuticos en progresos científicos. "Lo pensé, así que debe ser verdad", decía Freud, citado por Jung en su correspondencia."

Ernst Jones también se hacía eco de ello: en 1900, antes de distanciarse, Fliess le acusó de ser "un "lector de pensamientos", y, más aún, que "leía sus propios pensamientos en los pacientes[571]"."

El fundador del psicoanálisis tenía, sin duda, cosas que ocultar. En el prefacio de *Vida y obra de Sigmund Freud*, Jones escribía: "Freud tomó medidas meticulosas para mantener en secreto su vida privada, especialmente sus primeros años. En dos ocasiones destruyó por completo su correspondencia, notas, diario y manuscritos." En 1885, a la edad de 29 años, quemó todos sus papeles privados y escribió a su prometida: "No puedo madurar, ni morir, sin preocuparme por quién vendrá a hurgar en estos viejos papeles[572]". Freud había confesado a Fliess que su padre había abusado de su hermano y de su hermana, pero es muy probable que él también fuera víctima de su padre incestuoso. El amigo íntimo de Freud, Wilhelm Fliess, con quien el fundador del psicoanálisis había mantenido correspondencia durante muchos años, era él mismo un padre incestuoso, como atestiguaría más tarde su propio hijo Robert Fliess.

Los miembros del círculo que Freud había creado a su alrededor parecían padecer el mismo mal. El famoso psiquiatra infantil Bruno Bettelheim

---

[569]"Él mismo se refería al inapreciable y virtualmente mágico don que le supuso la especial veneración de su madre: "El hombre que haya sido el indiscutible preferido de su madre, mantiene ante la vida la actitud de un conquistador, aquella confianza en el triunfo que lleva con frecuencia al triunfo real".»; "Como más tarde escribiría Freud: "Cuando un hombre ha sido el favorito indiscutido de su madre, logra conservar durante toda la vida un sentimiento de vencedor, esa confianza en el éxito que a menudo conduce realmente al éxito".» Ernst Jones, *Freud (I)*, Salvat Editores, Barcelona, 1985, p. 20-21, 34. (NdT).

[570]Illel Kieser El Baz, *Inceste et pédocriminalité, crimes contre l'humanité*, Fondation littéraire Fleur de Lys, 2007.

[571]Ernst Jones, *Freud (I)*, Salvat Editores, Barcelona, 1985, p. 237

[572]Marthe Robert, *La Révolution psychoanalytique, Tome I*, Payot, 1964, p. 152, 29

escribía: "Los más cercanos a Freud, como Ferenczi, el más íntimo de todos ellos, tenían por desgracia fama de ser terriblemente neuróticos[573]".

Wilhelm Stekel había sido primero paciente del padre del movimiento psicoanalítico, antes de convertirse en discípulo: "El colega a quien Freud atribuye la iniciativa de la primera agrupación es Wilhelm Stekel, un médico aquejado de graves trastornos neuróticos que, hacia 1901 o 1902, había acudido a él en busca de tratamiento[574]."

En una obra de homenaje a la psicoanalista Melanie Klein, titulada *Desarrollo del psicoanálisis* y publicada en 1966, Paula Heimann retomaba la tesis freudiana del deseo infantil de incesto. Los delirios enfermizos de estos judíos neuropáticos se manifestaban aquí a plena luz del día, a través del espejo: "En el momento del complejo de Edipo clásico plenamente desarrollado, escribía, las prohibiciones se dirigen contra los deseos pasionales hacia uno de los padres y contra la rivalidad asesina hacia el otro, como Freud lo descubrió por primera vez. En la fase anal, las pulsiones sádico-anales y en la fase oral, las pulsiones sádico-orales están prohibidas por el tipo correspondiente de superyó. Podemos recordar aquí que Abraham llamó la atención sobre la inhibición de la voracidad en la primera infancia, y que Ferenczi introdujo la noción de "moralidad esfinteriana" ... Mientras que el niño, en sus sensaciones genitales, experimenta impulsos masculinos de penetración de la madre (complejo de Edipo directo), también la siente como rival con respecto a sus metas femeninas receptivas, que se dirigen tanto hacia el padre como hacia la madre dotada del pene del padre[575]". Indudablemente, esta Paula Heimann también había sido víctima de incesto.

El psicoanálisis freudiano había tenido, evidentemente, efectos perversos. Después de Freud, numerosos terapeutas y teóricos del psicoanálisis desarrollaron tesis que situaban los deseos perversos del niño en el centro de la enfermedad psíquica y del problema del incesto. Freud ya había descrito a los niños como "perversos polimorfos", identificando deseos sexuales violentos y salvajes en muchos de sus gestos y actitudes normales.

Melanie Klein había, por su parte, desarrollado la teoría del "lactante cruel", ávido de devorar sádicamente el pecho materno, y había logrado situar el complejo de Edipo en los primeros meses de vida del niño. De este modo, toda una serie de actitudes infantiles podían interpretarse no por lo que manifestaban (tristeza, alegría, ira, miedo, ansiedad, excitación, curiosidad, etc.), sino por caprichos o maniobras edípicas estratégicas destinadas a satisfacer deseos y rivalidades sexuales inevitables.

---

[573] Bruno Bettelheim, *Le Poids d'une vie*, 1989, Robert Laffont, 1991, p. 67
[574] Marthe Robert, *La Révolution psychoanalytique, Tome I*, Payot, 1964, p. 216
[575] Mélanie Klein, Paula Heimann, *Développements de la Psychanalyse*, Presses Universitaires de France, 1966, 1991, p. 128, 156

"Si Freud fue el primero en descubrir al niño reprimido en el adulto, escribía Elisabeth Roudinesco, Melanie Klein fue la primera en revelar lo que ya estaba reprimido en el niño: el lactante... Los kleinianos opusieron así al modelo edípico clásico un modelo pre-edípico, referido al universo angustioso de una gran simbiosis con la madre: un mundo salvaje, inaccesible a la ley, entregado ya no al despotismo paterno sino a la crueldad del caos materno". Melanie Klein tenía probablemente una mente perturbada. El profesor Debray-Ritzen pensaba que estaba simple y llanamente loca[576].

Sabina Spielrein fue otra de esas pacientes que se convirtió luego en médico. Había nacido en Rostov del Don en 1885, en el seno de un matrimonio judío rico y culto. Tanto su abuelo como su bisabuelo habían sido rabinos respetados. Pero durante su adolescencia, Sabina Spielrein padeció trastornos esquizofrénicos, una histeria grave acompañada de síntomas esquizoides. En el mes de agosto de 1904, sus padres la llevaron a Zurich para recibir tratamiento en el hospital Burghölsli. Allí se convirtió en paciente de Jung y se hicieron amantes.

Jung y Freud mantuvieron una correspondencia sobre Sabina Speilrein. La segunda carta de Jung, fechada el 23 de octubre de 1906, decía lo siguiente: "Trato regularmente a una histérica según su método. Un caso difícil, una estudiante de veinte años de origen ruso, enferma desde hace seis años. El primer traumatismo se produjo entre su tercer y cuarto año. Vio cómo su padre azotaba el trasero desnudo de su hermano mayor. Una profunda impresión. Más tarde no pudo evitar pensar que había defecado en la mano con su padre. Entre su cuarto y séptimo año, convulsivamente trató de defecar sobre sus propios pies, un pie debajo de ella, el talón presionado contra su ano, y trató de defecar mientras impedía la defecación. ¡A menudo retiene así sus heces durante quince días! No tiene ni idea de cómo ha llegado a comportarse así... Los síntomas principales son la idea de defecar sobre su padre... Le agradecería mucho que me dijera en pocas palabras lo que piensa de esta historia".

Sabrina Spielrein se casó en 1913 con un judío ruso llamado Pavel Scheftel. En 1925, cuando el psicoanálisis dejó de ser aceptado oficialmente en la Rusia soviética, Spielrein abandonó Moscú y se trasladó a Rostov. Fue allí donde su marido empezó a sufrir trastornos psicóticos, de los que murió en 1930. Sabrina Spielrein se trasladó entonces a Zúrich, donde se convirtió en médico tratante de trastornos mentales: "Una pensadora original cuyas ideas iban a desempeñar más tarde un papel importante en el sistema freudiano[577]", escribía Bruno Bettelheim.

---

[576]Elisabeth Roudinesco, *Pourquoi la psychanalyse*, Fayard, 1999, p. 159, 128
[577]Bruno Bettelheim, *Le Poids d'une vie*, 1989, Robert Laffont, 1991, p. 92-113, 83, 84

Janusz Korczak, cuyo verdadero nombre era Henryk Goldszmit, era el vástago de generaciones de eruditos judíos. Hizo carrera en el Instituto de Pedagogía de Varsovia en la primera mitad del siglo XX y se distinguió por su labor en favor de los niños: "Soy hijo de un loco y quiero ser el Karl Marx de los niños", había declarado. Tenía tan sólo once años cuando su padre empezó a sufrir graves problemas mentales que necesitaron finalmente su ingreso en un hospital psiquiátrico.

Publicó su primera novela en 1905, *Los niños de la calle*, seguida en 1928 por *El rey Matías I*. Es la historia de un niño que se convierte en rey al morir su padre. Su primera preocupación es reformar el reino para el mayor bien de adultos y niños. El pequeño rey no es otro que el propio Korczak, encarnado en un niño que lucha valientemente contra todas las injusticias del mundo.

El libro de Korczak refleja las obsesiones "antirracistas" del judaísmo: el rey adulto que pone en práctica las reformas decididas por el pequeño rey es, en efecto, un rey negro. "Sólo los reyes negros son los verdaderos amigos de Matías, y están dispuestos a sacrificar sus vidas por él, mientras que los reyes blancos, a pesar de sus bellas promesas, acaban traicionándole abominablemente[578]".

El novelista Isaac Bashevis Singer también vivió aquejado por "el mal judío". En 1935 había abandonado a su mujer y a su hijo de cinco años en Varsovia para trasladarse a los Estados Unidos. Su biógrafa, Florence Noiville, no aportaba sin embargo ninguna explicación al respecto. Pero esto era lo que escribía sobre él: "Ardor, pasión, orgullo, vergüenza, desesperación... A principios de los años 30, todas estas sensaciones se entrecruzaban en Singer hasta tal punto que se preguntaba si estaba loco o poseído por un *dybbuk*. Sufre pesadillas, lee libros sobre psiquiatría y profundiza en las obras de Freud, Jung y Adler para comprender cómo puede pasar de la depresión a la euforia extrema en cuestión de segundos. Una vez más, se siente un doble, convencido de que en su interior coexisten un joven lleno de ambición y otro, melancólico, que se entrega "a sus últimos placeres antes de ser enterrado"... "Un día, escribió Singer, en un libro o una revista, me topé con la expresión "desdoblamiento de la personalidad", que se aplicaba perfectamente a mí estado[579]."

Bashevis era el nombre de pila de su madre: "Este seudónimo, una vez más, es un homenaje a esta mujer que tanto admira." Su padre, en cambio, era un judío jasídico insignificante. En cuanto a su hermana, Hinde, era epiléptica desde la infancia. También sufría graves ataques de ansiedad que más tarde se convertirían en locura persecutoria[580].

---

[578]Bruno Bettelheim, *Le Poids d'une vie*, 1989, Robert Laffont, 1991, p. 250-259
[579]Florence Noiville, *Isaac B. Singer*, Stock, 2003, p. 91, 72
[580]Florence Noiville, *Isaac B. Singer*, Stock, 2003, p. 82, 175

Isaac Bashevis Singer siempre se mantuvo como un judío consciente de su "misión". En 1944, escribía a su hijo lo siguiente: "La victoria sobre el enemigo está cada vez más cerca". También era "espantosamente tacaño", escribía Florence Noiville. Su hijo Israel había ido a verle a Nueva York, tras veinte años de ausencia: "Un dólar al día era todo lo que le daba a Israel. Éste, estupefacto, no se atreve a pedir nada. "Muy pronto, concluye, sentí que no pertenecía a este lugar, al lado de mi padre. Él no sabía qué hacer conmigo. No tenía tiempo. No tenía dinero."

En 1967, Isaac Bashevis había publicado una novela titulada *La Casa de Jampol*: la historia transcurre en la Polonia de preguerra. El hospital Bonifratov era un asilo que acogía dementes. Entre ellos estaban, escribía Isaac Bashevis Singer: "...los locos pacíficos que se pasaban el día ensoñados; los furiosos, a los que era preciso poner la camisa de fuerza; los melancólicos, hundidos en invencible tristeza; los paranoicos, convencidos de que habían heredado inmensas fortunas, de que tenían grandes tesoros enterrados o de que pertenecían a la familia real...Entre los pacientes judíos había un increíble número de Mesías. Las mujeres eran más propicias que los hombres a las alteraciones de carácter erótico. La locura era, básicamente, una enfermedad mental, pero estaba más estrechamente vinculada que las otras enfermedades a los factores sociales, culturales y religiosos[581]."

El historiador François Fejtö llegó a expresar el problema en estos términos: "Pareciera natural que sea "el más enfermo de los pueblos" el que haya producido tantos grandes médicos, del mismo modo que es también "el más acusado de los pueblos" el que haya producido tantos abogados para declararse no culpable, incluso en los casos más desesperados[582]." Efectivamente.

---

[581] Isaac Barshevis Singer, *La casa de Jampol*, Ed. digital German25, p. 295-296
[582] François Fetjö, *Dieu et son juif*, Éditions Pierre Horay, 1997, p. 112

5. La liberación del judío

A nivel individual, la histeria es común en la comunidad judía, donde el incesto parece practicarse más que en ninguna otra comunidad. Pero la verdad es que todo en el judaísmo intelectual corresponde a las manifestaciones de la histeria: histrionismo, egocentrismo, fabulación, amnesia selectiva, duplicidad, paranoia, gran fragilidad emocional, sentido de misión, etc....

La prisión judía

Son muchos los judíos que sufren por pertenecer a la secta y que desearían encontrar en sí mismos la fuerza para liberarse, derribar los muros de su prisión para formar parte de la humanidad. La ambivalencia constitutiva de la identidad judía puede interpretarse como una oscilación de la identidad, un movimiento pendular entre el peso de la genealogía y el deseo de normalidad.

Los intelectuales judíos militantes y los rabinos, los guardianes de la tradición, ven naturalmente las cosas desde un ángulo distinto y hablan aquí de negación, de traición y de "odio a sí mismo". He aquí, por ejemplo, lo que escribía el filósofo Bernard-Henri Lévy en *Récidives* en 2004:

"He conocido a judíos que vivían avergonzados de su judaísmo. Todos hemos conocido familias en las que, como el Bloch de *En busca del tiempo perdido*, se sonrojaban al oír la palabra judío en la mesa. He tenido amigos que, como Bloch, de quien Proust cuenta que pasó su juventud, e incluso su madurez, "limpiando su ser y casi su rostro de cualquier cosa que pudiera delatar su ser judío", hicieron todo lo posible por ocultar, uno un acento, el otro una familia, el tercero, tal o cual estigma que pudiera indicar que no pertenecía a la Francia eterna. Por no hablar de la extrema izquierda de mis veinte años, la de aquellos militantes judíos de las grandes organizaciones trotskistas o maoístas, que hacían de borrar, si no toda huella judía, al menos toda preocupación judía, una cuestión de honor: el universalismo revolucionario, pensaban ellos, ¡era a ese precio! Nada de esto fue asunto mío. Que yo recuerde, nunca he participado en ninguna de esas formas de negación judía de uno mismo[583]."

---

[583] Bernard-Henri Lévy, *Récidives*, Grasset, 2004, p. 389

Se puede comprender que no sea fácil nacer y ser judío, y que la judeidad pueda ser vivida como una desgracia por algunos judíos, que hacen todo lo posible por ocultar sus orígenes para ser aceptados por los goyim e integrarse entre ellos. Pero no hay que perder de vista que, desde hace siglos, los judíos practican la tradición marrana del disfraz, que consiste en moverse conscientemente detrás de una máscara para subvertir a las naciones desde dentro. Si bien el "Bloch" de Marcel Proust puede ser sincero, en cambio el revolucionario comunista citado por Bernard-Henri Lévy es un ejemplo muy dudoso. Efectivamente, la ideología comunista correspondía exactamente al fanatismo igualitario de Israel y sus esperanzas mesiánicas universales. Al relegar las tradiciones religiosas judías al armario, el judío comunista simplemente perseguía los objetivos del pueblo judío revistiéndose con un ropaje diferente, secularizado.

La historia de "José el Soñador", contada por el novelista "inglés" Israel Zangwill, es otra ilustración del desgarramiento identitario de la personalidad judía y del deseo de ciertos judíos de derribar los muros de la "prisión judía[584]": en la Roma del año 1600, Giuseppe de Franchi era claramente un judío angustiado. Su pueblo languidecía en guetos, rechazando obstinadamente la cultura cristiana que entonces florecía magníficamente en todos los ámbitos. Tras mucho reflexionar, finalmente aceptó lo obvio y decidió convertirse: "Cuando seamos cristianos, caerán las puertas del gueto", decía. Pero su madre y su hermana no opinaban lo mismo: "¡Cristianos!, repitieron horrorizadas Raquel y Miriam".

Tras convertirse al cristianismo, José fue condenado al ostracismo de su comunidad y excomulgado. Empezó a predicar a sus antiguos congéneres y también intentó convencer al Papa de que convirtiera a los judíos. Durante el carnaval de Roma, cuando se celebraba la famosa carrera de judíos, exhortó apasionadamente a la multitud de cristianos a amar a los judíos. Pero se dejó llevar por sus apasionadas exhortaciones, llegando a insultar al Papa: "¿Él, el vicario de Dios? Debería ser yo el vicario de Dios. Dios habla a través de mi boca". No es "ni el emperador espiritual ni el vicario de Cristo, sino el mismísimo anticristo".

"Fray Giuseppe ató rápidamente el palio a su crucifijo y, agitando el trozo de tela roja sobre su cabeza, exclamó: "
-¡Aquí está la verdadera bandera de Cristo! ¡Es el símbolo del martirio de nuestros hermanos! Como veis, su color es el de la sangre que Él derramó por nosotros. ¡Que me sigan los que están con Jesús!"

Por supuesto, el pobre Giuseppe despertó la indignación y la ira de los cristianos. Fue apresado por los soldados y encarcelado. "La única duda

---

[584] La expresión es de Jean Daniel (Bensaïd), léase en *Psicoanálisis del judaísmo*.

era si sería considerado un relapso o un espía. En cualquier caso, merecía la pena de muerte."

En cambio, para sus antiguos correligionarios, parientes y amigos, Giuseppe seguía siendo un traidor: "Los judíos se alegraron de la venganza ejercida sobre el renegado". Giuseppe fue quemado en la hoguera. "En casa de Manasés, padre de José, hubo gran regocijo. Se habían contratado músicos para celebrar la muerte del renegado, como exigía la tradición". Donde habían sido enterrados sus restos, había un montón de piedras. "Habían sido arrojadas por piadosas manos judías, simbolizando, según el Antiguo Testamento, que el renegado debería haber muerto lapidado".

Giuseppe no había conseguido librarse por completo de las garras del judaísmo. Naturalmente, Israel Zangwill se complacía contando esta historia a su público judío, para hacerle comprender que es imposible salir de la prisión judía.

Este era también el objetivo, por ejemplo, de la película de Henri Bean *El creyente* (*The Believer*, EE. UU., 2001)[585]. En Nueva York, Danny Balint es un joven skinhead, ultraviolento y furiosamente antisemita. No quiere tener nada que ver con su familia, con ese "pueblo", con esa religión inepta. Es un neonazi decidido que lleva con orgullo su camiseta con la cruz gamada. Hasta, por supuesto, el día en que su conflicto de identidad resurge y le lleva inexorablemente al suicidio. Es una película imprescindible de ver y que evoca lo que comúnmente se conoce como "odio a uno mismo", lo que en realidad no es más que una saludable toma de conciencia de la naturaleza fundamentalmente hostil del judaísmo hacia el resto de la humanidad[586]. Dado que el propio director pertenece a esta comunidad, no es de extrañar que el intento de Danny de liberarse de la tiranía del judaísmo esté condenado al fracaso. Es importante comprender que la película se dirige principalmente a los propios judíos, para advertirles contra tales tentaciones. El mensaje de la película puede resumirse así: "Es inútil intentar abandonar el judaísmo, no lo conseguiréis".

La nueva generación, de Frank Capra (EE. UU., 1929), tenía el mismo objetivo: en el barrio judío de Nueva York, un joven judío ambicioso, que ha triunfado como anticuario, reniega de sus padres y de su nombre. Pero al final se reconcilia con su familia. El guion era de S. Levien: no se puede salir del judaísmo.

El novelista Isaac Bashevis Singer publicó un cuento que ilustra perfectamente la cuestión: *La corona de plumas*. Es la dramática historia de una mujer judía de un shtétlj polaco que ha abandonado el judaísmo y

---

[585] Léase en *Psicoanálisis del judaísmo*.
[586] Léase el capítulo sobre el "odio de sí mismo" en *Psicoanálisis del judaísmo*.

se ha casado con un cristiano, pero que inevitablemente regresa a su comunidad original para morir.

Los intelectuales judíos, que se quejan incesantemente del racismo del que han sido víctimas sus congéneres judíos desde la noche de los tiempos, también mantienen regularmente el mito de una judeidad inalterable, que nunca puede disolverse en las naciones. Según ellos, un judío que hubiera olvidado su judeidad la vería inevitablemente resucitar tarde o temprano, incluso varias generaciones después. Es lo que podríamos llamar "el mito del judío en incubación".

En *Psicoanálisis del judaísmo* vimos un ejemplo de esta obsesión judía en un cuento de Pierre Paraf titulado *El General von Morderburg*: el hijo de este general prusiano, casado con una hija de Israel, que también había llegado a ser oficial, no tenía ni idea de sus raíces judías. Sin embargo, era diferente de los demás y se sentía misteriosamente atraído por los judíos. Y ocurrió lo que tenía que ocurrir: redescubrió su judaísmo. El novelista desarrolla también un tema muy querido por los intelectuales judíos: la venganza contra los goyim.

He aquí otro ejemplo del libro de André Spire *Quelques juifs et demi-juifs*, publicado en 1928. También en este caso, la historia tiende a establecer la idea de que, en un judío, la judeidad nunca puede olvidarse definitivamente; que puede permanecer inconscientemente enterrada durante mucho tiempo, pero que en cualquier caso reaparecerá a plena luz del día, incluso con varias generaciones de diferencia. André Spire resumía la novela *L'Imagerie du Cordier*[587] de un judío provenzal llamado Armand Lunel:

Isaac, cuyos padres habían huido de una judería renana a finales del siglo XVIII, fue acogido por las monjas de Carpentras. Gracias al celo de un predicador llamado Nicolo, fue bautizado y educado en el catolicismo. Ahora se llamaba Lucas-Mateo Peccavi. Más tarde se casó con la sobrina de Nicolo y se convirtió en un honrado comerciante de Carpentras. Su único defecto era ser antisemita. En 1815, en tiempos de la Restauración, expresó abiertamente sus opiniones contra los judíos de la ciudad, y durante todo el siglo XIX, los hijos e hijas de los Peccavi fueron buenos católicos, crecieron a la sombra favorable del obispado y fueron casados por su obispo. Dos generaciones más tarde, en los albores del asunto Dreyfus, el nieto de Lucas-Mateo Peccavi, Agustín, tan furiosamente antisemita como su abuelo, se convirtió naturalmente en el líder de los anti-Dreyfusards. Pero aquí, la imaginación de Armand Lunel cambiaba el curso de los acontecimientos. De repente se desveló la historia de la familia Peccavi, y en todas partes se susurraba que Agustín el antisemita no era en realidad más que un sucio judío. Para Agustín Nicolo-Peccavi, la situación era

---

[587] *Nouvelle Revue Française*, 1926.

evidentemente dramática, ya que, podría decirse, ¡había descubierto que era judeo-positivo! Fue una terrible catástrofe. Sus clientes se fueron a abastecerse a otra parte y su negocio decayó rápidamente.

El periodo de incubación había terminado: "Derrotado por su alma judía reprimida...Nicolo Peccavi, engañado, arruinado, herido, fue abandonado por sus compatriotas, cristianos y judíos por igual." "Como su bisabuelo, Mémucan, el mercader de amuletos sarracenos acabó en un oficio ambulante, despreciado e inestable, comisionista de ciudad, portero en la estación de Carpentras[588]".

En su libro, André Spire presentaba también el ejemplo de Otokar Fischer, "poeta nacional checo y judío". Nació en 1883 en Kolin (Bohemia) de padres judíos "completamente desvinculados del judaísmo". "Sus padres le protegieron de todo contacto judío" y más tarde se casó con una cristiana "de pura raza eslava". Pero uno no se libra tan fácilmente del "virus": "pensó que podría ser un escritor nacional eslavo", escribía André Spire. Y aquí también iban a aflorar sus orígenes.

Otokar Fischer publicó varios poemarios entre 1911 y 1921, hasta que un día unos poemas judíos cayeron en sus manos. Fue una revelación para él y, "como Henri Heine, volvió a sentirse judío, poeta judío". En 1923 publicó otro poemario, titulado *Las Voces* (*Les Voix*), que, como escribía André Spire, revelaba "esos movimientos oscuros que podemos reprimir durante un tiempo del campo de nuestra conciencia, pero que velan implacablemente en lo más profundo de nosotros, en nuestra misma médula."

Ya no era sólo un poeta checo: "Era un poeta judío que añadía una voz checa a los múltiples acentos de esta moderna poesía judía que, desde San Francisco a los Urales y el Cáucaso, del Líbano hasta las orillas del Jordán, sonaba en tres continentes, en las lenguas y literaturas de veinte países." Otokar Fisher se había convertido así en paladín de la unificación del mundo, del mestizaje entre los pueblos, de la desaparición de las naciones y de la "Paz" en la Tierra, para que Israel triunfe al final.

Así pues, los intelectuales y rabinos judíos hacen todo lo posible para que los judíos comprendan que es completamente inútil e ilusorio querer abandonar la comunidad, y que tarde o temprano se verán arrastrados por la fuerza magnética y casi sobrenatural del judaísmo, de "esta alma judía, como escribía André Spire, a la que nos es imposible renunciar, aunque tuviéramos la bajeza de desear hacerlo, de renunciar[589]".

La leyenda de Moisés también sirve para mantener el mito. Moisés, un bebé, fue abandonado en una cesta, flotando sobre las aguas del Nilo. Fue

---

[588] André Spire, *Quelques Juifs et demi-Juifs*, Grasset, 1928, p. 27-32
[589] André Spire, *Quelques Juifs et demi-Juifs*, Grasset, 1928, p. 37-41

rescatado por la hija del Faraón, Baita, que descubrió al niño, lo acogió y lo educó en el palacio. Ya adulto, "empezó a deslumbrar al rey y a sus cortesanos[590]", escribía Elie Wiesel. Más tarde, él también regresaría a la comunidad a la que pertenecía.

Estas historias se escribieron precisamente para incitar a los judíos a permanecer en el redil, porque desde que salieron de los guetos, los intelectuales judíos no han tenido más remedio que constatar que cientos de miles de sus conciudadanos prefirieron abandonar la cárcel judía y olvidarse definitivamente del judaísmo.

En estas condiciones, el antisemitismo es muy útil, casi indispensable, puesto que contribuye a cerrar filas y cohesionar a la comunidad. François Fetjo lo expresaba así: "¿No hemos vivido apartados de todas las naciones hasta el punto de atraernos el odio universal? Es el odio de las naciones lo que ha garantizado la preservación de los judíos. Es la persecución lo que los ha mantenido, la segregación lo que ha endurecido el corazón contra los golpes del destino[591]".

Se trata también de atraer al redil del judaísmo a cualquier individuo que por casualidad pueda descubrir una gota de sangre judía en sus venas. Augustin Peccavi, por ejemplo, ya no era judío en absoluto, puesto que era antisemita, y es rigurosamente imposible ser ambas cosas a la vez, a menos, claro está, que se sea un judío infiltrado, lo que plantea el problema del *marranismo*. Sólo la imaginación del novelista le había devuelto al judaísmo, pues no se conoce ningún ejemplo en la historia de un antisemita que de repente rinda culto al pueblo elegido tras descubrir un lejano antepasado judío. En realidad, el resultado de tal descubrimiento en el árbol genealógico de uno predispondría sobre todo a una radicalización de los sentimientos antisemitas. Hitler, por ejemplo, decía de Reinhard Heydrich, un alto dignatario nazi: "Confío en él, porque sé que quiere acabar con la sangre judía que lleva dentro". Y si Heydrich hubiera sido judío, como se dice, lo sabríamos.

El judío suicida

No es de extrañar pues, con semejantes carceleros, que algunos judíos hayan preferido refugiarse en el suicidio antes que seguir siendo prisioneros de esta secta de lunáticos delirantes, cuyos objetivos de "paz universal y definitiva" ocultan mal un proyecto de sometimiento de la humanidad. Que sepamos, no existen estadísticas sobre esta cuestión, pero

---

[590]Elie Wiesel, *Célébrations biblique*, Éditions du Seuil, 1975, p. 142
[591]François Fetjö, *Dieu et son juif*, Éditions Pierre Horay, 1997, p. 65

los ejemplos que hemos encontrado en la literatura sugieren que la comunidad judía es, con mucho, la comunidad más suicida del mundo.

En nuestros libros anteriores ya hemos mencionado los casos de algunas conocidas figuras literarias: el célebre Stefan Zweig se quitó la vida en Brasil en 1942, y los nazis no habían tenido nada que ver con ello. Lo mismo ocurrió con el filósofo Walter Benjamin, que se suicidó en 1940 en Port-Bou tras cruzar la frontera española. También durante la guerra se suicidó el revolucionario Ernst Toller, que había desempeñado un papel importante en la revolución comunista de Baviera en 1918. Se ahorcó en Nueva York. También cabe mencionar a los dramaturgos alemanes Kurt Tucholsky, que se suicidó en 1934 tras ingerir somníferos, y Ludwig Fulda, que se suicidó en 1939. El novelista "austriaco" Ernst Weiss se suicidó en 1940 cortándose las venas en la bañera. Ese mismo año, el compositor Gustave Brecher se quitó la vida en Bélgica, arrojándose al mar.

Los intelectuales judíos tienen la costumbre de culpar a los nazis como chivo expiatorio. Si los judíos se suicidan, es culpa suya y sólo suya[592]. En realidad, los judíos no esperaron a los nazis para suicidarse.

El fenómeno ya existía antes de la guerra: el filósofo "italiano" Felice Momigliano se suicidó en 1924. El físico y filósofo vienés Ludwig Boltzmann se ahorcó en 1906. El filósofo austriaco Otto Weininger se pegó un tiro en el corazón en octubre de 1903.

En 1928, como hemos visto, la única hija del novelista austriaco Arthur Schnitzler se suicidó en Venecia, de un disparo de revólver. Tenía diecinueve años. El hijo mayor del poeta austriaco Hugo von Hofmannsthal se suicidó a los veintiséis años, también con un revólver. También las dos hijas de Karl Marx. La hija del Gran Rabino Weil se arrojó desde la Torre Eiffel. Albert Memmi también citaba "al héroe de Israel Zangwill en Had Gadya, dejándose llevar por las aguas del Támesis", y "al Adán de Ludwig Levisohn[593]".

A principios del siglo XX, Kafka evocaba la rareza y la desesperación patológica de sus condiscípulos judíos en el colegio alemán de Praga. "Muchos de ellos, decía, se suicidaron durante sus años de estudiante[594]".

Examinemos también la obra de Yossef Haim Brenner. Brenner fue un novelista nacido en Ucrania en 1881. Con sus dos primeras novelas, *En invierno* (1904) y sobre todo *En torno al punto* (1905), adquirió cierta notoriedad. En 1905 se trasladó a Londres, donde colaboró en el semanal *Jewish Chronicle*. En 1909 se instaló definitivamente en Palestina, donde publicó numerosos ensayos sobre escritores hebreos y tradujo la literatura

---

[592] Sobre los suicidios léase también en *Psicoanálisis del judaísmo* y *El Fanatismo judío*.
[593] Albert Memmi, *La Libération du Juif, Portrait d'un Juif II*, 1966, p. 230
[594] Marthe Robert, *D'Oedipe à Moïse*, 1974, Agora, 1987, p. 18

rusa al hebreo, en particular *Crimen y castigo* de Dostoievski. En 1921 fue asesinado por unos alborotadores árabes en Jaffa. Esto era lo que se podía leer sobre él en Internet: "El elemento autobiográfico se aprecia en varias de sus novelas. Como él, sus héroes son personas desarraigadas, incapaces de aceptarse a sí mismas y de escapar a un destino forjado por la pesada herencia del gueto. Los dos héroes de *En torno al punto* sucumben a la desesperación; uno se suicida, el otro se refugia en la locura". Y también: "*Duelo y Fracaso*, su última novela, es la larga confesión de un hombre enfermo y atormentado que, tras no lograr realizarse mediante el trabajo físico, se hunde lentamente en una vida sin alegría."

El novelista Romain Gary también se suicidó en 1980, al igual que el filósofo Albert Caraco en 1971[595]. El muy conocido escritor "italiano" Primo Lévi también se suicidó en 1987, tras toda una vida dando testimonio de sus experiencias en los "campos de la muerte". Jerzy Kosinski, otro "testigo" fabulador, también se suicidó en 1991, tomando barbitúricos. El historiador de los campos de exterminio Joseph Wulf se quitó la vida en 1974.

En 1970, el pintor Rothko puso fin a su carrera en la pintura abstracta cortándose las venas. También fue en ese año cuando el poeta judío-alemán Paul Celan se arrojó al río Sena. La madre del escritor israelí Amos Oz se suicidó en enero de 1952, a los 39 años. Jean Daniel, destacado director de prensa, relataba su infancia en Argelia y hablaba de su primo David, que se suicidó a los veinte años[596]. Y, como sabemos, en el entorno de Elie Wiesel se produjo una auténtica hecatombe[597].

Boris Fraenkel fue uno de los fundadores de la Organización Comunista Internacional (OCI), una de las muchas sectas trotskistas. Judío alemán, nacido en 1921 en Danzig, llegó a Francia en 1938 e introdujo la literatura freudomarxista de Herbert Marcuse y Wilhelm Reich, así como las obras revolucionarias de Leon Trotski. Boris Fraenkel era un hombre en la sombra. Pero de repente saltó a los titulares en 1995 cuando desveló el pasado trotskista del antiguo Primer Ministro socialista Lionel Jospin. Fue él quien le había introducido en el trotskismo en los años sesenta: "Fue una oportunidad extraordinaria para penetrar en la alta función pública", declaraba a *Le Nouvel Observateur*. Fraenkel permaneció en la sombra hasta el final de su vida. Se suicidó el domingo 23 de abril de 2006 arrojándose al Sena.

Mourir à trente ans (Francia, 1982) es una película de Romain Goupil que sigue la vida de Michel Recanati, dirigente trotskista de mayo de 1968 que se suicidó en 1978. El 18 de noviembre de 2008, el diario francés

---

[595] Sobre el filósofo-profeta Albert Caraco léase *El Fanatismo judío*.
[596] Jean Daniel, *Le Refuge et la source*, Grasset, 1977, Folio, 1979, p. 108
[597] Léase en *Las Esperanzas planetarianas*.

Libération publicaba el testimonio de un antiguo maoísta, también judío, que afirmaba que en su grupo se habían producido muchos suicidios de militantes en los años setenta: unos quince de un total de treinta y cinco.

Bruno Bettelheim también se había suicidado. El psiquiatra infantil de fama mundial había dirigido la escuela ortogenética de Chicago durante unos treinta años. Había trabajado en particular sobre el autismo infantil y siempre recordaba que el 80% de sus internos salían curados de la escuela ortogenética. Afirmaba haber tratado a cientos de esquizofrénicos. Sin embargo, como escribía Jacques Bénesteau en su libro de 2002 titulado *Mensonges freudiens* (*Mentiras freudianas*), "sólo una minoría de los 220 pacientes de esta institución eran esquizofrénicos". Sin embargo, la pequeña Comunidad mediática internacional le había convertido en una estrella que despertaba la admiración de las multitudes.

En el mundo médico, sin embargo, era más conocido por su brutalidad. Era un "auténtico cabrón", afirmaba el psicoanalista Kenneth Colby en el *Washington Post* del 26 de agosto de 1990. "Una de las peores personas que ha dado el psicoanálisis". En *Newsweek*, el 10 de septiembre de 1990, Darnton lo denominaba como "Beno Brutalheim". Su famoso libro, *The Uses of Enchantment (Los usos del encantamiento)*, publicado en 1976, era un plagio descarado e indiscutible de un libro de Julius Heuscher. En *Mentiras freudianas*, Jacques Bénesteau escribía: "Era un tirano, pero también, como revelarían las investigaciones biográficas de Paul Roazen en 1992 y de Richard Pollak en 1997, un mitómano y un mistificador". Desempeñó el papel de resistente judío y se tomó la libertad de dar lecciones de valor a sus compañeros, presuntamente pasivos durante la guerra, acusándoles de haber sido cómplices de sus verdugos. "Habría sido capturado durante un intento de fuga, en un avión con los motores en marcha, y torturado durante tres días", escribía Jacques Bénesteau. En realidad, "no había abandonado el territorio austriaco, y estaba más ocupado en obtener un diploma indispensable para una carrera académica en la que pensaba desde 1926."

Además de sus invenciones sobre las condiciones de su encarcelamiento, afirmaba haber sido estudiante en la Universidad de Viena durante catorce años: "Sólo exageró diez años para cubrir el periodo durante el cual, sin interrupción, sustituyó realmente a su padre, fallecido en 1926, en un negocio de comercio de madera. Afirmaba ser doctor en filosofía, historia del arte y psicología, con honores "*summa cum laude*", pero en mayo de 1937 sólo obtuvo un diploma en estética del paisaje (supuestamente inspirado en el freudismo) sin ninguna distinción[598]". Bruno Bettelheim se suicidó en marzo de 1990 asfixiándose en una bolsa de plástico...

---

[598] Jacques Bénesteau, *Mensonges freudiens*, Éditions Mardaga, Bruxelles, 2002, p.

El 15 de noviembre de 2007, el diario francés *Libération* dedicaba un artículo a una tal Olivia Rosenthal, con motivo de la publicación de su último libro, *On n'est pas là pour disparaître*. Ganadora del 10º premio Wepler-Fondation la Poste, Olivia Rosenthal, de 42 años, declaraba: "Los protagonistas de mis libros suelen ser personas que tienen un contacto alterado con la realidad... En *Mes Petites Communnautés*, en 1999, evocaba la relación entre dos hermanas. Aquí, se trataba sobre todo de sacar el tema del suicidio de mi hermana...Me pregunto cómo habría sido mi vida si mi hermana no se hubiera tirado por la ventana". De hecho, nos habría gustado saber por qué se suicidó la hermana de Olivia Rosenthal. ¿Una historia de incesto, quizás?

En cualquier caso, todos estos suicidios son precisamente la prueba de su humanidad. Pero en interés de la humanidad, sería preferible que los judíos testifiquen antes que refugiarse en la muerte. Para Françoise Minkowska, el psicoanálisis conservaba su eficacia terapéutica. El psicoanálisis, explicaba, sigue siendo una de las teorías más eficaces "para desvelar los traumas de la infancia". El psicoanalista sólo tiene que "ponerse a prueba con la realidad del incesto".

Si quieren curarse, y curar a la humanidad, los judíos deben empezar a hablar abiertamente del oscuro secreto del judaísmo, empezar por fin "una cura a través de la palabra".

Olvidar el judaísmo

A pesar de su poderío financiero, a pesar de todos los honores, algunos financieros también acabaron suicidándose, como empujados por un destino fatal. En 1996, Amschel Rothschild, de 41 años, se ahorcó en su habitación de un hotel de París. Su abuelo, Charles, ya se había cortado el cuello con una navaja. En el año 2000, un descendiente de la familia, Rafael, fue hallado muerto tras una fiesta en Nueva York.

El historiador François Fetjö reconocía que algunos judíos podían dejarse llevar por una sed insaciable de oro: "Ustedes fueron los primeros en practicar esta caza del beneficio, del poder del dinero, los primeros en reconocerlo como un principio dinámico de progreso y de transformación". Y proseguía, confirmando las palabras de Irène Némirovsky: "Hemos cambiado el Cantar de los Cantares por los gritos de la Bolsa. Ahora somos capitalistas... Compramos castillos. Somos poderosos. Entramos en el gobierno y en el Jockey Club. Tenemos caballos y amantes...Y sin embargo... Ricos, poderosos, ahora cazadores en lugar de cazados, a menudo explotadores en lugar de explotados, amigos del rey en lugar de sus enemigos, no somos felices. Una inquietud nos corroe por dentro. Una vergüenza secreta, un remordimiento. Como si la simple felicidad no estuviera a nuestro alcance...Nuestro poder es respetado. Entonces, ¿por qué este malestar, este sentimiento de insatisfacción?... ¿De dónde viene este sentimiento de impotencia que nos atormenta?" François Fetjö se preguntaba: "¿Será que somos inocentes? ¿No tenemos la conciencia tranquila? Por desgracia, no, no tenemos la conciencia tranquila. Tenemos una conciencia culpable. Pero ¿de quién es la culpa? ¿Quién perturba nuestra paz, quién riñe con nosotros? ¿De quién es la culpa de que, en plena fiebre de creación, en pleno crecimiento, en el corazón mismo de la felicidad, nos sintamos de pronto alienados de nuevo, escindidos en nosotros mismos, ajenos a nosotros mismos?[599]"

De modo que admitía que se sentía impotente para responder a esta pregunta. Para él, como para los demás intelectuales judíos, el judaísmo seguía siendo un misterio: "Nos encontramos encerrados como en un círculo vicioso, escribía... Derrotados y enfermos, tememos la risa de los demás... El judío está encerrado; como en una ciudadela, como en un santuario, en su fidelidad a la Ley, a los textos de la Ley[600]."

En su *Retrato de un judío*, Albert Memmi, judío tunecino y no creyente, también se permitía algunas confidencias: "La condición judía, la viví ante todo como una condición de desgracia... ¿No hay judíos felices? ¡Aie!, estoy tentado de responder: ¡no!... En realidad, no conozco a muchos Judíos que sean felices de serlo. Judíos felices a pesar de ser Judíos, tal vez". Y continuaba: "La ansiedad es una marca de la naturaleza judía... Muy pocos de nosotros sabíamos, por ejemplo, sentarnos tranquilamente al sol, estirados en la hierba o soñando en un sillón, como yo veía con envidia hacer a los no judíos. No podíamos quedarnos quietos. Todos los fines de semana nos montábamos en un coche y recorríamos unos cien kilómetros; almorzábamos malamente en cualquier sitio y luego, con el tiempo justo para fumar un cigarrillo, volvíamos a ponernos en marcha con el pretexto de tomar un café a treinta kilómetros, o de ver algún sitio famoso que ojeábamos distraídamente, para darnos cuenta de que se hacía de noche y de que era hora de volver a casa, es decir, de montar de nuevo en el coche y arrancar de nuevo. ...la verdad es que sólo estábamos a gusto en movimiento... Encontré la misma inquietud, quizá agravada, entre los Judíos de Europa[601]."

En el tomo II, publicado en 1966 y titulado *La liberación del Judío*, Albert Memmi escribía: "El judío no vive, sobrevive. No es un ser normal, sino un fantasma histórico." Y observaba "una innegable correlación entre

---

[599] François Fetjö, *Dieu et son juif*, Éditions Pierre Horay, 1997, p. 104, 72, 73, 75
[600] François Fetjö, *Dieu et son juif*, Éditions Pierre Horay, 1997, p. 102, 93, 47
[601] Albert Memmi, *Portrait d'un juif*, Gallimard, 1962, p. 30, 38, 39

neurosis y judaísmo. "¿Es una enfermedad mental ser judío?" titulaba hace unos años, casi en serio, una importante revista judía. Afortunadamente, no todos los judíos son psicológicamente frágiles...Pero es demasiado: el número de trastornos psicológicos, ciertamente neurosis más que psicosis, es sin duda mucho mayor entre los judíos que entre los no judíos. Incluso teniendo en cuenta el hecho de que son más propensos a buscar tratamiento, es decir, que se declaran enfermos en mayor medida. Un psiquiatra que había ejercido durante veinte años en Túnez me resumió su experiencia de la siguiente manera: "La enfermedad específica de los Judíos es la ansiedad y, correlativamente, la depresión". Y no habría necesitado investigar mucho para darle la razón. Desde luego, no tenía muchos ejemplos de calma y serenidad en mi entorno[602]."

El famoso psiquiatra judío Bruno Bettelheim había pasado toda su vida intentando, en vano, comprender este fenómeno: "He dedicado la mayor parte de mi vida a estudiar por qué ciertas personas aceptan hundirse en la enfermedad mental en lugar de luchar por la libertad de su espíritu. También me ha preocupado mucho el problema que plantean esos millones de judíos que no se acobardaron ante la muerte, pero se abstenían de luchar por su vida[603]."

Elie Wiesel también había escrito: "Pertenezco a una generación traumatizada que ha experimentado la soledad y el abandono[604]."

Pero el trauma de los judíos, como todos sabemos, no se remonta a la Segunda Guerra mundial. Los judíos ya llevaban mucho tiempo traumatizados. De hecho, la edición de 1904 de la *Enciclopedia Judía*, publicada mucho antes de la Segunda Guerra Mundial, afirmaba:

"Las psicosis agudas en los lactantes son más frecuentes entre los judíos que entre los no judíos[605]." Y también esto: "Los judíos son más propensos a las enfermedades del sistema nervioso que los no judíos. La histeria y la neurastenia también son más frecuentes[606]."

En un artículo sobre la expulsión de los judíos de España en 1492, publicado en el diario *Le Monde* del 2 de agosto del 2007, Henri Tincq señalaba de manera muy característica el hecho de que los españoles quedaron traumatizados por tal acontecimiento. Y no sin razón subrayaba la "paradoja", término muy utilizado por los intelectuales judíos: "Una ola de antisemitismo sin judíos barrerá España, incapaz de ahuyentar sus fantasmas. Una paradoja inaudita, escribía Henri Tincq: cuanto más aparca,

---

[602] Albert Memmi, *La Libération du Juif, Portrait d'un Juif II*, Gallimard, 1966, p. 25, 230

[603] Bruno Bettelheim, *Le Poids d'une vie*, 1989, Robert Laffont, 1991, p. 325

[604] Elie Wiesel, *Discours d'Oslo*, Grasset, 1987, p. 14

[605] *Jewsih Encyclopedia*, Vol. VI, 1904, p. 556, 603-604

[606] *Jewsih Encyclopedia*, Vol. IX, 1905, p. 225

caza y quema España a sus judíos en las hogueras, más se corroe con la obsesión de saber quiénes son los verdaderos o falsos judíos, los verdaderos o falsos conversos. Detrás de cada rostro, en la iglesia o en la calle, se insinúa la duda: ¿esta persona que dice ser cristiana lo es realmente? ¿No es un "criptojudío" que guarda en secreto el Sabbat los sábados, cocina según las reglas del *kashrut*, celebra las fiestas judías y realiza la limpieza funeraria según el ritual judío? Había nacido un trauma que asolaría a la sociedad española durante tres siglos...La pureza de sangre se convirtió en un tema de terror tanto para el converso que vivía sinceramente su catolicismo, como para el católico de fachada que se mantenía fiel a la Ley de Moisés. Estaban sometidos al mismo régimen de sospecha, a la misma amenaza de la Inquisición. Todo converso es un judío y, por tanto, un enemigo potencial de la fe católica. Fue el principio de una neurosis: la contaminación judía y herética llegó a través de la sangre, la leche y la simiente."

Evidentemente, Henri Tincq invertía la situación y proyectaba muy clásicamente su malestar sobre los demás, pues en realidad fueron los judíos los que quedaron literalmente traumatizados por la enérgica reacción española y su expulsión de España.

He aquí lo que escribía por ejemplo Esther Benbassa en 2007, en su obra titulada *El Sufrimiento como identidad*: "El destierro de los judíos de España, Sicilia y Cerdeña, la conversión forzosa de todos los judíos de Portugal, la expulsión de Navarra, Provenza y el Reino de Nápoles, crearon un inmenso trauma subjetivamente comparable al del Holocausto." Y de nuevo: "La expulsión de España iba a seguir siendo para muchos un trauma original constitutivo de la experiencia judía en Oriente[607]."

La expulsión de España suscitó interrogantes entre los intelectuales judíos, que no podían comprender por qué se trataba así al "pueblo elegido":

"El choque psíquico y espiritual de la expulsión y su cohorte de dolores, que afectaron a los sefardíes durante varias generaciones, fueron, si no el único factor, al menos uno de los muchos que contribuyeron a alimentar, a lo largo de los siglos XVI y XVII, una poderosa corriente mística y mesiánica de orígenes diversos[608]."

En efecto, "el choque psíquico" había incendiado los cerebros, y la diáspora sefardí había visto nacer en su seno a varios autoproclamados mesías, como David Reuveni y Salomon Molcho en el siglo XVI, y sobre todo el célebre Sabbatai Zevi, que estuvo en el origen de un formidable movimiento mesiánico[609].

---

[607] Esther Benbassa, *La Souffrance comme identité*, Fayard, 2007, p. 82, 89
[608] Esther Benbassa, *La Souffrance comme identité*, Fayard, 2007, p. 91
[609] Sobre los Sabateístas, los Donmehs, los Frankistas, y la Cábala mesiánica, léase en *Psicoanálisis del judaísmo*.

Sin embargo, la neurosis judía tenía otras fuentes además de este trauma. Rudolph Loewenstein era consciente de ciertos problemas que socavaban la secta judía y observaba "los principales trastornos psicológicos" de muchos judíos. Un capítulo de su libro se titula de hecho *Psicoanálisis de los judíos*. Para comprender el trauma de los judíos, había que remontarse más atrás en la historia, explicaba Rudolph Loewenstein:

"Es cierto que el acontecimiento traumático más grave para ellos fue la destrucción del Segundo Templo y la de Jerusalén en el año 70... La pérdida de Jerusalén y Palestina fue para los judíos lo que la pérdida de un padre querido o de un hogar feliz es para el individuo. El resultado para los judíos fue un estado permanente de luto[610]."

En la Edad Media, los judíos sufrieron un segundo gran trauma: primero las persecuciones de la primera Cruzada, luego la vida en los guetos, que obviamente no les hizo ningún favor: "Del siglo XIV al XVIII, esta interiorización incluso se intensificó hasta el punto de que, para muchos de ellos, tuvo consecuencias patológicas. El aislamiento intelectual condujo a una predisposición a la neurosis y a trastornos neuróticos del carácter."

De hecho, los judíos ven su historia como una sucesión de traumas: "Si el gran trauma sufrido por el pueblo judío como consecuencia de la pérdida de Palestina no bastó para crear todos esos rasgos que se consideran típicos de los judíos, la acumulación de traumas debidos, a lo largo de los siglos, a las persecuciones de la Edad Media y al régimen de internamiento en los guetos, dejó una huella mucho más profunda en su psique[611]."

Para Rudolph Loewenstein, éste era el origen de la neurosis judía: "Si hay un número relativamente elevado de neuróticos entre los judíos, se debe precisamente a este proceso". Para él, no era más que una consecuencia de la agresividad de los demás contra los judíos, que siempre fueron perseguidos sin motivo alguno: "En su lucha por sobrevivir, añadía, los judíos adquirieron ciertas características neuróticas que proporcionaron a los perseguidores algunos pretextos más[612]".

François Fetjö demostró algo más de franqueza, evocando furtivamente "nuestro "complejo de Edipo"". Pero no insistía demasiado sobre ello, como aquejado por el vértigo ante el vacío. Veinte páginas adelante, se

---

[610] Rudolph Loewenstein, *Psychanalyse de l'antisémitisme*, 1952, Presses Universitaires de France, 2001, p. 211-213. Véase también en *Psicoanálisis del judaísmo*. Recordemos aquí el diagnóstico médico de la patología histérica: "Los pacientes de Freud se encontraban a menudo en un estado de verdadero duelo y/o de decepción amorosa permanente.» (en *Psicoanálisis del judaísmo*).
[611] Rudolph Loewenstein, *Psychanalyse de l'antisémitisme*, 1952, Presses Universitaires de France, 2001, p. 220, 221
[612] Rudolph Loewenstein, *Psychanalyse de l'antisémitisme*, 1952, Presses Universitaires de France, 2001, p. 226, 235

acercaba de nuevo al precipicio y prefería recurrir a Dios: "No es casualidad que un judío esté en el origen del psicoanálisis, escribía. Este drama carnal y oscuro que se desarrolla entre padre e hijo - este drama tejido de amor, rivalidad, agresión y pecado- el Judío es particularmente sensible a él, pues tiene una relación familiar muy extraña con Dios. Él que siempre ha padecido un complejo de Edipo con respecto a Dios."

Así pues, era mejor limitarse a la valoración general de los beneficios del psicoanálisis: "Al ayudarnos a comprender esta situación, a desentrañar nuestras crisis de crecimiento, a domar nuestros monstruos interiores, el psicoanálisis puede liberarnos de gran parte de nuestra angustia, devolvernos un poco de nuestra inocencia original, de nuestra libertad[613]."

Freud había comprendido que los orígenes del judaísmo eran de naturaleza sexual antes de huir a toda prisa del precipicio al que se había acercado demasiado. Un autor menor como Michel Herszlikowicz, es, hasta donde sepamos, uno de los poquísimos intelectuales judíos que se han atrevido a acercarse y mirar al abismo. En su *Filosofía del antisemitismo*, escribía, también furtivamente, como asustado por un paso tan audaz: "El psicoanálisis supera el antisemitismo cuando busca un origen no judío al pueblo judío[614]."

Pero en realidad, el psicoanálisis se aparenta más a una *judeoterapia*[615]. Todo el asunto, repitámoslo una vez más, puede resumirse en estas diez palabras:

El judaísmo es esa enfermedad que el psicoanálisis pretendió curar.

François Fetjö, como buen judío, tenía sin embargo una confianza inquebrantable en el futuro. Pronto, estaba seguro, vendría el Mesías y liberaría a los judíos del mal que les roe por dentro: "El más angustiado, el más atormentado de todos los pueblos, somos también el más optimista, el más seguro de la curación definitiva[616]."

Albert Memmi también confiaba en que el Mesías aportaría la curación a los judíos: "Un día, traerá la paz a este pueblo abrumado... Hasta donde puedo recordar, escribía, siempre encuentro al Mesías, al *Mashiaj*, mitad personaje, mitad acontecimiento, familiar y misterioso, sin rostro preciso, pero capaz de palabras y acciones extraordinarias: ¿Cuándo vendrá el *Mashiaj*? Él (literalmente el salvador, el ungido del Señor), nos colmará de bendiciones, revivirá a los muertos, se vengará de nuestros enemigos, nos devolverá a Jerusalén... [y será] el fin del yugo de las naciones que pesaba sobre nuestras vidas."

---

[613] François Fetjö, *Dieu et son juif*, Éditions Pierre Horay, 1997, p. 91, 109, 113
[614] Michel Herszlikowicz, *Philosophie de l'antisémitisme*, PUF, 1985, p. 154
[615] La palabra es de Pierre Guillaume (1940-2023), militante de ultraizquierda y revisionista.
[616] François Fetjö, *Dieu et son juif*, Éditions Pierre Horay, 1997, p. 92

Albert Memmi se negaba por lo tanto a ver las verdaderas causas de la desgracia de los judíos y culpaba el eterno chivo expiatorio designado: el "antisemitismo": "A esta condición intolerable, a la obstinación de una persecución monstruosa, el Judío sólo puede oponer implacablemente un pasado de gloria y un futuro de triunfo, que le tranquilizan e intimidan a sus agresores. Contra la persistencia de una acusación incomprensible, sólo puede repetir incansablemente su defensa, hasta el delirio, hasta la crispación del cuerpo y de la mente." Tal era el "atormentado destino de este pueblo[617]."

Los judíos son el "pueblo elegido de Dios": ésta es la única explicación posible de la singularidad del judaísmo. Todo lo demás debe ser expulsado de la conciencia del judío, "reprimido", por utilizar una terminología psicoanalítica.

En *Las puertas de la Ley*, publicado en 1982, el Gran Rabino Ernest Gugenheim recordaba los acontecimientos fundadores de la mitología judía. En el desierto del Sinaí, Dios hizo un pacto con Israel y Moisés recibió las tablas de la Ley. "Allí, en la soledad del desierto, en el profundo silencio que llena la naturaleza, Dios e Israel celebran su matrimonio místico. "Te haré mi esposa para siempre... (Oseas, II, 19-20). Y Gugenheim añadía: "Los propios ángeles permanecen inmóviles y en silencio en el momento en que Dios se une a Israel. Entonces entrega a su joven esposa el acto que consagra su unión, la Torá divina, para que ella la guarde preciosamente, como la niña de sus ojos, y nunca le sea infiel... A partir de entonces, la comunidad de Israel queda indivisiblemente unida a Dios[618]."

La comunidad judía, debemos comprenderlo, es una mujer: la esposa de Dios.

Volvemos a encontrar esta imagen en François Fetjö, que comenzaba lamentando las desgracias de Israel: "Que se nos calumnie, que se nos despoje, que se nos persiga, que se nos arrebate a nuestros hijos de los brazos para masacrarlos, que seamos los más perseguidos de todos los hombres y los más humillados, no es Él el responsable de ello, sino los goyim, los gentiles, los que no conocen a Dios, los que no saben lo que es el amor de Dios. Y así, imperturbable, a través de siglos de vergüenza y desgracias, el judío se ha mantenido firme, [el judío] no ha roto el contrato. Se mantuvo como una esposa abandonada por su marido[619]."

André Neher nos proporcionaba las siguientes explicaciones: "La Biblia compara la Alianza concluida entre Dios e Israel con un matrimonio, lo que

---

[617] Albert Memmi, *La Libération du Juif, Portrait d'un Juif II*, Gallimard, 1966, p. 133, 130, 136
[618] Ernest Gugenheim, *Les Portes de la Loi*, Albin Michel, 1982, p. 41
[619] François Fetjö, *Dieu et son juif*, Éditions Pierre Horay, 1997, p. 47

permite a Moisés, a los profetas y a los cantores del Cántico y de los Salmos, de describir la historia de esta Alianza como la del Amor que pasa por las fases más diversas y conmovedoras: despertar, primer encuentro, noviazgo, unión, nacimiento de los hijos, pero también celos, rencillas, separación, divorcio, viudez y, por último, regreso apasionado y reconciliación. Desde esta perspectiva, Israel es la pareja femenina de Dios."

La creación del Estado de Israel en 1948 se pudo integrar así en la escatología religiosa judía. De esta ambigüedad radical, que consideramos ser la principal característica del judaísmo, se hacía eco André Neher cuando escribía: "En otra perspectiva, más acorde con la realidad, escribía, Israel es el ser viril. ¿Cuál será entonces la pareja femenina de este Israel-hombre? Precisamente *Erets*, la Tierra, que espera ser amada y desposada... Esta Tierra no fue "conquistada" por Israel, contrariamente a lo que podría sugerir la historia nacional con sus relatos bélicos de la época de Moisés y Josué. Largo tiempo "prometida", fue "ofrecida" por Dios a Israel. Dios le confía esta joya, esta perla preciosa, guardada por Él, y pide a Israel que sea el fiel compañero de esta novia sin par[620]."

El judaísmo es, pues, en cierto modo, hermafrodita. El judío instalado en Israel es el judío hombre, guardián y esposo de la tierra prometida, mientras que la comunidad judía de la diáspora es una mujer que debe engendrar el Mesías: Es el "alumbramiento del mesías", escriben invariablemente los intelectuales judíos cuando hablan de la venida del mesías.

Recordemos aquí lo que ya hemos visto en *Psicoanálisis del judaísmo*: cada desgracia que golpea a la comunidad, cada cataclismo, es comparado por los rabinos y los intelectuales judíos a "los dolores del alumbramiento" del Mesías - los *Hevlei Mashiah*, en hebreo.

Elie Wiesel, por ejemplo, hacía decir a uno de sus personajes, un judío jasídico de Polonia, en la época de la Revolución Francesa: ""¿Por qué no tomar la iniciativa y apresurar la liberación?... Los Judíos necesitan el Mesías más que nunca. Puesto que está tan cerca, ¿por qué esperarlo pasivamente? ¿Por qué no salir a su encuentro? Sin duda, los tiempos están maduros y la época es propicia. Estas guerras, estas convulsiones son los *Hevlei Mashiah*, los tormentos y ansias de liberación mesiánica. Todos los síntomas, todos los signos están aquí[621]."

Sin embargo, ningún intelectual judío se ha dado cuenta de que este "misterio" del judaísmo, al igual que esta ambigüedad, son de naturaleza típicamente histérica. La misión de los judíos, la fabulación, la amnesia selectiva, el egocentrismo, la emotividad exacerbada, la megalomanía, etc., revelan el mismo cuadro clínico. La "elección divina" es también una

---

[620] André Neher, *L'Identité juive*, 1977, Petite Bibliothèque Payot, 2007, p. 123
[621] Elie Wiesel, *Célébration hassidique II*, 1981, p. 124, 125

manifestación de la patología estudiada por el Doctor Freud. En cuanto al "alumbramiento del mesías", no corresponde a otra cosa que al clásico embarazo nervioso de la mujer histérica al que se refieren los psiquiatras. "La" comunidad judía es, pues, una mujer histérica que se imagina poder dar a luz a un mesías. Nunca agradeceremos lo suficiente al fundador del psicoanálisis habernos abierto los ojos, sabiendo que sólo había que leer sus libros con un espejo.

A los judíos apenas les fascina la belleza del mundo. Su inclinación a la militancia permanente, alimentada por la obsesión mesiánica, simplemente les impide ver el mundo tal como es. El hecho es que, después de tres mil años de historia, su producción artística ha seguido siendo insignificante y mediocre. Los que lo han intentado en las últimas décadas, transgrediendo las proscripciones bíblicas ("no harás ídolos"), no nos han ofrecido más que deformidades, que corresponden a la esencia misma de su naturaleza desequilibrada. Sus esculturas son todas más retorcidas las unas que las otras; sus pinturas, atrozmente deformes. Por eso, evidentemente, se refugiaron en el arte abstracto.

La finalidad del arte judío no es, pues, desnaturalizar o mancillar deliberadamente el arte europeo o "ario", sino que refleja un espíritu, un universo mental y un imaginario muy propios de "la comunidad". Esto debe verse mucho menos como una voluntad de "pervertir" lo bello que como la expresión de su neurosis. El antisemitismo nace de esta incomprensión de las profundidades del alma judía, y siente como una agresión lo que también puede percibirse como una llamada de auxilio. Naturalmente, también hay un elemento de malicia en la producción literaria del judaísmo, que persigue "su misión" histórica contra viento y marea.

La cuestión es si el judío puede liberarse de su mal y liberar así también a la humanidad. La portada del libro de Albert Memmi *La liberación del judío* decía así: "Albert Memmi descarta todas las falsas soluciones al drama judío: cambios de nombre, matrimonios mixtos, asimilación, conversión al cristianismo, universalismo laico, revolución socialista, retorno a la religión judía y a los valores tradicionales."

Desde la primera frase del libro, Albert Memmi se preguntaba: "¿Existe una salida a la condición judía? A lo largo de su historia, el judío casi siempre ha esperado una solución a su problema, ya fuera en la asimilación o en el mito "del próximo año en Jerusalén"." Pero era pesimista: "Apenas creo en la posibilidad de recuperación de una enfermedad tan larga[622]".

---

[622] Albert **Memmi**, *La Libération du Juif, Portrait d'un Juif II*, Gallimard, 1966, p. 12, 13

En 1898, el novelista "inglés" Israel Zangwill escribía en *Soñadores del gueto*: "¡El pueblo elegido, de verdad! Estaba agotado por el gran esfuerzo de los siglos, la larga serie de uniones endogámicas, tantos períodos de persecución, tantas costumbres, lenguas y nacionalidades adoptadas[623]."

Fue en esta época cuando Theodor Herzl y otros empezaron a animar a los judíos a establecerse en Palestina. Evidentemente, el objetivo no era sólo crear allí un Estado judío, sino también curar la neurosis judía volviendo a la tierra y al trabajo manual sanador. El Mariscal Philippe Pétain ya lo había dicho: "La tierra, ella, no miente." Muy pocos intelectuales han comprendido y expresado las verdaderas motivaciones de Theodor Herzl y de los fundadores del sionismo.

Albert Memmi veía claramente que el regreso a la tierra era la mejor solución al problema judío: "Puesto que es imposible que el judío viva plenamente entre los demás, hay que quitar al judío de en medio de los demás (o, por supuesto, fundirlo con ellos, si la asimilación hubiera sido posible) ... Hay que hacer de él un pueblo como los demás, una nación como las demás...Oprimido como pueblo, y viviendo como tal, el judío debe ser liberado como pueblo", escribía. "Esta liberación nacional del judío se llama Estado de Israel...Sólo Israel pondrá fin a la negatividad del judío y liberará su positividad[624]."

A diferencia de los rabinos, Albert Memmi aceptaba la idea de que un judío pudiera querer abandonar el judaísmo: "La asimilación debe ser una salida legítima para cualquier judío que lo desee", escribía. Pero era el Estado de Israel el que debía liberar a la comunidad: "Es la existencia de una nación judía la que finalmente permitirá el desvanecimiento indoloro del judaísmo. En realidad, la desgracia y el mito se oponían a ello: con una nación judía, la desgracia cesará y se disipará el mito de la misión en todo el mundo...Sólo Israel, por fin, restaurará nuestra dignidad[625]."

El escritor Arthur Koestler vivió varios años en Palestina antes de comprometerse en cuerpo y alma con la URSS y el comunismo internacional. Los grandes juicios de Moscú y su propia experiencia de la Guerra Civil española le llevaron más tarde a rechazar el marxismo y a emigrar a Inglaterra durante la Segunda Guerra Mundial. En 1941 publicó *El Cero y el infinito*, un libro que tuvo una gran repercusión internacional y en el que denunciaba los excesos del sistema soviético. Cuando *El Cero y el infinito* se tradujo y publicó en París al final de la guerra, los comunistas franceses arremetieron contra él, calumniándolo y cubriéndole de oprobio y estiércol. El periódico *L'Humanité-Dimanche* había publicado un mapa

---

[623] Israël Zangwill, *Rêveurs de ghetto*, Éditions Complexe, 2000, p. 287
[624] Albert Memmi, *La Libération du Juif, Portrait d'un Juif II*, Gallimard, 1966, p. 243, 248, 243, 253
[625] Albert Memmi, *La Libération du Juif*, Gallimard, 1966, p. 243-259

de Fontaine-le-Port, en las afueras de París, marcando la posición exacta de la casa en la que vivía Koestler y señalando que "allí se reunía el Estado Mayor de la Guerra Fría", donde "se entrenaban las milicias armadas."

En 1952, Koestler todavía conservaba todas sus esperanzas en el movimiento sionista. En su autobiografía, titulada *Flecha azul*, escribía: "(...) Me había vuelto impaciente, y realmente alérgico, ante toda pretensión de pertenecer a una raza elegida...Cuanto más sabía del judaísmo más desalentado me sentía; y más fervientemente sionista. El Estado judío era la única cura para esa enfermedad que yo no podía nombrar ni definir; pero que me parecía íntimamente relacionada con la peculiaridad judía de carecer de país y de bandera[626]". Y añadía más adelante: "No estoy seguro de que los judíos de Palestina sean menos neuróticos que los de cualquier otra parte; pero ciertamente tienen menos conciencia de su neurosis, y si la tienen no les importa...Esto puede ser considerado como una grosera generalización, pero el aspecto y la

---

[626] Arthur Koestler, *Flecha en el Azul (Autobiografía)*, Tomo 1 (1952), Alianza Editorial, Madrid, 1973, p. 151. ["Durante siglos y siglos los niños judíos se habían educado en la Yeshivá, la escuela talmúdica, donde sus intelectos se nutrían de ejercicios escolásticos basados en comentarios de comentarios de comentarios de la Biblia...El rito mosaico había degenerado en un sistema complicado de "interpretaciones" cuyo fin era superar las leyes originales. Durante generaciones se enseñó a los judíos en las escuelas talmúdicas a interpretar un *sí* como *no*, y entender blanco donde decía negro; hasta que por fin esta técnica se volvió un reflejo mental condicionado. Hasta qué punto esta corrupción mental en cuestiones de religión era consecuencia de la presión social que obligaba a los judíos a vivir al margen de la ley, y hasta qué punto la mentalidad talmúdica obró a su vez sobre el esquema de su conducta social, no es fácil decirlo. El resultado, de todos modos, fue un círculo vicioso, un *perpetuum mobile* generador de antisemitismo, que vinculaba la persecución y la evasión en un ritmo alternado y monótono...Sólo tenía idea de mi repulsión ante una forma de adoración que parecía consistir en burlarse del Señor y de la propia conciencia. Conocía las prácticas de los judíos ortodoxos durante la fiesta de Pessach, cuando la Ley exige que uno coma pan sin levadura y que no tenga en su casa vajilla que haya estado en contacto con la levadura. "*En su casa*", declaraban los sabios, quiere decir "*en su posesión*". Por lo tanto, lo que hay que hacer durante la víspera es ir a casa de un vecino no judío y acordar con él un contrato nominal; venderle la vajilla, dándose por sentado que se la comprará nuevamente, después de Pessah, por la misma suma. No es necesario llevar la vajilla a casa del vecino; puede permanecer donde está porque como ya no es posesión de uno, el Señor se considera satisfecho...Del mismo modo, encender un fuego el sábado es pecado; pero pagar a un criado no judío para que cometa ese pecado es la costumbre ortodoxa aceptada. Una gran parte del ritual judío parecía consistir en semejantes subterfugios, y haber degenerado en maniobras para eludir la Ley.» Arthur Koestler, *Flecha en el Azul (Autobiografía)*, Tomo 1 (1952), Alianza Editorial, Madrid, 1973, p. 150-151. (NdT).]

mentalidad asombrosamente "no-judíos" de la generación nativa parece permitirla[627]."

Su libro *La Decimotercera Tribu*, publicado en 1976, intentaba demostrar que los judíos asquenazíes de Europa Central no eran ni más ni menos que los descendientes de los jázaros, una tribu turco-mongola que se convirtió al judaísmo a principios de la Edad Media. Desde luego, no era una tesis que pudiera recibir una acogida muy favorable en el mundo judío. En aquella época, Koestler parecía haber logrado abandonar definitivamente el judaísmo.

Sin duda, muchos judíos también desean evadirse de la prisión judía. No es tarea fácil, dado el peso de la herencia, el atavismo y el imaginario creado por generaciones de novelistas y rabinos que han construido conscientemente los muros de su propia prisión. Jean Daniel, director de un importante semanal de izquierdas en Francia, creía que el judaísmo debía poder ser "abandonado sin esfuerzo[628]". Pero ponía una condición difícil de aceptar: "Si el antisemitismo desapareciera, escribía, si sólo llegara a ser comparable a la xenofobia generalizada que despiertan de forma intermitente ciertos pueblos, comunidades y grupos, podría elegir libremente afirmar o no mi pertenencia, o más bien mi adhesión, al judaísmo".

En resumen, considerando que el antisemitismo refuerza la identidad judía, habría que dar a los judíos plena libertad de acción, con la esperanza de una hipotética asimilación.

Muchos judíos no han sentido la necesidad de hacer tales peticiones y abandonaron lisa y llanamente el judaísmo sin mirar atrás. A pesar de los esfuerzos de los rabinos, el judaísmo es, de hecho, perfectamente soluble en las naciones. Desde luego, no es fácil abandonar el judaísmo, y la mayoría de los judíos viven con su ambivalencia y su identidad desgarrada durante el resto de sus vidas. Pero es posible, y es mucho más frecuente de lo que se cree.

Como decía Robert Munnich en 1979, en un libro de entrevistas con personalidades judías: "Si se quiere vivir más cómodamente, uno siempre puede evadirse, dejar de ser judío: cambias de apellido, realizas un matrimonio mixto y terminas olvidando que eres judío[629]."

Nahum Goldmann también lo dijo: "Si un judío ya no quiere ser judío, si reniega del judaísmo, si no da a sus hijos una educación judía o si los bautiza, entonces puede dejar de ser judío. Por eso han desaparecido tantos

---

[627] Arthur Koestler, *Flecha en el Azul (Autobiografía), Tomo 1* (1952), Alianza Editorial, Madrid, 1973, p. 216-217.

[628] Jean Daniel, *La Blessure*, Grasset, 1992, p. 258-260

[629] André Harris, Alain Sédouy, *Juifs et Français*, Grasset, 1979, Poche, p. 252, citado en *El Fanatismo judío*.

judíos a lo largo de los siglos; de lo contrario, hoy habría cientos de millones[630]."

Por eso, a pesar de todo, debemos amar a los judíos: para ayudarles a salir de su aislamiento. No es fácil cuando se les conoce; pero tampoco es fácil ser judío.

Recordemos aquí las sabias palabras del caballero Roger Gougenot des Mousseaux, quien escribía en 1869, en la época de "la emancipación" de los judíos en Europa: "Casi todos esos hombres están perdidos, pero no son malvados. Algunos hasta nos caen simpáticos y su natural es excelente; solo encontramos detestables en ellos sus doctrinas. Un ambiente lamentable, una educación viciada, cierta pobreza de inteligencia que los hace insensibles al mundo los han hecho lo que son [y lo que tantos otros habrían llegado a ser en su lugar]. Asimismo, guardémonos de despreciarlos o de odiarlos; y, salvo razón muy particular, es suficiente [con compadecerse] de ellos, aun cuando lo único que nos quede sea combatirlos. Este movimiento de compasión fraterna es [verdaderamente] el único que nos inspira aquel que nosotros llamamos *Judío*; y jamás nos cansaremos de repetirlo[631]."

Naturalmente, Gougenot des Mousseaux sólo se refería a los individuos, y no a la "doctrina" del judaísmo. En aquellos tiempos, algunos observadores ya habían presentido las catástrofes que se abatirían sobre Europa y la humanidad en el siglo siguiente. Sería la época de los grandes cataclismos, los totalitarismos y las Guerras Mundiales, antes de la llegada de la era atómica. El número de muertos ya no se contaría en decenas de miles, sino en decenas de millones. El materialismo pronto se extendería por todo el planeta, desecando las culturas tradicionales, disolviendo las naciones, desarraigando a los individuos y arrojándolos en enormes y caóticos flujos migratorios. Se decía que las grandes pandemias reaparecerían en la Tierra durante la era de las catástrofes ecológicas. La humanidad nunca había conocido tales peligros. El mesianismo judío, sobre todo, tomaría la forma de una incansable propaganda planetariana, invadiendo todo el sistema mediático. Pronto -*"estaba escrito"*- reinaría una gran "Paz" en el mundo, desaparecerían todos los conflictos y la humanidad estaría por fin unificada, dirigida por unos Sabios que serían reconocidos por todos como el "pueblo elegido" de Dios.

El contagio histérico se extiende ahora por todas partes, por todos los frentes, en todas las naciones, en todos los hogares, amenazando todas las

---

[630] Nahum Goldmann, *Le Paradoxe juif*, Stock, Paris, 1976, p. 81, 82
[631] Roger Gougenot des Mousseaux, *El Judío, el Judaísmo y la judaización de los pueblos cristianos*. Versión pdf. Traducido al español por la profesora Noemí Coronel y la inestimable colaboración del equipo de Nacionalismo Católico. Argentina, 2013. p. xxxviii

culturas, todas las religiones, todas las identidades. Nada parece poder detener este frenesí cosmopolita unificador, antirracista, materialista y, en última instancia, destructivo. El mesianismo representa, pues, una grave amenaza para toda la humanidad. Pero si miramos más detenidamente, nos damos cuenta de que la "Paz" universal, total, absoluta y definitiva soñada por los profetas de Israel es sobre todo la Paz que los judíos son incapaces de alcanzar en su fuero interno. Utilizando un espejo, podemos leer estas palabras tan manidas: "Crimen contra la Humanidad". Y es de nuevo el espejo el que nos permite enderezar y dar sentido a la escatología judía:

El Mesías sólo vendrá después de la apostasía, después de la desaparición del último judío. Esta es la tragedia existencial de todo judío en esta tierra. Investido de la misión de salvar a la humanidad, no tiene otra elección que trabajar para destruirla o destruirse a sí mismo.

París, febrero de 2009
Segunda edición, marzo de 2019

Otros títulos

EL ESPEJO DEL JUDAÍSMO

Omnia Veritas Ltd presenta:

KEVIN MACDONALD

LA CULTURA DE LA CRÍTICA
LOS JUDÍOS Y LA CRÍTICA RADICAL DE LA CULTURA GENTIL

Sus análisis revelan la influencia cultural preponderante de los judíos y su deseo de socavar las naciones en las que viven, para dominar mejor la sociedad diversa que propugnan sin dejar de ser ellos mismos un grupo etnocéntrico y homogéneo, hostil a los intereses de los pueblos blancos.

Un análisis evolutivo de la participación judía en los movimientos políticos e intelectuales del siglo XX

Omnia Veritas Ltd presenta:

Historia de los Bancos Centrales
y la esclavitud de la humanidad

de

STEPHEN MITFORD GOODSON

A lo largo de la historia, el papel de los prestamistas se ha considerado a menudo como la "mano oculta".

El director de un banco central revela los secretos del poder monetario

Una obra clave para comprender el pasado, el presente y el futuro

OMNIA VERITAS LTD PRESENTA:

IMPERIUM

LA FILOSOFÍA DE LA HISTORIA Y DE LA POLÍTICA

POR

FRANCIS PARKER YOCKEY

La palabra Europa cambia su significado: de ahora significará la Civilización Occidental; la unidad orgánica que creó, como fases de su vida las naciones-ideas de España, Italia, Francia, Inglaterra y Alemania.

Este libro es diferente de todos los demás

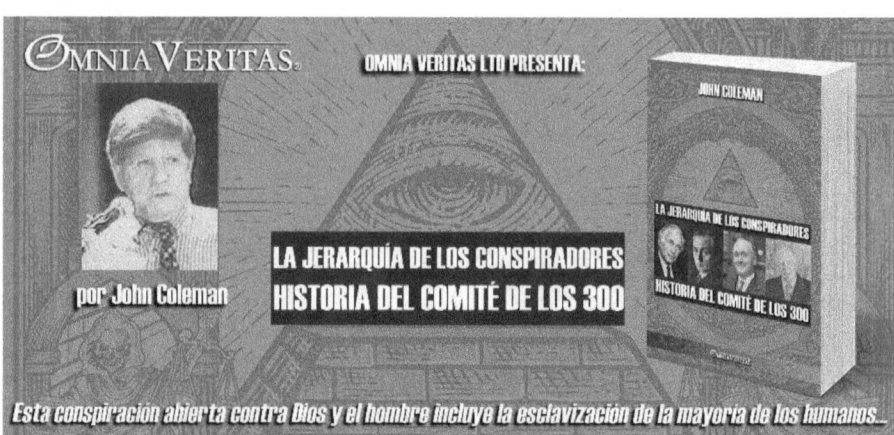

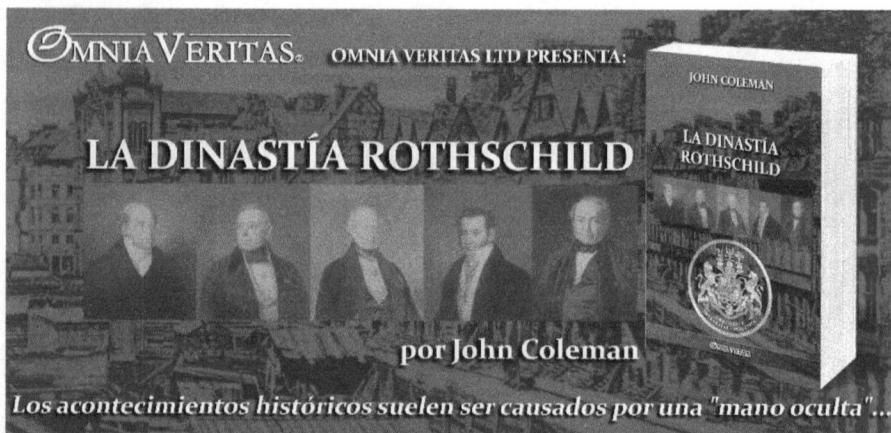

www.ingramcontent.com/pod-product-compliance
Lightning Source LLC
Chambersburg PA
CBHW071312150426
43191CB00007B/599